AF541458

मीडिया की बदलती भाषा

मीडिया की बदलती भाषा

डॉ. अजय कुमार सिंह

विभागाध्यक्ष-पत्रकारिता एवं जनसंचार विभाग

नेहरू ग्राम भारती विश्वविद्यालय, इलाहाबाद

लोकभारती प्रकाशन

पहली मंजिल, दरबारी बिल्डिंग, महात्मा गाँधी मार्ग, इलाहाबाद-1

लोकभारती प्रकाशन
पहली मंजिल, दरबारी बिल्डिंग, महात्मा गाँधी मार्ग
इलाहाबाद-211 001
वेबसाइट : www.lokbhartiprakashan.com
ईमेल : info@lokbhartiprakashan.com
शाखाएँ : 1-बी, नेताजी सुभाष मार्ग, दरियागंज
नयी दिल्ली-110 002
अशोक राजपथ, साइंस कॉलेज के सामने
पटना-800 006 (बिहार)
36-ए, शेक्सपियर सरणी
कोलकाता-700 017

मूल्य : ₹ 450

प्रथम संस्करण : 2012

आस्था पेपर कन्वर्टर
इलाहाबाद द्वारा मुद्रित

MEDIA KI BADALTI BHASHA
by Dr. Ajai Kumar Singh

ISBN : 978-81-8031-707-1

विषयानुक्रमणिका

- प्राक्कथन 7

1. भाषा का स्वरूप और महत्त्व 13

   भाषा का स्वरूप; भाषा की परिभाषा एवं विशेषताएँ; भाषा के विविध रूप हिन्दी भाषा का मानकीकरण; भाषा के मानक स्वरूप पर पड़नेवाले विभिन्न दबाव

2. साहित्यिक भाषा के रूप में हिन्दी का विकास 38

   हिन्दी साहित्य के इतिहास का संक्षिप्त विवेचन; 1857 से लेकर वर्तमान साहित्यिक भाषा के विकास का संक्षिप्त विवेचन; साहित्यिक भाषा के इतिहास के समानान्तर जनसंचार माध्यमों की भाषा

3. विविध जनसंचार माध्यम 63

   जनसंचार का अर्थ और परिभाषा; जनसंचार की प्रक्रिया; जनसंचार का उद्देश्य; जनसंचार माध्यम; परम्परागत जनसंचार माध्यम; मुद्रित जनसंचार माध्यम; इलेक्ट्रॉनिक जनसंचार माध्यम

4. 1857 से लेकर आज तक मीडिया की भाषा 105

   प्रारम्भिक समाचार-पत्रों की भाषा; भारतेन्दुयुगीन पत्रों की भाषा; तिलकयुगीन समाचार-पत्रों की भाषा; गाँधीयुगीन पत्रों की भाषा; स्वातन्त्र्योत्तर पत्रकारिता; वर्तमान समाचार-पत्रों की भाषा; रेडियो की भाषा; टेलीविज़न की भाषा; फिल्म की भाषा; इण्टरनेट की भाषा; विज्ञापनों में हिन्दी भाषा

5. मीडिया की भाषा का बदलता स्वरूप 153

   समाचार-पत्रों की भाषा का बदलता स्वरूप; रेडियो की भाषा का बदलता स्वरूप; टेलीविज़न की भाषा का बदलता स्वरूप; इण्टरनेट की भाषा का बदलता स्वरूप; मीडिया के सन्दर्भ में हिन्दी भाषा का बदलता स्वरूप

- *मीडिया लेखन हेतु कुछ सुझाव* 205
- *सन्दर्भ ग्रन्थ-सूची* 221

प्राक्कथन

संचार की सदियों से अनवरत यात्रा, आज ऐसे शिखर पर है, जहाँ उसने न केवल मानव जाति को अपनी भावनाओं को उद्‌भासित करने की शक्ति प्रदान की, अपितु उसे नित-नवीन संचार साधनों से समृद्ध भी किया। ध्वनि ज्ञान से सफल संचार सम्प्रेषण के पश्चात् जब मनुष्य का लिपि ज्ञान अपने चरमोत्कर्ष पर पहुँचा, तो जनसंचार माध्यमों का जन्म हुआ। आज यही जनसंचार माध्यम विश्व में सर्वाधिक प्रभावशाली सम्प्रेषण के माध्यम बन चुके हैं।

सूचना विस्फोट के दौर में मीडिया का प्रचार-प्रसार बढ़ा है। भाषा, प्रस्तुतीकरण, कण्टेण्ट (विषय-वस्तु) और चयन इस दृष्टि से महत्त्वपूर्ण हो गये हैं। मीडिया में भाषा, अभिव्यक्ति और लेखन के संस्कार सिर्फ़ प्रिण्ट मीडिया (पत्र-पत्रिकाएँ) से आते हैं। किन्तु यदि प्रिण्ट मीडिया ही अपने संस्कार भूल जायेगा तो अन्य माध्यमों का क्या होगा, जो भाषायी अभिव्यक्ति के मामले में इस पर निर्भर हैं। सबसे बड़ी बात उस आम जनता का क्या होगा जिसे टू एजुकेट (शिक्षित-संस्कारित करने), टू इनफार्म (संचित करने/ज्ञानसम्पन्न बनाने) और टू एण्टरटेनमेण्ट (मनोरंजन प्रदान करने) के महान् उद्‌देश्य को मीडिया लेकर चला था। आज के दौर में मीडिया की जो भी पढ़ाई होती है उसके केन्द्र में अंग्रेज़ी नज़रिया होता है। अब तो मीडिया में काम करने की पहली शर्त है- अंग्रेज़ी का ज्ञान। अगर आप अंग्रेज़ी टेस्ट में पास हो गये तो कोई फ़र्क नहीं पड़ता है कि आप हिन्दी में वर्तनी सही लगाते हैं या ग़लत। अंग्रेजी जानने से भले ही आपको विषय की विशेषज्ञता न हासिल हो, मगर यह मान लिया जाता है कि आप में अतिरिक्त टैलेण्ट (प्रतिभा) का भण्डार है। इसी बिना पर सीधे-सीधे प्रबन्धन का पद ऑफर कर दिया जाता है। कितनी अज़ीब बात है कि एक इनसान, जिसमें काम करने की कुव्वत नहीं, उसे काम लेनेवाला बना दिया जाता है, और इस तरह धीरे-धीरे एक ऐसा वर्ग विकसित हो जाता है जो हिन्दी को अंग्रेज़ी के चश्मे से देखता है। हिन्दी की स्थिति में गुणात्मक बदलाव आया है। बीस साल पहले देश के दस सबसे बड़े अख़बारों में हिन्दी के एक-दो अख़बार ही आ पाते थे। अब अधिकांश अख़बार हिन्दी और भारतीय भाषाओं के हैं। टीवी की दुनिया में भी हिन्दी चैनल मुनाफ़े की दृष्टि से क़ामयाब हैं। फिल्मों के क्षेत्र में तो हिन्दी का एकाधिकार है। अब हिन्दी के प्रकाशन-जगत् में भी ताज़गी की नयी लहर दौड़ पड़ी है। पेंग्विन, पीयर्सन और प्रेण्टिस-जैसे विदेशी प्रकाशन-समूह मुनाफ़े की लालच में पुस्तक-बाज़ार में कूद पड़े हैं। हिन्दी प्रकाशन उद्योग लम्बे समय तक जड़ता का शिकार रहा है। उस समय न तो अच्छी किताबें छपती थीं और न ही पाठकों तक पहुँचती थीं। अब आपसी प्रतिद्वन्दिता ने स्थिति बदल दी है। अमेरिका के 75 कॉलेजों और 45 विश्वविद्यालयों में हर साल 1500 छात्र हिन्दी में दाख़िला ले रहे हैं। यानी हिन्दी का बाज़ार-भाव दिन-प्रतिदिन बढ़ रहा है। हिन्दी के महत्त्व को

विदेशी भी स्वीकार कर रहे हैं, लेकिन हमारे नेतागण (सत्ताधारी दल/नौकरशाह/प्रशासक) उसे अब भी उसका अधिकार देने को तैयार नहीं है। विशेष चिन्ता की बात यह है कि हिन्दी की इस आँधी में गुणवत्ता का घनघोर अभाव है। कोई क्वालिटी कण्ट्रोल या गुणवत्ता नियन्त्रण का पैमाना नहीं है। भाषा में जबर्दस्त अराजकता है। लोग कहते हैं कि हिंग्लिश (अंग्रेज़ी मिश्रित हिन्दी) भविष्य का यथार्थ है। अंग्रेज़ी शब्दों की भरमार से हिन्दी का अपना स्वरूप विकृत और भ्रष्ट हो रहा है। अंग्रेज़ी शब्दावली ज़रूरत के अनुरूप हिन्दी में आये तो ठीक है पर रुआब जमाने के लिए या बिना सोचे-समझे अंग्रेज़ी शब्दों का अन्धाधुन्ध प्रयोग भाषा और संस्कारों को भ्रष्ट करता है। नयी पीढ़ी इस भ्रष्टता को विरासत में पा रही है। तेज़ी से बदलती दुनिया के साथ तालमेल भी बिठाना है और भाषा को भ्रष्ट, दूषित प्रयोगों से भी बचाना है। आख़िर यह साठ करोड़ हिन्दी भाषा-भाषियों की अस्मिता का सवाल है। सिखानेवाले यह वर्ग सम्पादक-व्यवस्थापक बनकर नयी पीढ़ी को बिजनेस के गुर (नियम) तो सिखा सकते हैं, जैसे कि ख़बर कैसे पैदा करें, कैसे बनायें, कैसे मैनेज करें, मगर शुद्ध लेखन के संस्कार इसलिए नहीं दे सकते, क्योंकि उन्हें खुद पता नहीं कि वह किस चिड़िया का नाम है। आज की तारीख में कुछ बड़े समूहों को छोड़ दिया जाये तो वर्तनी को लेकर कोई लिखित एजेण्डा या मापदण्ड मीडिया हाउसों के पास नहीं है।

हिन्दी पर अंग्रेज़ी के दबाव के चलते बुद्ध से बुद्धा, कृष्ण से कृष्णा, राम से रामा बन गया। पतंजलि की योग-साधना अंग्रेज़ी की मेहरबानी से 'योगा' में प्रवेश कर गयी है। मज़ेदार बात यह है कि हिन्दीभाषी क्षेत्रों में अब इसी के हिसाब से लोगों का दिमाग़ भी इसी के अनुरूप ढल गया है। उदाहरण के लिए अगर आप योग कहेंगे तो सामनेवाला आपको पोंगा पण्डित से ज़्यादा कुछ नहीं समझेगा। वहीं अगर आप 'योगा' बोलते हैं तो बिना कुछ बताये ही आप एजुकेटेड और मॉडर्न समझ लिये जाते हैं। और अगर कहीं आप 'योगा टीचर' हैं तो आपकी पहुँच स्वतः समाधि तक मान ली जायेगी। आपके आसपास हीरो-हिरोइन, बड़े-बड़े उद्योगपति, राजनेताओं का जमघट होगा। जबकि आप मात्र योगसाधक हैं तो आपकी पहुँच मात्र आसन-व्यायाम तक ही सीमित मानी जायेगी। लोग आपके पाँव ख़ूब छूयेंगे मगर ज्ञान लेने कोई नहीं आयेगा जब तक कि आपका योग 'योगा' के सुनहरे पायदान पर खड़ा हुआ नज़र न आये। सारे राजनीतिक सवालों किन्तु-परन्तु को दर किनार करते हुए आज हिन्दी प्रगति के पथ पर बढ़ रही है। अब वह बाज़ार की भाषा बन चुकी है। इस प्रक्रिया में हिन्दी ने अपने को तेज़ी से बदला है और वह पहले की तुलना में शक्तिशाली हुई है। जब से हिन्दी आम बोलचाल की भाषा में लिखी जाने लगी है, लोग बेझिझक इस भाषा से जुड़े हैं। शुद्धतावाद और तत्समी प्रवृत्ति से भाषा सिमटकर रह जाती है। उसका प्रभाव-क्षेत्र सिकुड़ने लगता है। सहज सम्प्रेषणीय भाषा आम आदमी से जुड़कर महत्ता पाती है और उसकी लोकप्रियता तेज़ी से बढ़ती है। शुद्ध हिन्दी का आग्रह भाषा की प्रगति के राह में रोड़े अटकाता है। बदलते वक्त के साथ भाषा को भी बदलना पड़ता है। यह भाषा की जीवन्तता का प्रमाण होता है।

दूसरी भाषाओं की तुलना में हिन्दी में गजब की लोच है। इसीलिए वह समृद्ध होने के साथ प्रतिष्ठित भी हो रही है। आज हिन्दी आधुनिक तकनीकी से जुड़ गयी है। एस.एम.एस., इण्टरनेट और ब्लॉग के ज़रिये उसे कई तरह की अभिव्यक्ति मिल रही है। वह तकनीकी विकास के समानान्तर तेज़ी से क़दम मिलाकर चल रही है, इसलिए इसका प्रभाव दिनोंदिन बढ़ता जा

रहा है। पहले की हिन्दी में एक ख़ास तरह की अकड़ थी। संस्कृतनिष्ठ शब्दावली के कारण उसमें जकड़न थी। इधर कुछ वर्षों में हिन्दी ज़्यादा लोकोन्मुखी हुई है। मुम्बइया हिन्दी या कलकतिया हिन्दी का अन्दाज़ और मिज़ाज दिल्ली की हिन्दी से काफ़ी अलग है। मुम्बइया हिन्दी ने मराठी भाषा के आम बोलचालवाले शब्दों को अपने में समा लिया है। दिल्ली की हिन्दी में पंजाबी शब्द और लहज़ा दिखायी पड़ता है। मुन्ना भाई एम.बी.बी.एस. और लगे रहो मुन्ना भाई फिल्मों में मुम्बइया हिन्दी का सफल और सर्जनात्मक प्रयोग हुआ है। यहाँ इस प्रकार के भाषिक प्रयोग से हिन्दी और लोकप्रिय हुई है।

इस प्रकार के परिवर्तनों से भाषा में ज़्यादा जीवन्तता महसूस होती है। ऐसी भाषा को आम आदमी अपने क़रीब महसूस करता है। उसे बेझिझक बोलता है और सच्चे दिल से प्यार करता है। दरअसल यही नयी हिन्दी अब बाज़ार की हिन्दी है। इसी का धड़ल्ले से प्रयोग पूरे देश में हो रहा है। संस्कृतनिष्ठ हिन्दी से बाज़ार में कोई काम नहीं होनेवाला है। दैनन्दिन व्यवहार की यह भाषा नहीं हो सकती। इधर रोमन अक्षरों में लिखी हिन्दी का भी प्रचलन बढ़ा है। विज्ञापन जगत् और फिल्मों में यही हिन्दी चलती है। हिन्दीभाषियों से इतर लोगों को इसे समझने में ज़्यादा सुविधा होती है। आज एक नयी तरह की हिन्दी राजभाषा के समानान्तर तैयार हो चुकी है। वह बहुत ऊर्जावान् और सहज है। वह न केवल लम्बे और बोझिल वाक्यों से दूर है, बल्कि उसे लम्बे शब्दों से भी परहेज़ है। टेक्नॉलाजी से उसकी दोस्ती ख़ूब बढ़ी है। आज हिन्दी से बाज़ार की दोस्ती हो चुकी है। यह हिन्दी के सुनहरे भविष्य का शुभ संकेत है। कुल मिलाकर स्थिति यह है कि अब कोई हिन्दी भाषा को हेय दृष्टि से नहीं देख रहा है। बाज़ार ने हिन्दी को नुकसान न कर फ़ायदा ही पहुँचाया है। पहले हिन्दी में सोचनेवाले और बोलनेवाले को छोटा समझा जाता था। यह माना जाता था कि हिन्दीवाले सर्जनात्मक नहीं होते। लेकिन अब समीकरण उलट गये हैं। बड़े-बड़े औद्योगिक घराने हिन्दी बोलने में संकोच नहीं करते। बाज़ार के दबाव ने हिन्दी की जानकारी को अनिवार्य योग्यता बना दिया है।

हिन्दी ने अपनी यह जगह अपनी ताक़त से बनायी है। सब समझ गये हैं कि हिन्दी के बिना गुजारा नहीं है। ऐसी स्थिति में हिन्दीवालों की इज़्ज़त बढ़ना स्वाभाविक है। अच्छी हिन्दी के प्रति इधर ललक बढ़ी है। दरअसल बाज़ार रुपयों की भाषा समझता है। हिन्दी से उसकी दोस्ती की वजह भी यही है। लोगों की समझ में यह बात आ गयी है कि बिना हिन्दी के वे बड़ा व्यवसाय नहीं कर सकते। चूँकि बाज़ार के लोग हिन्दी अपना रहे हैं तो उसका स्वरूप जस-का-तस नहीं रहना है। हिन्दी भाषा में अंग्रेज़ी के शब्दों का प्रयोग बढ़ा है। अंग्रेज़ी की मिलावट से एक बीच की भाषा का निर्माण हो रहा है, जिसमें लोच और सहजता है। अंग्रेज़ी के बहुतेरे शब्दों को हिन्दी ने आत्मसात कर लिया है और उनका धड़ल्ले से प्रयोग जारी है। वक्त के साथ बाज़ार की रगड़ खाकर हिन्दी का स्वरूप और निखरकर सामने आयेगा। जो भाषा प्रौद्योगिकी के साथ नहीं चलेगी उसका विकास नहीं होगा। परिणामस्वरूप वह भाषा तो पिछड़ेगी ही उसका समाज भी पिछड़ जायेगा। ऐसे समय में हिन्दी भाषा की भावी रणनीति क्या होनी चाहिए? कुछ विद्वानों का विचार है कि अंग्रेज़ी में डिस्पैच और रिपोर्ट-जैसे शब्द भाषा में किरकिरी पैदा करते हैं। कुछ का सुझाव है कि उर्दू के हर शब्द पर प्रतिबन्ध लगना चाहिए और हर नुक्ते को हिन्दी से हटा देना चाहिए। ये सब अतिवादी दृष्टियाँ हैं।

पिछले कुछ वर्षों से मैं दूरदर्शन संवाददाता के रूप में जुड़ा रहा जिस कारण मुझे हिन्दी भाषा के इस नये प्रयोग क्षेत्र के साथ निकट से जुड़ने का अवसर मिला है। वर्तमान में मैं नेहरू ग्राम भारती विश्वविद्यालय में पत्रकारिता एवं जनसंचार विभाग के अध्यक्ष के रूप में कार्य कर रहा हूँ। इण्टरनेट एवं मल्टीमीडिया में कई चीज़ों का अध्ययन करते हुए मुझे हिन्दी भाषा में नये प्रयोगों की सम्भावनाएँ दिखायी देती हैं।

हिन्दी भाषा का जो स्वरूप आज हमारे सामने है उसके निर्माण में लगभग एक हज़ार साल लगे हैं और हम दावे के साथ यह कहने की स्थिति में अब भी नहीं हैं कि यह स्वरूप आख़िरी है या स्थिर है, या इसमें परिवर्तन की गुंजाइश एकदम ख़त्म हो चुकी है। वैश्वीकरण और बाज़ारवाद के कारण मीडिया की हिन्दी भाषा के स्वरूप में लगातार परिवर्तन हो रहा है, इसलिए वर्तमान समय में 'मीडिया की बदलती भाषा' शीर्षक की प्रासंगिकता और भी बढ़ जाती है। इस विषय पर प्रस्तुत पुस्तक इसी दिशा में किया गया एक प्रयास है।

सर्वप्रथम इस पुस्तक की मूल प्रेरणा देनेवाली परम् पूजनीया स्मृतिशेष प्रो. गिरिजा राय, इलाहाबाद विश्वविद्यालय के प्रति श्रद्धावनत् हूँ जिनकी व्यापक जीवन-दृष्टि व प्रगतिशील विचारों ने सदैव मेरे लिये ज्ञान का मार्ग प्रशस्त किया। इसी क्रम में डा. विद्याशंकर राय का भी आभार व्यक्त करता हूँ, जिनके नवीन दृष्टिकोण से सम्पन्न ओजपूर्ण एवं सहयोगात्मक व्यक्तित्व ने इस पुस्तक को गति एवं दिशा प्रदान की।

मैं नेहरू ग्राम भारती विश्वविद्यालय के कुलाधिपति श्री जे.एन. मिश्र के प्रति कृतज्ञता ज्ञापित करता हूँ, जिनकी प्रेरणा सहज रूप में मुझे आत्मविश्वास और उत्साह से आपूरित कर देते हैं। उनके आशीर्वाद से ही यह कार्य पूर्ण हो सका। इसी क्रम में विश्वविद्यालय के कुलपति प्रो. के.पी. मिश्र और प्रति कुलपति डॉ. एस. सी. तिवारी का भी आभार व्यक्त करता हूँ, जिनका परामर्श एवं सहयोग निरन्तर मुझे प्राप्त होता रहा। विश्वविद्यालय के अपर कुलसचिव श्री डी. पी. दीक्षित एवं नेहरू ग्राम भारती के सचिव श्री मनीष मिश्र के प्रति हृदय से आभार व्यक्त करता हूँ, जिनके सहयोगात्मक व्यक्तित्व एवं समय-समय पर मिलनेवाले सहयोग के बिना इस पुस्तक-लेखन का कार्य सम्भव नहीं था।

मैं लखनऊ दूरदर्शन केन्द्र एवं आकाशवाणी लखनऊ के निदेशक समाचार श्री आर. पी. सरोज का भी आभार व्यक्त करता हूँ जिन्होंने मुझे दूरदर्शन एवं आकाशवाणी से सम्बन्धित जानकारी उपलब्ध कराकर यथोचित सहायता प्रदान की। इसी सन्दर्भ में मैं उत्तर प्रदेश राजर्षि टण्डन मुक्त विश्वविद्यालय के कुलपति प्रो. ए.के. बख्शी का भी हृदय से आभार प्रकट करता हूँ। यूपीआरटीओयू के कुलसचिव डॉ. ए. के. सिंह के प्रति भी हृदय से कृतज्ञता व्यक्त करता हूँ। मेरे वरिष्ठ व अग्रज की भाँति दिशा प्रदान करनेवाले हिन्दी दैनिक आज के श्री रमा शंकर श्रीवास्तव, इलाहाबाद प्रेस क्लब के अध्यक्ष श्री रतन दीक्षित सचिव श्री देवेन्द्र प्रताप सिंह, स्टार न्यूज़ के मो. मोइन तथा मित्रवत् अनुज आई.बी.एन. -7 के मनीष पालीवाल का हृदय से आभार व्यक्त करता हूँ जिनके भरपूर सहयोग ने मुझे सदैव प्रोत्साहित किया।

मैं अपने परम पूज्य पिता स्मृतिशेष सुखराज सिंह के प्रति श्रद्धानवत् हूँ जिन्होंने सदैव मुझे प्रोत्साहित किया, साथ ही मैं अपनी स्नेहमयी माता श्रीमती सरोज सिंह के प्रति भी कृतज्ञ हूँ जिन्होंने अनेकों कठिनाइयों के बावजूद असीम वात्सल्य एवं संरक्षण प्रदान करके मुझे इस योग्य

बनाया। मैं अपने जीजाजी श्री महेन्द्र प्रताप सिंह एवं अग्रज अशोक कुमार सिंह के प्रति भावावनत हूँ जिन्होंने निरन्तर मुझे प्रोत्साहित किया। मैं अपनी धर्मपत्नी श्रीमती पूजा सिंह एवं पुत्र शिवांश और पुत्री आयुषी के प्रति भी कृतज्ञता ज्ञापित करता हूँ, जिन्होंने इस पुनीत ज्ञान-यज्ञ के सम्पादनार्थ मेरा निरन्तर सहयोग एवं उत्साहवर्द्धन किया। इनके अमूल्य सहयोग एवं परिश्रम से ही यह पुस्तक प्रकाशन का कार्य सम्पन्न हो सका। अतः मैं इनके प्रति हृदय से आभार प्रकट करता हूँ।

मैं लोकभारती प्रकाशन के परम् आदरणीय श्री रमेश ग्रोवर और श्री आमोद माहेश्वरी को हृदय से धन्यवाद देता हूँ क्योंकि इनके सहयोग और तत्परता के बिना प्रस्तुत पुस्तक इतने अल्प समय में आप तक नहीं पहुँच पाती। अंत में अज्ञेय के शब्दों का सहारा लेकर लूँ तो

श्रेय नहीं कुछ मेरा
मैं तो डूब गया था स्वयं शून्य में-
वीणा के माध्यम से अपने को मैंने
सबकुछ को सौंप दिया था-
सुना आपने जो वह मेरा नहीं,
न वीणा का था :
वह तो सब कुछ की तथता थी
महाशून्य
वह महामौन
अविभाज्य, अनाप्त, अद्रवित, अप्रमेय
जो शब्दहीन
सबमें गाता है।'

—डॉ. अजय कुमार सिंह

भाषा का स्वरूप और महत्त्व

मनुष्य एक चिन्तनशील प्राणी है। इसलिए भाषा का व्यवहार करता है। अपनी बौद्धिक क्षमता के कारण वह भाषा की सृष्टि करता है। भाषा एक विशुद्ध मानवीय क्रिया है जिसका सीधा सम्बन्ध मनुष्य की चिन्तन क्षमता से है। डॉ. रामविलास शर्मा के अनुसार- "भाषा मनुष्य की संस्कृति के विकास का साधन है और स्वयं उस संस्कृति का महत्त्वपूर्ण अंग है।" विभिन्न संस्कृतियों की तरह उसमें भी विचित्रता और विभिन्नता है। सामाजिक-सांस्कृतिक सम्बन्धों से मनुष्य भाषा का ज्ञान अर्जित करता है। कुछ विद्वान् भाषा को भावों की अनुगामिनी मानते हैं। डॉ. रामस्वरूप चतुर्वेदी कहते हैं कि "इस प्रस्तावना को इस तरह देखना चाहिए कि भाषा भावों को अनुगामिनी नहीं बल्कि भावों और संवेदनाओं की प्रकृति भाषा द्वारा अनुशासित होती है।" भाव और भाषा में से पहले कौन आया यह एक जटिल प्रश्न है। एक के अभाव में दूसरे की कल्पना करना कठिन है पर विकसित साहित्यों में से कौन किसे निर्धारित करता है यह कहना उतना कठिन नहीं है। प्रचलित मान्यता के अनुसार मैथिलीशरण गुप्त, सुमित्रानन्दन पन्त, अज्ञेय तथा रघुवीर सहाय की भाषा में इसलिए अन्तर है क्योंकि उनके भाव उत्तरोत्तर बदलते गये हैं। डॉ. रामस्वरूप चतुर्वेदी लिखते हैं कि "यहाँ इस तथ्य को भुला दिया जाता है कि भाषा केवल साहित्य में ही प्रयुक्त नहीं होती वरन् मानव-जीवन की प्रक्रिया का अभिन्न अंग है कवि जिन अनुभूतियों को व्यक्त करना चाहता है, उसके पूर्व-रूप उसने भाषा के किसी रूप में ही सोचे होंगे। इस दृष्टि से काव्य-सृजन के पूर्व ही उसका संवेदन किसी भाषा में उसे उपलब्ध होगा।" उस अन्तरमन्थन की भाषा का रूप क्या है? क्योंकि वह तो रचना-सृष्टि के पूर्व ही उसके व्यक्तित्व में अवस्थित है। उसकी काव्यभाषा उसके भावों से यदि निर्धारित होती है, तो उसके संवेदन की भाषा उसे कहाँ से मिलती है? उसकी व्यापक अनुभूतियों की भाषा क्या है? क्या एक स्तर पर उसकी विकसित भाषा का स्वरूप ही, जो उसे समाज से मिला है, उसकी व्यापक अनुभूति को निर्धारित नहीं करता? क्या ऐसा नहीं है कि जो भाषा जिस हद तक विकसित और परिष्कृत होती है, उसी के अनुकूल उसके उपयोग करनेवालों की संवेदना बनती है? रचनाकार को सृजन के पूर्व और बाद, दोनों ही स्थितियों में भाषा का प्रयोग करना है। पहला रूप वह मुख्यतः समाज से ग्रहण करता है, और दूसरे रूप में वह अपने व्यक्तित्व को भी मिश्रित कर देता है, पर उसी हद तक कि उसकी भाषा उसके समाज के लिए प्रेषणीयता बनाये रख

है। काव्यभाषा एक सीमा तक कवि के व्यक्तित्व के अनुकूल रूपाकार ग्रहण करती है, पर अपनी आधारभूत सामाजिक भाषा से वह पृथक् नहीं हो सकती, जो कि रचनाकार की संवेदना का माध्यम और स्रोत है। इसीलिए भाषा के अर्थबोध के साथ-साथ साहित्य में संवेदनात्मक गहराई बढ़ जाती है। इस दृष्टि से मैथिलीशरण गुप्त और रघुवीर सहाय की रचना-संवेदना का अन्तर उनके उपलब्ध भाषा के अन्तर के कारण है। किसी भी वस्तु या क्रिया के रूप का ज्ञान शब्द से सम्भव होता है। शब्द के अभाव में रूप और अर्थ की प्रतीति नहीं होती। शब्द और अर्थ का आपसी सम्बन्ध इस प्रकार से जुड़ा है कि शब्द के द्वारा किसी पदार्थ या क्रिया का बोध होता है। शब्द स्वयं में पदार्थ या क्रिया नहीं है। वह केवल उसकी ओर संकेत मात्र करता है। यही कारण है कि विभिन्न भाषाओं में किसी पदार्थ या क्रिया के लिए भिन्न-भिन्न शब्द होते हैं। इसीलिए एक भाषा से दूसरी भाषा में अनुवाद सम्भव होता है। भाषाओं का सम्पर्क और परस्पर सहयोग एक-दूसरे को समृद्ध करता है। इससे भाषा की जीवन्तता में वृद्धि होती है। प्रत्येक भाषा में दूसरी भाषाओं के शब्द घुल-मिल जाते हैं। भाषा कोई जड़ इकाई न होकर एक प्रवहमान धारा है जो अपने विकास-नियमों का पालन करने के अलावा बाह्य अन्तर्विरोधों को भी प्रतिबिम्बित करती है। राजनीतिक-सामाजिक-धार्मिक द्वन्द्वों की झलक भाषा में मिलती है। इस प्रकार सहयोग और संघर्ष इन दो विरोधी और परस्पर सम्बद्ध ध्रुवों के बीच भाषा का विकास होता है। दो भाषाओं के बीच परस्पर आदान-प्रदान अनेक पेचीदा सामाजिक कारणों के परिणाम होते हैं। मनुष्य के ज्ञान क्षेत्र के विस्तार के साथ भाषा का अर्थबोध निरन्तर परिष्कृत होता चलता है। पुराने साँचों में नयी सामग्रा ढालकर रचनाकार शब्दों को नया अर्थ देता है, भाषा के साँचे हमारे देखने-समझने और व्यवहार करने के तरीके पहले से निश्चित कर देते हैं। यह भाषा का सामान्य प्रयोग होता है। रचनाकार की सर्जनात्मकता इसमें होती है कि वह भाषा के बने-बनाये साँचों को बनाता, बिगाड़ता और बदलता चलता है। उसमें नया अर्थ भरता है। इससे साहित्य की भाषा सामान्य भाषा से विशिष्ट हो जाती है। रचनाकार नये अर्थ भरने के लिए किन स्रोतों से सामग्री चयन करता है, उसका निर्धारण उसकी जातीय सांस्कृतिक चेतना करती है। हिन्दी रचनाकार जहाँ अपनी पूरी सांस्कृतिक परम्परा को प्रकाशित करने के लिए सचेष्ट होता है वहीं उर्दू रचनाकार फ़ारसी संस्कृति की तरफ़ मुँह कर लेता है। लिप्यन्तरण के बाद भी उसका फ़ारसी रंग अलग से दिखता है। बीसवीं सदी में नयी सामाजिक-सांस्कृतिक आवश्यकताओं के कारण हिन्दी में बहुत-से नये तत्सम शब्दों का प्रयोग हुआ। यह एक तरह से परम्परा और भाषा का भी पुनर्नवीनीकरण और आधुनिकीकरण था। नये सामाजिक-सांस्कृतिक परिवर्तन के अनुरूप हिन्दी ने अपनी अभिव्यंजना क्षमता विकसित की। परिमार्जन और परिष्करण की प्रक्रिया जारी है। इस आलोड़न-विलोड़न से ही भाषा का प्रवाह जीवन्त बनता है और अनावश्यक आये फालतू शब्द इस क्रिया में अपने-आप बाहर हो जाते हैं। साहित्य का माध्यम भाषा है। भाषा एक क्षेत्र-विशेष से बँधी होती है। लेकिन कई बार भाषा अपने मूल क्षेत्र का अतिक्रमण भी करती है। इस प्रकार का अतिक्रमण भाषा के बोलनेवालों की सामाजिक-राजनीतिक श्रेष्ठता, व्यावसायिक गतिविधियाँ, सांस्कृतिक स्तर आदि से निर्धारित होता है। हिन्दी की भाषिक सीमा का विस्तार अन्तर्देशीय है और ऐसा सम्पर्क भाषा के कारण हुआ है। भारत के सुदूर कोनों में जनसामान्य से सम्पर्क का एकमात्र माध्यम हिन्दी है। इसके बहुजनपदीय स्वरूप और इसकी

का विस्तार अन्तर्देशीय है और ऐसा सम्पर्क भाषा के कारण हुआ है। भारत के सुदूर कोनों में जनसामान्य से सम्पर्क का एकमात्र माध्यम हिन्दी है। इसके बहुजनपदीय स्वरूप और इसकी केन्द्रीय स्थिति ने अन्तर्देशीय स्वरूप विकसित करने में सहायता की। अंग्रेज़ी का प्रचलन तो केवल दो प्रतिशत अभिजात वर्ग में है। जनसाधारण से सम्पर्क की भाषा मात्र हिन्दी है जो स्थानीय आधारों पर अपने रूप को बदलती भी है जैसे बम्बइया हिन्दी, कलकत्ते की हिन्दी आदि। फिल्मों के कारण भी हिन्दी का विस्तार सुदूर क्षेत्रों में हुआ है। यह दूसरी बात है कि राजनीतिक कारणों से हिन्दी का निरन्तर विरोध किया जाता रहा है और यह अब भी राष्ट्रभाषा होने के बावजूद सरकारी कामकाज की भाषा नहीं बन पायी है। भाषा के स्तर पर अंग्रेज़ी ने हिन्दी क्षेत्र का जितना अतिक्रमण किया है उससे कहीं ज़्यादा सांस्कृतिक स्तर पर संवेदना को भोथरा बनाया है। यह सांस्कृतिक आक्रमण निरन्तर जारी है और अंग्रेज़ी की विश्वजनीन व्यापकता से इसको लगातार बल मिल रहा है। यह सांस्कृतिक प्रदूषण भाषा के साथ साहित्य को भी विकृत कर रहा है। अंग्रेज़ी के कारण पश्चिम का वर्चस्व बढ़ता जा रहा है। हिन्दी पर आरम्भ से संस्कृत और फ़ारसी का सरकारी दबाव रहा है, आज हिन्दीतर क्षेत्रों की भाषाओं से और स्वयं हिन्दी क्षेत्र की बोलियों से हिन्दी को चुनौती मिल रही है। इन सब बाधाओं के बीच अपनी अस्मिता की रक्षा के साथ अपनी जातीय प्रकृति की रक्षा का भी सवाल है। आचार्य रामचन्द्र शुक्ल के अनुसार- ''प्रादेशिक बोलियों के साथ-साथ ब्रज या मध्यदेश की भाषा का आश्रय लेकर एक सामान्य साहित्यिक भाषा भी स्वीकृत हो चुकी थी, जो चारणों में पिंगल भाषा के नाम से पुकारी जाती थी। अपभ्रंश के योग से शुद्ध राजस्थानी भाषा का जो साहित्यिक रूप था वह 'डिंगल' कहलाता था।''

विद्वानों की धारणा है कि परस्पर मिलती-जुलती बोलियों के समूह में से कोई बोली राजनैतिक, सामाजिक अथवा धार्मिक कारणों से साहित्यिक सृजनशीलता का रूप ग्रहण कर लेती है। मध्यकाल में अवधी और ब्रज का काव्यभाषा के रूप में प्रयोग धार्मिक कारणों से होता है। राम और कृष्ण को केन्द्र में रखकर चले धार्मिक आन्दोलनों ने क्रमशः अवधी और ब्रज को साहित्य के केन्द्र में काव्यभाषा के स्तर पर प्रतिष्ठित कर दिया। जायसी ने अवधी का प्रयोग धार्मिक के बजाय जातीय तत्त्वों और लोकपरक चेतना के कारण किया। जायसी की काव्यभाषा में ठेठ शब्दों की भरमार और स्थानीयता का गाढ़ा रंग इसी कारण मिलता है। यहाँ यह सवाल उठता है कि सिद्धों और नाथों की काव्यभाषा का आधार कौन-सी बोली है? रासो ग्रन्थों की भाषा डिंगल (राजस्थानी) पूरे हिन्दी प्रदेश की काव्यभाषा कहाँ बनती है? मध्यकाल में धार्मिक कारणों से ब्रज और अवधी का काव्यभाषा के रूप में पुनरुत्थान होता है और सिद्धों-नाथों के काव्य में प्रयुक्त काव्यभाषा (खड़ीबोली) दब जाती है। उसका प्रसार केवल सम्पर्क भाषा के रूप में अन्तर्देशीय रहता है। उसमें भी फ़ारसी के राजकीय संरक्षण और सम्पर्क के कारण दो रूप चल पड़ते हैं। दिल्ली की खड़ीबोली से (अरबी-फ़ारसी मिश्रित खड़ीबोली) उर्दू रूप का विकास होता है और आगरे की ब्रजरंजित खड़ीबोली से हिन्दी का। मध्यकाल में लोक चेतना के दबाव और सूफ़ी आन्दोलन के प्रभाव से अवधी आगे बढ़ती है। किन्तु इस संघर्ष में वह ब्रजभाषा से मात खा जाती है। जायसी-तुलसी के बाद अवधी में कोई बड़ा कवि नहीं हुआ। अन्ततः रीतिकाल तक आते-आते ब्रजभाषा सर्वमान्य भाषायी माध्यम के रूप में स्वीकृत होती है। यह सच है कि

आधुनिक काल में ब्रजभाषा, उर्दू और संस्कृत के दबाव से मुक्त होकर हिन्दी का अपना प्रकृत स्वरूप प्रकट होता है। ब्रजभाषा के स्थान पर खड़ीबोली जातीय भाषा के रूप में राजनीतिक-सामाजिक कारणों से उभरती है। उसके इस उभरने में उर्दू की ख़ासी सहयोगी भूमिका है जो द्वन्द्वपरक और प्रतिस्पर्द्धी है। जातीय भाषा के विकास में पूरे चार सौ वर्षों के बाद धार्मिक कारकों का महत्त्व कम होता है और सामाजिक-राजनीतिक कारक प्रमुख हो उठते हैं। वस्तुतः यह आधुनिक काल की शुरुआत है जहाँ ज्ञान-विज्ञान के आलोक में इहलौकिकता, पुनर्जागरण, राष्ट्रीयता और जनतान्त्रिक चेतना साहित्य के रूप का निर्धारण करते हैं। वस्तुतः खड़ीबोली का ब्रजमिश्रित रूप सम्पर्क भाषा के रूप में समूचे देश में पहले से प्रचलित रहा है। भक्ति-आन्दोलन के वेग में, विशेषकर सगुण धारा, उसमें भी कृष्ण भक्ति धारा के प्रबल प्रवाह में ब्रजभाषा के आगे खड़ीबोली छिप जाती है। निर्गुण परम्परा में इसको प्रश्रय अवश्य मिलता है जिसको विद्वानों ने खिचड़ी, सधुक्कड़ी कहकर तिरस्कार की दृष्टि से देखा था। आधुनिक काल में आकर खड़ीबोली हिन्दी जातीय अस्मिता की प्रतीक बन जाती है। सारी राष्ट्रवादी शक्तियाँ उसके पक्ष में लामबन्द हो जाती हैं। बाद में प्रेमचन्द का भी देवनागरी में लिखी हिन्दी के पक्ष में खड़ा होना- इसी का संकेत करता है। हिन्दी का उदय सिद्ध सरहपा की विद्रोही वाणी के साथ होता है। उस समय जनभाषा के रूप में हिन्दी अन्य क्षेत्रीय भाषाओं के साथ तेज़ी से वैधता हासिल कर रही थी। भक्तिकाल में वह सर्वमान्य भाषा के रूप में उभरती है। इसकी जातीय प्रकृति को साम्राज्यवादी और साम्प्रदायिक शक्तियों ने चुनौती देकर दो फाड़ कर दिया। नवनिर्माण की प्रक्रिया से गुज़र रही भाषा दो भागों में बँट जाती है। हिन्दी और उर्दू। भारतेन्दु ने हिन्दी की प्रकृति को ठीक पहचाना था। इसीलिए वे संस्कृत भरी या फ़ारसी लदी हिन्दी के ख़िलाफ़ थे। तत्समीकरण का आग्रह हिन्दी की जातीय प्रकृति के विरुद्ध पड़ता है। संस्कृत एक महान् भाषा है, हिन्दी ने उससे बहुत-कुछ लिया है। पर संस्कृत हिन्दीपन को निष्प्रभ करती है, हिन्दी की मूल प्रकृति को क्षति पहुँचाती है। द्विवेदी-युग तक अत्यन्त गद्यवती, सीधी, सरल, अभिधामूलक भाषा का प्रवाह दिखता है। छायावाद ने इस प्रक्रिया को उलट दिया। संस्कृतनिष्ठ शब्दावली से भाषा में गरिमा आर भव्यता तो आयी पर वह जन-जीवन से दूर हो गयी। उसकी सहजता लुप्त हो गयी, भाषा कृत्रिम हो गयी। भारतेन्दु-युग का हँसमुख गद्य ग़ायब हो गया। कोशों के आधार पर गढ़ी गयी राजभाषा का हश्र भी यही हुआ। कृत्रिम भाषा जीवन्त भाषा का स्थान नहीं ले सकती। राजभाषा की दुर्गति का एक बड़ा कारण उसकी कृत्रिमता और संस्कृत पर आधारित होना है। डॉ. गिरिजा राय लिखती हैं कि- ''इस प्रकार के तत्समीकरण के अभियान से भाषा की देशज प्रतिभा का ह्रास होता है। छायावाद के विरुद्ध प्रेमचन्द ने हिन्दी की जिस भाषिक क्षमता का अर्जन, उपयोग और संचयन किया, वह हिन्दुस्तानीपन को बरकरार रखने की दृष्टि से अधिक महत्त्वपूर्ण था। पर विडम्बना यह हुई कि परवर्ती लेखन में उसे उर्दू का या उसके नज़दीक का समझकर छोड़ दिया गया। साहित्यिक हिन्दी ऐसी चाल में ढलने लगी जो भारतेन्दु, महावीरप्रसाद द्विवेदी या रामचन्द्र शुक्ल के मन्तव्यों के विरुद्ध था।'' एक सांस्थानिक भाषा के रूप में उसका विकास होने लगा जिसका सामाजिक जीवन से सम्पर्क धीरे-धीरे निःशेष हो गया। सुमित्रानन्दन पन्त की कविताओं में भाषा का यह नकलीपन चरम पर है। निराला में भी तत्समीकरण का आग्रह है पर बाद में वे सजग हो गये। जन-आकांक्षाओं के अनुरूप जनभाषा को प्रतिष्ठित करने का प्रयास परवर्ती निराला में

दिखता है। उनमें भाषा के देशज रूप को पाने की तड़प है। इस दृष्टि से 'सरोज-स्मृति' और 'कुकुरमुत्ता'-जैसी रचनाएँ भाषिक सम्भावनाओं के नये क्षितिज तलाशती हैं।

भाषा का स्वरूप

भाषा वह साधन है, जिससे हम अपने मन के भाव एक-दूसरे पर प्रकट करते हैं। वस्तुतः यह मन के भाव प्रकट करने का ढंग या प्रकार मात्र है। हमारे मन में समय-समय पर विचार, भाव, इच्छाएँ आदि उत्पन्न होती हैं अथवा हमें कुछ अनुभूतियाँ होती हैं वही सब हम अपनी भाषा के द्वारा बोलकर, लिखकर अथवा संकेतों से दूसरों पर प्रकट करते हैं। डा. बाबू राम सक्सेना के अनुसार- "जिन ध्वनि चिह्नों द्वारा मनुष्य परस्पर विचार-विनिमय करता है उसे भाषा कहते हैं।" मन के भाव को प्रकट करने के लिए सबसे अच्छा और सभी के लिए सुलभ साधन 'भाषा' ही है। भाषा शब्द का सम्बन्ध 'भाष्' (बोलना) धातु से है अर्थात् 'भाषा' का शब्दार्थ है जिसे बोला जाये। भाषा का आधार ध्वनि है जो मानव मुख से निकलती है और अर्थवान् होती है। यह श्रव्य और कर्णगोचर होती है। किन्तु मोटे रूप में उन सभी साधनों को भाषा कहते हैं, जिनके माध्यम से मनुष्य अपने विचारों को व्यक्त करता या सोचता है। अध्यापक मेज़ पर हाथ पटककर विद्यार्थियों को चुप करा लेता है, रेलगाड़ी का गार्ड हरी झण्डी दिखाकर ड्राइवर को ट्रेन चलाने का संकेत देता है, गूँगे आपस में हाथ के संकेतों से बात करते हैं, पिता अपनी घूरती हुई दृष्टि से लड़के पर अपनी नाराज़गी प्रकट कर देता है और परीक्षा में बैठा हुआ विद्यार्थी बिना उच्चारण किये चुपचाप मूक भाषा के माध्यम से सोचता है कि कौन-सा प्रश्न पहले करे और उसे कैसे शुरू करे। इस प्रकार अपने विस्तृततम अर्थ में भाषा वह साधन है जिसके माध्यम से हम अपने विचारों को दूसरों पर व्यक्त करते हैं या सोचते हैं।

भाषा की परिभाषा एवं विशेषताएँ

भाषा के बारे में प्लेटो (सोफिस्ट में) का कहना है कि- "विचार आत्मा की मूक व अध्वन्यात्मक बातचीत है, पर वही जब ध्वन्यात्मक होकर होंठों पर प्रकट होती है तो उसे भाषा की संज्ञा देते हैं।"

वेन्द्रिए के अनुसार- "भाषा एक तरह का संकेत है। संकेत से आशय उन प्रतीकों से है जिनके द्वारा मानव अपने विचार दूसरों पर प्रकट करता है।"

चाम्स्की का मत है कि- "मैं भाषा को वाक्यों का एक समूह समझता हूँ जो निश्चित लम्बाई में तथा एक निश्चित तत्त्वों के समूह (Group) से संरचित होते हैं।"

भाषा शब्द संस्कृत की भाष् (भ्वादिगणी) धातु से बना है। भाष् धातु का अर्थ है- व्यक्त वाणी अर्थात् व्यक्त वाणी के रूप में जिसकी अभिव्यक्ति की जाती है, उसे 'भाषा' कहते हैं। डॉ. कपिलदेव द्विवेदी लिखते है कि- "भाषा एक सुसम्बद्ध एवं सुव्यवस्थित योजना है जिसमें कर्त्ता, कर्म, क्रिया आदि व्यवस्थित रूप से होते हैं। भाषा में सुव्यस्थित पद्धति होने के कारण पद-रचना एवं वाक्य-रचना में विभिन्न नियमों का पालन करना अनिवार्य होता है।" इसी व्यवस्था के कारण ही बोलनेवाला जो कुछ कहना चाहता है, सुननेवाला भाषा के माध्यम से वही ग्रहण करता है। यदि यह व्यवस्था न होती तो वक्ता कहता कुछ और श्रोता समझता कुछ और। उदाहरण के लिए हिन्दीभाषी व्यक्ति लड़का-लड़की, पत्र लिख दिया, पत्र लिखेगा, लड़का गाता

है, लड़के गाते हैं, सुनकर व्यवस्था के कारण ही समझ जाता है कि पहला पुँल्लिग है तो दूसरा स्त्रीलिंग, तीसरा भूतकाल है तो चौथा भविष्य तथा पाँचवाँ एकवचन है तो छठा बहुवचन। व्याकरण में भाषा की इसी व्यवस्था का विश्लेषण होता है। यह व्यवस्था ध्वनि, रूप, शब्द, वाक्य-रचना आदि सभी स्तरों पर होती है। प्रत्येक भाषा में जो ध्वनियाँ उच्चरित होती हैं। उनका सम्बन्ध किसी वस्तु-क्रिया या कार्य से होता है। ये ध्वनियाँ किसी विशेष वस्तु या क्रिया से मौलिक सम्बन्ध न रखकर प्रतीकात्मक होती हैं। एक ध्वनि किसी भाषा में जिस वस्तु का बोध कराती है वही ध्वनि दूसरी भाषा में किसी अन्य वस्तु का बोध कराती है इसलिए यह आवश्यक नहीं कि एक ही ध्वनि का अर्थ हर भाषा में एक ही हो। भाषा की ध्वनियाँ केवल संकेतात्मक या प्रतीकात्मक होती हैं। हेनरी स्वीट के अनुसार- ''ध्वन्यात्मक शब्दों द्वारा विचारों को प्रकट करना ही भाषा है।'' विभिन्न ध्वनि-चिह्नों के माध्यम से मनुष्य अपने विचारों तथा मन के भावों को एक-दूसरे पर व्यक्त करता है। वह अपनी वागेन्द्रिय की सहायता से जिन संकेतो का उच्चारण करता है वे भाषा के अन्तर्गत आते हैं। उच्चरित ध्वनियों को लिपिबद्ध करने के पश्चात् ही उसका उच्चारण करना सम्भव हो पाता है। अतः भाषा में अभिव्यक्ति का आधार ध्वनियाँ होती है। वक्ता अपने भावों को व्यक्त करने के लिए ध्वनियों का ही प्रयोग करता है और इन ध्वनियों को सुनकर ही श्रोता उसके विचारों को समझ लेता है। भाषा में प्रयुक्त लगभग सारे शब्द (कुछ ध्वन्यात्मक शब्दों को छोड़कर) मूलतः प्रतीक होते हैं। आशय यह है कि ध्वनि और अर्थ का कोई सहज सम्बन्ध भाषा में नहीं होता। टीवी को टीवी या किताब को किताब इसलिए नहीं कहते कि टी और वी ध्वनियों से टीवी वस्तु का या कि, ता, ब ध्वनियों से किताब वस्तु का कोई सहज या स्वाभाविक सम्बन्ध है। इसे कहने का कारण केवल यह है कि जिस भाषा का हम प्रयोग कर रहे हैं उसमें ये शब्द सम्बन्धित वस्तुओं के प्रतीक मान लिए गये हैं। इस तरह सभी भाषाओं के लगभग सभी शब्द (संज्ञा, सर्वनाम, विशेषण, क्रिया, अव्यय) मूलतः प्रतीक (symbol) होते हैं। विभिन्न भाषाओं के अध्ययन से यह ज्ञात होता है कि भाषा में जिन ध्वनि-संकेतों का उपयोग किया जाता है वे पूर्णतया यादृच्छिक होते हैं। विभिन्न वस्तुओं या क्रियाओं के प्रतीकात्मक शब्द उस वस्तु या क्रिया के किसी आन्तरिक गुण को ध्यान में रखकर नहीं बनाये गये हैं। अतः किसी ध्वनि द्वारा उच्चरित शब्द का आपस में कोई मौलिक या दार्शनिक सम्बन्ध नहीं होता। प्रत्येक भाषा में किसी विशेष ध्वनि को किसी विशेष अर्थ का वाचक मान लिया जाता है। विश्व की विभिन्न भाषाओं में एक ही वस्तु या क्रिया के लिए अलग-अलग शब्द मिलते हैं। यदि यह यादृच्छिकता न होती तो एक वस्तु का सभी भाषाओं में प्रायः एक ही नाम होता। प्रसिद्ध भाषाशास्त्री जी.एल. ट्रेगर के अनुसार- ''भाषा यादृच्छिक वाचिक ध्वनि-संकेतों की वह पद्धति है, जिसके द्वारा मानव परस्पर विचारों का आदान-प्रदान करता है।'' भाषा में प्रयुक्त प्रतीकों के यादृच्छिक होने की बात भाषा के प्रारम्भिक रूप को ध्यान में रखकर कही जा रही है कि प्रारम्भ में जब भाषा बनी होगी तो ऐसा रहा होगा परन्तु बाद में मनुष्य ने तर्कबुद्धि द्वारा नये शब्दों का निर्माण किया जो यादृच्छिक नहीं थे। उदाहरण- घूसखोर (घूस लेनेवाला), आतंकवादी (आतंक फैलानेवाले), विद्यालय (विद्या ग्रहण करने का स्थान), अनाथालय (अनाथों के रहने की जगह)-जैसे शब्द यादृच्छिक नहीं माने जा सकते हैं। उस प्रारम्भिक काल में भी भाषा के सारे शब्द यादृच्छिक ही हों यह आवश्यक नहीं। कुछ शब्द ऐसे भी हो सकते हैं जिनके बनने के पीछे जाने-अनजाने समानता, साहचर्य, कार्य, ध्वनि आदि

से सम्बन्धित कुछ आधार हो सकता है। प्रत्येक मनुष्य अपने माता, पिता एवं सम्बन्धियों के द्वारा उच्चरित ध्वनि-संकेतों का अनुकरण करता है। वह बचपन से अपने माता-पिता व आसपास के लोगों द्वारा जिस वस्तु, क्रिया या कार्य का नाम उनसे सुनता है, वह भी उसको उसी नाम से पुकारने लगता है। भाषा एक व्यवस्थित पद्धति है जिसमें संकेतों के आधार पर अपने भावों की अभिव्यक्ति की जाती है। व्याकरण में भाषा की इसी व्यवस्था का विश्लेषण होता है। यह व्यवस्था ध्वनि, रूप, शब्द, वाक्य-रचना आदि स्तरों पर होती है। भाषा एक ऐसी इकाई है, जिसका सम्बन्ध मानव जाति के सबसे छोटे अवयव व्यक्ति से लेकर विश्वमानव की समष्टि तक है। हर भाषा का प्रयोग एक सीमित समाज में होता है। वह भाषा उसी समाज में बोली तथा समझी जाती है, उस समाज के बाहर भाषा का कोई अर्थ नहीं होता है। हर भाषा अपने समाज विशेष में विचार-विनिमय का साधन होती है। इस प्रसंग में यह बात ध्यान देने की है कि यों तो सोचने में भी एक प्रकार की अध्वन्यात्मक या सूक्ष्म भाषा का प्रयोग होता है जिसका प्रायः समाज से कोई सम्बन्ध नहीं होता और जो वैयक्तिक होती है किन्तु भाषाविज्ञान में जिस भाषा का हम अध्ययन-विश्लेषण करते हैं, वह चिन्तन की सूक्ष्म अध्वन्यात्मक भाषा नहीं है, अपितु समाज में विचार-विनिमय में प्रयुक्त ध्वन्यात्मक भाषा है। यों तो हर भाषा की अपनी अलग-अलग विशेषताएँ होती है, किन्तु सामान्य रूप से कुछ ऐसी भी विशेषताएँ हैं जो सभी भाषाओं पर लागू होती हैं। डॉ. भोलानाथ तिवारी लिखते हैं कि ''भाषा समाज में ही आपसी सम्पर्क से उत्पन्न हुई है, समाज ही उसका प्रयोग करता है और उस सामाजिक प्रयोग के कारण ही वह विकसित होती है, जीवित रहती है और अन्त में भाषा जब मरती है तो समाज में ही उसकी मृत्यु भी होती है। इस प्रकार भाषा की उत्पत्ति, विकास तथा मृत्यु समाज से सम्बन्धित है, इसलिए यह कहा जा सकता है कि भाषा एक सामाजिक वस्तु है।'' पैतृक सम्पत्ति उसे कहेंगे जो अनायास पुत्र को माँ-बाप से मिल जाय। भाषा के बारे में ऐसा नहीं है। हिन्दी बोलनेवाले दम्पति का बेटा यह आवश्यक नहीं कि हिन्दी ही बोले। मान लीजिए, शैशवावस्था में ही वह इंग्लैण्ड चला गया और वहीं के समाज में वह बड़ा हुआ तो स्वभावतः वह अंग्रेज़ी बोलेगा और यदि उसे हिन्दी का वातावरण नहीं मिला तो हिन्दी उसे जरा भी नहीं आयेगी। इस तरह कोई भी भाषा हम केवल अनायास सहज रूप में इसलिए नहीं सीख सकते कि वह हमारे माँ-बाप की भाषा है। जो पैतृक सम्पत्ति नहीं होगी, अर्जित होगी। भाषा भी अर्जित है। व्यक्ति उसका अर्जन समाज से करता है। इसी कारण हम जिस भी समाज में रहते हैं उसी की भाषा अर्जित कर सकते हैं और कर लेते हैं। समाज से अर्जन करने के कारण ही हिन्दीभाषी माँ-बाप का बेटा अंग्रेज़ीभाषी बन जाता है। उसी प्रकार अंग्रेज़ीभाषी माँ-बाप के बेटे फ्रांसीसी समाज में रहकर फ्रांसीसीभाषी या हिन्दीभाषी समाज में रहकर हिन्दीभाषी बन सकते हैं। अनुकरण मनुष्य का बहुत बड़ा गुण है। सामाजिक व्यवहार की सारी बातें हम अनुकरण द्वारा सीखते हैं। भाषा के सम्बन्ध में भी यही सत्य है। हम समाज में रहकर दूसरों के अनुकरण से भाषा (किस वस्तु या क्रिया का नाम है या किसी बात को कैसे कहें) सीखते हैं। बच्चे इसके अनुकरण में कभी-कभी ग़लती कर जाते हैं, किन्तु शीघ्र ही फिर अनुकरण करके अपनी ग़लती को ठीक कर लेते हैं। भाषा में हमेशा ही परिवर्तन होता रहता है। इस परिवर्तन के कारण ही संस्कृत का 'गृह' शब्द हिन्दी में 'घर' बन गया तथा 'कृष्ण' 'श्याम' हो गये। वस्तुतः परिवर्तन इस विश्व का शाश्वत नियम है। हमारा विश्व, हमारा समाज, हमारा ज्ञान, सभी-कुछ परिवर्तित हो रहा है, उसी प्रवाह

में भाषा भी परिवर्तित होती रहती है। भाषा का यह परिवर्तन कई रूपों में तो समाज के परिवर्तन के साथ भी चलता है। इस चिरपरिवर्तनशीलता के कारण ही जीवित भाषा का कोई अन्तिम रूप नहीं होता। ऐसा नहीं कहा जा सकता कि किसी भाषा का यह रूप अन्तिम है और इसमें परिवर्तन की गुंजाइश एकदम ख़त्म हो गयी है। भाषा यदि जीवित रहेगी तो उसमें परिवर्तन अवश्य होगा। परिवर्तन ही जीवन है- चाहे वह जीवित भाषा का हो, या समाज का, या मनुष्य का, यह बात जीवित भाषा के बारे में कही जा रही है। मृत भाषा का अन्तिम रूप तो स्वभावतः उसका अन्तिम रूप होता ही है। डॉ. कपिलदेव द्विवेदी के अनुसार- "जिस प्रकार जल की धारा ऊपर से नीचे की ओर जाती है उसी प्रकार भाषा भी कठिनता से सरलता की ओर उन्मुख होती है।" लोगों में मुख्यतः बच्चों में यह प्रवृत्ति देखी जाती है कि वे कठिन शब्दों को सरल बना लेते हैं। इसका कारण मानव की स्वाभाविक प्रवृत्ति है कि वह अल्प श्रम से अधिक-से-अधिक लाभ उठाना चाहता है। सरल बनाने की इसी प्रवृत्ति में मनुष्य उपाध्याय को उपधिया, मुखोपाध्याय को मुखर्जी, लौहकार को लोहार, ब्राह्मण को 'बाम्हन', चिह्न को 'चिन्ह' कहता है। भाषा को प्रयोक्ता जाने-अनजाने उस भाषा के आदर्श या उसके यथासाध्य निकटतम रूप का प्रयोग करता है। उसी आदर्श के कारण वक्ता जो कुछ कहता है, श्रोता उसका प्रायः वही अर्थ ग्रहण करता है। इस एक रूप के कारण ही एक भाषाभाषी का हज़ारों, लाखों या करोड़ों लोगों में आपस में विचार-विनिमय होता है। हर समाज में भाषा की बोधगम्यता का मूल आधार उसमें प्रयुक्त भाषा का वह आदर्श रूप ही होता है चाहे वह कितना भी अस्पष्ट क्यों न हो। सूक्ष्म दृष्टि से देखा जाय तो हर भाषा के किसी-न-किसी रूप में उतने ही भेद होते हैं जितने उसके बोलनेवाले होते हैं, किन्तु यह भेद इतना सूक्ष्म होता है कि सामान्यतया ज्ञात नहीं होता। ऊपर की सभी विशेषताएँ या बातें यों तो सभी भाषाओं में पायी जाती हैं', किन्तु इस समानता के बावजूद विश्व की सभी भाषाओं की अपनी अलग-अलग विशेषताएँ भी होती हैं। यदि सभी की अपनी-अपनी अलग-अलग विशेषताएँ न हों तो फिर सभी अलग-अलग भाषाएँ ही न हों। ये अलग-अलग विशेषताएँ ध्वनि, शब्द-समूह, रूपरचना, वाक्यगठन, या अर्थ आदि कई स्तरों पर हो सकती हैं। इसके अतिरिक्त उच्चारण अवयवों से उच्चारित, यादृच्छिक, ध्वनि-प्रतीकयुक्त, सार्थक, व्यवस्थित तथा समाज-विशेष में विचार-विनिमय का साधन आदि भाषा की कुछ और भी विशेषताएँ होती हैं।

रामचन्द्र वर्मा के अनुसार- "भाषा बहुत-से ऐसे शब्दों से बनती है जिनके कुछ अर्थ होते हैं, बल्कि यों कहना चाहिए कि निरर्थक शब्दों के लिए भाषा में कोई स्थान नहीं होता। शब्द का अर्थ और कहीं नहीं स्वयं हमारे मन में होता है।" इस विषय में तीन पक्ष होते हैं- पहला 'शब्द', दूसरा 'अर्थ' और तीसरा 'वक्ता-श्रोता के मन'। भाषा इसीलिए हमारे मन के भाव दूसरों तक पहुँचाती है कि हम अपने सामाजिक क्षेत्र में कुछ विचारों, कार्यों, वस्तुओं आदि का सम्बन्ध कुछ विशिष्ट शब्दों से स्थापित कर लेते हैं। कोई बात सुनकर उसका अर्थ हम इसीलिए तुरन्त समझ लेते हैं कि हम जानते हैं कि वक्ता इन शब्दों से वही आशय प्रकट कर रहा है जो आशय आवश्यकता पड़ने पर स्वयं हम अथवा हमारे समाज के दूसरे लोग इन शब्दों से प्रकट करते हैं। इस प्रकार शब्द और उसके अर्थ में हमारे और आपके मन के संयोग से एक अभेद्य सम्बन्ध स्थापित हो जाता है। उदाहरण के लिए साधारण 'पास' शब्द पर विचार करने पर हिन्दीवाले इसका अर्थ 'निकट', 'समीप' या 'नज़दीक' समझते हैं। पुरानी हिन्दी में इसका अर्थ 'ओर' या

'तरफ' होता है। अब यह 'अधिकार में' या 'कब्ज़े में' के अर्थ में भी प्रयुक्त होता है। भारत के समीपवर्ती फ़ारस देश की भाषा में इसी शब्द के अर्थ होते हैं-(क) लिहाज़ या ख़्याल (ख) तरफ़दारी या पक्षपात (ग) पहरा, चौकी आदि। अंग्रेजी में इसके अर्थ होते हैं (क) उत्तीर्ण या पारित (ख) दर्रा या घाटी (ग) गुजरना, बिताना आदि। संसार की विभिन्न भाषाओं में इसके न जाने कितने अर्थ होते होंगे। स्वयं अर्थ शब्द के हमारे यहाँ जो अर्थ है वे तो हम जानते ही हैं पर अंग्रेज़ी में 'अर्थ' का अर्थ होता है- पृथ्वी, भूमि, मिट्‌टी आदि। इन सब बातों से यह सिद्ध होता है कि स्वयं किसी शब्द में ऐसी विशेषता नहीं होती जिससे उसका कोई अर्थ सूचित हो। अलग-अलग देशों के निवासी अपने लिये अलग-अलग शब्द बनाते और उसके अलग-अलग अर्थ मान लेते हैं। हम एक भाव या एक पदार्थ का बोध कराने के लिए जिस शब्द का प्रयोग करते हैं सम्भव है अन्य देशों के लोग उस शब्द का प्रयोग कोई दूसरा भाव या पदार्थ सूचित करने लिए करते हों। यहाँ तक अनुग्रहण वाचक शब्द भी सब भाषाओं में अलग-अलग तरह के होते हैं और अलग-अलग तरह से बनते हैं। अतः शब्द संकेत मात्र हैं और उसका अर्थ वस्तुतः हमारे और आपके मन में होता है।

डॉ. रामविलास शर्मा शब्द और अर्थ की व्याख्या करते हुए कहते हैं कि- "शब्द और अर्थ का मूर्त सम्बन्ध यह है कि शब्द द्वारा हमें किसी पदार्थ या कर्म का बोध होता है, जिससे वह ध्वनि-संकेत सम्बद्ध हो गया है। शब्द स्वयं वह पदार्थ नहीं; वह किसी की ओर संकेत भर करता है। इसलिए हम उसे बाधित उत्तेजक कहते हैं।" जैसे 'माँ' शब्द कहने पर हमें अपनी जन्मदात्री का बोध होता है; अन्य लोगों को यही बोध 'मम्मी' कहने से होता है। माँ या मम्मी की ध्वनियों में कोई ऐसा गुण नहीं है जो जननी के गुणों का प्रतिबिम्ब हो। शब्द और अर्थ का सम्बन्ध ध्वनि और उससे सम्बद्ध किये हुए पदार्थ का ही सम्बन्ध है। यह सम्बन्ध अटूट और अविच्छेद नहीं है। यदि शब्द और अर्थ निरपेक्ष रूप में अभिन्न हों, तो एक विचार को एक से अधिक भाषा में प्रकट ही नहीं किया जा सकता। अनुवाद करते समय दोनों भाषाओं की समान शब्दावली जिन वस्तुओं की ओर संकेत करती हैं, वे वस्तुएँ और उनसे हमारे स्नायुतन्त्र का सम्बन्ध ही वह मूर्त आधार है जिसके कारण एक भाषा का सहारा छोड़ते हुए दूसरी भाषा की शब्दावली तक पहुँचने की अवधि में 'अर्थ' लुप्त नहीं हो जाता। विशेष कार्यों, कार्य-समूहों या वस्तुओं से कुछ निश्चित ध्वनियों के संसर्ग द्वारा भाषा का निर्माण होता है। यह क्रिया मूलतः वही है जिसमें स्नायुतन्त्र बाह्य पदार्थों से स्थायी या अस्थायी सम्बन्ध बनाता है। बाह्य पदार्थों का यह प्रत्यक्ष इन्द्रियबोध प्रथम संकेत-पद्धति हुआ; इन्हीं पदार्थों से ध्वनियों का सम्बन्ध-स्थापन द्वितीय संकेत-पद्धति हुआ। दोनों ही पद्धतियों में मूलभूत एकता है। सम्बन्ध स्थापना की प्रणाली दोनों में मूलतः एक है। ऐसा हांना स्वाभाविक है, क्योंकि भाषा की उत्पत्ति इन्द्रियों की स्वतःस्फूर्त प्रतिक्रिया से होती है। जो इन्द्रियाँ किसी पदार्थ के रूपज्ञान का माध्यम हैं, वही उसके नामकरण का माध्यम भी हैं। जैसे रूपज्ञान में पदार्थ से स्थायी और अस्थायी सम्बन्ध क़ायम किये जाते हैं, वैसे ही नामकरण में भी क़ायम होते हैं, यद्यपि यह क्रिया अक्सर हमारी आँखों से ओझल रहती है और हमें लगता है कि ध्वनि और पदार्थ का सम्बन्ध सदा से पूर्व निश्चित है। आजकल हिन्दी में पारिभाषिक शब्दों की रचना हो रही है। इन्द्रियों द्वारा ग्रहीत पदार्थ को हम अंग्रेज़ी के माध्यम से 'स्टिमुलस' संज्ञा द्वारा अभिहित करते हैं। इसके लिए एक हिन्दी शब्द है 'उद्‌दीपक;' अन्य शब्द है उत्तेजक। यदि उत्तेजक शब्द का चलन हो जाय तो 'स्टिमुलस' द्वारा ज्ञापित पदार्थ

से उसका सम्बन्ध अस्थायी से बदलकर स्थायी हो जायेगा और 'उद्दीपक' का सम्बन्ध अस्थायी ही रहकर ख़त्म हो जायेगा। 'मृग' हरिण के लिए प्रयुक्त होता है; दक्षिण की कुछ भाषाओं में मृग का अर्थ है पशु। हिन्दी में 'अनर्गल शब्द' निरर्थक शब्द प्रवाह का सूचक है; तेलगू में उसकी व्यंजना है-'धाराप्रवाह भाषण'। इस तरह के सैकड़ों उदाहरण मिलते हैं जिनमें ध्वनि तो एक ही है किन्तु उसके द्वारा संकेतित पदार्थ भिन्न-भिन्न हैं। यह तभी सम्भव है जबकि एक स्थिति या काल में ध्वनि और पदार्थ का जो सम्बन्ध स्थायी लगता है, वहीं अन्य स्थिति और काल में अस्थायी हो जाये और उसका स्थान भिन्न पदार्थवाला स्थायी सम्बन्ध ले ले। संसार के पदार्थ और क्रियाएँ ही जब परिवर्तनशील हैं, तब ध्वनियों से उनका सम्बन्ध कैसे अपरिवर्तनशील रह सकता है? मुख्य बात यह है कि भाषा-रचना का साधारण क्रम यह है कि मनुष्य अनजाने, बिना सोचे-समझे, स्वतः प्रेरित ढंग से ध्वनि और पदार्थ का स्थायी-अस्थायी सम्बन्ध बनाता है। डॉ. रामविलास शर्मा के अनुसार- "भाषा जब बोली जाती है तब वह अमूर्त होती है परन्तु लिपि की सहायता से उसे मूर्त रूप दिया जाता है। भाषा का विवेचन उसके मूर्त रूप पर ही आधारित होता है। भाषा में व्याकरण, अलंकार, छन्द या भाषाविज्ञान सभी भाषा के मूर्त रूप पर ही निर्भर करता है।" जब लिपि नहीं रही होगी तब भाषा का विवेचन भी नहीं रहा होगा। लिपिबद्ध होने के बाद ही भाषा का विवेचन सम्भव हो पाया तभी भाषा-सम्बन्धी नियम, अलंकरण, गुणदोष, जाति भेद का विवेचन हो सका। इसका उदाहरण एक फूल से दिया जा सकता है। जैसे-जब हम गुलाब के फूल की बात करते हैं तो गुलाब का फूल मूर्त स्वरूप में होता है लेकिन उसका गुण (महक, गन्ध) अमूर्त होता है। फूल सूँघने पर ही उसकी गन्ध का आभास होता है। ठीक उसी प्रकार जब हम सामाजिक सरोकार के लिए एक-दूसरे से अपने भाव प्रकट करने या आवश्यक जानकारी देने के लिए जिस भाषा का प्रयोग करते हैं वह अमूर्त होता है। जो भाषा बोलचाल में प्रयुक्त होती है या जो सम्पर्क की भाषा होती है उसमें व्याकरण या भाषाविज्ञान का नियम पूर्णतया लागू नहीं होता। जबकि साहित्य-सृजन के बाद व्याकरण या भाषाविंज्ञान के नियम का प्रयोग होता है। साहित्य को 'काव्य' शब्द के पर्याय के रूप में लिया जाता है। साहित्य शब्द से उसी अर्थ का बोध होता है जिस अर्थ में काव्य का व्यवहार हुआ है, भाषा और काव्य का सम्बन्ध पुराना है। भाषा का पहला काम है शब्दों के द्वारा अर्थ का बोध कराना। यह काम वह सर्वत्र करती है। काव्यभाषा सामान्य जन की भाषा से अलग होती है। काव्य में प्रयुक्त भाषा की अपनी विशिष्ट संरचना, प्रक्रिया, विशिष्ट स्वरुप, विशिष्ट प्रयोग और विशिष्ट व्यंजना होती है। सामान्य जन की भाषा में नये-नये प्रयोग होते हैं, लेकिन प्रत्येक कवि या साहित्यकार प्रचलित जनभाषा को काव्यभाषा के रूप में परिवर्तित एवं परिमार्जित कर देता है। यह सत्य है कि सामान्य के अन्तर से ही निकलकर एक भाषा काव्य का रूप ग्रहण करती है। किन्तु काव्य बनने की प्रक्रिया में सामान्य भाषा ज्यों-का-त्यों काव्य में ग्रहीत नहीं होती बल्कि अकाव्यात्मक अंश छूट जाता है और तात्त्विक अंश काव्य के रूप में प्रकट होता है। भाषा जनसामान्य का प्रतिनिधित्व करती है। काव्य भी उसी आधार पर समाज का प्रतिनिधित्व करता है। काव्य के माध्यम से भाषा के विशेष प्रयोग से भाषा का जो स्वरूप बनता है वह लोक काव्य की भाषा के रूप में स्पष्ट होकर अपनी शिष्ट परिमार्जित काव्य की भाषा का निर्माण करती है। भाषा सर्जनात्मक क्रिया का प्रतिफलन होती है। निरन्तर व्यावहारिक प्रयोग के कारण शब्दों के अर्थ निश्चित और नियत होते चले जाते हैं। साहित्य की भाषा लालित्यपूर्ण होती है। एक

साहित्यकार व्यावहारिक भाषा के शब्दों को ग्रहण कर भावों का वाहक बनकर अपनी विशिष्ट भाषा के माध्यम से अपने विचारों को प्रस्तुत करता है। साहित्यकार उसे व्यक्तिनिष्ठ बनाकर प्रस्तुत करता है। व्यक्तिनिष्ठ भाषा संकेतात्मक और कल्पनाजन्य होती है। इसलिए साहित्य की भाषा लाक्षणिक एवं व्यंजक होती है जिससे वह अपने पूर्ण अर्थ को अभिव्यक्ति प्रदान करती है। डॉ. रामस्वरूप चतुर्वेदी ने माना है कि ''साहित्यिक भाषा मूलतः बोलचाल की वह भाषा है जो विभिन्न रचनाकारों की सृजन प्रक्रिया में समाहित होकर अपने स्वरूप को परिवर्तित कर लेती है।'' साहित्यिक भाषा को दो रूपों में देखा जा सकता है। 'कविता की भाषा' और 'गद्य की भाषा' किन्तु काव्यभाषा के अन्तर्गत दोनों ही भाषाएँ आ जाती है। गद्य और कविता की भाषा में बिम्ब गठन के कारण अन्तर होता है कविता की भाषा पाठकों या श्रोता तक बिम्बों तथा भावचित्रों द्वारा पहुँचती है। जिसको पाठक अपने भावनात्मक धरातल पर गढ़ता है। इसलिए कविता की भाषा में बहुशिल्पित होना दोष है परन्तु गद्य की भाषा में प्रधानता वर्णन की होती है। अतः उसमें कसाव होना आवश्यक है। इसलिए हमारे यहाँ गद्य को कवियों की कसौटी कहा गया है। काव्य में जहाँ कवि के अन्तरंग भाव शब्दों का रूप धारण कर जनसामान्य तक पहुँचता है। वहीं यह लाक्षणिक और प्रतीकात्मक होने के कारण कठिन भी हो सकता है। कवि स्वान्तः सुखाय काव्य-सृजन करता है जो बाद में अर्थ के माध्यम से जनसामान्य को समझ में आता है। कवि या रचनाकार सामान्य शब्दों को भी अपने काव्य में विशिष्ट प्रकार के अर्थ के लिए प्रयोग करता है जिसका अर्थ मूल शब्द के भाव से अलग भी हो सकता है। यहाँ रचनाकार को रचनाधर्म निर्वहन करने के लिए भाषाविज्ञान छूट प्रदान करता है। जबकि गद्य लेखन में यह भाषायीं अवकाश रचनाकार के पास नहीं होता है। गद्य या निबन्ध के लिए भाषा उसके विषय वस्तु या कथानक के अनुकूल या सटीक न होने पर असहज स्थिति को उत्पन्न करती है। ऐसी स्थिति में गद्य लेखक के भ्रामक शब्द कभी-कभी स्वयं अन्तर्द्वन्द्व-जैसी स्थिति उत्पन्न कर देते हैं। विषयवस्तु के अनुकूल भाषा शब्दों के चयन न होने पर गद्य रचना अपनी प्रासंगिकता खोने लगती है। सम्भवतः इसलिए गद्य का लिखना पद्य से ज़्यादा कठिन माना जाता है और गद्य की रचना ही साहित्यकार होने की कसौटी मानी जाती है। यही कारण है, कि जब हम जनसम्पर्क एवं काव्य की भाषा की बात करते हैं तो जनसम्पर्क की भाषा गद्य लेखन के आसपास होने पर अधिक ग्राह्य होती है। सम्भवतः जनसम्प्रेषण के लिए गद्य लेखन की विधा को नितान्त आवश्यक माना जाता है। दरअसल मानक भाषा या सामान्य भाषा में शब्दों और वाक्यों का एक निश्चित और तर्कयुक्त अनुक्रम होता है जबकि काव्यात्मक भाषा में अकस्मात् उछाल और टूटन के गुण मौजूद होते हैं। यह कविता की रचना-प्रक्रिया है जो शब्दों को अपने ढंग से प्रयुक्त करती है। वस्तुतः अभिव्यक्ति अपने-आपमें आकर्षण का कारण नहीं होती, उसे शब्दों के प्रयोग से आकर्षक बनाया जाता है। भाषिक स्तर पर साहित्यिक भाषा और सम्पर्क भाषा दोनों भिन्न होती हैं। इन दोनों का स्वरूप भिन्न होता है, क्योंकि इनकी उपयोगिता भी भिन्न होती हैं तथा इनका उपयोग करनेवाले भी अलग-अलग बौद्धिक क्षमतावाले होते हैं। साहित्यिक भाषा का उद्देश्य साहित्य सृजन द्वारा स्वस्थ मनोरंजन तथा समाज कल्याण के लिए होता है। साहित्यकार, साहित्यिक सृजन चाहे स्वान्तः सुखाय करे अर्थात् अपने आनन्द के लिए करे या किसी विशेष उद्देश्य से करे फिर भी उसमें लोकमंगल की कामना निहित होती है। जैसे तुलसीदास जी ने रामचरितमानस स्वान्तः सुखाय लिखा, परन्तु आज भी जीवन के उच्च

आदर्शों की शिक्षा देनेवाले ग्रन्थ के रूप में इस रचना का महत्त्व सर्वविदित है। डॉ. भोलानाथ तिवारी के अनुसार- ''साहित्य; बुद्धिजीवी व अच्छे पढ़े-लिखे पाठकों हेतु लिखा जाता है तथा यह संस्कृति का एक अंग होता है, इसलिए इसकी भाषा में एक स्तर या मानक (स्टैण्डर्ड) होना ज़रूरी है, जबकि सम्पर्क भाषा सिर्फ़ सम्प्रेषण या संवाद का माध्यम होती है तथा अनपढ़ और गँवार से लेकर उच्च शिक्षित वर्ग इसका उपयोग करता है। अतः इसका स्वरूप बोलचाल की भाषा का होता है जिसमें वक्ता अपने ज्ञान और भाषिक क्षमता के हिसाब से परिवर्तन करता है। इसलिए सम्पर्क भाषा का व्याकरणिक स्तर तथा शब्द-चयन सामान्य स्तर का होता है। इसलिए सम्पर्क भाषा में सम्प्रेषण का स्थान पहला होता है तथा व्याकरणगत शुद्धता का स्थान गौण होता है।'' भाषा का सरोकार समाज से होता है। परन्तु भाषा के अन्य रूप ऐसे होते हैं जो सीमित वर्ग के लिए होते हैं, लेकिन सम्पर्क भाषा का क्षेत्र व्यापक होता है। सम्पर्क भाषा किसी सरकारी कानून या आदेश से नहीं बनायी जाती है। यह तो अपने दम पर लोगों द्वारा ग्रहण करने से बनती है। सम्पर्क भाषा को जनसमुदाय अपनी इच्छा से चुनता है इसलिए यह भाषा सभी विवादों से परे होती है। भारत के सन्दर्भ में बात की जाये तो यहाँ की जनता ने स्वेच्छा से हिन्दी की व्यापकता एवं सरलता को देखते हुए इसे सम्पर्क भाषा के पद पर बिठाया है तथा हिन्दी सम्पर्क भाषा के रूप में भारतीय जन-मानस की चहेती भाषा बनी हुई है। अतः यह निर्विवाद रूप से कहा जा सकता है कि बहुभाषाभाषी समाज में अपने विचारों के आदान-प्रदान के लिए एक सम्पर्क भाषा का होना बहुत ज़रूरी है तथा भारत के सन्दर्भ में ऐसी सम्पर्क भाषा हिन्दी है। इस प्रकार राजभाषा की विकास-यात्रा में विभिन्न पड़ावों का अध्ययन करने से राजभाषा की संकल्पना स्पष्ट हो जाती है। हम सम्पर्क भाषा को जनभाषा भी कह सकते हैं, क्योंकि यह भाषा का एक ऐसा रूप है जो जन-जन से प्रत्यक्ष रूप में जुड़ा है।

भाषा के विविध रूप

भाषा की अनेकरूपता को संक्षेप में इस प्रकार प्रस्तुत किया जा सकता है। मूल-भाषा, परिनिष्ठित या परिष्कृत भाषा, विभाषा, बोली, व्यक्तिगत बोली, अपभाषा, विशिष्ट भाषा, कूट-भाषा, कृत्रिम भाषा एवं मिश्रित भाषा। कतिपय ऐतिहासिक तथ्यों के आधार पर विश्व की प्रत्येक भाषा का आधार कोई न कोई मूल-भाषा मानी गयी है। कुछ अंशों तक यह मूल-भाषा काल्पनिक है। जैसे- इण्डोयूरोपियन या भारोपीय मूल-भाषा की कल्पना। इसका आधार यह माना गया है कि भारत और यूरोप के व्यक्ति मूल रूप में किसी एक स्थान पर रहते थे। धीरे-धीरे वे भौगोलिक या आर्थिक आदि कारणों से इधर-उधर बिखरे। उनकी मूल-भाषा इस विस्तार के साथ ही अनेक रूपों में आयी। एक ओर इसका भारतीय संस्कृतवाला रूप प्रकट हुआ, दूसरी ओर ग्रीक और लैटिन से सम्बद्ध, पहलवी, फ़ारसी आदि के रूप में विकसित हुआ। तुलनात्मक अध्ययन पर यह मूल भाषा स्वीकृत की गयी है। परन्तु इसका कोई ऐतिहासिक तथ्य प्राप्त नहीं है। इसी प्रकार अन्य भाषा-परिवारों की भी मूल भाषा मानी गयी है। **परिनिष्ठित भाषा** को स्तरीय भाषा, स्टैण्डर्ड भाषा (Standard Language), आदर्श भाषा या टकसाली भाषा भी कहते हैं। यह भाषा का आदर्श रूप होता है। साहित्यिक रचनाएँ इसी में होती हैं। शासन, शिक्षा एवं शिक्षित वर्ग में इसका ही प्रयोग होता है। यह भाषा व्याकरण की दृष्टि से परिष्कृत होती है। भाषा का व्याकरण इसी को आधार मानकर बनाया जाता है। अनेक समान भाषाओं में से विशिष्ट समाज या जनसाधारण में अधिक प्रचलन के आधार पर किसी एक भाषा को आदर्श भाषा मान

लिया जाता है। शिक्षित वर्ग इसी का प्रयोग करता है। यह भाषा अनेक स्तर पर स्वीकृत होने से आदर्श भाषा के रूप में व्यवहृत होती है। संस्कृत, हिन्दी, अंग्रेज़ी, फ्रेंच, जर्मन, रूसी और चीनी आदि भाषाएँ इसी श्रेणी में आती हैं। आदर्श भाषा के प्रान्तीय या प्रादेशिक रूप भी विभिन्न हो जाते हैं। इसके मौखिक और लिखित दो रूप होते हैं। 'मौखिक' में छोटे, सरल और सुबोध वाक्यों का प्रयोग होता है। 'लिखित' में बड़े और कठिन वाक्यों का भी प्रयोग होता है। लिखित रूप में कृत्रिमता की मात्रा अधिक पायी जाती है। परिनिष्ठित या आदर्श भाषा के अन्तर्गत अनेक विभाषाएँ होती हैं। विभाषाएँ प्रायः स्थानीय भेद के आधार पर होती हैं। भौगोलिक आधार पर एक भाषा की अनेक विभाषाएँ हो जाती हैं। इसी आधार पर आदर्श हिन्दी भाषा की अनेक विभाषाएँ दृष्टिगोचर होती हैं। जैसे- राजस्थानी आदि। प्रान्तीय या उपप्रान्तीय आधार पर स्वीकृत भाषाओं को विभाषा की श्रेणी में रखा जाता है। जैसे- पंजाबी, गुजराती, मराठी, बँगला, उड़िया, असमी आदि। कुछ विद्वानों ने विभाषा और बोली शब्द को समानार्थक माना है और उसे डाएलेक्ट (Dialect) का अनुवाद कहा है। विभाषा और बोली में आपेक्षिक अन्तर है। जो भाषाएँ प्रान्तीय स्तर पर शासन द्वारा स्वीकृत हो जाती हैं और जिनमें प्रान्तीय शासन का कार्य प्रचलित होता है, उनका स्तर उच्च हो जाता है और वे विभाषा की श्रेणी में आती हैं। इसके अतिरिक्त जो भाषाएँ प्रान्तीय स्तर पर स्वीकृत न होकर मण्डलीय स्तर पर स्वीकृत रहती हैं तथा जिनमें साहित्यिक रचनाएँ भी विद्यमान रहती हैं, उन भाषाओं को बोली की श्रेणी में लिया जाना उचित है। जैसे- हिन्दी की बोलियाँ ब्रज, अवधी, कुमायुँनी, बुन्देली, भोजपुरी आदि। इनके भी स्थानीय छोटे भेद होते हैं। ये भेद जिला आदि के स्तर पर होते हैं। इन्हें उपबोली कह सकते हैं। व्यक्तिगत बोली भाषा की सबसे छोटी इकाई है। एक व्यक्ति की भाषा को व्यक्तिगत बोली कहेंगे। प्रत्येक व्यक्ति की भाषा में दूसरे व्यक्ति की भाषा से अन्तर होता है। ध्वनि-भेद, स्वर-भेद, सुर-भेद आदि के आधार पर एक-एक व्यक्ति की बोली पृथक् पहचानी जाती है। इसी आधार पर केवल ध्वनि को सुनकर हम किसी व्यक्ति-विशेष को अन्धकार में भी पहचान लेते हैं। व्यक्ति-भेद से भाषा में भेद आता है। इस प्रकार व्यक्तियों की पृथक्-पृथक् ध्वनियों का विश्लेषण किया जाता है। व्यक्तिगत बोली ही सामूहिक रूप प्राप्त होने पर उपबोली बनती है। उससे बोली और विभाषा की सृष्टि होती है। अशिष्ट, असभ्य और अपरिष्कृत भाषा को अपभाषा नाम दिया जाता है। महाभाष्यकार पतञ्जलि ने सर्वप्रथम अपभाषा की ओर ध्यान आकृष्ट किया है। उनका कथन है- "ब्राह्मणेन न म्लेच्छितवै नापभाषितवै।" (महाभाष्य आह्निक-1) अर्थात् ब्राह्मण या विद्वान् को म्लेच्छ भाषा और अशुद्ध भाषा का प्रयोग नहीं करना चाहिए। अंग्रेज़ी में स्लैंग शब्द के द्वारा जिस अर्थ को व्यक्त किया जाता है, उसी अर्थ को अपभाषा शब्द व्यक्त करता है। अपभाषा में व्याकरण के नियमों की उपेक्षा की जाती है। अतएव शब्दों की शुद्धि और अशुद्धि का ध्यान न रखते हुए प्रयोग किया जाता है। एकर-इसका, ओकर-उसका, गउवाँ-गाँव, गवा-गया आदि। इसकी वाक्य रचना अपरिष्कृत होती है। जैसे-यद् वा नः, तद् वा नः हमारे लिये जो भी हो, के स्थान पर यर्वाणः, तर्वाणः (महाभाष्य)।

व्यक्ति समाज का अंग है। प्रत्येक व्यक्ति किसी समाज या वर्ग से सम्बद्ध होता है। प्रत्येक वर्ग की कुछ विशेष व्यावसायिक या पेशे की शब्दावली होती है, जिसका उसके जीवन से प्रतिपल सम्बन्ध रहता है। इस प्रकार विभिन्न व्यवसायों के आधार पर भाषा के अनेक रूप समाज में दृष्टिगोचर होते हैं। जैसे- किसान, मज़दूर, लोहार, दर्ज़ी, शिक्षक, वकील, डॉक्टर, पुरोहित, मुल्ला,

पादरी आदि की अपने व्यवसाय के अनुसार अलग-अलग शब्दावली होती है। इसी प्रकार विभिन्न विषयों राजनीतिशास्त्र, अर्थशास्त्र, वाणिज्य, मनोविज्ञान और विभिन्न विज्ञानों की अपनी विशिष्ट शब्दावली होती है, जो उस विषय से सम्बद्ध व्यक्तियों में ही चलती है। विशिष्ट शब्दावली के आधार पर यह निर्णय किया जा सकता है कि उस व्यक्ति का किस व्यवसाय से सम्बन्ध है। इस प्रकार एक पण्डित की शब्दावली में संस्कृतनिष्ठ शब्दों की बहुलता, मौलवी की शब्दावली में अरबी और फ़ारसी शब्दों की बहुलता, अंग्रेज़ी पढ़े लोगों की बोलचाल में अंग्रेज़ी शब्दों की बहुलता, वकीलों की भाषा में अंग्रेज़ी या उर्दू-फ़ारसी के शब्दों की अधिकता दृष्टिगोचर होती है। गुप्त भाषा या कूट-भाषा का उपयोग मनोरंजन और अप ति के लिए किया जाता है। इसमें कुछ विशिष्ट शब्दों का विशेष अर्थ में प्रयोग होता है। जो उन संकेतों को जानता है, वही उसका अर्थ समझ सकता है। इस प्रकार की भाषा का प्रयोग राजनीतिज्ञों, विद्रोहियों, क्रान्तिकारियों, चोरों और डाकुओं आदि में प्रचलित होता है। राजनीतिज्ञों के तार पत्रों में ऐसी ही भाषा का प्रयोग होता है। 'आन्दोलन तेज़ी पर है' के लिए 'गर्मी बढ़ रही है'। इसी प्रकार 'पिटाई' के लिए 'स्वागत करना' आदि प्रयोग होते हैं। कहीं पर कूट-भाषा का प्रयोग वर्ण-परिवर्तन के द्वारा भी प्रस्तुत किया जाता है। जैसे- चाकू को काचू, पानी को नीपा आदि। चोर-डाकू आदि गोपन की दृष्टि से ऐसी भाषा का प्रयोग करते हैं, जो उनके साथी ही समझ सकते हैं। जैसे- इनको अमर कर दो (मार डालो), प्रसाद देना (जहर देना), नारायण (नाले में डाल दो)। इसी प्रकार शिक्षित युवा वर्ग भी अपने उपयोग के लिए विशेष अर्थों में नये शब्द गढ़ लेते हैं और पत्र आदि में उसका ही उपयोग करते हैं। काव्यशास्त्र में विपरीत लक्षण, व्याजोक्ति और अपह्नुति आदि मे कूट-प्रयोग आधार रूप में है। कूट भाषा के अनेक रूप दृष्टिगोचर होते हैं। कहीं पर वर्ण-परिवर्तन, वाक्य-परिवर्तन, प्रत्येक शब्द के साथ कुछ अक्षर जोड़ते जाना, अक्षरों के लिए अंकों का प्रयोग आदि। कृत्रिम भाषा परम्परागत या स्वभावसिद्ध नहीं है। यह भाषा की सुबोधता और सुगमता को लक्ष्य में रखकर बनायी जाती है। इस दृष्टि से डॉ. जमेनहाफ की बनायी एस्परेन्तो भाषा विश्व में सबसे अधिक प्रसिद्ध है। विश्व भर में इसका प्रचार है। अनेक पत्र-पत्रिकाएँ इस भाषा में निकलती हैं। इसका प्रयोग करनेवालों की संख्या 8 लाख से अधिक बतायी जाती है। कुछ रेडियो स्टेशनों से इस भाषा में कार्यक्रम भी प्रस्तुत किये जाते हैं। इसका उद्देश्य है- भाषा-भेद से उत्पन्न होनेवाली असुविधाओं को दूर करके अन्तर्राष्ट्रीय व्यवहार के योग्य एक सामान्य भाषा को प्रस्तुत करना। इस प्रकार की एक दर्जन से अधिक भाषाएँ प्रस्तुत की जा चुकी हैं जिनमें आक्सिडेण्टल, इण्टरलिंगुआ, नोवियल आदि मुख्य हैं। कृत्रिम भाषा की कुछ न्यूनताएँ भी हैं, जिनके कारण इनका प्रचलन विस्तृत जन-मानस में सम्भव नहीं है। ये न्यूनताएँ हैं- यह कामचलाऊ भाषा होती है। इसमें गम्भीर विषयों का विवेचन सम्भव नहीं। इसमें उच्च्य साहित्य का निर्माण सम्भव नहीं। इसमें हार्दिक मनोभावों का विवेचन या विश्लेषण सम्भव नहीं। यह मातृभाषा का स्थान या गौरव नहीं प्राप्त कर सकती है। भौगोलिक भेद के आधार पर ध्वनि-भेद हाने से उसमें एकरूपता सम्भव नहीं है।

भाषा का मानव-जीवन में इतना महत्त्व है कि प्राचीन ऋषियों ने भाषा के महत्त्व के बारे में लिखा है : "शब्द ब्रह्मणि निष्णातः परम ब्रह्माधिगच्छति" अर्थात् भाषा में प्रवीणता प्राप्त

कर लेने से मानव को परम ब्रह्म की प्राप्ति होती है। भाषा को संस्कृत साहित्य में 'कामदुधा' भी कहा गया है, अर्थात् भाषा कामनाओं को पूर्ण करनेवाली वस्तु है। इस प्रकार हम देखते हैं कि मानव-जीवन में भाषा का महत्त्व सर्वोपरि है। समाचारों के सृजन में भी भाषा की महत्त्वपूर्ण भूमिका होती है। सम्प्रेषणीयता की अनिवार्य शर्त को निभाते हुए समाचार लिखनेवाले को यह ध्यान में रखना होता है-उसे शिक्षा के निम्नतम बिन्दु पर ठहरे रह गये पाठक/दर्शक से लेकर शिक्षा के उच्चतम बिन्दु पर पहुँच गये पाठक या दर्शक को यह समाचार पढ़ाना, सुनाना या दिखाना है। बात समझ में आ जाये इस आशा के साथ तैयार किये गये वाक्यों में जितनी सरलता व सहजता निहित होगी, उतनी ही सम्प्रेषणीयता समाचार में आयेगी। यहाँ यह भी कहा जा सकता हैं कि समाचारों को गढ़ते समय स्वयं समाचारों का ग्राहक बनना पड़ता है और फिर उसी के हिसाब से शाब्दिक खाका खींचना पड़ता है। सम्प्रेषणीय भाषा की शर्त निभाने के लिए ज़रूरी है कि शब्दों की अराजकता से बचा जाये, शब्दों के लिंग-भेद का ख़याल रखा जाये, क्षेत्रीय व स्थानीय शब्दों का प्रयोग किया जाये, अपनी शब्दावली को निरन्तर अद्यतन किया जाता है, अनुवाद की गुणवत्ता पर विशेष ध्यान दिया जाये, भाषायी-भावुकता और ग़ैर भावुकता के बीच समन्वय स्थापित किया जाये, वर्तनी की शुद्धि-अशुद्धि का ख़याल रखा जाये, भाषा का सूचनाधर्मी व तथ्यपरक स्वरूप बनाये रखा जाये, जैसा समाचार वैसी भाषा का सिद्धान्त अपनाया जाये।

हिन्दी भाषा का मानकीकरण

किसी भी भाषा का प्रयोग जब विभिन्न सामाजिक शैक्षिक स्तर के लोगों द्वारा किया जाता है तो उसमें अन्तर आना स्वाभाविक है। यह अन्तर कालान्तर में एक समस्या का रूप धारण कर लेता है तथा इससे भाषा की बोधगम्यता पर प्रभाव पड़ता है। इसलिए किसी भी भाषा को सरल-सहज, सीखने-समझने व पढ़ने-लिखने की प्रक्रिया को आसान बनाने के लिए तथा सब जगह भाषा की एकरूपता बनाये रखने के लिए भाषा व लिपि के मानकीकरण की आवश्यकता पड़ती है। इसलिए भाषा में मानकीकरण किया जाना आवश्यक है। हिन्दी और देवनागरी लिपि का मानकीकरण समस्यामूलक कार्य है। इसलिए यह कठिन कार्य है। हिन्दी और देवनागरी लिपि के मानकीकरण की समस्या इसलिए भी अधिक जटिल है, क्योंकि भारत-जैसे विभिन्न भाषाभाषी राष्ट्र में हिन्दी के अलावा 22 अन्य अधिकृत भाषाएँ बोली व प्रयोग की जाती हैं तथा इनके लिए लिपि भी भिन्न हैं। इसलिए इन लिपियों का प्रभाव भी भाषा पर पड़ता है। इतना ही नहीं, बल्कि हिन्दीभाषी क्षेत्रों में भी हिन्दी की लिपि अर्थात् देवनागरी में भी अन्तर है। इन अन्तरों को पाटने के लिए भारत सरकार ने काफ़ी प्रयास किये हैं जिनसे हिन्दी वर्तनी का मानकीकरण हुआ। मानकीकरण का अर्थ होता है किसी भी भाषा का विशिष्ट स्तर का स्वरूप निर्धारित करना, जो एक आदर्श हो तथा सभी के लिए स्वीकार्य हो। यह भाषा के प्रयोग के स्तर को नियन्त्रित करने की प्रक्रिया होती है। यह एक औसत स्वीकार्य स्तर होता है जो भाषा के उच्च स्तर और निम्न स्तर के औसत बिन्दु को ध्यान में रखकर निर्धारित किया जाता है। प्रकारान्तर से कहें तो मानकीकरण स्वीकार्यता का स्तर होता है। अर्थात् यह भाषा का एक ऐसा मान्य रूप होता है जिसके प्रयोग की अपेक्षा सभी से की जाती है। मानकीकरण का दूसरा पहलू यह है कि यह एकरूपता की दृष्टि से भी किया जाता है। भाषा में एकरूपता होने से यह

समझने, सीखने व पढ़ने में सरल हो जाती है। मानकीकरण दो प्रकार से होता है - पहला लिपि व वर्तनी के रूप में तथा दूसरा भाषा के रूप में। वर्तनी के रूप में या लिपि के रूप में मानकीकरण में एक समान लिपि चिह्न अपनाये जाते हैं, वर्तनी के लिए लेखन के सिद्धान्तों को मानकीकृत किया जाता है। भाषा के रूप में मानकीकरण करते समय शब्दावली की एकरूपता, पारिभाषिक शब्दावली का प्रयोग व सरलतम शैली का प्रयोग-जैसे माध्यमों में भाषा मानकीकृत की जाती है। हिन्दी के राजभाषा के रूप में स्थापित होने के उपरान्त हिन्दी भाषा की लिपि, वर्तनी व भाषा को मानकीकृत करने के गहन प्रयास हुए हैं। यह मानकीकरण हिन्दी को सरकारी काम-काज में प्रयोग करते समय ज़रूरी होता है। साहित्यिक एवं बोलचाल में यह बाध्यकारी नहीं है। भाषा के मानकीकरण के पश्चात् भाषा सुधार का अगला चरण भाषा का आधुनिकीकरण कहलाता है। कुछ विद्वान् मानकीकरण व आधुनिकीकरण को एक ही संकल्पना मानते हैं, परन्तु ये दोनो एक नहीं हैं। समय के साथ-साथ भाषा के स्वरूप में भी परिवर्तन होता है। इस बदलते स्वरूप को आत्मसात् करते हुए भाषा में निरन्तर मानकीकरण की आवश्यकता होती है। अतः हर मानकीकरण की कुछ वर्षों के बाद समीक्षा की जाती है व इस समीक्षा को ही आधुनिकीकरण की प्रक्रिया कहा जाता है। ऐसी समीक्षा के बाद यदि परिवर्तन उचित पाया गया तो इस परिवर्तित स्वरूप को लेकर भाषा और वर्तनी को पुनः मानकीकृत किया जाता है। अतः ये दोनों ही प्रक्रियाएँ एक-दूसरे की पूरक तो कही जा सकती है, परन्तु दोनों को एक ही प्रक्रिया मानना ग़लत है। हिन्दी के मानकीकरण के क्षेत्र में भारत सरकार द्वारा अनेक प्रयास किये गये। चूँकि हिन्दी आज सम्पूर्ण भारत में बोली, समझी व लिखी जाती है, परन्तु हर प्रदेश, क्षेत्र, शहर में हिन्दी का स्वरूप भिन्न है। यह स्वाभाविक ही है क्योंकि यह कहावत तो अति प्राचीन है कि 'कोस-कोस पर पानी बदले डेढ़ कोस पर बानी।' इतना ही नहीं हिन्दी के लिखित व बोलचाल के स्वरूप में भी अत्यधिक अन्तर है, यहाँ तक कि हिन्दीभाषी प्रदेशों में भी हिन्दी बोलने व लिखने के अनेक रूप प्रचलित हैं। इसलिए हिन्दी के विद्वानों ने हिन्दी भाषा के मानकीकरण का मुद्दा उठाया, परन्तु भाषा का मानकीकरण एक जटिल समस्या है। अतः इस पर अभी भी बहुत-कुछ होना बाकी है, परन्तु हिन्दी को जब भारत संघ की राजभाषा के रूप का दर्ज़ा मिला तब हिन्दी के पठन-पाठन व सरकारी काम-काज में इसके मानक स्वरूप का प्रश्न सामने आया। अतः इस समस्या के समाधान के लिए भारत सरकार के शिक्षा मन्त्रालय ने 1961 में हिन्दी वर्तनी की मानक पद्धति निर्धारित करने के लिए एक विशेषज्ञ समिति गठित की थी। इस समिति ने सरकारी काम-काज में उपयोग में लायी जानेवाली हिन्दी की वर्तनी को मानक स्वरूप प्रदान करने के लिए निम्नलिखित निर्णय लिये थे—

1. "हिन्दी के विभक्ति चिह्न सर्वनामों के अतिरिक्त सभी प्रसंगों में प्रतिपादिक से पृथक् लिखे जायें, जैसे-राम ने, स्त्री को, मुझ को। परन्तु प्रेस की सुविधाओं को ध्यान में रखकर पत्र-पत्रिकाओं में संज्ञादि शब्दों में भी विभक्तियाँ मिलाने की छूट है।

2. संयुक्त क्रियाओं में सभी अंगभूत क्रियाएँ पृथक्-पृथक् लिखी जायें, जैसे-पढ़ा करता है, जा सकता है।

3. 'तक', 'साथ' आदि अव्यय सदा पृथक् लिखे जायें, जैसे-आपके साथ, यहाँ तक।

4. पूर्वकालिक प्रत्यय 'कर' क्रिया से मिलाकर लिखा जाये, जैसे-मिलाकर, खा-पीकर, रो-रोकर।

5. द्वन्द्व समास में पदों के बीच हाइफन रखा जाये, जैसे-राम-लक्ष्मण, शिव-पार्वती वाद-संवाद।

6. सा आदि से पूर्व हाइफन रखा जाये, जैसे-तुम-सा, राम-जैसा, चाकू-से तीखे।

7. तत्पुरुष समास में हाइफन का प्रयोग केवल वहीं किया जाये, जहाँ उसके बिना भ्रम होने की सम्भावना हो, अन्यथा नहीं, जैसे-भू-तत्त्व, रामराज्य।

8. जहाँ श्रुतिमूलक य - व का प्रयोग विकल्प से होता है वहाँ न किया जाये, अर्थात् किए - किये, नई - नयी, हुआ - हुवा आदि में से पहले (स्वरात्मक) रूपों का ही प्रयोग किया जाये। यह नियम क्रिया-विशेषण, अव्यय आदि सभी रूपों में माना जाये।

9. हिन्दी में ऐ और औ का प्रयोग दो प्रकार की ध्वनियों को व्यक्त करने के लिए होता है। पहले प्रकार की ध्वनियाँ 'है', 'और' आदि में हैं तथा दूसरे प्रकार की 'गवैया', 'कौवा' आदि में इन दोनों ही प्रकार की ध्वनियों को व्यक्त करने के लिए इन्हीं चिह्नों (ऐ, औ) का प्रयोग किया जाये 'गवय्या', 'कव्वा' आदि संशोधनों की आवश्यकता नहीं।

10. संस्कृतमूलक तत्सम शब्दों की वर्तनी में सामान्यतः संस्कृत रूप ही रखा जाये। परन्तु जिन शब्दों के प्रयोग में हिन्दी में हलन्त चिह्न लुप्त हो चुका है उनमें उसको फिर से लगाने का यत्न न किया जाये, जैसे- 'महाल', 'विद्वान' आदि में।

11. जहाँ पंचमाक्षर के बाद उसी के वर्ग शेष चार वर्णो में से कोई वर्ण हो, वहाँ अनुस्वार का ही प्रयोग किया जाये, जैसे-अंत, अन्य, गंगा, संपादक, साम्य, सम्मति।

12. चन्द्रबिन्दु के लिए प्रायः अर्थ में भ्रम की गुंजाइश रहती है, जैसे-हंस, हँस; अँगना, अंगना आदि में। अतएव ऐसे भ्रमों को दूर करने के लिए चन्द्रबिन्दु का प्रयोग अवश्य किया जाना चाहिए। किन्तु जहाँ चन्द्रबिन्दु के प्रयोग से छपायी आदि में बहुत कठिनाई हो और चन्द्रबिन्दु के स्थान पर अनुस्वार का प्रयोग किसी प्रकार का भ्रम उत्पन्न करें वहाँ चन्द्रबिन्दु के स्थान पर अनुस्वार के प्रयोग की भी छूट दी जा सकती है, जैसे-नहीं, में।

परन्तु कविता आदि के ग्रन्थों में छन्द की दृष्टि से चन्द्रबिन्दु का यथास्थान अवश्य प्रयोग किया जाये। इसी प्रकार छोटे बच्चों की प्रवेशिकाओं में जहाँ चन्द्रबिन्दु का उच्चारण सिखाना अभीष्ट हो, वहाँ उसका यथास्थान सर्वत्र प्रयोग किया जाये, जैसे-नहीं, माँ, नँद-नँदन।

13. अरबी-फ़ारसीमूलक वे शब्द, जो हिन्दी के अंग बन चुके हैं और जिनकी विदेशी ध्वनियों का हिन्दी ध्वनियों में रूपान्तर हो चुका है, हिन्दी रूप में ही स्वीकार किये जाये; जैसे-ज़रूर। परन्तु जहाँ पर उनका शुद्ध विदेशी रूप में प्रयोग अभीष्ट हो वहाँ उनके हिन्दी में प्रचलित रूपों में यथास्थान नुक्ते लगाये जायें, जिससे उनका विदेशीपन स्पष्ट रहे; जैसे-राज, ताज।

14. अंग्रेज़ी के जिन शब्दों में अर्द्ध विवृत 'और' ध्वनि का प्रयोग होता है, उनके शुद्ध रूप का हिन्दी में प्रयोग अभीष्ट होने पर 'आ' की मात्रा (अ) के ऊपर अर्द्धचन्द्र का प्रयोग किया जाये (ऑ, ॲ)।

15. संस्कृत के जिन शब्दों में विसर्ग का प्रयोग होता है वे यदि तत्सम रूप में प्रयुक्त हों तो विसर्ग का प्रयोग अवश्य किया जाये, जैसे-'दुःखानुभूति' में। परन्तु यदि उस शब्द के तद्भव रूप में विसर्ग का लोप हो चुका हो तो उस रूप में विसर्ग के बिना भी काम चल जायेगा, जैसे-'दुख-सुख के साथी';

इसी सम्बन्ध में भाषा विशेषज्ञों की एक बैठक 5 और 6 फरवरी, 1980 को केन्द्रीय निदेशालय, दिल्ली में प्रोफेसर हरवंशलाल शर्मा की अध्यक्षता में हुई। बैठक में अनेक विद्वान्, भाषाविद् और अधिकारी उपस्थित थे। इस बैठक में अन्य बातों के साथ-साथ निम्नलिखित विषयों पर भी विचार-विमर्श हुआ-

"संयुक्त व्यंजन 'क्ष', 'त्र', 'ज्ञ' और 'श्र' के सम्बन्ध में विस्तार से चर्चा हुई। कुछ विद्वानों का विचार था कि 'त्र', 'त' और 'र' का ही संयुक्त रूप है, अतः इसे अलग से वर्णमाला में रखना आवश्यक नहीं है। अन्य विद्वानों ने कहा कि यही बात 'क्ष', 'ज्ञ' और 'श्र' पर भी लागू होती है। विचार-विमर्श के बाद यह तय हुआ कि इन्हें संयुक्त व्यञ्जनों में रहने देना ही ठीक होगा। इस प्रकार देवनागरी वर्णमाला चार्ट का अन्तिम रूप निर्धारित किया गया। हिन्दी के संख्यावाचक शब्दों की वर्तनी में कभी-कभी एकरूपता नहीं पायी जाती। एक व्यक्ति 29 को 'उन्तीस' लिखता है तो दूसरे 'उनतीस'। इसी प्रकार 53 को कोई 'तिरपन' लिखता है तो कोई 'त्रेपन'। इस समस्या पर भी गम्भीरतापूर्वक विचार किया गया और संख्यावाचक शब्दों की वर्तनी का मानकीकरण किया गया है। ऐसा करते समय वैज्ञानिकता के साथ-साथ प्रयोग-बाहुल्य को भी ध्यान में रखा गया है।"

नवीनतम प्रस्ताव

केन्द्रीय हिन्दी संस्थान, मैसूर केन्द्र द्वारा आयोजित राष्ट्रीय संगोष्ठी (24-26 फरवरी, 2006) में हिन्दी और दक्षिण भारतीय भाषाओं में आधुनिकीकरण प्रक्रिया पर पारित प्रस्ताव

इस राष्ट्रीय संगोष्ठी में प्रस्तुत शोध-पत्रों और उन पर आधारित विचार-विमर्श के आधार पर प्रतिभागी विद्वानों द्वारा सर्वसम्मति से पारित प्रस्ताव-

- हिन्दी और भारतीय भाषाओं के किसी एक या दो फाण्टों का मानकीकृत कर एवं कम्पैटिब्लिटी को बढ़ाकर सभी कम्प्यूटरों में खुलने योग्य बनाया जाये और उनका इतना प्रचार-प्रसार हो कि वे सर्वत्र सहजता से मिल जायें। कम्प्यूटर में मानकीकृत लिपि का ही प्रचलन हो। उसके लिए विशेष परिवर्तन करने की आवश्यकता है। हिन्दी और अन्य भारतीय भाषाओं में साधारण जनता के बीच सहजता से मिलनेवाले विदेशी भाषा के शब्दों को ज्यों-का-त्यों लिया जाये।
- विज्ञान एवं तकनीकी शब्द निर्माण के समय भारतीय भाषाओं के बीच सहजता से मिलनेवाले संस्कृत/फ़ारसी शब्दों को जहाँ तक हो सके इस तरह लिया जाये कि सम्बन्धित भाषा-भाषियों के लिए बोधगम्य भी हों और अन्य भाषा सीखने में आसान भी हों। उनका प्रचार-प्रसार ख़ूब किया जाये और उनके प्रयोग को बढ़ावा दिया जाये। इसमें जनसंचार के माध्यम का पूरा उपयोग हो।

- तकनीकी शब्दावली निर्माण में साधारण जनता की बोधगम्यता एवं भारतीय भाषाओं की आपसी निकटता को अवश्य ध्यान में रखा जाये। भाषायी शुद्धता, शाब्दिक अनुवादप्रियता या व्याख्यात्मकता से भाषा को दुरूह न किया जाये।
- परिवर्द्धित देवनागरी का प्रचार-प्रसार किया जाये और हिन्दी और हिन्दीतर भाषाओं को लिखने में उसके प्रयोग को बढ़ावा दिया जाये।
- हिन्दी और अन्य भारतीय भाषाओं में प्रचलित समस्रोती और भिन्नार्थी शब्दावली को क्षेत्रीय विकल्प के रूप में हिन्दी कोशों में दर्शाया जाये।
- हिन्दी की लिपि और वर्तनी में अभी भी विद्यमान कुछ अनिश्चितताओं को ख़त्म किया जाये।
- हिन्दी में 21 से 99 तक के अंकों को सूचित करनेवाले शब्दों को हिन्दी के कुछ ग्रामीण इलाकों में और अण्डमान-निकोबार में प्रचलित हिन्दी के आधार पर (21= बीस-एक, 22 = बीस-दो, ‘‘99 = नब्बे-नौ) या दक्खिनी के आधार पर (21= बीस पर एक, 22 = बीस पर दो, ‘‘99 = नब्बे पर नौ) सरलीकृत कर उसे वैकल्पिक अंकव्यवस्था के रूप में मान्यता दी जाये। उपर्युक्त सुझावों एवं इस तरह के अन्य मुद्दों पर गम्भीर रूप से विचार करने के लिए भाषायी आधुनिकीकरण प्रक्रिया में लगी हुई प्रान्तीय एवं केन्द्रीय संस्थाओं की सम्मिलित बैठक यथाशीघ्र बुलायी जाये और इस तरह की बैठक वर्ष में एक बार अवश्य हो।
- हिन्दी के आधुनिकीकरण प्रक्रिया में तेज़ी लाने के लिए उसे और अधिक सम्मानयुक्त (प्रिस्टीजियस) बनाना है। इसलिए हिन्दी को संयुक्त राष्ट्र संघ में एक विश्वभाषा के रूप में स्वीकृत कराया जाये। इस प्रयत्न में लगे हुए एवं लगने की इच्छा रखनेवाले स्वदेशी एवं विदेशी विद्वानों एवं संस्थानों को एक मंच पर लाकर इस प्रयास के लिए बल-संचय किया जाये।

भाषा के मानक स्वरूप पर पड़नेवाले विभिन्न दबाव

परिवर्तन इस सृष्टि का नियम है। यहाँ की हर वस्तु परिवर्तित होती रहती है। भाषा भी उसका अपवाद नहीं। भाषा का प्रयोक्ता मनुष्य, और समाज परिवर्तित होता रहता है और उनके साथ-साथ भाषा भी परिवर्तित होती रहती है। भाषा के इस परिवर्तन को विकार, विकृति या विकास आदि अन्य नामों से भी अभिहित किया गया है। भाषा के 5 अंग हैं: ‘ध्वनि’, ‘शब्द’, ‘रूप’, ‘वाक्य’ तथा ‘अर्थ।’ परिवर्तन इन पाँचों ही अंगों में होता है, जिन्हें क्रमशः **ध्वनि-परिवर्तन, शब्द-परिवर्तन, रूप-परितर्वन, वाक्य-परिवर्तन** तथा **अर्थ-परिवर्तन** कहते हैं। भाषा में होनेवाले परिर्वतन के कारणों को मोटे रूप से दो वर्गों से बाँटा जा सकता है : बाह्य और आन्तरिक। बाह्य वर्ग में वे कारण आते हैं जो बाहर से प्रभाव डालते हैं; आन्तरिक वर्ग में वे कारण आते हैं जो भाषा के भीतर कार्य करते हैं। भूगोल या जलवायु का भाषा पर प्रभाव पड़ता है या नहीं, इस विषय पर पर्याप्त मतभेद रहा है। जर्मन भाषाशास्त्री हाइनरिश मेयर बेन्फी और कोलित्स आदि ने भाषा के परिवर्तन में भौगोलिक प्रभाव को विशेष महत्त्व दिया है। उनका कहना है कि ‘‘जर्मन में वर्ण-परिर्वतन का कारण भौगालिक परिस्थितियाँ हैं। उनका कथन है कि मनुष्य पर जलवायु का प्रभाव पड़ता है। पर्वत या मरुस्थल में रहनेवाले अधिक पुरुषार्थी

होते हैं, समस्थल में रहनेवाले कम श्रमनिष्ठ होते हैं। अतएव उच्च जर्मन में वर्ग के तृतीय वर्ण के स्थान पर प्रथम वर्ण हो जाते हैं और प्रथम वर्ण के स्थान पर महाप्राण वर्ण अर्थात् ग द ब को क त प और क त प को ह थ फ।'' ओटो येस्पर्सन ने इस सिद्धान्त पर आपत्ति की है। उनके अनुसार, ''हृष्ट-पुष्ट होना या फेफड़े मज़बूत होना भाषा में परिवर्तन का कारण नहीं है। भाषा का आधार वाग्यन्त्र या भाषणेन्द्रियाँ हैं।'' भाषा किसी विशेष भू-भाग में बोली जाती है वहाँ की भौगोलिक परिस्थितियाँ अनेक प्रकार से उसे प्रभावित करती हैं या उसके विकास में प्रत्यक्ष या परोक्ष रूप से उसके पक्ष या विपक्ष में काम करती हैं। कोई प्रदेश आक्रमण करने योग्य या सांस्कृतिक, व्यापारिक या धार्मिक सम्पर्क स्थापित करने योग्य है या नहीं, यह बहुत-कुछ उसकी भौगोलिक स्थिति पर निर्भर करता है। उसकी सम्पन्नता- असम्पन्नता भी उसी पर आधारित होती है और भाषा का भी इनसे काफ़ी सम्बन्ध होता है। बाह्य सम्पर्क से भाषा सभी क्षेत्रों में अन्य भाषाओं से प्रभावित हो सकती है। इसके अतिरिक्त जैसा कि अन्यत्र कहा जा चुका है, भौगोलिक वातावरण के अनुसार ही किसी भाषा का शब्द-समूह होता है। हिन्दी की बोलियाँ कृषि-विषयक शब्दावली में बहुत सम्पन्न हैं, इसके विपरीत इंग्लैण्ड की भाषा में इस विषय की सम्पन्नता सम्भव नहीं है। अब यदि दोनों भाषाओं को अपने वर्तमान भौगोलिक वातावरण से हटाकर एक-दूसरे के वातावरण में कर दें तो सहज ही कुछ दिनों में दोनों का शब्द-समूह परिवर्तित हो जायेगा। आर्य जब तक रेगिस्तानी भाग से परिचित नहीं थे 'उष्ट्र' का प्रयोग विशेष प्रकार के भैंसे के लिए होता था, किन्तु रेगिस्तानी प्रदेश से परिचित होने के बाद इसका अर्थ ऊँट हो गया। अंग्रेज़ी में 'कार्न' का सामान्य अर्थ गल्ला है, किन्तु यह शब्द जब अंग्रेज़ों के साथ अमेरिका पहुँचा और वहाँ 'मक्का' की पैदावार ही विशेष होती थी, अतः अमेरिकी अंग्रेज़ी में इस शब्द के अर्थ में थोड़ा परिवर्तन हुआ और यह कार्न शब्द 'मक्का' का (भी) वाचक हो गया। मैदान में भाषा अपेक्षाकृत दूर-दूर तक एक रहती है, किन्तु पहाड़ी भागों में आवागमन की असुविधा के कारण भाषा के छोटे-छोटे रूप विकसित हो जाते हैं। इस प्रकार भाषा-परिवर्तन में भौगोलिक परिस्थितियों का भी प्रभाव पड़ता है।

भाषा के परिवर्तन में इतिहास का प्रभाव बहुत स्पष्ट दृष्टिगोचर होता है। भारतवर्ष में शक, हूण, आभीर, यवन, फ्रांसीसी, पुर्तगाली और अंग्रेज़, मुसलमान आदि शासक के रूप में आये और अपनी भाषा के शब्दों का प्रयोग बढ़ाया। परतन्त्र राष्ट्र अपने शासक की शब्दावली को स्वेच्छया, अनेच्छया या बलात् स्वीकार कर लेता है जिसका परिणाम यह होता है कि वे शब्द भी भाषा में आ जाते हैं और भाषा में परिवर्तन हो जाता है। इसी कारण भारतीय भाषाओं का शब्द-समूह बहुत परिवर्तित हो गया। अकेले हिन्दी में अरबी-फ़ारसी-तुर्की-पश्तो शब्दों की संख्या 6000 से ऊपर है। शब्द-समूह के अलावा अन्य क्षेत्रों में भी यह प्रभाव पड़ता है। हिन्दी ने इन्हीं ऐतिहासिक कारणों से क़, ख़, ग़, ज़, फ़, ऑ इन छः (5 व्यंजन, 1 स्वर) नयी ध्वनियों को ग्रहण किया है। उसकी वाक्य-रचना भी फ़ारसी तथा अंग्रेज़ी से काफ़ी प्रभावित हुई है। फ़ारसी ने तो एक सीमा तक रूपरचना को भी प्रभावित (मकान-मकानात, काग़ज़-काग़ज़ात, वालिद-वालिदैन) किया है। आर्य भारत में आये और द्रविड़ तथा मुण्डा लोगों से इनका सम्पर्क हुआ, परिणामतः ध्वनि, रूपरचना, शब्द-समूह तथा वाक्यगठन के क्षेत्र में एक ओर तो संस्कृत तथा उससे विकसित भाषाएँ प्रभावित होकर परिवर्तित हुईं और दूसरी ओर द्रविड़ तथा मुण्डा भाषाएँ भी

प्रभावित होकर परिवर्तित हुए बिना नहीं रह सकीं। इस तरह इतिहास भी भाषा को प्रभावित करता है। डॉ. भोला नाथ तिवारी के अनुसार- "दो भाषा-भाषियों में सांस्कृतिक सम्बन्ध के कारण भी उनकी भाषाओं पर प्रभाव पड़ता है। यह प्रभाव प्रायः शब्द-भण्डार के क्षेत्र में पड़ता है जिससे भाषा का शब्द-समूह परिवर्तित होता है।" समय-समय पर भारत का सुमेरी, अरबी, चीनी, जापानी, ईरानी तथा ईरानी तथा पूर्वी एशिया के लोगों से सांस्कृतिक सम्बन्ध था, जिसके परिणामस्वरूप शब्दों का आना-जाना ख़ूब हुआ। सांस्कृतिक सम्बन्धों में प्रायः वही भाषा अधिक प्रभावित करती है जिसके बोलनेवाले सांस्कृतिक दृष्टि से अधिक श्रेष्ठ होते हैं। यही कारण है कि उपर्युक्त लोगों की भाषाएँ संस्कृत को प्रभावित करने की तुलना में संस्कृत से अधिक प्रभावित हुईं। इण्डोनेशिया तथा मलेशिया आदि में संस्कृत के अनेकानेक शब्द आज भी तद्भव रूप में प्रयुक्त हो रहे हैं। जहाँ तक हम सांस्कृतिक प्रभाव की बात कर रहे थे। स्वयं भाषा-भाषियों की अपनी संस्कृति और सभ्यता भी समय के साथ बदलती रहती है और भाषा भी उसके साथ ही परिवर्तन के पथ पर बढ़ती जाती है। मध्ययुग में पगड़ी, मिर्जई, झुल्ला, झुल्ली, अँगरखा, नीमास्तीन आदि कपड़ों का प्रयोग होता था, अतः ये शब्द हिन्दी में थे, अब हमने इनमें से जिन्हें छोड़ दिया उनके लिए प्रयुक्त शब्द भी हमारे शब्द-समूह से निकल गये और नये शब्द कोट, पैण्ट, ब्लाउज, निकर, हैट आदि नयी वस्तुओं के साथ आ गये। खान-पान, खेल-कूद, चिकित्सा, शिक्षा आदि के क्षेत्र में भी इस प्रकार अनेकानेक परिवर्तन हुए हैं, जिनका प्रभाव भाषा के शब्द-समूह पर भी पड़ा है। बहुत प्रयोग के बाद कुछ विशेष प्रकार के शब्द सभ्य और संस्कृत समाज के लिए, अप्रयुक्त होने लगे हैं। अंग्रेज़ी में 'लैट्रिन-युरिनल' के स्थान पर इसीलिए 'बाथरूम' आया था, वह भी गया तो 'ट्वायलेट' आया और अब 'क्लोकरूम' सभ्य और संस्कृत भाषा के लिए अधिक उपयुक्त माना जाता है। आज इसका भी परिवर्तन होकर यह शब्द 'वाश-रूम' के रूप में चल पड़ा है। मूत-पेशाब, गू-टट्टी-पाखाना आदि हिन्दी के भी अनेक उदाहरण इस प्रकार के लिए जा सकते हैं। वस्तुतः बोलनेवालों की सभ्यता और संस्कृति में विकास के साथ-साथ उनकी भाषा में विकास होता है। यह विकास शब्द-समूह या अर्थ के अतिरिक्त अभिव्यंजना की दृष्टि से भी होता है। अंग्रेज़ी, रूसी, जर्मन या फ्रेंच आदि भाषाएँ प्रारम्भ में बहुत समर्थ और समृद्ध भाषाएँ नहीं थी, जैसे-जैसे अंग्रेज़ों, रूसियों, जर्मनों एवं फ्रांसीसियों का विकास होता गया उनकी भाषाएँ भी अधिक विकसित और अभिव्यक्ति की दृष्टि से सम्पन्न होती गयीं। साहित्यिक कारणों से भी भाषा में परिवर्तन होता है। छायावाद ने तत्कालीन साहित्यिक भाषा के शब्द-समूह को संस्कृतनिष्ठ बना दिया। बाद में प्रगतिवादी आन्दोलन ने हिन्दी भाषा को पुनः धरती की ओर मोड़ा और शब्द-समूह में संस्कृत शब्द कम होते गये तथा दैनिक जीवन के शब्दों का व्यवहार बढ़ता गया। यूरोपीय साहित्य के सम्पर्क ने 1640 के बाद हिन्दी भाषा की अभिव्यक्ति को विशेषतः काव्य क्षेत्र में बहुत अधिक प्रभावित किया है। प्रयोगवादी तथा नयी कविता की भाषा इसका प्रमाण है। नये प्रतीक, नयी अभिव्यंजना भंगिमा ने भाषा को इतना परिवर्तित किया है कि वह बहुतों के लिए अबोधगम्य बन गयी है। कुण्ठा, झेला हुआ यथार्थ भोगा हुआ सत्य-जैसे पचासों प्रयोगों की आवृत्ति बहुत बढ़ गयी है। इस प्रकार की बातों ने सभी भाषाओं को संस्कृत शब्दों से बोझिल कर दिया है। इस प्रकार आज हिन्दी भाषा का नयी कविता में एक रूप है, आलोचना में दूसरा रूप है तथा कथा-साहित्य में

एक तीसरा रूप है। जापानी काव्य 'हायकू' के प्रभाव से भारतीय काव्य साहित्य में हायकू की प्रकृति की क्षणिकाएँ रची जा रही हैं। इनकी भाषा बिलकुल अलग हैं।

समाज में परिवर्तन भी भाषा को प्रभावित करता है। जापान में सामंती युग में भाषा में आदर-अनादर आदि के आधार पर क्रिया, सर्वनाम, संज्ञा, विशेषण आदि के कई स्तरों के प्रयोग चलते थे। राजा के लिए प्रयुक्त भाषा या राजा द्वारा प्रयुक्त भाषा और ही होती थी। अब धीरे-धीरे ये अन्तर लुप्त होने के कगार पर हैं। हिन्दी प्रदेश में ही मध्ययुग में जहाँपनाह, अन्नदाता, हुज़ूर, सरकार आदि शब्द सम्बोधन में ख़ूब चलते थे। सामाजिक व्यवस्था में परिवर्तन होने से अब ये बहुत कम हो गये हैं और समाप्तप्राय हैं। सामाजिक परम्पराओं के समाप्त होने से दण्डवत्, साष्टांग प्रणाम-जैसे प्रयोगों का स्थान नमस्कार, नमस्ते लेते जा रहे हैं। वस्तुतः भाषा समाज में उत्पन्न हुई है, समाज में प्रयुक्त होती है, अतः समाज में परिवर्तन के साथ उसमें परिवर्तन सहज ही है। इसीलिए भाषाविज्ञान की समाजभाषाविज्ञान नामक एक नयी शाखा विकसित हो गयी है, जिसमें समाज और भाषा के सम्बन्ध तथा तदनुरूप परिवर्तन आदि अनेक बातों पर विचार किया जाता है। कभी-कभी भाषा पर व्यक्ति का भी प्रभाव पड़ता है। तुलसी ने अपनी रचनाओं में संस्कृत शब्दों का प्रयोग बहुत किया जिसकी देखा-देखी तत्कालीन अन्य कई कवियों की शब्दावली संस्कृतनिष्ठ हो गयी। हिन्दी की हिन्दुस्तानी शैली को स्पष्ट रूप से विकसित करने का श्रेय महात्मा गाँधी को है। स्वामी दयानन्द सरस्वती ने अपने आर्यसमाज द्वारा ऐसी जागृति पैदा की कि जहाँ-जहाँ आर्यसमाज का प्रचार बढ़ा संस्कृत ने सामान्य भाषा को प्रभावित किया। मुख्यतः शब्द-समूह के क्षेत्र में, व्यक्तिनामों के क्षेत्र में ओमप्रकाश, ओमवती, वेदप्रकाश, वेदज्ञ, वेद, वेदव्रत-जैसे नामों के बहुप्रचार का मूल श्रेय उन्हीं को है। हिन्दी भाषा को 1600 और 1620 के बीच आचार्य महावीरप्रसाद द्विवेदी ने बहुत अधिक प्रभावित किया। हिन्दी भाषा को अव्यवस्था के दलदल से निकालकर व्यवस्था के पद पर सर्वप्रथम आसीन करने का श्रेय आचार्य द्विवेदी को ही है। ओटो येस्पर्सन के अनुसार- ''मानव की प्रवृत्ति रही है वक्तव्य वाग्यन्त्र के लिए सुकर होना चाहिए। इसमें श्रन और समय की बचत भी होनी चाहिए।'' प्रयत्नलाघव का अर्थ है **'कम प्रयत्न करना'**। मानव की प्रवृत्ति है कि वह कम परिश्रम से अधिक लाभ प्राप्त करना चाहता है। 'प्रयत्नलाघव' है, तो विषय अधिक स्पष्ट हो जायेगा। जहाँ संक्षेप या लघुमार्ग से काम चल जाये, वहाँ अधिक प्रयत्न क्यों किया जाये? **'सांख्यतत्त्वकौमुदी'** में इसके लिए एक सुन्दर श्लोक दिया है जिसका अर्थ है कि- ''यदि घर के कोने में ही मधु मिल जाये, तो कौन मधु के लिए पहाड़ पर जायेगा? थोड़े से काम चल जाय तो कौन समझदार व्यक्ति अधिक परिश्रम करेगा?'' भाषा में परिवर्तन का सबसे अधिक सशक्त और व्यापक कारण है 'प्रयत्न लाघव'। मुख-सुख या उच्चारण-सुविधा या उच्चारण सौकर्य भी इसी को कहते हैं। ध्वनि-परिवर्तन में यह कारण बहुत स्पष्ट रूप से देखा जाता है। उच्चारण सुविधा के लिए ही अनेक शब्दों में लोप (स्टेशन-टेशन, talk, psychology, know, gnaw, write के उच्चारण टॉक, साइकॉलजी, नो, नॉ राइट ; स्टे, ल्क, प्स, क्न, ग्न, व का उच्चारण कठिन होने के कारण), आगम (स्टेशन-सटेशन, राजेन्द्र-राजेन्दर, सूर्य-सूरज, पूर्व-पूरब, समुद्र-समुन्दर; स्ट, द्र, र्य, र्व, द्र का उच्चारण कठिन होने के कारण), विपर्यय (ब्राह्मण-बाम्हन, चिह्न-चिन्ह; ह्, म, ह्, न के उच्चारण कठिन हैं) आदि ध्वनि-परिवर्तन हो जाते हैं। गदहा-गधा, कमल-कँवल, वर्ष-बरस आदि

भी इसी कारण हुए हैं। ध्वनि-परिवर्तन होते-होते रूप घिसकर मूल शब्द मात्र ही रह जाते हैं। अतः उन्हें नये सिरे से बनाना पड़ता है ('रामः' के स्थान पर 'राम ने' या 'राम' के स्थान पर 'राम को' आदि) और इस प्रकार रूप भी बदलते हैं। अन्त में ध्वनि-प्रभाव वाक्य-रचना पर भी पड़ता है : संस्कृत में रामः गच्छति, हिन्दी राम जाता है। अनेक वाक्यों को प्रयत्नलाघव या मुख-सुख के लिए हम संक्षिप्त कर देते हैं, इस प्रकार वाक्यगठन में परिवर्तन हो जाता है। 'राम नहीं जा रहा है' को अब हम 'राम नहीं जा रहा' कहने लगे हैं। 'है' छोड़ दिया गया है। 'बड़े-बड़े' लोगों को देखा है के स्थान पर 'बड़े-बड़ों को देखा है' या 'अच्छे-अच्छे व्यक्तियों के दर्शन किये हैं' के स्थान पर 'अच्छे-अच्छों के दर्शन किये हैं।' अर्थ के क्षेत्र में भी इसका कार्य देखा जा सकता है। हस्तिन् मृग को संक्षेप करके हस्तिन कहा गया है और हाथवाले का अर्थ हाथी जानवर हो गया। अंग्रेज़ी में स्कूल-कॉलेज के प्रधान अध्यापक को पहले प्रिन्सिपल टीचर (Principal teacher) कहते थे। बाद में मुख-सुख के लिए केवल प्रिंसिपल कहने लगे और प्रिंसिपल का अर्थ परिवर्तित होकर विशेषण के साथ-साथ संज्ञा भी हो गया। बोलनेवालों का अज्ञान भी कई रूपों में भाषा को प्रभावित करता है। विदेशी शब्दों का उच्चारण इसलिए प्रायः कुछ का कुछ हो जाता है। हर व्यक्ति उनका ठीक उच्चारण तो जानता नहीं, अतः परिवर्तन हो जाता है। कलेक्टर-कलट्टर, टाइम-टेम, टैम, सिगनल-सिंगल, डजन-दर्जन, आगस्ट-अगस्त, ट्रेजरी-तिजोरी, गार्ड- गाट, पोस्टकार्ड-पोस्टकाट, साइपर माइनर्स-सफरमैन। अंग्रेज़ों ने भी 'गंगाजी' को इसी प्रकार गैंजिज कर दिया। ईरानी शब्द हिन्दीक (हिन्दी का) परिवर्तित होते-होते इन्दिका, इन्दिया, इण्डिया हो गया। वस्तुतः इस प्रकार के परिवर्तन का आधार है अनुकरण की अपूर्णता, किन्तु अनुकरण की अपूर्णता भी वहीं होती है, जहाँ अज्ञान होता है। अज्ञान अर्थ-परिवर्तन के क्षेत्र में एक-दूसरे प्रकार से काम करता है। उदाहरण के लिए 'दर' का अर्थ है में और इस तरह दर हकीकत या दरअसल का अर्थ है 'असल में' किन्तु जो लोग दर के अर्थ से परिचित नहीं हैं वे में जोड़कर दर हकीकत में तथा दरअसल में बोलने लगे और अब काफ़ी लोग इस वर्द्धित अभिव्यक्ति का ही प्रयोग करते है। इसी प्रकार सज्जन व्यक्ति (सत्र्जनृव्यक्ति) मलयगिरि पर्वत (मूलतः मलय भी पर्वत है, इस तरह यह तो पर्वत पर्वत पर्वत है) आदि उदाहरण लिये जा सकते हैं। भाषा में अनपढ़ लोगों द्वारा मनसा-वाचा-कर्मणा से, पाण्डित्यता, सौन्दर्यता तथा दयालुताई-जैसे प्रयोग भी अज्ञानजनित ही हैं। भाषा-परिवर्तन में बल कई प्रकार से काम करता है। ध्वनि के क्षेत्र में प्रायः ऐसा होता है कि जिस ध्वनि या अक्षर पर बलाघात होता है, वह तो स्पष्ट और पूरी तरह उच्चारित होती है, किन्तु आसपास की ध्वनियों पर बल कम हो जाता है, अतः कभी तो ह्रस्व हो जाती हैं, कभी अस्पष्ट और अन्ततः कभी-कभी लुप्त भी हो जाती हैं। जो लोग बाज़ार, साहित्य बारूद-जैसे शब्दों में जा, हि, रू के उच्चारण पर विशेष बल देते हैं उनके उच्चारण में ये शब्द क्रमशः बज़ार, सहित्य, बरूद हो जाते हैं। आभ्यन्तर से भीतर के विकास में अ का लोप भ्यन् पर बल पड़ने से हुआ है। अध्यापक का झा अवशेष भी ईसी कारण है। रूपरचना में बल देने के लिए दुहरे प्रयोग किये जाते हैं : चल कर-चलकर के अनेक (बहुवचन का बहुवचन) श्रेष्ठ-श्रेष्ठतम, सर्वश्रेष्ठ (श्रेष्ठ का अर्थ सबसे अच्छा है किन्तु बल देने के लिए श्रेष्ठतम या सर्वश्रेष्ठ हो गया। श्रेष्ठतम का प्रयोग महाभारत में मिलने लगता है) दरवाज़े-दरवाज़े पर (उनके दरवाज़े (पर) कभी मत जाना), कालान्तर-कालान्तर (में)। किसी शब्द

के कई अर्थों में किसी एक पर बल देने से ही वही प्रमुख हो जाता है तथा शेष लुप्तप्राय प्राप्त हो जाते हैं। मैक्समूलर संस्कृत के प्रसंग में अपने को 'मोक्षमूलर' कहा करते थे। Tragedy का त्रासदी, तुर्क का तुरुष्क, अफियून का अहिफेन, Comedy का कामदी, Academy का अकादमी, Alexander का अलक्षेन्द्र, Nitrogen का नेत्रजन आदि परिवर्तन जान-बूझकर किये गये हैं। ये सहज नहीं हैं। ये परिवर्तन प्रायः शब्दों की ध्वनियों में किये जाते हैं। वाक्य में भी जान-बूझकर किये गये परिवर्तन कभी-कभी दिखायी पड़ते हैं। हिन्दी में मात्र का प्रयोग पहले शब्दों के बाद होता था, अब पहले किया जाने लगा है-विरोध मात्र-मात्र विरोध। इसी प्रकार विशेषण का परवर्ती प्रयोग भी मिलने लगा है : कहानी एक गदहे की, दुल्हन एक रात की।

प्रयोग होते-होते हर वस्तु परिवर्तित होती है। यह प्रक्रिया अत्यन्त सहज है। इसी कारण उपर्युक्त कारणों में से किसी के भी न होने पर भी भाषा विकसित या परिवर्तित होती रहती है। इन्हें स्वयंभू परिवर्तन भी कहते हैं। ये परिवर्तन ध्वनि, शब्द, रूप, वाक्य, अर्थ सभी में होते रहते हैं। बहुत प्रयोग से शब्दों की आर्थिक शक्ति क्षीण हो जाती है और अतिरिक्त शब्दों की आवश्कयता पड़ती है। कभी 'बढ़िया' पर्याप्त था, अब बहुत बढ़िया का प्रयोग अपेक्षित है। अति परिचय से अवज्ञावाली बात है। इसीलिए कलाकार पुराने घिसे-पिटे शब्दों को छोड़कर या तो पुराने साहित्य से शब्द लेते हैं या कभी-कभी नये शब्द गढ़ लेते हैं। सत्य-सच, गर्दभ-गधा, महिषी-भैंस-जैसे उदाहरणों में कुछ परिवर्तन तो संकारण हैं तथा कुछ इस प्रकार के सहज या स्वयंभू भी हो सकते हैं। भाषा के विकास या परिवर्तन में सादृश्य का बहुत महत्त्व है। यह सादृश्य वास्तविकता पर निर्भर न होकर अन्धानुकरण पर निर्भर होता है। अतः इसे 'मिथ्या सादृश्य' कहा जाता है। इसका प्रभाव अभ्यन्तर और दो रूपो में दिखायी देता है। प्रो. आर.एच. रोबिन्स का कथन है कि "Help, Climb और Snow के भूतकाल के प्रचलित रूप थे Help, Climb और Snow, परन्तु सादृश्य के आधार पर इनके रूप Helped, Climbed और Snowed बनने लगे हैं। Cow (काउ, गाय) का वास्तविक बहुवचन Kine (काइन) है, पर सादृश्य के आधार पर Cows (काउज़) प्रचलित हो गया है।" प्रो. स्टुर्टवेण्ट ने अंग्रेज़ी के Male (मेल, पुरुष) और Female (फीमेल, स्त्री) का इतिहास बताया है कि "दोनों शब्द फ्रेंच भाषा के Male और Female से बने हैं। फ्रेंच के दोनों शब्दों में कोई साक्षात् सम्बन्ध नहीं है, परन्तु अंग्रेज़ी में Male के सादृश्य पर Female के e को a करके Female बना लिया है। इस सादृश्य के प्रभाव के कारण ही अंग्रेज़ बच्चे Foot > Foots, फुट > फीट (पैर > पैरों) के स्थान पर फुट का बहुवचन फुट्स बोलते हैं। शुद्ध प्रयोग Feet (फीट) है। Ox (ऑक्स, बैल) > Oxen (ऑक्सन, बैलों) रूप बहुवचन में बनता है, परन्तु Oxen भी बच्चे बोलते हैं।" यह कारण आन्तरिक भी हो सकता है, बाह्य भी। किसी दूसरी भाषा के सादृश्य पर परिवर्तन बाह्य है तो भाषा में किसी एक शब्द के आधार पर दूसरे में परिवर्तन आन्तरिक है। एक भाषा-भाषी जब दूसरी भाषा सीखकर बोलता या लिखता है तो प्रायः उसकी मातृभाषा उसकी नवभाषा-अभिव्यक्ति को प्रभावित करती है। संस्कृत की अपनी अभिव्यक्ति है : रामः आह गमिष्यामीति (राम ने कहा मैं जाऊँगा)। हिन्दी में इसमें कि लगाने की परम्परा है। अतः आधुनिक संस्कृत में लोग बोलने लगे हैं- रामः आह यदहं गमिष्यामि। रूप-रचना के क्षेत्र में भी ऐसे उदाहरण मिलते हैं।

शहर से शहराती (देहाती के सादृश्य पर) घर से घराती (बराती के सादृश्य पर) आधा से अधूरा (पूरा के सादृश्य पर) कर से करा (पढ़ा, लिखा, चला, बोला आदि के सादृश्य पर) ध्वनि के क्षेत्र में भी परिवर्तन सादृश्य से होते हैं। यहाँ सादृश्य कभी-कभी लौकिक व्युत्पति के रूप में काम करता है : रायबरेली से सादृश्य देख बहुत-से अनपढ़ लोग लाइब्रेरी को लायबरेली कहते हैं। ऐसे ही हीरा कुछ का हीराकुण्ड। कभी-कभी दूसरे प्रकार के उदाहरण भी मिलते है। 'तुल्यं' से विकसित तुझ के सादृश्य पर 'मह्मं' न बनकर मुझ बन गया। इसी प्रकार स्वर्ग के सादृश्य पर नरक को लोग नर्क कहते हैं। कबीर आदि ने पिंगला के सादृश्य पर इडा को इंगला कहा है। इसी तरह सगुण निर्गुण के आधार पर सर्गुण हो गया है। दुःख के सादृश्य पर प्राचीन साहित्य में सुक्ख मिलता है। कहा जाता है कि संस्कृत में मूल शब्द एकदश था, द्वादश के सादृश्य पर वह एकादश हो गया। तिहत्तर, तिरासी, तिरानवे के सादृश्य पर पचहत्तर, पचासी, पुंचानबे को अब पिचहत्तर, पिचासी, पिचानबे कहने लगे हैं।

इस प्रकार हम देखते हैं कि भाषा उपवर्णित कारणों से परिवर्तित होती रहती है। भाषा में परिवर्तन निरन्तर चलनेवाली प्रक्रिया है। इसलिए कहा जाता है कि भाषा बहता नीर है। जिस प्रकार पानी निरन्तर बहता रहता है व पुराने पानी की जगह नया पानी आता रहता है उसी प्रकार भाषा में भी निरन्तर बदलाव आता रहता है। इसी आधार पर भाषा को गत्यात्मक माना जाता है।

❑

साहित्यिक भाषा के रूप में हिन्दी का विकास

भाषा एक जीवन ज्योति है जो एक व्यक्ति का दूसरे व्यक्ति से सम्बन्ध स्थापित करती है। यह साहित्य और संस्कृति के अन्तरसम्पर्क का माध्यम है जिसके द्वारा जनसमुदाय अपनी संवेदना व्यक्त करता है। सामान्य बोलचाल या व्यवहार में हम जिस भाषा का प्रयोग करते हैं उसे सामान्य भाषा कहते हैं इसी के आधार पर विकसित भाषा साहित्यिक भाषा होती है। साहित्य की सृजन प्रक्रिया के दौरान सामान्य भाषा के आधार पर इसका जन्म होता है। इसमें एक तरफ़ जहाँ रचनाकार के अपने व्यक्तित्व की छाप होती है, दूसरी तरफ़ जिस पाठक वर्ग को रचनाकार सम्बोधित कर रहा है उसकी रुचियों और प्रवृत्तियों का भी इसके गठन पर असर पड़ता है। अपनी विशिष्ट भाषा प्रयोग विधि के कारण साहित्यिक भाषा सामान्य भाषा से अलग हो जाती है। साहित्यिक भाषा के वैशिष्ट्य के बारे में डॉ. रामस्वरूप चतुर्वेदी ने लिखा है कि "साहित्यिक भाषा मूलतः बोलचाल की वह भाषा है जो विभिन्न रचनाकारों की सृजन प्रक्रिया में समाहित होकर अपने स्वरूप को परिवर्तित कर लेती है। कवि-विशेष के अनुभव की अद्वितीयता से संयुक्त होने पर उसकी अर्थक्षमता में कई प्रकार के अन्तर उत्पन्न हो जाते हैं। स्वयं बोलचाल की भाषा के अपने कई रूप और स्तर रहते हैं।" साहित्यिक भाषा के विशेषतः पिछले कई सौ वर्षो में दो रूप हो गये हैं- कविता की भाषा और गद्य की भाषा। काव्यभाषा कहने पर दोनों का बोध होता है। कविता और गद्य की भाषा में गद्य की भाषा बोलचाल की भाषा के निकट होती है। इस प्रसंग में सामान्य गद्य और कहानी, उपन्यास, नाटक के सृजनात्मक गद्य के अन्तर को भी हमें याद रखना है। पहले प्रकार का गद्य बोल-चाल के निकट होगा, दूसरे प्रकार का गद्य कविता के निकट होगा। इस प्रकार डॉ. चतुर्वेदी के अनुसार सामान्य दृष्टि से, भाषा के चार प्रयोग-स्तर हो जाते हैं : बोलचाल की भाषा, गद्य की भाषा, सृजनात्मक गद्य की भाषा और कविता की भाषा।

हिन्दी साहित्य के इतिहास का संक्षिप्त विवेचन

हिन्दी भाषा और साहित्य का इतिहास बारह सौ वर्ष पुराना है। आठवीं शताब्दी में जबकि अपभ्रंश में धड़ल्ले से साहित्य रचना हो रही थी, पुरानी हिन्दी जनभाषा के रूप में विकसित हो चुकी थी। हिन्दी का यह आरम्भिक रूप विद्वानों को भ्रम में डालता है। उनकी समझ में यह नहीं आता कि जब परम्परागत रूप में शिष्ट साहित्य संस्कृत, प्राकृत और अपभ्रंश में लिखा

जा रहा था, तब वहाँ हिन्दी कहाँ से आ गयी। ऐसा भ्रम हिन्दी की जातीय प्रकृति को ठीक से न समझ पाने के कारण होता है। शुरू से ही हिन्दी आम जनता के दुःख-दर्द की भाषा रही है, लोक की वाणी रही है। लोकमानस इसी जनभाषा में अपने को अभिव्यक्त करता है। शिष्ट साहित्य अवश्य अपभ्रंश में लिखा जा रहा था पर जनता का साहित्य जनभाषा में जिसे पुरानी हिन्दी या अवहट्ट कहते हैं, रचा जा रहा था। नालन्दा विश्वविद्यालय के भूतपूर्व आचार्य सिद्ध सरहपा हिन्दी के आदि कवि हैं जिन्होंने वज्रयान का प्रवर्तन किया और अपनी सहज साधना का उपदेश जनता की भाषा में दिया। सरहपा ने अपभ्रंश भाषा का काफ़ी प्रयोग किया। उदाहरण के तौर पर-

''जल्लइ मरइ उवज्जइ बज्झइ। तल्लइ परम महासुह सिज्झइ।
सरह गहण गुहिर मग कहिअ। पसूलोक निव्वहि जिम रहिअ।।''

डॉ. गिरिजा राय ने बल देकर स्थापित किया है कि सिद्धों के काव्य की सहज निष्पत्ति विद्यापति और सूरदास के काव्य में प्राप्त होती है ठीक उसी प्रकार जैसे नाथ-साहित्य को निष्पत्ति भक्तिकाल की सन्त-परम्परा-कबीर-नानक-दादू के काव्य में मिलती है। सिद्धों-नाथों ने जैसे बोलचाल की भाषा में लिखा है वैसे ही विद्यापति ने बोलचाल की भाषा में कविता लिखी है। जिसको अपभ्रंश से अलग करने के लिए अवहट्ट कहा है। यह पुरानी हिन्दी है, अपभ्रंश नहीं इसी से विद्वानों को विद्यापति की रचनाओं में अपभ्रंश का स्वाभाविक रूप नहीं मिलता। डॉ. गिरिजा राय आदिकाल पर चर्चा करते हुए लिखती हैं कि ''काव्य रूपों की दृष्टि से सिद्धों - नाथों के साहित्य का अध्ययन करने पर मध्यकाल से अद्भुत समानता मिलती है। दोहा - चौपाई पद्धति के प्रथम प्रयोक्ता सरहपा हैं। सूफियों की मनसवी और गोस्वामी तुलसीदास के मानस में इसी काव्यरूप का प्रयोग हुआ है। पदबन्धों का पूर्व रूप भी सिद्धों के चर्या से ही लिया गया है बल्कि वस्तुतत्त्व भी ग्रहण किया गया है।'' कबीरदास की उलटवासियों और सूर के दृष्टिकूट पदों का पूर्व रूप चर्यापदों में है। 'बौद्ध गान ओ दोहा' जो सिद्धों की रचनाओं का संग्रह है; राहुल सांकृत्यायन ने ज़ोर देकर बताया कि इन पदों की भाषा बँगला नहीं, हिन्दी है। इस सन्दर्भ में हजारीप्रसाद द्विवेदी का कथन द्रष्टव्य है– ''ध्यान देने की बात यह है कि इन पुस्तकों में जिन काव्यरूपों का परिचय मिलता है, वह बँगला में लुप्त हो चुका है, परन्तु हिन्दी में अभी तक जी रहे हैं। दोहों की प्रथा बंगाल के साहित्य में कभी रही ही नहीं और सही बात तो यह है कि बँगला भाषा की एक ऐसी उच्चारणगत विशिष्टता है कि दोहा छन्द उसमें जा ही नहीं पाता। बँगला भाषा की प्रकृति दोहा के अनुकूल नहीं है।'' आदिकाल में हिन्दी भाषा के डिंगल-पिंगलवाले रूप मिलते हैं। इसका एक उदाहरण इस प्रकार है-

नवति नवप्पल निसि गलित धनु घुम्मइ चिहुं पासि।
पानि न अंषि न संचरइ महुल कहल कयमास।।

हिन्दी भाषा के विकास-क्रम में प्राचीन भारतीय आर्य भाषाएँ (वैदिक संस्कृत, लौकिक संस्कृत) मध्यकालीन भारतीय आर्य भाषाएँ (पालि, प्राकृत, अपभ्रंश) तथा आधुनिक भारतीय आर्य भाषाएँ (खड़ीबोली हिन्दी आदि) आती हैं। इस प्रकार हिन्दी भाषा का आदिकालीन रूप वैदिक संस्कृत और लौकिक संस्कृत था। हिन्दी प्रदेश की भाषा के अत्यन्त पुराने नमूने पृथ्वीराज

तथा अमरसिंह के दरबारों से सम्बन्धित पत्रों के रूप में समझे गये। काशी नागरी प्रचारिणी सभा ने इनका प्रकाशन भी किया था, किन्तु इनकी प्रमाणिकता पर सन्देह किया जाने लगा। विदेशी शासन के प्रभाव के कारण भी इस ढंग की सामग्री कम ही प्राप्त हुई। अपभ्रंश भाषा का वह रूप जो व्याकरणिक नियमों की विशेष अपेक्षा समझने लगा था, परिनिष्ठित अपभ्रंश के नाम से जाना जाता है। हेमचन्द्र ने अपभ्रंश भाषा पर व्याकरण लिखकर अपभ्रंश का स्वरूप स्थिर कर दिया था। हेमचन्द्र के पश्चात् अपभ्रंश काव्य की एक दूसरी धारा प्रवाहित हुई जिसमें लोकप्रचलित भाषा का प्रयोग होता था इसे परवर्ती अपभ्रंश कहा गया। इसी को अनेक लोगों ने अवहट्ट भी कहा। हिन्दी के आदिकालीन साहित्य की प्रथम अवस्था को आचार्य रामचन्द्र शुक्ल ने अपभ्रंश काव्य की संज्ञा दी है। अपभ्रंश काव्य के अन्तर्गत धर्म, नीति, शृंगार तथा वीररसात्मक काव्य रचे गये। जैन और बौद्ध धर्माचार्य भी अपने मतों की रक्षा के लिए इस भाषा को अपनाते थे। अपभ्रंश की अनेक ध्वन्यात्मक तथा पदरचनात्मक विशेषताएँ हिन्दी ने ग्रहण की। अपभ्रंश काव्य के अतिरिक्त आदिकाल में भाषा के दो अन्य नमूने प्राप्त होते हैं- डिंगल और पिंगल। आचार्य शुक्ल ने लिखा है, "प्रादेशिक बोलियों के साथ-साथ ब्रज, प्रायः मध्यदेश की भाषा का आश्रय लेकर एक सामान्य साहित्यिक भाषा स्वीकृत हो चुकी थी, जो चारणों में पिंगल के नाम से पुकारी जाती थी। अपभ्रंश के योग से शुद्ध राजस्थानी भाषा का जो साहित्यिक रूप था, वह पिंगल कहलाता था।" डिंगल भाषा में चारणों ने वीरगाथात्मक काव्य की रचना की। भाषाशास्त्र की दृष्टि से इनमें से अनेक रचनाएँ अप्रामाणिक सिद्ध हुईं। मुहम्मद तुगलक के दक्षिण आक्रमण के पश्चात् सन् 1326 ई. का काल दक्षिण भारत में हिन्दी अथवा उर्दू साहित्य का अभ्युदय का काल माना जाता है। प्रारम्भ में मुसलमान सूफ़ी कवियों ने हिन्दवी में रचना की। इनकी भाषा पुरानी खड़ीबोली है। ख़्वाजा बन्दा-नेवाज, ख़्वाजा मसऊद खुसरो आदि मुसलमान कवियों की रचनाएँ पुरानी खड़ीबोली के नमूने प्रस्तुत करती हैं। ये हिन्दवी भाषा में रची गयी हैं। हेमचन्द्र के पश्चात् तथा मध्ययुगीन हिन्दी के अभ्युदय काल तक का समय हिन्दी भाषा के विकास का संक्रान्तिकाल कहा जाता है। इस काल में भारतीय भाषाएँ अपभ्रंश की स्थिति को छोड़कर धीरे-धीरे आधुनिक स्थिति को धारण कर रही थीं। संक्रान्ति काल की भाषा रूप पर शौरसेनी अपभ्रंश का पर्याप्त प्रभाव है। सन्देशरासक, प्राकृत पैंगलम्, पुरातन प्रबन्ध संग्रह, उक्ति-व्यक्ति प्रकरण, वर्णरत्नाकर, कीर्तिलता आदि इस काल की रचनाएँ हैं, जिनमें संक्रान्तिकालीन भाषा की विशेषताएँ मिलती हैं। आदिकालीन हिन्दी में मुख्यतः उन्हीं ध्वनियों का प्रयोग मिलता है, जो अपभ्रंश में प्रयुक्त होती थीं, किन्तु मुख्य अन्तर इस प्रकार हैः- अपभ्रंश में केवल आठ स्वर- अ, आ, इ, ई, उ, ऊ, ए, ओ थे किन्तु आदिकालीन हिन्दी में दो नये स्वर- ऐ, औ विकसित हो गये। संस्कृत, पालि, प्राकृत तथा अपभ्रंश में च, छ, ज, झ, स्पर्श व्यंजन थे, किन्तु आदिकालीन हिन्दी में आकर वे स्पर्श संघर्षी हो गये। न, ल, स, संस्कृत, पालि अपभ्रंश में दन्त्य ध्वनियाँ थे, आदिकाल में ये वर्त्स्य हो गये। अपभ्रंश में ड़, ढ़ व्यंजन नहीं थे। आदिकालीन हिन्दी में इनका विकास हुआ। न्ह, म्ह, ल्ह, पहले संयुक्त व्यंजन थे, किन्तु आदिकालीन हिन्दी में मूल व्यंजन न, म, ल, हो गये। आदिकालीन व्याकरण अपभ्रंश से भिन्न हो गया, जैसे - अपभ्रंश मुख्य रूप से संयोगात्मक भाषा थी, हिन्दी वियोगात्मक हो गयी। सहायक क्रियाओं तथा परसर्गों का प्रयोग बहुतायत से होने लगा। नपुंसकलिंग का प्रयोग समाप्त हो गया।

हिन्दी वाक्य रचना में शब्द-क्रम धीरे-धीरे निश्चित होने लगा। शब्दभण्डार में तत्सम शब्दावली में वृद्धि होने लगी। विदेशी शब्दों का आगमन होने लगा। अपभ्रंश के अधिकांश शब्द प्रयोग से बाहर होने लगे। साहित्य में मुख्य रूप से डिंगल, मैथिली, दक्खिनी अवधी, ब्रज तथा मिश्रित रूपों का प्रयोग उपलब्ध होता है। हिन्दी भाषा का मध्यकाल अपने पूर्ववर्ती आदिकालीन भाषा-रूप अपभ्रंश, डिंगल, पिंगल की परम्परा को लेकर आगे बढ़ रहा था। यह हिन्दी भाषा के विकास का युग था। हिन्दी की समग्र विशेषताएँ इस काल में उभरकर सामने आ गयी थीं। मध्यभारतीय भाषा काल में तीन भाषाएँ मुख्यतः विकसित हुईं-पालिभाषा (500 ई.पू. से 01 ई. तक) प्राकृतभाषा (1 ई. से 500 ई. तक) अपभ्रंश भाषा (500 ई. से 1000 ई. तक)। पालि को मागधी भाषा भी कहा जाता है। यह बौद्ध धर्म की भाषा है। बौद्ध साहित्य पालि भाषा में लिखा गया है। प्राकृत भाषा बोलचाल की भाषा होने के कारण पण्डितों में प्रचलित नहीं थी। संस्कृत नाटकों के अधम पात्र इस बोली का प्रयोग करते थे। जैन साहित्य प्राकृत भाषा में लिखा गया। प्राकृत भाषा के पाँच प्रमुख भेद थे–शौरसेनी प्राकृत - जो मथुरा या शूरसेन जनपद में बोली जाती थी। इसे मध्यदेश की बोली भी कहा गया। पैशाची प्राकृत - यह उत्तर-पश्चिम में कश्मीर के आसपास बोली जाती थी। महाराष्ट्री प्राकृत - इसका मूल स्थान महाराष्ट्र था। अर्द्धमागधी प्राकृत–यह मागधी और शौरसेनी के बीच के क्षेत्र की भाषा थी। मागधी प्राकृत–यह मगध के आसपास की प्रचलित भाषा थी।

आधुनिक आर्यभाषाओं का विकास इसी अपभ्रंश भाषा से हुआ है। हिन्दी का विकास भी अपभ्रंश भाषा से हुआ है। **अतः हिन्दी की जननी अपभ्रंश है।** उत्तर-भारत में अपभ्रंश के सात क्षेत्रीय रूपान्तरण प्रचलित थे, जिनसे आधुनिक भारतीय भाषाओं का कालान्तर में विकास हुआ। इसका विवरण इस प्रकार हैः-

क्रम	अपभ्रंश का क्षेत्रीय रूप	विकसित होनेवाली आर्यभाषाएं
1.	शौरसेनी अपभ्रंश	पश्चिमी हिन्दी, राजस्थानी, गुजराती
2.	पैशाची अपभ्रंश	पंजाबी, लहँदा
3.	ब्राचड़ अपभ्रंश	सिन्धी
4.	खस अपभ्रंश	पहाड़ी
5.	महाराष्ट्री अपभ्रंश	मराठी
6.	अर्द्धमागधी अपभ्रंश	पूर्वी हिन्दी
7.	मागधी अपभ्रंश	बिहारी, उड़िया, बँगला, असमिया

हिन्दी एवं अन्य आर्य भाषाओं का विकास अपभ्रंश के क्षेत्रीय भेदों से हुआ। इस विवेचना के आधार पर भाषाओं के क्रमिक विकास को इस प्रकार से समझा जा सकता है- वैदिक संस्कृत > संस्कृत > पालि > प्राकृत > अपभ्रंश > हिन्दी एवं अन्य आधुनिक भारतीय आर्यभाषाएँ।

हिन्दी भाषा की उत्पत्ति मूलतः शौरसेनी अपभ्रंश से हुई है। अपभ्रंश का प्रयोग यद्यपि 12वीं शताब्दी तक साहित्य में होता रहा किन्तु 1000 ई. तक आते-आते हिन्दी बोलचाल की भाषा के रूप में प्रतिष्ठित हो गयी थी। **अतः हिन्दी भाषा का प्रारम्भ** 1000 ई. से हुआ ऐसा मानना तर्कयुक्त है। अपभ्रंश में प्रयोग किये गये तद्भव शब्दों को हिन्दी ने ग्रहण कर लिया।

अपभ्रंश की ध्वनियाँ भी हिन्दी में प्रचलित हैं। कुछ नयी ध्वनियों का विकास हिन्दी में अतिरिक्त रूप में हुआ जैसे- ड, ढ, व, न्ह, म्ह, ल्ह। भाषा की प्रवृत्ति सदैव सरलता से कठिनता की ओर रहती है। संस्कृत में तीन वचन, तीन लिंग थे, जबकि हिन्दी में दो वचन एवं दो लिंग ही रह गये। संस्कृत में जहाँ 24 रूप बनते थे, वहाँ हिन्दी में केवल दो रूप रह गये - मूल रूप, विकारी रूप। शौरसेनी अपभ्रंश उस काल की साहित्यिक भाषा थी और गुजरात से लेकर बंगाल तक तथा शूरसेन प्रदेश से लेकर बरार तक इसका एक छत्र साम्राज्य था। हिन्दी ने अपभ्रंश की सारी प्रवृत्तियों को अपनाया। संस्कृत, पालि, प्राकृत, संयोगात्मक भाषाएँ थीं। जबकि अपभ्रंश वियोगात्मक थी। संज्ञा, सर्वनाम के कारक रूपों हेतु अपभ्रंश में कारक चिह्न अलग से लगने लगे। यही प्रवृत्ति हिन्दी ने भी ग्रहण की है। अपभ्रंश में भी नपुंसकलिंग हिन्दी की तरह नहीं हैं। काव्य में प्रयोग की गयी भाषा को अपभ्रंश कहा गया है तथा बोलचाल की तत्कालीन भाषा को 'देशभाषा' कहा गया है। अपभ्रंश के कुछ उदाहरण आचार्य शुक्ल ने अपने हिन्दी साहित्य के इतिहास में उद्धृत किये हैं, जो पुरानी हिन्दी के स्वरूप को स्पष्ट करते हैं-

"भल्ला हुआ जू मारिया बहिणि म्हारा कन्तु।
लज्जेजं तु वयंसिअहु जइ भग्गा घरु एंतु।।"

—('मुंज' कवि, 8वीं शती)

अर्थात् "भला हुआ जो मेरा पति युद्ध में मारा गया, हे सखी यदि वह युद्ध क्षेत्र से कायरतापूर्वक भागकर घर आता तो मैं सखियों में लज्जित होती।

अपभ्रंश भाषा का प्रयोग 500 ई. से 1000 ई. तक हुआ। इस भाषा को अवहट्ठ, अवहठ, अवहत्थ, देशभाषा, देशीभाषा आदि अनेक नामों से पुकारा गया। अपभ्रंश का शाब्दिक अर्थ है- बिगड़ा हुआ या गिरा हुआ। जब भाषा का रूप सुसंस्कृत न रहकर बोलचाल का सामान्य रूप हो जाता है तो पण्डितों की दृष्टि में वह भाषा बिगड़ी हुई मानी जाती है और तब वे उसे अपभ्रंश की संज्ञा देते हैं। यदि वास्तव में देखा जाये तो उपरोक्त भाषाओं के मिश्रित स्वरूप में इस युग की प्रमुख भाषाएँ 'ब्रजभाषा' और 'अवधी' थीं। शौरसेनी प्राकृत के अपभ्रंश रूप से ब्रजभाषा का विकास माना जाता है। इसका प्रयोग सम्पूर्ण हिन्दी क्षेत्र में हुआ। मध्यकाल के अतिरिक्त आधुनिक काल में भी ब्रजभाषा की अनेक उत्कृष्ट रचनाएँ प्राप्त होती हैं। अवधी, अर्द्धमागधी प्राकृत के अपभ्रंश रूप से सम्बद्ध है। सूफ़ी एवं राम-भक्त कवियों ने अवधी के विकास में महत्त्वपूर्ण योगदान दिया है। अवधी को साहित्यिक भाषा का रूप देने का श्रेय तुलसीदासजी को ही है। इन दोनों भाषा रूपों के अतिरिक्त खड़ीबोली पर आधारित दक्खिनी का रूप भी विकसित हो रहा था। यही दक्खिनी 18वीं शती के आसपास उत्तर भारत में उर्दू के रूप में विकसित हुई।

दक्षिण में आलवार-नायनार भक्तों से प्रारम्भ होनेवाला भक्ति आन्दोलन मूल रूप में वैदिक कर्मकाण्ड का विरोधी है। ईसा की सातवीं शती तक यह काफ़ी लोकप्रिय हो गया था। दसवीं शताब्दी में यामुनाचार्य ने उसे शास्त्रीय रूप दिया। भक्ति के इस व्यापक उन्मेष में रामानुजाचार्य की भूमिका ऐतिहासिक महत्त्व की रही है। उन्होंने भक्ति के साथ ज्ञान और कर्म का समन्वय कर उसे वेदान्त से जोड़ दिया। दक्षिण के आलवार भक्तों की विशेषता हृदय तत्त्व को प्रधानता देने में है। वैदिक कर्मकाण्डों के विपरीत भक्ति का यह रागात्मक स्वरूप जनसाधारण के लिए

अधिक आकर्षक और सहज था। दक्षिण में आलवार साधकों की लोकप्रियता भक्ति को जनसाधारण से जोड़ देती है। लोक को वेद से जोड़ने का काम वैष्णव आचार्यों ने किया- जिसमें रामानन्द की भूमिका क्रान्तिकारी है। उत्तर में सिद्धों-नाथों को बौद्ध-जैन वैराग्यवाद और वैदिक कर्मकाण्ड के ख़िलाफ़ विद्रोह और उसी के समानान्तर रूढ़िवाद और पाखण्ड के विरुद्ध फूटी आलवार भक्तों की वाणी कालान्तर में मिलकर एक विशाल आन्दोलन का रूप ग्रहण कर लेती है, जिसे भक्ति आन्दोलन का नाम दिया गया। उत्तर और दक्षिण की इन दो प्रमुख विरोधी धाराओं को मिलाकर एक करने का श्रेय रामानन्द को है जिनके प्रयत्नों से यह विशाल आन्दोलन पूरे भारत में फैल जाता है। इसी को ग्रियर्सन ने कहा है कि अचानक बिजली की चमक की तरह छा जाता है। रामानन्द ने वैष्णवों के श्रीनारायण के स्थान पर राम-सीता की उपासना पर बल देकर भक्ति-आन्दोलन को हिन्दी-प्रदेश की जातीय जीवनधारा से जोड़कर लोकप्रिय बना दिया। 'भक्ति द्राविड़ ऊपजी लाये रामानन्द' में इसी ऐतिहासिक सत्य की स्वीकृति है। रामानन्द का राम नाम इतना लोकप्रिय होता है कि कबीर को भी इसे स्वीकार करना पड़ता है। इसी रामनाम की महत्ता के कारण रामानन्द कबीर के गुरुरूप में विख्यात हैं। सिद्धों और नाथपन्थी योगियों ने हिन्दू-मुसलमान दोनों के लिए एक सामान्य भक्तिमार्ग का विकास किया। जाति भेद और सम्प्रदाय-भेद की दीवारें गिराकर मानव समुदाय की एकता का मार्ग प्रशस्त किया। ब्राह्मण-शूद्र और हिन्दू-मुसलमान-जैसे भेद मिटाकर, ईश्वर को प्रत्येक घट में देखा। पूजा-अर्चना की बाह्य विधियों की निरर्थकता बताकर अन्तर्मुखी साधना पर ज़ोर दिया। सिद्धों-नाथों द्वारा बने-बनाये इस राजमार्ग पर कबीर के नेतृत्व में सन्त काव्यत्व परम्परा परवान चढ़ती है। भक्ति की रागात्मिकता वृत्ति के कारण प्रेम और हृदय पक्ष को पूरा स्थान मिलता है जो उसे अद्भुत रूप से लोकप्रिय बना देता है। भक्ति और प्रेम का तत्त्व तथा राम-नाम कबीर को रामानन्द से प्राप्त होता है। इस अर्थ में रामानन्द कबीर के गुरु हैं। 'भक्ति आन्दोलन जातीय आन्दोलन था, वह किसी विशेष वर्ण या सम्प्रदाय का आन्दोलन नहीं था। उसमें हिन्दू, मुसलमान, जुलाहे, कारीगर, किसान, व्यापारी सभी शामिल थे। उसे राज्याश्रय प्राप्त नहीं था। वह एक ओर तुर्कों और मुगलों का विरोधी था तो दूसरी ओर उससे भी अधिक वह समाज में सामंती और पुरोहिती उत्पीड़न का विरोधी था। इस सामंत विरोधी कार्य में सूर, तुलसी, कबीर, जायसी सभी ने न्यूनाधिक योग दिया था।' कबीर जन साधारण में रचे-बसे कवि थे। हमारी भाषा की सदियों का संगीत कबीर की भाषा में समाया हुआ है। हिन्दी के बड़े कवि जो सब-के-सब कबीर के बाद आये। उनमें से किसी की भी भाषा खड़ीबोली नहीं है। सूरदास और रसखान ब्रजभाषा के कवि थे। मलिक मुहम्मद जायसी और तुलसीदास अवधी के कवि थे। खड़ीबोली अभी निर्माण की प्रक्रिया में थी। इन कवियों की तुलना में कबीर आदि कवि अधिकतर अनपढ़ थे। कबीर ने स्वयं को कभी कवि नहीं समझा और न कविता का दावा किया। उनकी कविता उनके विद्रोही व्यक्तित्व और उस विद्रोह से निःसृत वाणी थी। कबीर अकेले ऐसे कवि हैं जिनके काव्य में साधारण भाषा अपने असाधारणपन के साथ दिखायी देती है। डॉ. गोपीचन्द नारंग के शब्दों में- "कबीर से पहले भाषा अनगढ़ और कच्ची थी, यह कबीर की सृजनात्मकता का चमत्कार है कि कबीर की आन्तरिक आग से तप कर अपरिपक्व भाषा कुन्दन बन गयी। कबीर भाषा के जादूगर हैं।" इन्हीं अर्थों में हजारीप्रसाद द्विवेदी ने कबीर को भाषा

का डिक्टेटर कहा है, जिनके तेवर के आगे भाषा लाचार-सी दिखती है। कबीर निर्गुण धारा के प्रधान कवि थे। कबीर ने ईश्वर के प्रति सघन प्रेम को प्रकट किया है। संसार के कण-कण में परमात्मा का वास है। इसलिए इस संसार और समाज के प्रति वह गहरे लगाव और आकर्षण का अनुभव करते हैं। पदों में पाखण्ड का विरोध करते हुए कबीर सहज जीवन की बात करते हैं।

"पाहन पूजे हरि मिलें तो मैं पूजूँ, पहार।
ताते तो चाकी भली पीस खाय संसार।।"

सूरदास द्वारा रचित 'सूरसागर' ब्रजभाषा में सबसे पहली साहित्य रचना होने पर भी सुडौल और परिमार्जित है। यह रचना इतनी प्रगल्भ और काव्यपूर्ण है कि आगे होनेवाले कवियों की शृंगारी और वात्सल्य की उक्तियाँ सूर की जूठन-सी जान पड़ती है। आचार्य रामचन्द्र शुक्ल के अनुसार "सूरसागर किसी चली आती हुई गीतकाव्य परम्परा का चाहे वह मौखिक ही रही हो पूर्ण विकास-सा प्रतीत होता है। गीतो की परम्परा तो सभ्य-असभ्य सब जातियों में अत्यन्त प्राचीनकाल से चली आ रही है। सभ्य जातियों ने लिखित साहित्य के भीतर भी उनका समावेश किया है।" लिखित रूप में आकर उनका रूप पण्डितों की काव्य परम्परा की रूढ़ियों के अनुसार बहुत-कुछ बदल जाता है। आचार्य शुक्ल का कहना है कि किसी देश की काव्यधारा के मूल प्राकृतिक स्वरूप का परिचय हमें चिरकाल से चले आते हुए इन्हीं गीतों से मिल सकता है। घर-घर प्रचलित स्त्रियों के घरेलू गीतों में शृंगार और करुण दोनों का बहुत स्वाभाविक विकास हम पायेंगे। इसी प्रकार आल्हा, कहखा आदि पुरुषों के गीतों में वीरता की व्यंजना की सरल स्वाभाविक पद्धति मिलेगी। जितना लालित्य और माधुर्य सूर के पदों में है, उतना सम्भवतः हिन्दी साहित्य के अन्य किसी कवि में नहीं है। सूरदास संयोग और वियोग दोनों भावनाओं के कवि थे। वे कृष्ण के बालरूप और बाल-लीला का सफल मधुर भाषा में चित्रण करनेवाले चितेरे हैं। उन्होंने प्रेम भाव को लेकर अनेक पदों की रचना की है। बाल स्वभाव का जैसा वर्णन सूरदास ने किया है, वह अनूठा है। सूरदास वात्सल्य रस के श्रेष्ठ कवि माने जाते हैं।

हरि अपनैं आँगन कहु गावत।
तनक-तनक चरनबि सौं नाचत, मन ही मनहिं रिझावत।।
बाँह उठाइ काजरी-धौरी गैयनि टेरि बुलावत।
कबहूँ चितै प्रतिबिम्ब खण्भ में लौनी लिए खवावत।।

तुलसीदास के साहित्यिक फलक पर छाने से पूर्व हिन्दी कविता संवेदना तथा भाषा सभी दृष्टियों से समृद्ध हो जाती है। डॉ. रामस्वरूप चतुर्वेदी लिखते हैं कि "भक्ति से कविता बनाने की जो प्रक्रिया कबीर से आरम्भ हुई उसकी एक सहज निष्पत्ति तुलसी में मिलती है। कबीर ऊपर से अक्खड़ पर अन्दर से भोले और सरल हैं, तुलसी ऊपर से विनयी पर अन्दर से जटिल और व्यवहार-कुशल हैं। संस्कृत को छोड़कर फिर संस्कृत की शास्त्रीय परम्परा का निर्वाह किस तरह हो सकता है, तुलसी का काव्य इसका बढ़िया उदाहरण है।" शास्त्रीयता को लोक-ग्राह्य कैसे बनाया जाये, यह तुलसी की मुख्य रचना-समस्या है जिसमें वे हर दृष्टि से सफल हुए हैं। 'भावों में काव्य-रचना करके वे लोक में प्रिय होते हैं और शास्त्रीय मर्यादा का निर्वाह करके क्रमशः पण्डितों में। रहीम का कवित्व तुलसी के समानान्तर और पूरक के रूप में खड़ा है।

तुलसी और जायसी को आचार्य शुक्ल-जैसा सहृदय समीक्षक मिला पर रहीम उपेक्षित रहे। डॉ. विद्यानिवास मिश्र का कथन उल्लेखनीय है "सच्चे अर्थ में हिन्दुस्तानी रंग के इस कवि को कोई समुचित आदर नहीं मिला। रहीम की मजार उपेक्षित है, वहाँ कोई उर्स नहीं होता। उनके नाम पर कोई अकादमी नहीं है और पठन-पाठन में भी उनको स्थान नहीं मिलता है और मिलता भी है तो हद से हद हाईस्कूल तक। ऐसा मान लिया गया है कि वे उपदेशप्रद दोहे भर लिखते थे।" डॉ. गिरिजा राय ने इस सन्दर्भ में लिखा है कि "रहीम की कविता में जातीय जीवन और संस्कृति तथा भारतीय अस्मिता की अभिव्यक्ति है। उनकी कविता की सबसे बड़ी विशेषता उसका भारतीयता का रंग है। दरबार से जुड़े होकर भी अकबर या किसी अन्य की प्रशंसा नहीं की। कविता की पवित्रता बनाये रखी उस पर दरबार की कालिख नहीं लगने दी।" जीवन तुरंग पर सवार होकर वे आग के दरिया को सहज भाव से पार करते हैं। सुख या दुःख कहीं भी उद्वेलन का भाव नहीं होना चाहिए। साक्षी भाव से वे जीवन के सारे अनुभवों को जीते हैं। जिसका निचोड़ उनकी कविता में प्रकट है। यही उनकी कविता को महत्त्वपूर्ण बनाता है। प्रेम का सघन रूप आध्यात्मिकता के शिखरों को छूने लगता है -

प्रीतम छवि नैननि बसी, पर छवि कहाँ समाय।
भरी सराय रहीम लखि, पथिक आप फिर जाय।।

जायसी ने अपनी संवेदना को सर्जनात्मक रूप प्रदान करने के लिए उस युग की परम्परा अथवा रूढ़ि, लोकमानस अथवा काव्यशास्त्र, दर्शन अथवा योग, संस्कृत अथवा फ़ारसी के बहुत-सारे उपलब्ध उपादानों का उपयोग किया है। विजयदेव नारायण साही ने लीक से हटकर कुछ अधिक ताज़गी के साथ जायसी और उनके पद्मावत को पढ़ने का उपक्रम किया है। वे जायसी को मध्यकाल का सबसे बड़ा कवि मानते हैं। उनके अनुसार "जायसी में पहली बार हिन्दी भाषा सहज काव्यप्रवाह में बहने लगती है लगता है कि समूची अवधी भाषा कविता है, जो जायसी की कलम से अपना स्वरूप ग्रहण करती चलती है। जब भाषा में इस तरह की अपनी स्वतः स्फूर्त गति हो तो हम बेखटके समझ सकते हैं कि हम एक बड़े कवि के सामने उपस्थित हैं।" ब्रजभाषा और अवधी इस काल की प्रमुख भाषाएँ हैं। 'सूर' ब्रजभाषा के और 'तुलसी' अवधी के प्रसिद्ध कवियों में गिने जाते हैं। सूफ़ी कवियों ने भी अवधी का आश्रय लिया। खड़ीबोली का एक स्वरूप दक्खिनी के नाम से विकसित हुआ, जिसका विकास बाद में उर्दू के रूप में हुआ। मध्यकाल के पूर्वार्द्ध में मुख्य रूप से धार्मिक साहित्य का विकास हुआ, जिसमें 'अवधी' राम साहित्य तथा प्रेमाख्यानक काव्य का माध्यम बनी और 'ब्रजभाषा' कृष्ण साहित्य की। मध्यकाल का उत्तरार्द्ध रीति साहित्य से सम्बद्ध है। कवियों ने प्रायः ब्रजभाषा में कविताएँ रची हैं। शासकों की दरबारी भाषा फ़ारसी थी। अतएव कवियों ने अरबी-फ़ारसी के अनेक शब्दों को ग्रहण किया। इस काल के पूर्वार्द्ध में धार्मिक साहित्य की प्रधानता रही। अतः संस्कृत के तत्सम शब्दों का प्रयोग बढ़ा। उत्तरार्द्ध में यूरोपवासी भारत के सम्पर्क में आये इस प्रकार इस काल की भाषा में अंग्रेज़ी, फ़्रांसीसी, पुर्तगाली, स्पेनी आदि भाषा के शब्द भी स्थान पा गये। जहाँ तक व्याकरण का प्रश्न है, इस काल में तीन बातें उल्लेखनीय हैं- हिन्दी भाषा व्याकरण के क्षेत्र में पूर्णतः अपने पैरों पर खड़ी हो गयी। अपभ्रंश के रूप प्रायः हिन्दी से निकल गये। आदिकालीन भाषा की तुलना में भाषा और भी वियोगात्मक हो गयी। संयोगात्मक रूप सर्वथा कम हो गये। परसर्गों तथा सहायक क्रियाओं का प्रयोग बढ़ गया। उच्च वर्ग में फ़ारसी का प्रचार होने के कारण

हिन्दी-काव्य रचना फ़ारसी वाक्य रचना से प्रभावित होने लगी थी।

काव्यभाषा के प्रति सजगता विजयदेव नारायण साही में विशेष रूप से दिखती है। चाहे जायसी का विवेचन हो या रीतिकाल अथवा आधुनिक काल का, साही भाषिक संरचना की विशिष्टता के प्रति सजग दिखते हैं। ब्रजभाषा कवियों ने सबसे बड़ा कमाल यह किया कि जब एक ओर राजनैतिक एकता टुकड़े-टुकड़े हो रही थी, उन्होंने आज जो हिन्दीभाषी क्षेत्र कहलाता है, इस पूरे क्षेत्र के लिए बड़े मनोयोग से एक सर्वमान्य भाषायी माध्यम निर्मित कर डाला। इतना ही नहीं उसे परवान भी चढ़ाया। पूरे क्षेत्र को एक समान रुचि और भाव-भंगिमा दी। और लोकभाषा में तराश और प्रगल्भता की वह गति खोज निकाली जो न सिर्फ़ सात समुन्दर पार उसी समय के अंग्रेज़ी मेटाफिजिकिल कवियों की बौद्धिकता-जैसी लगती है, बल्कि बात पैदा करने में उससे आगे भी निकल जाती है। पंजाब से लेकर मिथिला तक और कश्मीर से लेकर सतारा तक का हृदय एक तरह धड़काना सिर्फ़ दरबारी विलासिता की विमूढ़ रूपवादिता के बूते का काम नहीं, कुछ और है जो बिहारी के दोहों को बाँकी मुस्तैदी और घनानन्द के स्वर को कसकता हुआ पकापन देता है। भाषा का स्तरीकरण और भी मार्के की बात लगती है जब हम पहले की ओर देखते हैं। माना की भक्तिकाव्य ने ब्रजभाषा को फैलाया। लेकिन भक्तिकाव्य विशेषतः श्रेष्ठकाव्य फिर भी स्थानीय बोलियों में बँटा दिखता है। "मीराँ राजस्थानी में लिखती है, विद्यापति मैथिली में, कबीरदास अनगढ़ खिचड़ी में, सूरदास ब्रज में, तुलसीदास अवधी में, यहाँ तक कि प्रतिभा के धनी खानखाना भी कई आवाज़ों में बोलते हैं। इतना ही नहीं सूरदास बहुत बड़े कवि हैं। रीतिकवियों से कहीं बड़े लेकिन उनकी कविता में बराबर लगता है कि एक महान् प्रतिभा अपने को ब्रजभाषा में अभिव्यक्त कर रही है। जबकि रीतिकाव्य में लगता है कि कवियों से अलग ब्रजभाषा की अपनी प्रतिभा की अभिव्यक्ति हो रही है। भाषा की अपनी प्रतिभा की अभिव्यक्ति ही वह सृजनात्मक स्तरीकरण है जो भाषा को सबकी सम्पत्ति बना देता है।"
रीतिकाल के रीति सिद्ध कविवर 'बिहारी' की भाषा का एक उदाहरण इस प्रकार है-

"नहिं परागु, नहिं मधुर मधु, नहि विकास इहिं काल।
अली कली ही सो बँध्यो, आगे कौन हवाल।।"
"कहत, नटत, रीझत, मिलत खिझत लजियात।
भरे भौन में करत हैं नैननु ही सो बात।।"

बिहारी के दोहों में इतनी अधिक मर्मस्पर्शिता और प्रभाव डालने की शक्ति है कि जन-साधारण पर इसका प्रभाव तो पड़ता ही है, इसके साथ ही इसकी काव्य की सुन्दरता में भी कमी नहीं आती है। भावना का प्रसार-जैसा बिहारी के दोहों में मिलता है, वैसा हिन्दी साहित्य के अन्य कवियों में नहीं। अलंकारों का भी अद्भुत सौन्दर्य इनके दोहों में मिलता है।

आधुनिक काल में पहुँचने के बाद हिन्दी को खड़ीबोली हिन्दी का नाम दे दिया गया। आधुनिक युग खड़ीबोली गद्य का युग है। खड़ीबोली गद्य के विकास के लिए भारतीय हिन्दी-प्रेमियों ने तो प्रयास किया ही, अंग्रेज़ों ने भी इसके लिए अपना सहयोग प्रदान किया। फोर्ट विलियम कॉलेज में लल्लूजी लाल ने 'प्रेमसागर' और सदल मिश्र ने 'नासिकेतोपाख्यान' की रचना की। इन पुस्तकों के पहले कई ग्रन्थ - योगवशिष्ठ, पद्मपुराण, ज्ञानोपदेशावलीं तथा रानी केतकी की कहानी आदि खड़ीबोली गद्य में लिखे जा चुके थे। उर्दू कचहरी की भाषा थी, फिर भी 20वीं शती के आरम्भ से पूर्व ही हिन्दी खड़ीबोली गद्य की परम्परा चल पड़ी थी। पुस्तकों

के अलावा समाचार-पत्रों की भाषा भी खड़ीबोली हिन्दी थी। हिन्दी के बढ़ते प्रचार का विरोध भी हुआ, किन्तु इसकी गति को कोई रोक नहीं सका। भारतेन्दु ने इसकी उन्नति के लिए बहुत प्रयास किया। इस काल की भाषा में तत्सम शब्दों की संख्या अधिक बढ़ गयी। खड़ीबोली दिल्ली और मेरठ के आसपास की भाषा है। खड़ीबोली गद्य की सर्वप्रथम उल्लेखनीय रचना ''चंद छन्द बरनन की महिमा'' है, जो अकबर के दरबारी कवि गंग की कृति है। इसका रचनाकाल 1570 ई. हैं। इसके अतिरिक्त रामप्रसाद निरंजनी ने भाषा योग वशिष्ठ नामक रचना खड़ीबोली गद्य में लिखी। सन् 1800 ई. में फोर्ट विलियम कॉलेज की कलकत्ता में स्थापना हुई, जिसमें हिन्दी और उर्दू के अध्यापक के रूप में जॉन गिलक्राइस्ट की नियुक्ति हुई हिन्दी गद्य के प्रचार में ईसाई धर्म के लोगों का उल्लेखनीय योगदान रहा। हिन्दी गद्य के विकास में राजा शिवप्रसाद सितारेहिन्द और राजा लक्ष्मण सिंह का नाम भी उल्लेखनीय है। सितारेहिन्द के प्रयासों से ही कम्पनी सरकार ने संस्कृत कॉलेजों में हिन्दी शिक्षा को स्थान देना स्वीकार किया। पंजाब के श्रद्धाराम फुल्लौरी ने संस्कृत के विद्वान् होते हुए भी हिन्दी को अभिव्यक्ति का माध्यम बनाया। इन्होंने 'भाग्यवती' उपन्यास तथा 'सत्यामृत प्रवाह' नामक धार्मिक पुस्तक लिखी। इनके द्वारा रचित आरती 'ओम जय जगदीश हरे' आज भी प्रचलित है। भारतेन्दु जी से पूर्व हिन्दी की दो शैलियाँ प्रचलित थीं—उर्दू-फ़ारसी शब्दोंवाली हिन्दी और शुद्ध संस्कृतनिष्ठ हिन्दी। उन्होंने मध्यमार्ग को अपनाते हुए सरल स्वाभाविक हिन्दी गद्य को विकसित किया, जिसमें उर्दू एवं संस्कृत के प्रचलित शब्दों को ही स्थान दिया। सही अर्थों में भारतेन्दु जी ही हिन्दी गद्य के जनक हैं। भारतेन्दु जी की गद्य भाषा का एक उदाहरण-''अब भी तुम लोग अपने को न सुधारो तो तुम्हीं रहो। और वह सुधारना भी ऐसा होना चाहिए कि सब बात में उन्नति हो। धर्म में, घर के काम में, बाहर के काम में, रोजगार में, शिष्टाचार में, चाल-चलन में, शरीर में, बल में समाज में युवा में, वृद्ध में, स्त्री में, पुरुष में, अमीर में, ग़रीब में, भारतवर्ष की सब अवस्था, सब जाति, सब देश में उन्नति करो।'' भारतेन्दु जी की काव्यभाषा तो ब्रजभाषा रही जिसका उदाहरण इस प्रकार है-

तरनि, तनूजा तट तमाल तरुवर बहु छाये।
झुके कूल सौं जल पर मन हित मनहु सुहाये।।

इनके पश्चात् महावीरप्रसाद द्विवेदी ने व्याकरण-सम्बन्धी अव्यवस्थाओं का निराकरण करते हुए हिन्दी गद्य का संस्कार एवं परिमार्जन किया। इनके बाद प्रेमचंद, आचार्य रामचन्द्र शुक्ल, आचार्य हजारीप्रसाद द्विवेदी एवं डॉ. नगेन्द्र-जैसे विद्वानों ने हिन्दी गद्य को उसके चरमोत्कर्ष तक पहुँचाया। आचार्य रामचन्द्र शुक्ल द्वारा रचित चिन्तामणि हिन्दी गद्य का आदर्श मानदण्ड है। खड़ीबोली हिन्दी में पद्यरचना को प्रोत्साहित करने का श्रेय भी आचार्य महावीरप्रसाद द्विवेदी को ही जाता है। उन्होंने 'सरस्वती' पत्रिका के सम्पादक के रूप में खड़ीबोली कविता को प्रोत्साहन दिया। उनसे पूर्व हिन्दी की कविता ब्रजभाषा में एवं गद्य खड़ीबोली में लिखा जाता था। उन्होंने हिन्दी की खड़ीबोली को गद्य और पद्य दोनों की भाषा बनाने में महत्त्वपूर्ण भूमिका निभायी। मैथिलीशरण गुप्त का 'साकेत', अयोध्या सिंह उपाध्याय का 'प्रियप्रवास'-जैसे महाकाव्य खड़ीबोली हिन्दी में लिखे गये। द्विवेदीयुगीन खड़ीबोली का उदाहरण अयोध्या सिंह उपाध्याय 'हरिऔध' की भाषा के रूप में

आके तेरे निकट कुछ भी मोद पाती न मैं हूँ।
तेरी तीखी महक मुझको कष्टिता है बनाती।।

मैथिलीशरण गुप्त के काव्य की खड़ीबोली कुछ इस प्रकार थी-

मेरे उपवन के हरिण, आज वनचारी,
मैं बाँध न लूँगी तुम्हें, तजो भय-भारी।।
वन में तनिक तपस्या करके बनने दो मुझको निज योग्य।
भाभी को भगिनी तुम मेरे अर्थ नहीं केवल उपभोग्य।।

महादेवी वर्मा के अतिरिक्त रामधारी सिंह दिनकर, हरिवंश राय बच्चन, माखनलाल चतुर्वेदी आदि खड़ी बोली में पद लिखकर इसका विकास किया। 'कामायनी' छायावादी युग का सर्वश्रेष्ठ महाकाव्य है, जिसकी रचना जयशंकर प्रसाद ने की है। सुमित्रानन्दन पन्त की कृति 'पल्लव', महादेवी वर्मा की 'दीपशिखा' एवं सूर्यकान्त त्रिपाठी निराला की 'अनामिका' भी इस काल की उल्लेखनीय कृतियाँ हैं।

तत्पश्चात् प्रगतिवादी एवं प्रयोगवादी कवियों ने हिन्दी खड़ीबोली को काव्यभाषा के रूप में समृद्ध करने में योगदान दिया। अज्ञेय, नागार्जुन, दुष्यन्तकुमार, वीरेन्द्र मिश्र, त्रिलोचन शास्त्री, केदारनाथ अग्रवाल-जैसे कवियों का नाम इस दृष्टि से उल्लेखनीय है। हिन्दी गद्य की विविध विधाओं नाटक, एकांकी, कहानी, उपन्यास, रेखाचित्र, जीवनी, संस्मरण आत्मकथा, निबन्ध, आलोचना आदि से सम्बन्धित प्रचुर रचनाएँ इस काल में लिखी गयी। इस प्रकार हिन्दी दिनोंदिन समृद्धि के मार्ग पर अग्रसर है। सही अर्थों में देखा जाये तो खड़ीबोली हिन्दी के विकास में मूलतः 'कौरवी' का प्रमुख स्थान है। दिल्ली और उसके आसपास के प्रदेशों की बोली होने के कारण और इस प्रदेश का राजनीतिक और आर्थिक महत्त्व बढ़ जाने के कारण कौरवी की प्रतिष्ठा पहले उर्दू फिर हिन्दी में बढ़ चली। अंग्रेज़ी से प्रेरणा पाकर हिन्दी में गद्य साहित्य का विकास होने लगा। ज्ञान-विज्ञान के साहित्य के लिए गद्य को उपयुक्त माना गया। 19वीं शताब्दी के आरम्भ में ही देखा गया कि हिन्दी के लगभग सारे साहित्यकार ही उर्दूवाले थे। शुरू से ही उर्दू ने कौरवी को अपनाया था। दक्खिनी साहित्य भी हरियाणा की मूल भाषा में था। इसीलिए खड़ीबोली हिन्दी को अपना आधार माध्यम कौरवी को ही बनाना पड़ा। खड़ीबोली ने मूल शब्दावली कौरवी से ही अपनायी है। ध्वनि व्यवस्था भी लगभग वही है। व्याकरणिक कोटियों का ढाँचा भी लगभग वही है। खड़ीबोली हिन्दी या प्रतिष्ठित मानक हिन्दी ने बोलियों से शब्द ही नहीं व्याकरणिक प्रयोग भी अपनाये। तभी तो यह सारे हिन्दी प्रदेश की अपनी भाषा बनी है। आदिकाल से लेकर आधुनिक काल तक हिन्दी के साहित्यिक भाषा के विकास को देखने के बाद यही कहा जा सकता है कि वास्तव में हिन्दी एक सहजतम, विकासशील और जीवन्त भाषा है। भाषाओं के इतने लम्बे इतिहास में ऐसी प्रभावशाली भाषा का अस्तित्व और कहीं नहीं मिलता। जॉर्ज ग्रियर्सन का कहना है, ''इस प्रकार यह कहा जाता है और सामान्य रूप से लोगों का विश्वास भी यही है, कि गंगा के समस्त काँठे में, बंगाल और पंजाब के बीच अपनी अनेक स्थानीय बोलियों सहित केवल एकमात्र प्रचलित भाषा हिन्दी ही है।''

1857 से लेकर वर्तमान साहित्यिक भाषा के विकास का संक्षिप्त विवेचन

भाषा समाज का अनिवार्य अंग है एवं समाज के विभिन्न वर्गों के सदस्यों द्वारा बोली व समझी जाती है। भाषा एक अमूर्त संकल्पना है, जो बोलियों के समूह का दूसरा नाम है। साहित्य एवं पत्रकारिता की रचना के सन्दर्भ में कहा जाता है, कि इनके लिए एक केन्द्रवर्ती भाषा होती है, जिसको उस भाषा का व्यापक समाज समझता एवं स्वीकृत करता है। यदि बात की जाये आधुनिक युग की भाषा की तो यह युग 'हिन्दी खड़ीबोली गद्य' का युग माना जाता है। उर्दू के अदालती भाषा होने पर भी 20वीं सदी के आरम्भ से पूर्व ही हिन्दी खड़ीबोली गद्य की परम्परा चल पड़ी थी। साहित्यिक पुस्तकों के अतिरिक्त इस भाषा में समाचार-पत्र भी निकाले गये। जिनमें 'बनारस अख़बार', 'उदन्त मार्तण्ड', 'सुधाकर', 'बुद्धि-प्रकाश' आदि उल्लेखनीय हैं। यद्यपि आधुनिक युग में भारतेन्दु युग को खड़ीबोली के विकास का आरम्भिक काल माना जाता है, किन्तु ब्रजभाषा, कन्नौजी के साथ-साथ उर्दू का प्रयोग भी इस काल में ख़ूब किया गया। आधुनिक काल के प्रथम समाचार-पत्र 'उदन्त मार्तण्ड' की गद्य भाषा में तो संस्कृत, ब्रजभाषा, उर्दू, फ़ारसी आदि के शब्दों का जबरदस्त प्रयोग किया गया है। इस काल में प्रमुख रूप से हिन्दी खड़ीबोली तथा जनपदीय बोलियों का समन्वय बख़ूबी किया गया है, तथा हिन्दी-उर्दू शब्दों के साथ-साथ प्रयोग किये जाने को 'हिन्दुस्तानी भाषा' का नाम दिया गया। इस प्रकार का सर्वाधिक प्रयोग 'बनारस अख़बार' में दृष्टिगत होता है। आधुनिक युग की भाषा में तत्सम शब्दों की भरमार हो गयी। हिन्दी के अन्य भारतीय आर्य भाषाओं तथा आर्येतर भाषाओं से शब्द ग्रहण किये गये। अंग्रेज़ी के आगत शब्दों का अधिक प्रयोग किया गया। अंग्रेज़ी के प्रभाव से इस काल में कई नवीन स्वर-ध्वनियों का आविर्भाव हुआ। इसके अतिरिक्त समर्थ साहित्यकारों ने अनेक नये शब्दों को निर्मित किया। इस काल के सृजनकारों पर दृष्टिपात किया जाये तो देखा जा सकता है कि 'भारतेन्दु हरिश्चन्द्र जी' ने इस काल की भाषा को नया रूप प्रदान किया। वहीं आचार्य महावीरप्रसाद द्विवेदी ने भाषा के मानकीकरण का प्रयास किया तथा ठोंक-पीटकर हिन्दी साहित्य तथा पत्रकारिता की भाषा को परिष्कृत करके एकरूपता प्रदान की। द्विवेदी जी के बाद प्रेमचंद ने भाषा के विकास में अप्रतिम योगदान दिया। छायावादी, रहस्यवादी, प्रयोगवादी तथा नयी धारा के कवियों और आलाचकों ने हिन्दी को समुन्नत किया। यह क्रम आगे भी चलता रहा, जिसमें कई साहित्यकार पत्रकार भी थे। भारतेन्दु हरिश्चन्द्र 1873 में 'हरिश्चन्द्र मैगज़ीन' के प्रकाशन के साथ खड़ीबोली का व्यावहारिक रूप लेकर आये। उन्होंने कई नाटक, कहानियाँ, निबन्ध, आदि रचनाएँ की। नाटकों में 'सत्य हरिश्चन्द्र', 'चन्द्रावली', 'नीलदेवी', 'भारतदुर्दशा', 'प्रेमयोगिनी', 'विषस्य विषमौषधम्', 'वैदिक हिंसा न भवति,' आदि अनेक मौलिक और अनूदित हैं। इनमें पद्य की भाषा तो ब्रजभाषा है, और गद्य में ब्रजभाषामिश्रित खड़ीबोली है, जो धीरे-धीरे व्यावहारिक खड़ीबोली बनती गयी। उनका उपन्यास 'पूर्णप्रकाश' और 'चन्द्रप्रभा' मराठी उपन्यास का खड़ीबोली में अनुवाद है। भारतेन्दु ने राजा शिवप्रसाद सितारे हिन्द की अरबी-फ़ारसीप्रधान हिन्दी और राजा लक्ष्मण प्रसाद की संस्कृतनिष्ठ हिन्दी के बीच का मार्ग निकाला। अर्थात् भाषा में न पण्डिताऊपन हो और न मौलवी शैली की दुरूहता। उन्होंने इन भाषाओं के इतने ही शब्द ग्रहण किये जिनमें भाषा का हिन्दीपन बना रहे और उन शास्त्रीय भाषाओं से अनभिज्ञ पाठकों को कोई कठिनाई न हो। कुल मिलाकर भारतेन्दुजी ने भाषा को

पण्डिताऊपन और क्लिष्ट प्रयोगों से मुक्त किया। भारतेन्दु-युग में अंग्रेज़ी शब्द मिश्रित खड़ीबोली का भी प्रयोग दिखता है। शिक्षितों को पढ़ाने के लिए जिस भाषा का प्रयोग किया गया, उसमें अंग्रेज़ी प्रयोग की दो शैलियाँ हैं- एक में अंग्रेज़ी शब्दों का प्रयोग करके उस शब्द का पर्याय हिन्दी में दे दिया गया,' जैसे- Instinct (पशुबुद्धि) Nature (प्रकृति) Natural Gift (ईश्वर की देन) आदि। दूसरी शैली में हिन्दी शब्द देकर उसका पर्याय अंग्रेज़ी में दिया गया,' जैसे- विचार (Policy), बोध (Feeling) इत्यादि।

इस युग में खड़ीबोली साहित्य की वेदी पर प्रतिष्ठित तो हुई, किन्तु उसमें एक आदर्श की स्थापना नहीं हो पायी थी। भाषा के क्षेत्र में अस्थिरता, स्वच्छन्दवादिता, और अराजकता व्याप्त रहीं। इसको दूर करने का श्रेय 20वीं सदी के आरम्भ में आचार्य महावीरप्रसाद द्विवेदी को मिलता है। उन्होने इस भाषा का आदर्शीकरण और स्थिरीकरण किया। खड़ीबोली और हिन्दी साहित्य के सौभाग्य से 1903 ई. में आचार्य महावीरप्रसाद द्विवेदी ने 'सरस्वती' पत्रिका के सम्पादन का भार सँभाला। वे सरल और शुद्ध भाषा पर बल देते थे। वे तद्भव के पक्षपाती थे, किन्तु विषय और भाव के अनुसार संस्कृत या उर्दू के शब्दों का व्यवहार भी चाहते थे। गद्य तो भारतेन्दु-युग में ही सफलतापूर्वक खड़ीबोली में लिखा जा रहा था, अब पद्य की व्यावहारिक भाषा भी एकमात्र खड़ीबोली में प्रतिष्ठित होने लगी। ब्रजभाषा के साथ 'भाषा' शब्द जुड़ा रहा है। युग ऐसा बदला कि वह भाषा सीमित होकर 'बोली' बन गयी और इसके मुक़ाबले में खड़ीबोली जिसके साथ 'बोली' शब्द लगा है, 'भाषा' बन गयी और इसका सही नाम 'हिन्दी' हो गया। अब यह सम्पूर्ण भारत के साहित्य का माध्यम बन गयी।

मध्यदेश की भाषा होने के कारण हिन्दी पर भारी उत्तरदायित्व आ पड़ा। हिन्दी सरल है, सबके लिए सुलभ है, और परम्परा से विकासशील रही है। वह आसपास की भाषाओं से 'शब्द सम्पत्ति' और 'शब्द प्रयोग' ग्रहण करती रही है, क्योंकि हिन्दी उदार और लचीली है। साहित्यिक खड़ी बोली हिन्दी के विकास में छायावादी युग का महत्त्वपूर्ण योगदान रहा। प्रसाद, पन्त, निराला, महादेवी वर्मा, और रामकुमार वर्मा आदि की साधना फलवती हुई। अभिव्यंजना की विविधता, विम्बों की लाक्षणिकता, ब्रजभाषा का रसात्मक लालित्य छायावादी युग के भाषा की विशेषता रही। भावों के मूर्तीकरण और प्रतीकों के सौष्ठव-विधान से भाषा में स्पष्टता, सरसता और मधुरता का संचार हुआ। इस युग की भाषा में प्रतीकों को भरपूर स्थान दिया गया। इस युग में हिन्दी का शब्दशोधन और शब्दचयन पूर्ण सावधानी से किया गया। भाषा के साधकों ने तुक मिलाने के लिए शब्दों को तोड़-मरोड़कर उसका प्रयोग नहीं किया। यह अलग बात है कि जब भाषा ने साथ देने से मना किया तो उन्होंने नये शब्द गढ़ लिये, जिनसे हिन्दी शब्द भण्डार समृद्ध हुआ है। संस्कृत की तत्सम शब्दावली के अधिकाधिक प्रयोग से खड़ीबोली में शास्त्रीयता के साथ लालित्य आया है। क्लिष्ट संस्कृतनिष्ठ खड़ीबोली का उदाहरण सूर्यकान्त त्रिपाठी निराला की भाषा में—

धिक् जीवन जो पाता ही आया है विरोध
धिक् 'साधन' जिसके लिए सदा ही किया शोध
जानकी हाय। उद्धार प्रिया का हो न सका।

इस प्रकार भाषा प्रवाहमय, सरल और व्याकरणसम्मत होती गयी। 'निराला' के पाण्डित्य, 'पन्त' की कला, 'प्रसाद' की 'संगीतात्मकता' और 'महादेवी वर्मा' की मधुरता तथा प्रवाहमयता ने भाषा को धनी बना दिया। जयशंकर प्रसाद की लक्षणाप्रधान खड़ीबोली तथा संगीतात्मक भाषा का उदाहरण--

समर्पण लो सेवा का सार, सजल-संसृति की यह पतवार।
आज से यह जीवन उत्सर्ग, इसी पद तल में विगत विकार।।

महादेवी वर्मा की मधुर और प्रवाहगय भाषा का एक उदाहरण-

मैं नीर भरी दुख की बदली, विस्तृत नभ का कोई कोना
मेरा न कभी अपना होना, परिचय इतना इतिहास यही
उमड़ी कल थी मिट आज चली।

'प्रगतिवादी युग' की भाषा में तद्भव शब्दों की प्रधानता रही इस युग में वही भाषा रही, जिसे जनभाषा या सामान्य हिन्दी कहते हैं। इस युग के साहित्य का सीधा सम्बन्ध जनसाधारण से रहा। इसलिए भाषा अभिधात्मक रही इसमें लाक्षणिकता की गुंजाइश कम ही रही। भाषा ओजपूर्ण, सरल और स्वाभाविक तो है, किन्तु गम्भीरता का अभाव-सा दिखता है। राष्ट्रीयता और देशभक्ति, प्रेम और प्रकृति आधुनिक साहित्य के निरन्तर विषय रहे। यदि भाषा-विकास की दृष्टि से देखा जाये तो इस युग में कुछ विशेष विकास नहीं दिखा। इस युग की भाषा का एक उदाहरण

भाग्यवाद आवरण पाप का और शस्त्र शोषण का
जिससे रखता दबा एक जन भाग दूसरे जन का

केदारनाथ अग्रवाल की पंक्तियों से प्रगतिवादी भाषा का एक नमूना

जल उठे हैं तन-बदन से, क्रोध में शिव के नयन से
खा गये निशि का अँधेरा, हो गया खूनी सबेरा

आधुनिक युग के 'प्रयोगवादी युग' में साहित्यकारों ने भाषा तो सरल रखी, किन्तु कथ्य बहुत जटिल और उलझे हुए प्रयोग किये। जैसे- यह दीप अकेला स्नेहभरा है गर्व भरा मदमाता पर इसको भी पंक्ति को दे दो। ('अज्ञेय' के काव्य संग्रह 'बावरा अहेरी' के 'यह दीप अकेला' कविता से) असुन्दरता में सुन्दरता का आरोप करना इन कवियों की विशेषता रही। जैसे- 'बॉस की टूटी टट्टी' 'खम्भे से लटकती ओढ़नी की दो-चार चिन्दियाँ, और 'मूत्रसिंचित मृतिका के वृत्त में तीन टाँगों पर खड़ा नतग्रीव धैर्यधन गदहा' भी इस काल की भाषा के सौन्दर्यबोध में आ जाता है। 'नयी कविता' का गीतात्मक रूप 'नवगीत' में विकसित हुआ, जिसमें भाषा की सरलता भी है, प्रेषणीयता और रसात्मकता भी। इस काल की भाषा व्यंग्यात्मक और चुटीली रही। इस भाषा का उदाहरण 'मुक्तिबोध' की पंक्तियों में देखिये-

वृक्षों के अँधेरे में छिपी हुई किसी एक
तिलिस्मी खोह का शिला द्वारा खुलता है
घूमती है लाल-लाल मशाल अज़ीब-सी

इसके बाद समकालीन कविता की भाषा का उदाहरण 'रघुवीर सहाय' की व्यंग्यात्मक और लक्षणाप्रधान हिन्दी भाषा के रूप में देखिये-

अब देखो बाज़ार में एक ढेर है चिथड़ों का, और एक मैं हूँ कि जिसके चिथड़ें

सब एक जगह नहीं हैं, वो मेरी धज्जियाँ कहाँ हैं खोजकर लाओं उन्हें।

इसमें कोई सन्देह नहीं है कि महावीरप्रसाद द्विवेदी के बाद 50-60 वर्ष तक खड़ीबोली हिन्दी की प्रगति सन्तोषजनक रही है। इसका प्रयोग वैविध्यपूर्ण साहित्य में ज़ोरों से होता रहा है। 20वीं शताब्दी में निबन्ध, उपन्यास, रेखाचित्र, रिपोर्ताज, कहानी, लघुकथा, जीवनी, आत्मकथा, संस्मरण, यात्रावृत्तान्त, नाटक, एकांकी, रेडियो नाटक, रेडियो फीचर आदि अनेक विधाएँ विकसित हुई हैं। अनेक साधकों ने हाड़तोड़ परिश्रम करके हिन्दी भाषा को समृद्ध किया है, उसमे सैकड़ों शब्द और उनके प्रयोग जोड़े हैं। संस्कृत के तत्सम शब्दों को नये पुराने अर्थ दिये हैं। हिन्दी की अनेक बोलियों के शब्दों को लाकर इसके शब्दकोश को समृद्ध किया है, और एक बोली को सम्पूर्ण भारत की भाषा बना दिया। आज खड़ीबोली हिन्दी के साहित्यकार सारे देश में विद्यमान हैं, और हिन्दी साहित्य भी सारे देश में पढ़ा जा रहा है।

आधुनिककालीन भाषा में ध्वनि के क्षेत्र की यदि बात की जाये तो देखा जा सकता है कि कचेहरियों की भाषा उर्दू होने के कारण क़, ख़, ग़, ज़, फ़, जो मध्यकाल में केवल उच्च वर्ग के फ़ारसी पढ़े लोगों तक ही प्रचलित थें, इस काल में प्रायः 1947 ई. तक सुशिक्षित लोगों में ख़ूब प्रचलित हो गये। किन्तु स्वतन्त्रता के बाद स्थिति बदली और अंग्रेज़ी में प्रयोग किये जाने के कारण ज़, फ़, तो सीमा तक अब भी प्रयोग में है, किन्तु क़, ख ग़ के सही प्रयोग में कमी आयी है। नयी पीढ़ी कुछ अपवादों को छोड़कर इनके स्थान पर प्रायः क, ख, ग बोलने लगी है।

अंग्रेज़ी शिक्षा के प्रचार के कारण कुछ बहुशिक्षित लोगों द्वारा 'ऑ' (कॉलेज, डॉक्टर, ऑफिस, कॉपी आदि में) ध्वनि भी हिन्दी में प्रयुक्त हो रही है।

अंग्रेज़ी शब्द के प्रचार के कारण कुछ नये संयुक्त व्यंजन, जैसे— 'ड्र' हिन्दी में प्रयोग होने लगे।

स्वरों में ऐ, औ हिन्दी में आदिकाल में आये थे। इनका उच्चारण आये, आओ अर्थात् ये संयुक्त स्वर थे, आधुनिक काल में मुख्यतः 1940 ई. के बाद ऐ, औ की स्थिति कुछ भिन्न हो गयी है। इस सम्बन्ध में तीन बातें उल्लेखनीय हैं-

1. पश्चिमी हिन्दी-क्षेत्र में ये स्वर सामान्यतः मूल 'स्वर' के रूप में उच्चरित होते हैं।

2. पूर्वी हिन्दी-क्षेत्र में अब भी ये आयें, आओ रूप में संयुक्त स्वर के ही रूप में प्रयोग हो रहे हैं।

3. नैया, भैया, कौआ-जैसे शब्दों में पश्चिमी तथा पूर्वी दोनों ही हिन्दी क्षेत्रों में ऐ, औ का उच्चारण क्रमशः संयुक्त स्वर अइ, अउ रूप में होता है।

मध्यकाल में 'अ' का लोप शब्दान्त या कुछ स्थितियों में अक्षरान्त होता था किन्तु आधुनिक काल तक आते-आते उच्चारण में कोई भी शब्द अकारान्त नहीं होता।

आदिकाल में हिन्दी की विभिन्न बोलियों के व्याकरणीय अस्तित्व का शुभारम्भ हो गया था, किन्तु काफ़ी व्याकरणिक रूप ऐसे थे, जो आसपास के क्षेत्रों में समान थे। मध्यकाल में उनमें इस प्रकार के मिश्रण में काफ़ी कमी हो गयी। सूर, बिहारी, देव आदि की ब्रजभाषा तथा जायसी, तुलसी आदि की अवधी इस बात का प्रमाण है। आधुनिक काल तक आते-आते ब्रज, अवधी, भोजपुरी, मैथिली आदि कई बोलियों का व्याकरणिक अस्तित्व इतना स्वतन्त्र हो गया है, कि उन्हें बड़ी सरलता से भाषा की संज्ञा दी जा सकती है।

हिन्दी प्रायः पूर्णतः एक वियोगात्मक भाषा हो गयी है।

प्रेस, रेडियो, शिक्षा तथा व्याकरणिक विश्लेषण आदि के प्रभाव से हिन्दी व्याकरण का रूप काफ़ी स्थिर हो गया।

मध्यकाल में हिन्दी वाक्य-रचना एक सीमा तक फ़ारसी से प्रभावित हुई थी। आधुनिक काल में अंग्रेज़ी शिक्षा का प्रचार फ़ारसी की तुलना में कहीं अधिक हुआ है। साथ ही समाचार-पत्रों, रेडियो तथा सरकारी कामों में प्रयोग के कारण भी अंग्रेज़ी हमारे अधिक निकट आयी। इसका परिणाम यह हुआ कि हिन्दी वाक्य-रचना मुहावरों तथा लोकोक्तियों आदि के क्षेत्र में अंग्रेज़ी से अत्यधिक प्रभावित हुई है। उदाहरण के तौर पर- ''मैं सोने जा रहा हूँ'' I am going to sleep' का अनुवाद है तो 'आदमी जो कल बीमार था आज मर गया 'The man who fell ill yesterday expired today' का। इसी प्रकार 'प्रकाश डालना' मुहावरा 'To throw light on' का अनुवाद है तो 'आवश्यकता' अविष्कार की जननी है लोकोक्ति 'Necessity is the mother of invention. का। अंग्रेज़ी ने विराम चिह्नों के माध्यम से भी हिन्दी वाक्य-रचना को प्रभावित किया।

इधर कुछ वर्षो से 'कीजिए' के लिए 'करिए', 'मुझ' के लिए 'मेरे को', मुझको' के लिए 'मेरे से', तुझमें' के लिए 'तेरे में', 'नहीं जाना है' के स्थान पर 'नहीं जाना'-जैसे नये रूपों का प्रचार बढ़ा है अर्थात भाषा के रूप-रचना तथा वाक्य-रचना में परिवर्तन हो रहा है। 1850 से 1900 ई. तक अंग्रेज़ी के शब्दों का अधिकाधिक प्रयोग के अतिरिक्त आर्यसमाज के प्रचार-प्रसार के कारण तत्सम शब्दों का प्रयोग बढ़ा और कुछ पुराने तद्भव शब्द परिनिष्ठित हिन्दी से बाहर हो गये। 1900 ई. के बाद द्विवेदी-युग तथा छायावादी-युग में अनेक कारणों से तत्सम शब्दों का प्रयोग बढ़ना प्रारम्भ हो गया। प्रसाद, पन्त और महादेवी वर्मा का पूरा साहित्य इस दृष्टि से दर्शनीय है। इसके बाद प्रगतिवादी आन्दोलन के कारण तद्भव शब्दों के प्रयोग में पुनः वृद्धि हुई तथा तत्सम शब्दों के प्रयोग में काफ़ी कमी हुई। सन् 1947 तक लगभग यही स्थिति रही। अनेक पुराने शब्द नये अर्थों में प्रचलित होने लगे। उदाहरण के तौर पर 'सदन' राज्यसभा, लोकसभा दोनों के लिए प्रयोग किया जा रहा है। नयी आवश्यकता की पूर्ति हेतु 'क्षणिका', 'श्लील', 'फिल्माना', 'घुसपैठिया'-जैसे बहुत-से नये शब्दों को हिन्दी में जगह दी गयी। साहित्य में नाटक, उपन्यास, कहानी, कविता की भाषा बोलचाल के निकट आ गयी। इधर हिन्दी को पारिभाषिक शब्दों की आवश्यकता पड़ी, क्योंकि वह अब विज्ञान, वाणिज्य, विधि इत्यादि की भी भाषा हैं। इसकी पूर्ति हेतु अनेक शब्द अंग्रेज़ी, संस्कृत आदि से लिये गये हैं। तथा अनेक नये शब्द बनाये गये हैं। स्वतन्त्रता से पूर्व हिन्दी में मुश्किल से 5000 से 6000 पारिभाषिक शब्द थे, किन्तु अब उनकी संख्या लगभग एक लाख है और दिनोंदिन उसमें वृद्धि

होती जा रही है। आधुनिक युग के भाषा की एक प्रमुख विशेषता यह थी कि जो भाषाएँ भारत में पहले से बोली जाती थीं, कहीं-न-कहीं उनका प्रयोग साहित्यकारों तथा पत्रकारों ने बेझिझक रूप से किया। इनमें एक तरफ़ अरबी-फ़ारसी तो दूसरी तरफ़ संस्कृत तथा अन्य आर्यभाषाएँ है। साथ ही हिन्दी पर अंग्रेज़ी का ख़ूब प्रभाव रहा। यद्यपि यह प्रभाव व्यापक रूप से सभी भारतीय भाषाओं पर पड़ा। फलस्वरूप अंग्रेज़ी के मुहावरों, शब्दों और वाक्य खण्डों को हिन्दी में अनूदित करने की परम्परा का विकास हुआ। इससे कहीं-न-कहीं हिन्दी का परम्परागत रूप विकृत हुआ और उसकी मौलिकता का ह्रास हुआ। इस काल में हिन्दी ने अनेक स्रोतों से शब्द ग्रहण कर हिन्दी शब्दकोश को समृद्ध बनाया। आज हिन्दी में तत्सम, तद्भव, अर्द्धतत्सम, देशज, विदेशी शब्दों का प्रयोग धड़ल्ले से किया जा रहा है। आज हिन्दी ने अपने प्रत्यय जोड़कर दूसरी भाषाओं के शब्दों को अपना बना लिया है। अंग्रेज़ी की तरह हिन्दी भी आज एक नहीं कई भाषाओं की एहसानमन्द है। दूसरी भाषाओं के शब्द हिन्दी में इतने रूढ़ हो गये हैं कि पता ही नहीं चलता कि हम दूसरी भाषा के शब्द बोल रहे हैं। 'स्पूतनिक' शब्द का उच्चारण करते समय ऐसा कभी नहीं लगता कि हम रूसी बोल रहे हैं। 'रिक्शा' बोलते समय लगता है कि यह जापानी नहीं बल्कि हमारा शब्द हैं। 'कमरा', 'तवा,' 'परात', 'कुर्सी' आदि शब्दों का प्रयोग हम इतनी सहजता से करते हैं कि पता ही नहीं चलता कि ये 'पुर्तगाली' भाषा के शब्द है। शब्दों को अपनी भाषा में अपनी सुविधानुसार पचाने की प्रक्रिया में 'कैप्टन' को 'कप्तान' और 'टोबैको' को 'तम्बाकू' कह देते हैं।

आज लीडरों के हाथों में पड़कर हिन्दी का रूप एकदम ही बदल गया है। उनके भाषण में हिन्दी के साथ अज़ीब-सा खिलवाड़ दिखता है। उदाहरण के तौर पर एक झलक-

''प्यारे भाइयो एवं बहनो''

आपके प्रान्त में आने की बड़े लम्बे अरसे से मेरी गहरी तमन्ना थी। वाकई में आपका प्रान्त अनोखा है, सुन्दर है, क़ाबिले तारीफ़ है, कैसी विडम्बना है कि प्रकृति अपना कलेवर हमेशा ही खुशनुमा, रौनकदार, एक-सा बनाये रखती है। किन्तु मानव ऐसा करने में असफल होता है। उसके स्वार्थ उसे मज़बूर कर देते हैं कि वह लड़ मरे और फिर उन्ही स्वार्थों पर शहीद हो जायें। मैं उस दिन का बड़ी बेसब्री से इन्तज़ार कर रहा हूँ जब हिन्दुस्तान का प्रत्येक नागरिक प्रकृति से सन्देश लेकर अपने वतन के मौसम को मेरा कहने का मतलब है, इसके वातावरण को ख़ूबसूरत बनाने में कोई कसर न छोड़ेगा। आज़ादी के इस त्योहार पर मेरा आपसे यही सन्देश है, यही इल्तजा है कि आप अपने देश की शानोशौकत और आनबान पर मर मिटने को हमेशा से तैयार रहें और इसके ज़र्रे को अपने दृढ़ निश्चय का पैगाम दें।'' प्रस्तुत उदाहरण यह प्रदर्शित करता है कि आज भाषा में कितनी उच्छृंखलता आ गयी है। वर्तनी, व्याकरण, वाक्य-योजना, मुहावरेदारी की चिन्ता करनेवाले लोग बहुत कम रह गये हैं। भाषा पर भीतरी और बाहरी प्रभाव पड़ रहा है। हिन्दी एक मिश्रित भाषा का रूप धारण कर चुकी है। युवा-पीढ़ी के साहित्यकार नयी अभिव्यक्ति और नयी भाषा की तलाश में कई प्रकार के प्रयोग कर रहे हैं। लगता है खड़ीबोली अगली शताब्दी के आने तक बदल जायेगी। क्योंकि वैदिक भाषा को बदलने में लगभग 5000 वर्ष लगे, संस्कृत 1000 वर्ष में ही बदल गयी, पालि-प्राकृत-अपभ्रंश को बदलने में 500 वर्षों से अधिक समय नहीं लगा और ब्रजभाषा का युग ढाई-तीन सौ वर्ष का ही कटकर रह गया। खड़ीबोली कम-से-कम डेढ़ सौ वर्ष से ब्रजभाषा के स्थान पर साहित्यिक भाषा है।

अगले 50-60 वर्षों में यह भी बदल जायेगी। यह युग द्रुतगतिक है। यातायात और संचार के माध्यम बहुत अधिक हमारी संस्कृति को बदल रहे हैं, ऐसा बदलाव हिन्दी में आ रहा है, क्योंकि भाषा तो संस्कृति का वाहन मात्र है। यदि देखा जाये तो स्वतन्त्रता-प्राप्ति के पहले की भाषा साहित्यिक ही दिखायी पड़ी, किन्तु स्वतन्त्रता के बाद के युग का चतुर्दिक् विकास हुआ। सूचना-प्रौद्योगिकी का प्रभाव बढ़ा। सूचनाओं, घटनाओं को अपेक्षाकृत ज़्यादा तरज़ीह दी जाने लगी। फलस्वरूप जिस भाषा का विकास हुआ वह 'तकनीकी भाषा' हुई। आज के युग की भाषा संस्कृति का अंग नहीं बल्कि 'मास कल्चर' का भाग बन चुकी है। आज़ादी के पूर्व भाषा ने राष्ट्रीय एकता में अहम् भूमिका अदा की, आज उसका पूर्णतः लोप हो गया है। भाषा में साहित्यिकता और संवेदना की मात्रा कम हो गयी है।

भारतेन्दु हरिश्चन्द्र और देवकीनन्दन खत्री द्वारा निर्धारित प्रतिमानों का पुनर्विश्लेषण और पुनर्मूल्यांकन आज बेहद ज़रूरी हो गया है। खत्री जी की भाषा पर विचार करते हुए डॉ. युगेश्वर 'देवकीनन्दन खत्री समग्र' की भूमिका में लिखते हैं कि "खत्री जी की भाषा नागरी लिपि में होने मात्र से हिन्दी है वरना इसे उर्दू भी कह सकते थे। किन्तु यह उर्दू भी नहीं है। इसकी शब्दावली पर उर्दू का गहरा प्रभाव है। किन्तु इसकी मूल प्रकृति हिन्दीवाली है। इसीलिए तो इसे हिन्दुस्तानी का अच्छा नमूना कहते हैं। इसके सारे व्याकरणिक रूप उर्दू के न होकर हिन्दी के हैं। किन्तु अरबी-फ़ारसी शब्दों की बहुलता इतनी है कि उर्दू भी झख मारे।" डॉ. गिरिजा राय के शब्दों में- "देवकीनन्दन खत्री के उपन्यासों की भाषिक सरलता और सुबोधता की खिल्ली बहुत उड़ायी गयी है पर इस प्रश्न पर विचार नहीं हुआ है कि प्रेमचन्द की भाषा का पूर्वरूप खत्री जी के उपन्यासों की भाषा में झाँकता है। खत्री जी के उपन्यासों की विषय-वस्तु से प्रेमचन्द के कथा साहित्य के अलगाव की बहुत चर्चा हुई है पर इस तथ्य को नज़रअन्दाज़ किया गया है कि भाषिक संरचना की दृष्टि से देवकीनन्दन खत्री प्रेमचन्द के पूर्ववर्ती हैं और दोनों एक ही भाषिक संरचना के धरातल पर खड़े हैं। हिन्दी की जातीय प्रकृति के निर्धारण की दृष्टि से दोनों का महत्त्व अप्रतिम है। डॉ. रामविलास शर्मा ने 'भारतेन्दु-युग और हिन्दी भाषा की विकास-परम्परा' (1975 ई.) में पुरानी हिन्दी और नयी हिन्दी की विस्तृत तुलना करते हुए दिखाया है कि अनेक भारतेन्दुकालीन बोली-रूपों को बाद में साहित्यिक हिन्दी-उर्दू ने छोड़ दिया जो भाषा के विकास की दृष्टि से अच्छा नहीं हुआ। डॉ. रामविलास शर्मा की एक महत्त्वपूर्ण स्थापना यह भी है कि मानवीकरण की प्रक्रिया में आधुनिक हिन्दी अपने अनेक पुराने रूपों को देहाती और गँवारू समझकर छोड़ती गयी है, और उसका झुकाव संस्कृत तत्समता की ओर बढ़ा है। इस स्थिति को 'जस्टीफाइ' करते हुए डॉ. रामस्वरूप चतुर्वेदी लिखते हैं—"वस्तुतः हिन्दी कहीं बड़े क्षेत्र की भाषा है, मराठी या बँगला की तुलना में बोलने की दृष्टि से भी और साहित्य रचना की दृष्टि से भी। अतः वहाँ मानकीकरण का आधार संस्कृत तत्समता का होना स्वाभाविक है। स्थानीय बोलियाँ अपने सीमित क्षेत्र में जितना अधिक बोधगम्य होती हैं, अपने क्षेत्र के बाहर वे फिर उतनी ही दुरूह हो जाती हैं। जायसी के 'पद्मावत' की ठेठ अवधी और लोकवृत्ति के बावजूद, तुलसी के 'रामचरितमानस' की कहीं अधिक व्यापकता का एक मुख्य कारण यह है कि तुलसी की अवधी संस्कृत तत्समता को अधिक अपनाये हुए है।"

डॉ. गिरिजा राय कहती हैं कि "यह भाषा का शुद्धतावादी दृष्टिकोण है जो तत्समीकरण को जायज़ ठहराता है। इसकी सीधी चोट हिन्दी की मूल प्रकृति और उसके हिन्दीपन पर पड़ती

है।'' इसी का पूर्वरूप आचार्य रामचन्द्र शुक्ल की उस टिप्पणी में झलकता है जो उन्होंने अपने 'इतिहास' में देवकीनन्दन खत्री पर किया है- ''ये वास्तव में घटनाप्रधान कथानक या किस्से हैं जिनमें जीवन के विविध पक्षों के चित्रण का कोई प्रयत्न नहीं, इससे ये साहित्य कोटि में नहीं आते। कहना चाहें तो केवल इसी प्रकार की हलकी रचनाओं में काम दे सकती हैं कि उन्होंने साहित्यिक हिन्दी न लिखकर 'हिन्दुस्तानी' लिखी जो केवल इसी प्रकार की हलकी रचनाओं में काम दे सकती है'' इस सन्दर्भ में 'चन्द्रकान्ता सन्तति' के समापन खण्ड में उपन्यास की भाषा के बारे में देवकीनन्दन खत्री का यह कथन उल्लेखनीय है– 'किसी दार्शनिक ग्रन्थ या पत्र की भाषा के लिए यदि किसी बड़े कोश को टटोलना पड़े तो कुछ परवाह नहीं, परन्तु साधारण विषयों की भाषा के लिए भी कोश की खोज करनी पड़े तो निस्सन्देह दोष की बात है। मेरी हिन्दी किस श्रेणी की हिन्दी है इसका निर्धारण मैं नहीं करता परन्तु मैं यह जानता हूँ कि इसके पढ़ने के लिए कोश की तलाश करनी नहीं पड़ती .जो हो भाषा के विषय में हमारा वक्तव्य यही है कि वह सरल हो और नागरी वाणी में हो, क्योंकि जिस भाषा के अक्षर होते हैं, उनका खिंचाव उन्हीं मूल भाषाओं की ओर होता है जिससे उनकी उत्पत्ति हुई है।'' आलोचकों की तुलना में रचनाकार का यह कथन हिन्दी की मौलिक प्रकृति के ज़्यादा निकट है। इस सन्दर्भ में आचार्य नलिनविलोचन शर्मा का मत अपनी मौलिकता और पारदर्शिता के कारण उल्लेखनीय है। नलिन जी के अनुसार प्रेमचन्द के पूर्ववर्ती और समसामयिक उपन्यासकारों तथा स्वयं प्रेमचन्द के लिए भी सही भाषा की तलाश एक चुनौती रही है। इस काल के हिन्दी रचनाकार अंग्रेज़ी गद्य की बारीक़ियों को समझ सकने में असमर्थ थे। आरम्भिक युग के लेखक बँगला उपन्यासों से प्रेरणा पाते रहे जो स्वयं में कोई अनुकरणीय आदर्श नहीं उपस्थित करता था। इसलिए भी कि उस पर संस्कृत गद्य का ऐसा प्रभाव था जिसका मोह छोड़ना हिन्दी लेखक के लिए मुश्किल था। यह वस्तुतः हिन्दीपन के ख़िलाफ़ था। हिन्दी की मौलिक प्रकृति संस्कृत के विरुद्ध में है, न कि अलंकरण में। श्रीनिवासदास आदि लेखक वर्णन करने का अवसर पाते ही संस्कृत आच्छादित गद्य लिखने लगते थे। उस युग में केवल अपवाद थे तो देवकीनन्दन खत्री जिन्होंने सरल और सादगी भरी भाषा का आदर्श प्रस्तुत किया। नलिनविलोचन शर्मा के शब्दों में- ''यदि अपवाद हैं तो देवकीनन्दन खत्री, जो निष्प्राण, पर निराडम्बर गद्य लिखते थे और निस्सन्देह इसीलिए हर-दिल-अजीज़ बन सके थे। बाद के बहुतेरे ऐयारी और तिलिस्मवाले उपन्यासों में भी लच्छेदार भाषा मिलती है। देवकीनन्दन खत्री की लोकप्रियता और सफलता की चाह रखनेवाले लेखक यह नहीं समझते थे कि खत्री जी का रहस्य सुरंग और लखलखा नहीं था बल्कि भाषा की वह सादगी थी जो अमोघ सिद्ध होती थी। प्रेमचन्द ने, जिन्होंने अपने समय के असंख्य युवकों की तरह देवकीनन्दन खत्री की पुस्तकें चाव से पढ़ी थीं, भाषा की इसी सादगी को शैली की विशिष्टता में रूपान्तरित और उन्नत किया था। यह प्रेमचन्द के लिए तब सम्भव हुआ जब उन्होंने उर्दू गद्य का आकर्षक दोष, ज़बानदराज़ी का मोह, कठिनता से, पर कठोरतापूर्वक, धीरे-धीरे बिलकुल छोड़ दिया। 'गोदान' में प्रेमचन्द की शैली उर्दू गद्य की आलंकारिकता के निर्मोक से सर्वथा मुक्त हो गयी है।'' वस्तुतः प्रेमचन्द की तरह मुहावरेदार, चलती, सरल और टकसाली भाषा दूसरे लेखक नहीं लिख पाये। 18वीं शताब्दी तक खड़ीबोली हिन्दी अपने क्षेत्र से बाहर निकलकर केवल मध्यदेश की ही नहीं पूरे भारतवर्ष की सम्पर्क भाषा बन जाती है। उस समय तक इसके दोनों रूपों उर्दू और ब्रजमिश्रित खड़ीबोली का प्रचलन था। कहीं-कहीं

साथ में और कहीं-कहीं अलग भी। बोलचाल की भाषा के रूप में सामान्य भाषा के आधार होने के कारण इन दो रूपों के प्रचलन में किसी प्रकार की कठिनाई नहीं थी। इस तरह खड़ीबोली हिन्दी का जातीय भाषा के रूप में उदय उस समय तक हो चुका था। डॉ. रामविलास शर्मा के इस कथन में सच्चाई है कि अँगरेज़ों के प्रयत्न से इसको साम्प्रदायिक लिबास पहनाकर अलगाव का बीज बोया गया। उर्दू साम्राज्यवादी कूटनीति की शिकार हुई। राजनीतिक और साम्प्रदायिक कारणों से उर्दू में अरबी-फ़ारसी के शब्द बढ़ने लगे। 18वीं सदी तक दिल्ली और आगरे को केन्द्र बनाकर चल रही खड़ीबोली के दोनों भाषा-रूपों के प्रयोग की परिधि अन्तर्देशीय हो जाती है। सम्पर्क भाषा के रूप में दोनों रूपों में परस्पर सहभाव था। इस तरह एक-दूसरे के प्रसार में वे सहयोगी बनती हैं। अभिजात वर्ग उर्दू का प्रयोग करता है, जनसाधारण अवरोध ब्रजमिश्रित खड़ीबोली का। कहीं कोई भाषिक अवरोध नहीं। अवरोध और समस्या तब उत्पन्न होती जब खड़ीबोली (ब्रजरंजित) ब्रजभाषा को धकेलकर परिनिष्ठित हिन्दी बन जाती है। सन् 1857 से साहित्य के इतिहास में आधुनिक काल की शुरुआत होती है। ऐतिहासिक और सामाजिक कारणों से खड़ीबोली हिन्दी आधुनिकता का प्रतीक बनकर उभरती है और सामन्ती मानसिकता और रीतिकालीन संस्कारोंवाली ब्रजभाषा को मानक भाषा के सिंहासन से हटा देती है। ब्रजमिश्रित खड़ीबोली को परिनिष्ठित भाषा के रूप में मान्यता मिलते ही उसकी उर्दू के साथ प्रतिद्वन्द्विता शुरू हो जाती है। हिन्दी-उर्दू द्वन्द्व के बीज इसमें छिपे हैं। उर्दू को अपने अलग वजूद की चिन्ता सताने लगती है और वह अपनी खोल में सिकुड़ने लगती है। और उधर जनतान्त्रिक चेतना के उभार से पुनरुत्थान और नवजागरण के कन्धे पर चढ़कर हिन्दी और बलवती होकर निखरती जाती है। देवकीनन्दन खत्री की भाषा को रामचन्द्र शुक्ल के साक्ष्य पर डॉ. रामस्वरूप चतुर्वेदी ने बड़ी हिकारत से 'हिन्दुस्तानी' कहा। चतुर्वेदी जी तो काव्यभाषा के मर्मज्ञ हैं पर पता नहीं क्यों चूक गये। यह वही आगरे की ब्रजमिश्रित खड़ीबोली है जिसमें हिन्दी भाषा की जातीय चेतना झलक मारती है। खत्री जी का सरल हिन्दी लिखने से अभिप्राय जातीय भाषा के निर्मल स्वरूप की रक्षा और विजातीय प्रभावों से बचने की सजग कोशिश है। यह संकल्प कुछ उसी तरह का था जैसा कि इंशाअल्ला ख़ाँ ने लिया था- लेकिन उसका सन्दर्भ फ़ारसीपन के भारी बोझ से छुटकारा पाने और उर्दू के मौलिक स्वरूप की रक्षा का था। दोनों रचनाकार क्रमशः फ़ारसी बहुल उर्दू या संस्कृतनिष्ठ हिन्दी का विरोध करके भाषा के स्वच्छ रूप को पाने की आकांक्षा करते हैं ताकि उनकी भाषाएँ मात्र अभिजात वर्ग की भाषा न बनकर जनसाधारण की भाषा बनें। विजयदेव नारायण साही ने अभिव्यंजना की समस्याओं की चर्चा करते हुए लिखा हैः- "सुमित्रानन्दन पन्त संस्कृतगर्भित शब्दावली के प्रयोग से- "केवल उसकी तत्समता का उपयोग करके- अक्सर टुकड़गदाई चिन्तन को दूरस्थता की महिमा से मण्डित करने की कोशिश करते हैं, और हम अक्सर उनकी कविता में महसूस करते हैं कि शब्द और अर्थ एक-दूसरे को छूकर निकल जाते हैं, उनमें आपसी युगबद्धता नहीं उत्पन्न होती। क्या अंग्रेज़ी, क्या आंचलिक, क्या पन्त की संस्कृतगर्भित शब्दावली, भाषा की इन सिलवटों के सृजनात्मक प्रयोग का एक ही आयाम है- दूरस्थ छविमयता-चाहे वह छबीलापन बौद्धिक हो, या लोकतत्त्व का हो, या पावन-पावन महिमा-मण्डित हो। शब्दों का इस्तेमाल इनकी पूरी अर्थवत्ता की ख़ातिर नहीं होता, बल्कि जिस वर्ग से वे आते हैं, उस वर्ग की ख़ातिर होता है।" हिन्दी भाषा की वर्गाश्रयी प्रवृत्ति या उसकी तहों या सिलवटों की इस चर्चा का मूल उद्देश्य भाषा की

मूल प्रवृत्ति कों पकड़ना है जो उसकी सर्जनात्मकता को बनाये रखे। छायावादी कविताओं का विश्लेषण करते हुए आगे साही कहते हैं ''ओज और ऊर्जा निराला की 'बादल राग' या 'मेरा अन्तर वज्र कठोर'-जैसी कविताओं में भी है जिनमें शब्दों को भाषा के पूरे प्रसार में झंकृत किया गया है। लेकिन वहाँ इस अतिरिक्त 'फूः' की व्यंजना नहीं होती। इस तत्सम ऊर्जा में ऊपरी छविमयता का एक तत्त्व आ जाता है जो भाव को पूर्णतः सार्वभौमिकता में विसर्जित करने के बजाय शब्दों का एक फेन, चाहे वह अपने सन्दर्भ में कितना ही उचित क्यों न जान पड़े छोड़ जाता है। शब्दों की यह चमक कलेवर की है, उसकी आन्तरिकता की नही।'' इसी से साही का निष्कर्ष है कि भाषा की तहों के बीच से बोलनेवाला स्वर वर्गाश्रयी होकर भाषा की सार्वभौमिकता को खण्डित करता है:- ''रीतिबद्धता भाषा में चमक, लालित्य, स्थिरता, प्रसन्नता और वर्गाश्रयीपन पैदा करती है, लेकिन वह उसकी प्राणशक्ति नहीं होती, प्राणशक्ति तो वहाँ होती है जहाँ रीतियाँ तोड़ी जाती हैं और शब्दों का प्रयोग इस प्रकार होता है कि वे सिलवटों के भीतर नहीं, भाषा के पूरे प्रसार में अपने अर्थ को अभिव्यंजित करते हैं। वही भाषा की एकतानता है, उसकी आन्तरिक सार्वभौमिकता है। वही सृजनशीलता की केन्द्रीय समस्या है।''

संक्षेप में यही कहा जा सकता है कि प्रत्येक विकसित समाज की भाषा उस समाज की आवश्यकताओं के अनुरूप विकसित होती है। भाषा को समय और समाज की तात्कालिक ज़रूरतों के साथ बदलना और सम्मिलित होना पड़ता है। आधुनिक समय में चाहे साहित्य हो या पत्रकारिता सब जगह एक नवीन भाषा 'हिंग्लिश' का वर्चस्व क़ायम है जो हिन्दी-अंग्रेज़ी के समन्वित भाषा से उपजी है। एक बड़े भौगोलिक क्षेत्र में फैलने के कारण यह भाषा साहित्यकारों की पहली पसन्द बनी तथा अधिकांश साहित्यकारों ने इसे सृजन का माध्यम बनाया। सुप्रसिद्ध साहित्यकार/उपन्यासकार श्रीलाल शुक्ल ने जहालत के पचास वर्ष में लिखा है- ''दूरूह शब्दों के प्रयोग से हमें उसी तरह बचना चाहिए जैसे जहाजों के सतर्क नाविक समुद्र में चट्टानों से बचते चलते हैं।'' हिन्दी में आजकल ऐसे विद्वानों की भरमार है जो अंग्रेज़ी के शब्दों, मुहावरों, वाक्यांशों को यथावत् उतारकर हिन्दी को समृद्ध करने की कोशिश करते हैं। उनके इस प्रकार के प्रयास से हिन्दी कृत्रिम और हास्यास्पद हो जाती है। इस तरह के हिन्दी गद्य को समझने के लिए अंग्रेज़ी की जानकारी अनिवार्य है। और यह हिन्दी गद्य की सबसे बड़ी कमज़ोरी बनती जा रही है। समस्या सिर्फ़ उधार ली हुई भाषा की नहीं, समस्या यह है कि इस प्रकार की भाषा क्या किसी भी प्रकार के स्वतन्त्र चिन्तन का माध्यम बनने के लिए उपयुक्त है। विश्लेषण के लिए समर्थ मानी जा सकती है? आजकल हिन्दी में जो गद्य प्रचलित है वह अंग्रेज़ी जाननेवालों द्वारा अंग्रेज़ी जाननेवालों के लिए लिखा जा रहा है। उसे समझने के लिए मन-ही-मन अंग्रेज़ी में अनुवाद करना पड़ता है। कुछ समय पहले 'सरिता' में 'यह किस देश की भाषा है' शीर्षक से ऐसे गद्य के अनूठे उदाहरण छपते थे। 'कल्पना' में भी 'अनमोल बोल' स्तम्भ के अन्तर्गत ऐसे गद्य के नमूने छपते थे। इस समय 'हंस' के 'अक्षरशः' में ऐसी त्रुटियों की तरफ़ संकेत मिलता है। सन् 1939 के आसपास कृष्णशंकर शुक्ल ने 'आधुनिक हिन्दी साहित्य का इतिहास' में वृन्दावनलाल वर्मा के उपन्यास 'कुण्डली चक्र' के उदाहरण देकर उनकी इस प्रवृत्ति पर ऐतराज़ किया था कि वह कहीं-कहीं अंग्रेज़ी मुहावरों का अनुवाद प्रयुक्त करते हैं। 'रतन के हृदय में भी तो एक ललित कोना होगा' या 'भुजबल पाँव के नीचे घास नहीं उगने देता था'। इस प्रकार के प्रयोग एक नयी प्रवृत्ति की शुरुआत भर थे जो द्विवेदी-युग में लिखे

गये परिष्कृत गद्य से मेल नहीं खाते थे। उस समय किसी ने यह कल्पना भी नहीं कि होगी कि अंग्रेज़ों के देश से बाहर होते ही अंग्रेज़ी देश मे इतनी छा जायेगी कि अधिकांश गद्य अंग्रेज़ी वाक्यांशों के अनुवाद से भर जायेगा।

साहित्यिक भाषा के इतिहास के समानान्तर जनसंचार माध्यमों की भाषा

यूं तो कोई भी जनसंचार माध्यम किसी भाषा के अभाव में सम्भव नहीं है। जिस प्रकार पठन-पाठन, लेखन-अध्यापन, आदि के लिए किसी भाषा की आवश्यकता पड़ती है, उसी प्रकार जनसंचार माध्यमों के लिए किसी भाषा का माध्यम के रूप में होना आवश्यक है। चूंकि भारत एक बहुभाषी देश है और भारत की यह बहुभाषिकता अतीत से ही रही है। यद्यपि समय के साथ उसके स्वरूप में बदलाव आता रहा, किन्तु साहित्यिक भाषा के इतिहास के समानान्तर जनसंचार माध्यमों की भाषा पर यदि दृष्टिपात किया जाये तो हम यही पाते हैं कि प्रत्येक काल के जनसंचार माध्यमों की भाषा लगभग वही रही जो उस काल के साहित्य की थी, क्योंकि प्रायः साहित्यकार ही पत्रकार होते रहे हैं। अब अगर जनसंचार माध्यमों की बात की जाये तो जब से वास्तविक साहित्य की शुरुआत हुई उस समय जनसंचार माध्यम के रूप में समाचार-पत्र तथा पत्रिकाएँ काफ़ी लोकप्रिय थीं, और इनकी भाषा हिन्दी के रूप में अधिक मान्य और टिकाऊ रही, जो आज भी है। हिन्दी पत्रकारिता की भाषा के विकास का आरम्भिक दौर भारतीय स्वाधीनता संग्राम का भी शुरुआती दौर था। तात्पर्य यह है कि पत्रकारिता और हिन्दी अथवा खड़ीबोली के आरम्भ का दौर वही था। हिन्दीं साहित्य के मूर्द्धन्य विद्वानों ने हिन्दी, साहित्य एवं भाषा के विकास में अपना योगदान दिया वहीं उनका जुड़ाव पत्रकारिता से भी था, अतः वे पत्रकारिता की भाषा का भी परिष्कार करते चले। हिन्दी पत्रकारिता का उद्भव भले ही 'उदन्त मार्तण्ड' के प्रकाशन के साथ माना जाये, किन्तु भारतीय पत्रकारिता का जन्म इससे पहले ही हो चुका था।

19वीं सदी के पाँचवें दशक तक भारत पूरी तरह अंग्रेज़ों के अधीन हो चुका था। शिक्षा के माध्यम से ईसाई धर्म तथा भाषा का प्रचार हो रहा था। स्त्री भाषा का अभाव था। काम-काज की भाषा उर्दू और फारसी थी। एक वर्ग हिन्दी को बढ़ावा देने के लिए प्रयासशील था। ऐसी विषम परिस्थितियों में जनमाध्यमों के रूप में समाचार-पत्रों ने विभिन्न स्तरों पर जनता में राष्ट्रीय चेतना पैदा करने में महत्त्वपूर्ण भूमिका निभायी। इस युग की प्रमुख पत्र-पत्रिकाएँ साहित्यिक थीं, किन्तु युग-सत्य को अभिव्यक्त कर रही थीं। इनका मुख्य उद्देश्य राष्ट्रीय भावना जगाना, समाज-सुधार, हिन्दी भाषा और साहित्य का उन्नयन, आज़ादी प्राप्त करना और लोगों के मन में स्वदेशी चेतना जगाना था। भारतेन्दु ने राष्ट्रीय आन्दोलन, विदेशी वस्त्रों का बहिष्कार, अपनी भाषा का सम्मान, पराधीनता से मुक्ति के लिए संघर्ष का सन्देश दिया। 'कविवचन सुधा' ने सामाजिक बुराइयों पर प्रहार करने के साथ-साथ भाषा के स्तर पर भी क्रान्तिकारी कार्य किया। खड़ीबोली हिन्दी को व्यवस्थित रूप देने की भी कोशिश की। इसके माध्यम से हिन्दी में हास्य-व्यंग्य के निबन्धों का प्रणयन हुआ। हिन्दी भाषा को जन-जन तक पहुँचाने और उसके पक्ष में जनमत तैयार करने का कार्य भी हुआ। हिन्दी को राजकाज की भाषा बनाने में इस पत्रिका ने महत्त्वपूर्ण भूमिका निभायी। भारतेन्दु जी ने 1873 में 'हरिश्चन्द्र मैगज़ीन' शुरू की जिसने बाद में 'हरिश्चन्द्र चन्द्रिका' का रूप ग्रहण कर लिया। इस पत्रिका की भाषा का एक उदाहरण - ''हमें यह देखकर खेद होता है कि हिन्दू समाज में हिन्दू धर्म का पतन हो रहा है।

ब्राह्मणों ने औरंगज़ेब का स्थान ग्रहण कर लिया है। हिन्दू धर्म अन्य धर्मों से श्रेष्ठ है परन्तु हमारे प्रबुद्ध मित्र इसे अन्धविश्वास की संज्ञा देते हैं।'' भारतेन्दु जी ने हिन्दी गद्य को अभिनव रूप प्रदान किया। वे आधुनिक शैली के प्रवर्तक थे। 1874 में उन्होंने 'बालाबोधिनी' नाम से एक पत्रिका प्रकाशित की जिसका उद्देश्य नारी शक्ति का विकास और उसे समाज में सम्मानजनक स्थान दिलाना था। इस पत्रिका की भाषा की एक झलक- ''मेरी प्यारी बहनो! मैं एक तुम्हारी नयी बहन बालाबोधिनी आज तुम लोगों से मिलने आयी हूँ और मेरी इच्छा है कि तुम लोगों से हर महीने में एक बार मिलूँ, देखो मैं तुम लोगों से अवस्था में कितनी छोटी हूँ और इस नाते से मैं तुम सबकी छोटी बहन हूँ, पर मैं तुम लोगों से हिलमिल कर सहेलियों और संगियों की भाँति रहना चाहती हूँ, इसलिए मैं तुम लोगों से हाथ जोड़कर और आँचल खोलकर यह माँगती हूँ कि मैं जो कभी कोई भली-बुरी, कड़ी-नरम, कहनी-अनकहनी कहूँ तो उसे मुझे अपनी समझकर क्षमा करना क्योंकि मैं जो कुछ कहूँगी सो तुम्हारे हित की कहूँगी।''

'1 सितम्बर, 1877 को प्रयाग से प्रकाशित 'हिन्दी प्रदीप' जिसके सम्पादक बालकृष्ण भट्ट जी थे। इस पत्र का मूलमन्त्र- ''निज भाषा उन्नति अहै सब उन्नति को मूल'' था। यह हिन्दी भाषा और देवनागरी लिपि का समर्थक था। 'हिन्दी प्रदीप' तथा अन्य पत्र-पत्रिकाओं के सहयोग से 18 अप्रैल, 1909 में सरकारी कामकाज के लिए देवनागरी लिपि को मान्यता मिल गयी। इस पत्रिका की भाषा का एक अंश– ''ए देशी भाइयो बहुत सो चुके, अब जागों और सावधान हो, अपने को संभालने का यत्न करो। दूसरों के ही भरोसे मत फूले रहो अपने-आप कुछ करने का मन करो।'' भारतेन्दु-युग के पूर्व के जनमाध्यम अर्थात् पत्र-पत्रिकाएँ जितनी तेज़ी से जन्मती थी, उतनी तेज़ी से मर भी जाती थीं। इसके कई कारण थे। उस समय हिन्दीभाषी क्षेत्र में भी हिन्दी तिरस्कृत और उपेक्षित भाषा समझी जाती थी। हिन्दी और उर्दू संघर्ष हिन्दी को पनपने नहीं दे रहा था। उर्दू को राजकीय संरक्षण मिल चुका था, इसलिए लोग 'नागरक्षर' न सीखकर फ़ारसी अक्षर ही सीख रहे थे। साथ ही, हिन्दी पत्रकारों की भाषा-शैली में किसी प्रकार की एकरूपता का निर्वाह नहीं हो पाता था। सबसे बड़ी परेशानी थी, भाषा की अस्थिरता। ऐसा कहा जा सकता है, कि हिन्दी पत्रकारिता का यह 'प्रयोगकाल' था। इस समय में प्रयोग-पर-प्रयोग होता जा रहा था। भूल-सुधार की नीति काम में लायी जा रही थी। यद्यपि इस युग की हिन्दी पत्रकारिता में अनेक प्रकार की असंगतियाँ मिलती हैं, फिर भी इनका ऐतिहासिक महत्त्व कम नहीं है। निश्चय ही इस युग के दशाधिक प्रयोगों ने हिन्दी पत्रकारिता के अगले युग के लिए एक सुनिश्चित पथ प्रशस्त किया। हिन्दी पत्रकारिता का सफल प्रयोग अन्य विधाओं की तरह, भारतेन्दु-युग में ही हुआ। पत्र-पत्रिकाओं का बहुमुखी प्रयोग इस युग में किया गया। भारतेन्दु जी के जीवन-काल में पचीसों पत्रिकाएँ निकलीं, जिनमें 'कविवचन सुधा' (1867), 'हरिश्चन्द्र मैगज़ीन' (1873), 'हरिश्चन्द्र चन्द्रिका' (1874), 'सदादर्श' (1874), 'काशी पत्रिका' 'भारतमित्र', 'हिन्दी प्रदीप', 'आर्यदर्पण', 'प्रयाग समाचार', 'ब्राह्मण', हिन्दोस्थान', 'हिन्दुस्तान', 'भारत जीवन', 'आनन्दकादम्बिनी' आदि के नाम आते हैं। इस काल में 'विहार बन्धु', 'भारत जीवन', 'ब्राह्मण' 'हिन्दी प्रदीप'-जैसे पत्रों ने हिन्दी के प्रचार-प्रसार और नये पाठक बनाने में काफ़ी योगदान किया 'हिन्दोस्थान' ही एकमात्र ऐसा पत्र था, जो भारत के बाहर (इंग्लैण्ड) में हिन्दी का प्रचार कर रहा था। इनमें 'मित्र विलास' ने पंजाब में हिन्दी के प्रचार कार्य में पूरा योगदान दिया। साहित्यिक पत्रों में 'ब्राह्मण', 'हिन्दी-प्रदीप' और 'आनन्द कादम्बिनी' श्रेष्ठ थे। ब्राह्मण

की भाषा कुछ इस प्रकार है-

आठ मास बीते जजमान ।
अब तो करो दच्छिना दान।।

भारतेन्दु-युग के जनमाध्यमों की भाषा को आगामी युग अर्थात् द्विवेदी-युग में एक सशक्त मंच मिला जिससे इस युग में पत्र-पत्रिकाओं की संख्या काफ़ी बढ़ गयी। सन् 1900 ई. में 'सरस्वती' का प्रकाशन काशी में प्रारम्भ हुआ। 1903 ई. में इस पत्रिका के प्रकाशन का दायित्व आचार्य महावीरप्रसाद द्विवेदी ने सँभाला। इस युग की पत्रकारिता ने पिछले युग की विविधता को पूर्णतः आत्मसात किया और हिन्दी पत्रकारिता अपने स्वस्थ रूप में सामने आयी। इस समय तक हिन्दी पाठकों में भी वृद्धि हो चुकी थी। 1904 में कलकत्ता से 'वैश्योपकारक' नामक मासिक पत्रिका का प्रकाशन हुआ जिसमें हिन्दी के साथ-साथ मारवाड़ी भाषा का भी प्रयोग किया गया था। इस पत्र के कुछ अंश - "ऐसा बिरला दिन होता है, जबकि विलायती सिगरेट या चुरट घृणा के साथ न फेंके जाते हों" इस युग का जनमाध्यमों की भाषा में परिष्कार के साथ नयी चेतना भी दिखायी पड़ी। इस युग में 'अभ्युदय' (1907), 'कर्मयोगी' (1907), 'इन्दु' (1907), 'प्रताप' (1913), 'कर्मवीर', 'नवशक्ति', 'विश्वमित्र' (1910), 'सम्मेलन-पत्रिका' (1911), 'कलकत्ता समाचार' (1914) आदि के प्रकाशन हुए। इसी काल में कतिपय पुस्तकाकार पत्रिकाओं का भी प्रकाशन प्रारम्भ हुआ। इनमें मूलतः घटनाप्रधान, कौतुहलवर्द्धक, और तिलिस्मी बातें भरी रहती थीं। इनमें 'उपन्यास', 'हिन्दी-नाविल', 'उपन्यास लहरी', 'जासूस' इत्यादि प्रमुख हैं। 'सरस्वती' पत्रिका का भाषायी रूप में योगदान इस प्रकार रहा-

- भाषा का मानकीकरण।
- खड़ीबोली में गद्य के विकास तथा विज्ञान, इतिहास समाजशास्त्र आदि विषयों पर उपयोगी और सूचनात्मक लेखों को प्रतिष्ठित करने के लिए।
- कविता में ब्रजभाषा के स्थान पर खड़ीबोली के लिए।
- गद्य की विविध शैलियों के विकास के लिए।
- संस्कृत शब्दावली के प्रयोग के लिए।
- साहित्यिक समालोचना तथा लघु कथाओं के उत्थान के लिए।

इस युग में पत्रकारों और साहित्यकारों ने हिन्दी को साहित्यिक ही नहीं, बल्कि जनसामान्य की भाषा के रूप में प्रतिष्ठित किया। व्यावहारिक जीवन के प्रति अत्यधिक आग्रह के कारण साहित्य का कलापक्ष न्यून हो गया तथा भाषा भी अनलंकृत हो गयी।

द्विवेदी-युग के बाद छायावादी-युग का आविर्भाव हुआ। 1920 के बाद से 1930 तक का समय पुराने संस्कारों के प्रति विद्रोह और नवीन संस्कारों के बीजारोपण का समय था। सत्य, अहिंसा और असहयोग के द्वारा स्वाधीनता दिलाने के अद्भुत आग्रह से प्रेरित होकर भारतीय जनता ने गाँधी जी के हाथों में स्वाधीनता-संग्राम की बाग़डोर सौंप दी। गाँधी एक सम्पूर्ण पत्रकार थे। वह पत्रकारिता की शक्ति को जानते थे, इसलिए उन्होंने कहा था- "ऐसी कोई भी लड़ाई जिसका आधार आत्मबल हो, अख़बार की सहायता के बिना नहीं चलायी जा सकती।" गाँधी जी के विचारों से प्रेरित होकर सस्ता साहित्य मण्डल ने 'त्यागभूमि' का प्रकाशन किया। इस युग के अन्य पत्रों में 'प्रताप' (1913) 'आज' (1920) 'संसार' (1944) 'संघर्ष' (1937) 'हंस'

(1930) 'मतवाला' आदि प्रमुख थे। मतवाला ने देश के व्यवसायियों को 'काली जोंक' कहा। इसकी सम्पादकीय का एक अंश कुछ इस तरह है- "महात्मा जी समझाते-समझाते हार गये, मालवीय जी का उपदेश निष्फल हो गया। नेहरू जी के नाकों दम हो गया, दास युक्ति तर्क खाक में मिल गया। कोटि-कोटि दरिद्रों का करुण क्रन्दन अरण्यरोदन हो गया, हज़ारों नवयुवक कातर प्रार्थना करके- सत्याग्रह करके - पिकेटिंग करके हताश हो गये, परन्तु गोरों की काली जोंकें अपने भाइयों का रक्त चूसने से बाज न आयी।"

छायावाद के बाद छायावादोत्तर काल या स्वातन्त्र्योत्तर काल आया। इस काल में आगे चलकर जनसंचार माध्यमों के रूप में समाचार-पत्र, पत्रिकाओं के साथ-साथ रेडियो और टेलीविज़न को काफ़ी लोकप्रियता मिली। इस काल में समाचार-पत्रों सहित सभी जनमाध्यमों की भाषा सामान्य हिन्दी रही, अर्थात् जिस भाषा को हमारे देश की जनता अधिक आसानी से समझ सकती थी हिन्दी में उन सभी भाषाओं के शब्दों को ले लिया गया जो बोलने-समझने में काफ़ी आसान रहे। चूँकि ये अन्य भाषी शब्द हमारी रोज़मर्रा के जीवन में इतना ज़्यादा उतर चुके थे कि इन्हें छोड़ा नहीं जा सकता था। किन्तु आज तो टीवी, रेडियो-जैसे जनमाध्यमों की भाषा ही असली भाषा है, अर्थात् इनमें प्रयोग की गयी हिन्दी पूरी तरह अंग्रेज़ी से प्रभावित है। अर्थात् उपग्रह चैनलों में आज जिस हिन्दी को परोसा जा रहा है वह पूरी तरह अंग्रेज़ी का हिन्दी रूपान्तरण है। इस भाषागत का कारण, माध्यमों का अंग्रेज़ी पर पूरी तरह निर्भर होना और सामाजिक दायित्व का निर्वहन करने की अवधारणा है। इन सबका प्रभाव यह पड़ा कि इस भाषा-सम्बन्धी विषमता के कारण ये जनमाध्यम, आम जन तक नहीं पहुँच पाया और वह कुछ अंग्रेज़ी जाननेवाले मुट्ठी भर लोगों तक ही सिमट कर रह गया। परन्तु दूरदर्शन के रूप में टीवी और विविध भारती या राष्ट्रीय प्रसारण के रूप में रेडियो की भाषा आज भी जनसामान्य के काफ़ी निकट है। इनमें क्षेत्रीय भाषाओं में भी कार्यक्रम प्रसारित किये जाते हैं, जो स्थानीय जनों के लिए सहज और सरल है।

निष्कर्ष रूप में यही कहा जा सकता है कि साहित्यिक भाषा के इतिहास के समानान्तर जनसंचार माध्यमों की भाषा के विकासक्रम के विवेचन से यह स्पष्ट हुआ कि हिन्दी प्रारम्भ में भाषा के रूप में स्पष्ट नहीं हो पायी, किन्तु धीरे-धीरे इसमें परिष्कार आया। हिन्दी पत्रकारिता से कई मूर्द्धन्य विद्वानों, साहित्यकारों के जुड़ जाने के पश्चात् एक तरफ़ हिन्दी पत्रकारिता में तेज़ी आयी तो दूसरी तरफ़ भाषा का भी विकास हुआ। परवर्ती काल में जन-माध्यमों के विकास से पत्रकारिता बाह्य रूप से तो विकसित हुई किन्तु भाषा-सम्बन्धी अनेक समस्याएँ उत्पन्न हुई हिन्दी भाषा पर अंग्रेज़ी का प्रभाव पड़ा और भाषा में तकनीकी रूप ज़्यादा प्रभावी रहा।

❑

विविध जनसंचार माध्यम

मनुष्य एक सामाजिक प्राणी है। मानवीय संवेदनाओं के आदान-प्रदान से ही उसके समग्र जीवन-मूल्यों एवं संस्कृति का विकास होता है। वह अपने मन के भाव, विचार, सन्देश, ज्ञान, सूचना आदि समाज के अन्य लोगों तक पहुँचाना चाहता है। मनुष्य अपने अनुभवों एवं ज्ञान का परस्पर आदान-प्रदान करने के लिए एक-दूसरे को साझीदार बनाता है। मानव सभ्यता के विकास-क्रम ने समाज को गतिशील बनाने के लिए मानवीय अभिव्यक्तियों का परस्पर आदान-प्रदान करना आरम्भ किया। जिसके फलस्वरूप संचार माध्यमों का आगाज़ हुआ। धीरे-धीरे समाज का अस्तित्व संचार-व्यवस्था पर आश्रित होता चला गया। समाज में सहमति, सहयोग, सामूहिक व्यवहार, एकता, बन्धुत्व की भावना, विकास और गतिशीलता का आधार विभिन्न संचार माध्यम बन गये।

जनसंचार का अर्थ और परिभाषा

'संचार' (Communication) तथा 'माध्यम' (Medium) के साथ नया शब्द 'जन' (Mass) जुड़कर 'जनसंचार' (Mass Communication) और 'जनमाध्यम' (Mass Media) शब्द बने हैं। हर्बट ब्लूमर ने सन् 1939 में इसे परिभाषित किया और 'जन' (Mass) के पर्याय में 'समूह' (Group) 'भीड़' (Crowd) 'जनसमुदाय' (Public)-जैसे शब्दों का प्रयोग करते हुए परिभाषा लिखी। 'जन' (Mass) का अर्थ 'बड़ी संख्या में एकत्र लोग' है। यह Mass शब्द जिस 'जन' का प्रतीक है वह 'लोक' ही है। यह 'जन' न तो जनता (Public) है, न समूह (Group) और न ही भीड़ (Crowd) है। शब्दार्थ की दृष्टि से Mass का अर्थ इस प्रकार है-

An often large quantity of something without a definite shape, form or order.

"Large number of people or things together."

अर्थात्

एक निश्चित आकार-प्रकार या क्रम के किसी चीज़ की बड़ी मात्रा।

बड़ी संख्या में एकत्र लोग या चीज़ें।

'जन' के अर्थ हिन्दी शब्दकोशों में- लोक, लोग, प्रजा और 'समुदाय' बताये गये हैं। लोक शब्द के कुछ प्रसंगानुकूल निम्नांकित अर्थ हैं-

जगत् या संसार।

विश्व का कोई विशिष्ट भाग या स्थान जिसमें कुछ अलग प्रकार के जीव या प्राणी रहते हैं, जैसे- जीवलोक, देवलोक, ब्रह्मलोक, मनुष्यलोक इत्यादि।

पृथ्वी की कोई विशिष्ट दिशा या प्रान्त

समस्त मानव-जाति

किसी देश या स्थान में रहनेवाले सभी मनुष्यों का वर्ग

इस प्रकार 'जन' का विशेषण के रूप में अर्थ है- "Affecting or involving a large number of people" अर्थात् बड़ी संख्या में लोगों को प्रभावित कर शामिल करना या भागीदार बनाना। यह तो हो गयी 'जन' की बात अब आता है 'संचार' यदि शाब्दिक रूप से विचार करें तो 'संचार' शब्द तकनीकी शब्द है। जो 'कम्यूनिकेशन' (Communication) का हिन्दी रूपान्तर है। अंग्रेज़ी का 'Communication' शब्द वास्तव में लैटिन भाषा की Communicare क्रिया से निकला है, जिसका मतलब है- "To talk together, confer, discourse, and consult one with other". यह लैटिन शब्द 'Communitas' के साथ जुड़ता है, जिसका अर्थ है- समुदाय (Community) और मनुष्य का एक-दूसरे के साथ व्यवहार, भाईचारा, मैत्रीभाव, साझेदारी, सहभागिता और न्यायपरायणता। अर्थात् मनुष्यों का आपसी व्यवहार, सम्पर्क, आदान-प्रदान, बर्ताव इत्यादि। 'संचार' शब्द संस्कृत की 'चर' धातु से बना है, जिसका अर्थ है- 'किसी बात को आगे बढ़ाना, चलाना या फैलाना'। जब संचार की प्रक्रिया बड़े पैमाने पर होती है, तो वह 'जनसंचार' कहलाता है। वास्तव में 'जनसंचार' का तात्पर्य है—"बिखरे हुए समूह तक संचार माध्यम के द्वारा सन्देश पहुँचाना।" जनसंचार के लिए विद्वानों के विभिन्न मत हैं-

"Mass communication means dissemination in information, ideas and entertainment by the communication media, i.e. Radio, T.V., Press and Film."
—*D. S. Mehta*

"रिवर्स पिटरसन (Reverse Peterson) और जॉनसन (Johnson) ने जनसंचार को कुछ इस तरह परिभाषित किया है-

जनसंचार एकतरफ़ा (One way) होता है।

इसमें सन्देशों का प्रसार अधिक होता है।

सामाजिक परिवेश जनसंचार को प्रभावित करता है तथा जनसंचार का असर सामाजिक परिवेश पर पड़ता है।

इसमें दो तरफ़ा चयन की प्रक्रिया होती है।

जनसंचार जनता के अधिकांश हिस्सों तक पहुँचने के लिए उपयुक्त समय का चयन करता है।

'जनसंचार' 'जन' अर्थात् लोगों तक सन्देशों का प्रवाह सुनिश्चित करता है।''

जाडेन के अनुसार- ''संगठित स्रोत द्वारा विस्तृत, विजातीय, बिखरी हुई जनता को तकनीकी माध्यम से जो सन्देश प्राप्त होता है, उसे जनसंचार कहते हैं।''

जोसेफ डिविटो के अनुसार - ''जनसंचार बहुत-से व्यक्तियों में एक यन्त्र के माध्यम से सूचनाओं, विचारों और दृष्टिकोणों को रूपान्तरित करने की प्रक्रिया है।''

इस प्रकार कहा जा सकता है कि जनसंचार में वे संगठित स्रोत (संस्थान) और तकनीक शामिल हैं जिनके द्वारा बिखरे हुए विशाल जन-समूह तक समाचार-पत्र, रेडियो, टीवी, फिल्म आदि की मदद से प्रतीकात्मक कथ्य को द्रुतगति से पहुँचाया जाता है।

जनसंचार की प्रक्रिया

जनसंचार की प्रक्रिया में निम्नलिखित तत्त्व शामिल हैंः-

स्रोत (Source) या द्वारपाल (Gatekeeper)

सन्देश (Message)

संचार माध्यम (Media)

श्रोता (Audience)

प्रतिपुष्टि (Feedback)

संचार प्रक्रिया में स्रोत या गेटकीपर का मुख्य स्थान होता है। स्रोत जनसंचार का प्रमुख संचार संगठन होता है। जैसे- समाचार-पत्र संगठन, रेडियो, टेलीविज़न, फिल्म आदि। स्रोत किसी संस्था से सम्बन्धित व्यक्ति हो सकता है या किसी समाचार-पत्र का सम्पादक। स्रोत सन्देश के सम्प्रेषण का काम करता है। इसके अलावा स्रोत श्रोताओं द्वारा भेजी गयी प्रतिक्रिया को समझकर उसका अर्थ निकालकर अपने सन्देश को उनके अनुसार परिवर्तित करता है। सन्देश जनसंचार में एक बड़े जनसमूह को एक साथ सम्बोधित करने के लिए होता है। इसलिए इसकी विषय-वस्तु (subject Matter) का चयन व लेखन और प्रसारण आम श्रोता या पाठक को ध्यान में रखकर किया जाता है। सन्देश व्यक्तिगत नहीं होता। कौन-सा सन्देश किस माध्यम द्वारा भेजना उपयुक्त होगा यह ध्यान में रखा जाता है। सन्देश का माध्यम (प्रिण्ट मीडिया और इलेक्ट्रॉनिक मीडिया) के द्वारा ही जनसमूह तक पहुँचाया जा सकता है। ये माध्यम आधुनिक औद्योगिक व तकनीकी विकास की देन हैं। श्रोता से तात्पर्य सन्देश प्राप्त करनेवाले लोगों से है। ये समान रूप में न होकर मिश्रित होते हैं। इनकी संस्कृति, भाषा, रुचि सब अलग होती है, जिसके हिसाब से वे मीडिया का चुनाव करते हैं। प्रत्येक श्रोता सन्देश को अपने ढंग से लेता है और उस पर प्रतिक्रिया व्यक्त करता है। जनसंचार में सूचनाएँ देनेवाला और सूचनाएँ प्राप्त करनेवाला दोनों एक-दूसरे से बहुत दूरी पर होते हैं तथा उनके लिए प्रतिपुष्टि जारी करने

का सीधा साधन नहीं होता। इसलिए जनसंचार में स्रोत तक प्रतिपुष्टि बहुत देर से पहुँचती है तथा कई बार यह नगण्य भी होती है। किन्तु तकनीकी विकास के कारण टेलीफ़ोन, फैक्स, इण्टरनेट, ई-मेल के माध्यम से श्रोता या पाठकों की प्रतिक्रियाओं का जन माध्यमों तक शीघ्र पहुँचना सम्भव हो पाया है। जनसंचार की प्रक्रिया को समझने के लिए **माइकेल बुहलर लॉस्बेल** का मॉडल सबसे सटीक माना जा सकता है, जो इस प्रकार है-

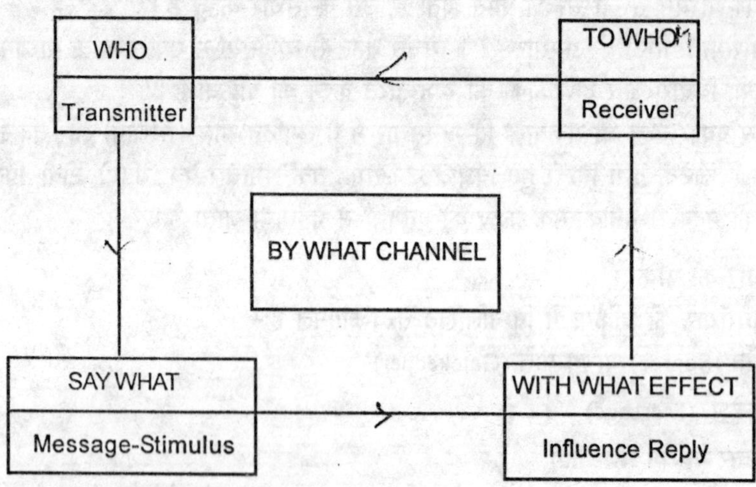

जनसंचार का उद्‌देश्य

मुख्य रूप से जनसंचार के निम्न उद्‌देश्य हैं:-

- सूचना देना।
- सूचनाओं का विश्लेषण करना।
- मनोरंजन करना।
- सामाजिक ज्ञान व मूल्यों का (Social Values) प्रेषण करना।
- एकीकरण व साम्प्रदायिक सद्‌भाव बढ़ाना।
- प्रजातन्त्र की रक्षा करना।
- जागरूक करना।
- संकटकाल और आपदा प्रबन्धन में सहायक होना।

जनसंचार के माध्यम- जनसंचार का उद्‌देश्य है- विचारों और भावों को समाज में साझा करना और फिर उन भावों और विचारों से उसे लाभान्वित करना। यह बात हम सभी जानते हैं कि संचार-प्रक्रिया में 'माध्यम' की भूमिका अति महत्त्वपूर्ण है। शब्दार्थ की दृष्टि से 'माध्यम' शब्द का अर्थ है, ''बड़ी संख्या में लोगों के साथ सम्प्रेषण का मुख्य साधन या माध्यम।'' यह 'माध्यम' (Medium) का बहुवचन है। 'माध्यम' का सामान्य अर्थ है, ''वह साधन जिससे कुछ अभिव्यक्त या सम्प्रेषित किया जाये।''

जनसंचार के माध्यम को वर्गीकृत करके इस प्रकार समझा जा सकता हैः-

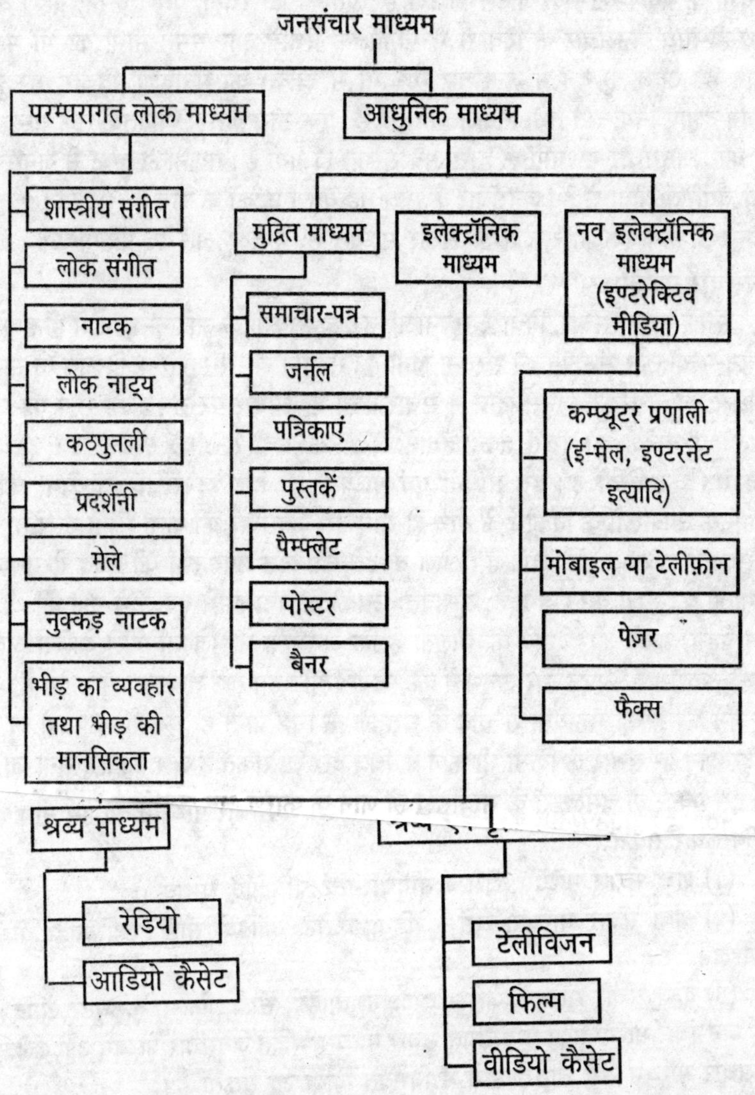

जनसंचार का तात्पर्य हैं, बिखरे हुए जनसमूह तक संचार माध्यमों के द्वारा सन्देश पहुँचाना। इस प्रकार के संचार में भी किसी-न-किसी माध्यम की आवश्यकता अवश्य होती है। इसके माध्यम रेडियो, टेलीविज़न, टेपरिकार्डर, फिल्म, वीडियो कैसेट, सीडी, समाचार, पत्र-पत्रिकाएँ, पुस्तकें, पैम्फ्लेट, पोस्टर आदि हैं। वर्तमान समाज में जनसंचार का काम सूचना, प्रेषण, विश्लेषण, ज्ञान और मूल्यों का प्रसार तथा मनोरंजन करना है। जनसंचार का उद्देश्यपटल अति विस्तृत है उसे सीमाबद्ध करना दुष्कर है। फीडबैक संचार के कार्यवाही का एक अनिवार्य तत्त्व है। इसके मुख्य घटक कार्य-व्यापार, अर्थ, प्रतीकात्मक क्रिया प्रेषण और ग्रहण तथा सन्देश नाम

से अभिहित किये जाते हैं। प्रतीकों के अभाव में वह कुछ सोच ही नहीं सकता। संचार वस्तुतः सन्देशों के प्रेषण की एक जटिल प्रक्रिया है। प्रतीकों की रचना, प्रेषण करने, ग्रहण करने के साथ-ही-साथ जनसंचार के विकास में भौगोलिक स्थिति और समय-सीमा का भी महत्त्वपूर्ण स्थान है। आज के युग में जनसंचार माध्यमों से व्यक्ति की मनोदशा, विचार, संस्कृति एवं जीवन-दशाएँ नियन्त्रित तथा निर्देशित हो रही हैं। एक साथ करोड़ों व्यक्तियों तक सन्देश भेजने का कार्य जनसंचार माध्यमों के द्वारा अब सम्भव हो गया है। तकनीकी दृष्टि से जनसंचार का अर्थ चयनित श्रोता से है। जनसंचार के सात महत्त्वपूर्ण घटकों के नाम हैं - 1. स्रोत 2. चयनित सूचना 3. सम्प्रेषक 4. सन्देश 5. संचार माध्यम 6. गन्तव्य और 7. प्रतिपुष्टि।

जनसंचार माध्यम

संचार या जनसंचार, विचारों, सूचनाओं, उत्प्रेरक संकेतों के आदान-प्रदान से ही हमारे समग्र जीवन-मूल्यों और संस्कृति की संरचना होती है। सभ्यता और संस्कृति के विकास के साथ-साथ शिक्षित एवं सुसंस्कृत जनसमुदाय ने संचार-कला के आधार पर समय की माँग को ध्यान में रखते हुए सन्देश को दूसरों तक पहुँचाने के अनेक अच्छे-से-अच्छे साधनों एवं माध्यमों को विकसित कर लिया है। इन साधनों एवं माध्यमों को हम **'जनसंचार माध्यम'** कहते हैं। वैज्ञानिक उपकरणों के विकास के साथ-ही-साथ इस जनसंचार की कला में भी उत्तरोत्तर निखार व सूक्ष्मता दृष्टिगत होने लगी है। आज के इलेक्ट्रॉनिक्स उपकरणों की मदद से मनुष्य जिन सीमाओं का स्पर्श करने लगा है, सम्भवतः उसकी कल्पना हमारे पूर्वजों ने नहीं की थी। आये दिन पढ़ने, सुनने और देखने को मिलता है कि अन्तरिक्ष में भेजे जानेवाले व्यक्ति अब बिना किसी अवरोध के अपने सारे अनुभवों की रेडियो रिपोर्ट हम तक तत्काल पहुँचा देते हैं। रॉकेटों, पर लगे कैमरों की सहायता से चाँद के धरातल के चित्र प्राप्त हो चुके हैं। उपग्रहों के माध्यम से दूरदर्शन पर संसार के किसी भी कोने के चित्र देखे जा सकते हैं और आवाज़ें सुनी जा सकती [illegible] अत्यधिक हैं। इस प्रकार के चमत्कारों के [illegible] सत्यसिद्ध हो गया है। जनसंचार माध्यमों को हम तीन भागों में विभक्त कर सकते हैं-

(1) शब्द संचार माध्यम, जैसे– समाचार-पत्र, पत्रिकाएँ, पुस्तक।

(2) श्रव्य संचार माध्यम, जैसे– रेडियो, कैसेट, ऑडियो सीडी, टेपरिकार्डर, टेलीफोन, मोबाइल।

(3) दृश्य संचार माध्यम, जैसे– दूरदर्शन, वीडियो सीडी, फिल्म, कम्प्यूटर आदि।

जनसंचार माध्यमों को परम्परागत संचार माध्यम, मुद्रित जनसंचार माध्यम और इलेक्ट्रॉनिक जनसंचार माध्यम जैसे तीन प्रकारों में विभक्त किया जा सकता है।

परम्परागत जनसंचार माध्यम

प्राचीन काल में जनसंचार का माध्यम संगीत और नृत्य हुआ करते थे। संगीत परम्परा वैदिक काल से ही चली आ रही है। सामवेद संगीत का आदि-स्रोत माना जाता है। धार्मिक तथा सामाजिक अवसरों पर जनता में नृत्य की प्रथा प्रचलित थी। यूरोप में आज से लगभग ढाई हजार वर्ष पूर्व यूनानी रंगमंच की शुरुआत हुई और जनसंचार का प्रथम माध्यम रंगमंच बना। एसकिलस, सोफोक्लीज और अरिस्टो फ्रेन्ज़-जैसे विश्व प्रसिद्ध नाटककार इसी काल की देन हैं। भारतवर्ष में जहाँ संचार के साधन इतने विकसित नहीं थे, लोकनाटक तथा नौटंकी (उत्तर

प्रदेश), जात्रा (बंगाल), मंच (मध्य प्रदेश), यक्षगण (कर्नाटक), थेरूकुठू (तमिलनाडु), तमाशा (महाराष्ट्र), भवाई (गुजरात) आदि परम्परागत साधन ही जनसंचार के माध्यम थे। विजय तेन्दुलकर, हबीब तनवीर, गिरीश कर्नाड, उत्पल दत्त-जैसे लोक-नाटककारों ने जनसंचार के इस माध्यम का भरपूर प्रयोग किया। इसी तरह भारत के प्रसिद्ध नृत्य, जैसे—कथक, कथकली, भरतनाट्यम, ओडिसी, मणिपुरी, कुचीपुड़ी तथा अन्य राज्यों के अनेक लोकनृत्य जनसंचार के लिए प्रयोग में लाये जाते रहे हैं। सम्प्रति इलेक्ट्रानिक माध्यम के प्रयोग के साथ-साथ परम्परागत माध्यमों का भी प्रयोग हो रहा है। 'मीडिया मिक्स' अर्थात् माध्यम-सम्मिश्रण जिसमें पारम्परिक और आधुनिक माध्यमों का एक साथ प्रयोग होता है, जनसंचार का एक महत्त्वपूर्ण अंग बन गया है। भारत सरकार का क्षेत्रीय प्रचार निदेशालय तथा राज्य सरकारों की क्षेत्रीय प्रचार अभियान ईकाईयाँ नीतियों को लोगों तक पहुँचाती हैं। परम्परागत माध्यमों का सबसे बड़ा वैशिष्ट्य यह है कि विचारों का सम्प्रेषण जनता की भाषा में किया जाता है जो लोगों को आसानी से ग्राह्य होता है। इस प्रकार सम्प्रेषणीयता का उद्देश्य पूरा हो जाता है। स्वांग, नकल, लोकनृत्य, लोककथाएँ, लोकनाट्य, लोकगीत, कठपुतली, नौटंकी, भगत, रामलीला, रासलीला, तमाशा आदि परम्परागत जनसंचार माध्यम हैं। मैकब्राइड आयोग (1988) का कथन है—"जन-सामान्य के प्रति अपने व्यापक आकर्षण और लाखों निरक्षर लोगों के गहनतम संवेगों को छूने के अपने गुण की दृष्टि से गीत और नाटक का माध्यम अद्वितीय होता है।" संगीत जीवन के ताने-बाने का वह धागा है जिसके बिना जीवन नीरस और आनन्दरहित रहता है। संगीत पूरे विश्व में दो रूपों में पाया जाता है— शास्त्रीय संगीत एवं लोक संगीत। संगीत के बारे में जब हम चर्चा करते हैं तो गायन, वादन और नृत्य इन तीनों का बोध होता है। प्राचीन ग्रन्थों में भी कहा गया है कि 'गीतं वाद्यं च नृत्यं च त्रयं संगीतमुच्यते' अर्थात् गीत, वाद्य और नृत्य की त्रिवेणी को ही संगीत कहते हैं। गोस्वामी तुलसीदास की कृति-

गीत तुलसी ने लिखे तो आरती सबकी उतारी।
राम का तो नाम है गाथा कहानी है हमारी।।

उपकरणों की नवीनता, सर्वप्रियता एवं उपयोगिता के कारण ही संगीत में गायन का स्थान सर्वोपरि माना जाता है। काव्य को भी संगीत के स्पर्श से चेतना एवं स्फुरण प्राप्त होता है। जिस प्रकार जल और वायु के स्पर्श से फूल खिलता है उसी प्रकार स्वर और लय के संयोग से काव्य में प्रेषणीयता तथा माधुर्य गुण की वृद्धि होती है। वाद्य संगीत का एक महत्त्वपूर्ण पक्ष है प्रतीकात्मकता। प्रतीकात्मकता का तात्पर्य है वाद्य-विशेष का प्रयोजन विशेष से सम्बन्ध। उदाहरणस्वरूपः- मन्दिरों की पूजा में प्रयुक्त घण्टी, घण्टा, शंख, ताशा आदि वाद्य; युद्ध क्षेत्र में दुन्दुभि, धौंसा; संगीतालय में तबला, सितार आदि वाद्य; विवाह तथा अन्य मांगलिक कार्यों में शहनाई ढोल आदि वाद्य; अपने-अपने स्थान पर प्रतीकस्वरूप हैं। इन वाद्य-समूहों की ध्वनि सुनकर वस्तुस्थिति का स्वतः ज्ञान हो जाता है। वाद्यों की इस प्रतीकात्मकता का क्षेत्र अत्यन्त व्यापक है। वाद्य, चाहे जिस प्रकार का हो, एक विशेष संकेत प्रदान करता है जो श्रोताओं को उससे सम्बद्ध वस्तुस्थिति का स्पष्ट ज्ञान करा देता है। वाद्यों का प्रतीकात्मक प्रयोग विश्व की समस्त सभ्य-असभ्य जातियों में पाया जाता है। नृत्य कला संगीत की एक विधा है। प्राचीन काल से ही मनुष्य नृत्य के माध्यम से अपने जीवन के सुख-दुःख व्यक्त करता रहा है। नृत्य चाहे भारतीय हो या पाश्चात्य, उसमें संगीत का समन्वय लयबद्धता बरकरार रखने के लिए

अवश्य किया जाता है। संगीत से केवल आनन्द की अनुभूति ही नहीं होती बल्कि इसकी स्वर-लहरियाँ मानसिक स्थिति की भी सूचक होती हैं। संगीत मनुष्य के मनोभावों को भी प्रभावित करता है। संगीत के स्वरों के आरोही-अवरोही क्रम एक प्रकार की गति का आभास कराते हैं। मनुष्य की संवेदनाएँ भी गत्यात्मक होती हैं। दोनों में सादृश्य एवं समानता होने के कारण ही ध्वनिमय रागिनियाँ मानव-मन को प्रभावित करने में सफल होती हैं। लय और राग का संयमित सामंजस्य ही प्रभावकारी होता है। यही कारण है कि संगीत कर्णप्रिय होता है और सन्देश-सम्प्रेषण में प्रभावी भूमिका भी निभाता है। आदि मानव के मन में जब से चेतना जागृत हुई, उसने अपनी हर खुशी, हर गम को, अपनी हर प्रकार की प्रतिक्रियाओं को ध्वनि का सहारा लेकर मुक्त कण्ठ से व्यक्त किया। इन ध्वनियों की पुनरावृत्ति होने लगी। अभिव्यक्ति और घटना के सम्बन्ध के आधार पर अर्थबोध होने लगा और इन्हें संज्ञा दी जाने लगी। अबाधित गति से चली आ रही यह मानवीय प्रक्रिया विभिन्न दलों, समूहों, बस्तियों, जातियों आदि के द्वारा चीखने-चिल्लाने से ऊपर उठकर गति में, लय में, आकर्षक स्वर-समूहों में व्यक्त होने लगी तो जन-मानस की धुनें उभरने लगीं। कालान्तर में इसे जब शब्दों का आवरण दिया गया तो ये लोक संगीत कहलाने लगे। सोहर, झूला, बारहमासा, पँवरिया, होली, चैती, कजरी, जैतसारी, राधेश्यामी, गारी, बिरहा, कीर्त्तन, कव्वाली, निर्गुण, पूर्वी, आल्हा, भरथरी, लोरिकायन, छठगीत, डोमकच आदि लोकगीतों में लोक जीवन जीवन्त होता है। लोकगीत बच्चों को भी आकर्षित करते हैं। इस सन्दर्भ में डॉ. अमरनाथ वाजपेयी द्वारा रचित 'लरिकन कै बाज़ार' की कुछ पंक्तियाँ द्रष्टव्य हैं-

जाइसे गाई, भईंसी, घोड़ा, ऊँट बिकै मेलन माँ
हाटन बिकात फल-फूल तरकारी है।
वइसे घर-घर माँहि लरिकन कै बाज़ार
हँसी-ख़ुशी बेचि रहे बाप-महतारी हैं।।

पारम्परिक लोकगीतों में ऐतिहासिक सत्य प्रस्तुत होते हैं। अवधी, ब्रज, भोजपुरी, छत्तीसगढ़ी, गढ़वाली, कुमाँऊनी, बुन्देलखण्डी, आसामी, डोगरी, पंजाबी आदि भाषाओं में रचे गीतों में ग्राम्य जीवन की झाँकी मिलती है। नगरों में प्रायः खड़ीबोली के पारम्परिक गीत मिलते हैं। लोक में प्रचलित गीत, लोक सर्जित गीत, लोक विषयक गीतों में लोक-मानस की लयात्मक अभिव्यक्ति, लोक कामना की स्वतः अभिव्यिक्ति एवं लोक-जीवन की छाया प्राप्त होती है। अकृत्रिमता, सामूहिक भाव-भूमि, परम्परात्मकता तथा संगीतात्मकता ही लोक संगीत की विशेषता है। नाट्यशास्त्र में कहा गया है कि श्रम, दुःख तथा तप के परिश्रम से थके हुए तपस्वी जनों के विश्राम एवं मनोरंजन के लिए जो कार्य किये गये वे ही नाटक हैं। अर्थात नाटकों के मूल में मनोरंजन ही है। मनोरंजन के इस सर्वसुलभ साधन से शिक्षित एवं अशिक्षित दोनों ही वर्ग का स्वस्थ मनोरंजन किया जा सकता है। सूचनाओं एवं विचारों के सार्थक सम्प्रेषण में नाटकों का महत्त्वपूर्ण योगदान है। नाटकों का प्राचीन स्वरूप संस्कृत में बहुत पहले से चला आ रहा था। हिन्दी नाटकों का प्रादुर्भाव 19वीं सदी के उत्तरार्द्ध में हुआ और तबसे निरन्तर विकसित होते हुए आज यह पूर्ण रूप से परिष्कृत रूप में हमारे सामने है। नाटकों के द्वारा सामाजिक बुराइयों को दूर करने का सफल प्रयास किया जा सकता है। दहेज, मद्यपान आदि

बुराइयों के दुष्प्रभाव को नाटकों के रूप में प्रदर्शित कर इनके विरुद्ध जनचेतना जागृत की जा सकती है। सामाजिक परिवर्तन तथा विकास के सन्देशों का नाटकों के द्वारा सफलतापूर्वक सम्प्रेषण किया जा सकता है। नाटक के अभिनेता अपने अभिनय और कथावस्तु के माध्यम से दर्शकों से सीधे जुड़ जाते हैं और सन्देशों को दर्शकों तक प्रेषित करके अनुकरण कराने का प्रयास करते हैं। मध्यकालीन भारतीय साहित्य में स्वाँग, तमाशा, भगत, नौटंकी, भाँड़ आदि जिन परम्परागत जन-नाट्यों का उल्लेख मिलता है उनमें अभिनय इन्हीं जातियों के लोग किया करते थे। भारत के विभिन्न क्षेत्रों में प्रचलित इन जन-नाट्यों को ही लोक-नाट्य कहा जाता है। नौटंकी, तमाशा, भवाई, जात्रा, भाँड़, बुर्रकथा, रासलीला-रामलीला, माच, नकल, ख़याल, अंकिया नाट, कुडियट्टम आदि भारत के प्रमुख एवं लोकप्रिय लोक नाट्य हैं। इन लोक-नाट्यों द्वारा जहाँ एक ओर स्वस्थ मनोरंजन होता है वहीं इनके द्वारा सार्थक सन्देश सम्प्रेषण भी होता है। क्षेत्रीय भाषा एवं परिवेश में इन लोक-नाट्यों द्वारा प्रसारित सन्देशों का प्रभाव जन-मानस पर तुरन्त पड़ता है क्योंकि दर्शक वर्ग भी इन प्रदर्शनों में प्रत्यक्ष रूप से जुड़ जाते हैं। यह कला आम लोगों में प्रचलित है इसीलिए इन कला-रूपों को लोक-नाट्य कहा गया है। लोक अथवा सामान्यजन की कला लोक-कला कहलाती है। जन-मानस की सांस्कृतिक आकांक्षा जब कलात्मक सौन्दर्य के साथ सहज अभिव्यक्ति पाती है और उपलब्ध वस्तुओं की सहायता से अपने सुन्दरतम रूप में प्रस्तुत होती है तो वह लोक-कला का स्वरूप ग्रहण करती है। यह कला जन-मानस की आन्तरिक सर्जनात्मक कला प्रवृत्ति की प्रेरणा से उद्‌भूत होती हैं। लोक-कला सदा से ही एक सामुदायिक और सामूहिक अभिव्यक्ति के रूप में मुखर रही है, जो कठोर परिश्रम या किसी शैली के प्रभाव से अछूती है। लोक-कला के अन्तर्गत हमें सामाजिक उत्सवों, धार्मिक संस्कारों तथा अन्य विशिष्ट अवसरों पर जन आकांक्षाओं को व्यक्त करनेवाली कलाकृतियों के दर्शन प्रायः प्रत्येक अंचल में होते हैं, विशेषरूप से ग्रामीण अंचलों में जहाँ भौतिक सुविधाओं और मशीनी ज़िन्दगी का वातावरण नहीं मिलता। कालान्तर में यह घर-आँगन से बाहर निकलकर कशीदाकारी, खिलौनों, नक्क़ाशी, पूजाघरों, भित्तिचित्रों एवं वस्त्रों आदि तक पहुँच गयी। लोक कला का प्रवेश जन-मानस में इतना गहरा रहा है कि वह लोगों के स्वभाव में घुल गयी है। यही कारण है कि लोक-कला, सृजन दृष्टिवाले लोगों को पीढ़ी दर पीढ़ी विरासत में प्राप्त हो जाती है। आज के भौतिक तथा मानसिक तनाव के युग में मन को सुख देनेवाली यह सरल लोकरंजनी कला वास्तव में आत्मसन्तुष्टि एवं जीवनीशक्ति के लिए प्रेरणादायी है। कठपुतली के खेल, गाँव-नगर, राजदरबार या धर्मस्थलों में अमीर-ग़रीब, शिक्षित-अशिक्षित जनता में समान रूप से प्रदर्शित होते चले आ रहे हैं। कठपुतली प्रदर्शन से निम्नलिखित कार्य आदि काल से ही सम्पन्न किये जाते रहे हैं-

1. मनोरंजन, 2. शिक्षा, 3. आत्मप्रदर्शन, 4. सामाजिक कार्य।

अर्थात कठपुतली प्रदर्शन से जहाँ जनता का मनोरंजन होता है वहीं इसके कथानक में धार्मिक आडम्बर, दहेज-प्रथा, बेमेल विवाह, अशिक्षा और कुपोषण-जैसी सामाजिक समस्याओं का समावेश कर इनका समाधान करने की प्रेरणा भी प्राप्त होती है। कठपुतली प्रदर्शक अपने मनोभावों को इनके अभिनय के द्वारा व्यक्त कर आत्म प्रदर्शन करते हैं और साथ ही विभिन्न सामाजिक समस्याओं के प्रति जनचेतना, जागृत कर सामाजिक कल्याण में भी सहायक सिद्ध होते हैं। राष्ट्रीय एकता, साम्प्रदायिक सौहार्द, स्वास्थ्य, कृषि, साक्षरता आदि से सम्बद्ध विषयों

को कठपुतली के माध्यम से बड़े प्रभावशाली तरीके से समझाया जा सकता है। कठपुतली द्वारा प्रदर्शित नृत्य-गान दर्शकों को नया विचार देते हैं। इस प्रकार सामाजिक परिवर्तन में कठपुतली की भूमिका महत्त्वपूर्ण है। मेले अर्थात् मिलन स्थल। प्राचीन काल से ही किसी महत्त्वपूर्ण तीज-त्योहारों (दीवाली, दशहरा, कुम्भ, ईद, गणेश उत्सव आदि) को किसी खुले स्थान पर मनोरंजक ढंग से मनाने की परम्परा रही है। गाँवों, क़स्बों में धार्मिक उद्देश्य की पूर्ति के लिए आयोजित होनेवाले मेले जहाँ एक ओर विस्तृत पैमाने पर एक ही वर्ग और जाति के लोगों को आपस में मिलाते हैं, वहीं अगली पीढ़ियों को प्राचीन संस्कृति के साथ जोड़कर सांस्कृतिक मूल्यों की धरोहर को सुरक्षित भी रखते हैं। इन मेलों में आयोजित लोकगीतों, लोकनृत्यों, स्वाँगों आदि के ज़रिये गाँव की धड़कन तक पहुँचा जाता है। गाँवों में आयोजित किये जानेवाले ये धार्मिक मेले बड़े-बड़े शहरों में व्यापार मेलों का रूप लेते जा रहे हैं। प्रतिवर्ष 14 से 23 नवम्बर तक प्रगति मैदान, दिल्ली में आयोजित सबसे बड़ा व्यापार मेला आयोजित किया जाता है। इस मेले में भारत के सभी राज्यों की महत्त्वपूर्ण वस्तुएँ ही नहीं बल्कि विदेशों की भी आम और ख़ास चीज़ें एक ही स्थान पर बेची जाती हैं। प्रति वर्ष इसमें खरीदारी करने लाखों की संख्या में लोग पहुँचते हैं और देश-विदेश के हर आदमी से रूबरू होते हैं। स्वाँग एक ऐसा लोक-नाट्य है जिसमें नृत्य, संगीत एवं कवित्व का संगम होता है। इसमें कोई विशिष्ट मंच की व्यवस्था नहीं करनी पड़ती। आसमान से नीचे कहीं भी इसका प्रदर्शन सम्भव है। ज़मीन, चबूतरा, मुँडेरा ही दर्शकों का आसन है। स्वाँग की नकल भगत, तमाशा, नौटंकी के रूप में जानी जाती है तो कहीं भवाई, भाँड़, पाथेर, विदेशिया, भँड़ैती के रूप में। मनोरंजन एवं प्रेम-संचार ही इसका लक्ष्य होता है। स्वाँगों की कथाओं में भारतीय संस्कृति का प्रकृत रूप प्राप्त होता है। ये ऐतिहासिक, पौराणिक, सांस्कृतिक और धार्मिक आख्यानों पर आधारित होते हैं। सम्प्रति पत्रकारिता में स्वाँगों का विशद विवेचन हो रहा है। अनेक पत्रों ने मनोरम लोकप्रिय आख्यानों का प्रकाशन धारावाहिक रूप में किया है। अब तो इन पर छवि फिल्में बनायी जा रही हैं। आकाशवाणी ने भी स्वाँगों की ओर मुड़ना प्रारम्भ कर दिया है। अनेक समस्याओं पर रोचक शैली में लोक-मानस को कुरेदने का प्रयास स्वाँग द्वारा ही सम्भव है। संस्कृत-ग्रन्थों में वैदिककालीन ब्राह्मणों द्वारा देव और ऋषि के रूप में स्वर्ग का स्वाँग धरती पर करने की चर्चा मिलती है। स्वाँग के सन्दर्भ में कबीर ने लिखा है-

कथा होय तहँ स्रोता सोवे, वक्ता मूँड पचाया रे।
होय जहाँ कहीं स्वाँग तमाशा, तनिक न नींद सताया रे।।

पारम्परिक लोक माध्यमों की सबसे बड़ी विशेषता यह है कि जनसाधारण की दैनिक जीवन की बातों को उन्हीं की भाषा में, उन्हीं के सांस्कृतिक परिवेश में सम्प्रेषित किया जाता है। धार्मिक, ऐतिहासिक एवं पौराणिक कथाओं को लोक भाषा के माध्यम से रोचक ढंग से प्रस्तुत करने का तात्कालिक लाभ यह होता है कि लोग इनसे सरलता से परिचित होते हैं और इन कथानक के पात्रों को आदर्श मानकर उनके चरित्र का अनुसरण करने का प्रयास करते हैं। आधुनिक संचार माध्यमों का प्रभाव तात्कालिक होता है, जबकि पारम्परिक संचार माध्यमों का प्रभाव दीर्घकालिक होता है। लोकमाध्यमों की सबसे बड़ी विशेषता यह है कि इसके द्वारा शिक्षित एवं अशिक्षित दोनों वर्गों को सन्देश प्रेषित किये जा सकते हैं। संचार के तात्त्विक भेद की दृष्टि

से यह कहा जा सकता है कि आधुनिक संचार माध्यम सूचनाप्रधान हैं, जबकि पारम्परिक संचार माध्यम ज्ञान प्रधान। अतः यह निर्विवाद रूप से कहा जा सकता है कि संचार के पारम्परिक लोक माध्यम सार्थक सन्देश सम्प्रेषण में महत्त्वपूर्ण भूमिका निभाते हैं।

मुद्रित जनसंचार माध्यम

जनसंचार माध्यम के विकास से विश्वभर में वैचारिक धरातल पर एक अद्भुत क्रान्ति का सूत्रपात हुआ। इस माध्यम ने मानवीय जीवन के सभी पहलुओं में अभूतपूर्व परिवर्तन किये। अब तो यह माध्यम सामाजिक बदलाव का एक सशक्त हथियार माना जाता है। सबसे पहले मुद्रण का उद्भव चीन में हुआ। 868 ई. में पहली पुस्तक छपकर संसार के सामने आयी। चीन में मुद्रण के लिए ब्लॉक प्रक्रिया का प्रयोग किया गया। यद्यपि ब्लॉक प्रक्रिया को यूरोप पहले ही जानता था लेकिन चल टाइप का आरम्भ पन्द्रहवीं शताब्दी में हुआ। जब गुटनवर्ग ने सन् 1430 ई. में इसका आविष्कार किया। भारत में मुद्रण का प्रचलन 6 दिसम्बर, 1556 को ईसाई धर्म के प्रचार हेतु धर्म प्रचारकों द्वारा किया गया और धार्मिक साहित्य छापने के लिए उन्होंने गोवा में छपायी का एक प्रेस खोला। यद्यपि विश्व में प्रेस स्थापित करने का श्रेय इंग्लैण्ड को है। सबसे पहला समाचार-पत्र 'वीकली न्यूज़' 1622 ई. में यहीं से प्रकाशित हुआ। उस समय लन्दन में लगभग एक दर्जन मुद्रक थे। यहीं से समाचार-पत्रों के आदान-प्रदान का तारतम्य शुरू हुआ और धीरे-धीरे विदेशी समाचार-पत्रों के साथ-साथ स्थानीय समाचार-पत्रों को भी स्थान दिया जाने लगा। लन्दन से विश्व का प्रथम दैनिक समाचार-पत्र 'डेली कोनेण्ट कोज़' 1702 ई. में प्रकाशित हुआ। भारतवर्ष में प्रथम समाचार-पत्र प्रकाशित करने का श्रेय ईस्ट इण्डिया कम्पनी को है जिसे जेम्स ऑगस्टस हिक्की ने 1780 में इण्डिया गज़ट के नाम से निकाला था जिसे बंगाल गज़ट भी कहा जाता था, लेकिन कुछ समय बाद ही उसका प्रकाशन बन्द करना पड़ा क्योंकि यह समाचार-पत्र ईस्ट इण्डिया कम्पनी के उच्चाधिकारियों और न्यायाधीशों की करतूतों को उजागर करता था। सितम्बर 1768 में विलियम बोल्ट्स ने एक इश्तहार निकाला। विलियम बोल्ट्स ईस्ट इण्डिया कम्पनी के अधिकारी थे। वे कम्पनी की अनेक नीतियों के विरोधी भी थे। अपने इश्तहार में उन्होंने लिखा है कि– ''शहर में छापेखाने के अभाव में आम जनता को सूचित करने का यही तरीक़ा है। व्यापार के लिए इसकी कमी खलती है और समाज को सूचित करना भी ज़रूरी है'' इस इश्तहार को आधुनिक भारतीय जनसंचार का आदि जनक कहा जाता है।

सन् 1830 तक बंगाल में तीन दैनिक समाचार-पत्र और तीस अंग्रेज़ी में प्रकाशित होनेवाली पत्रिकाएँ थीं। इनमें राजा राममोहन राय की 'समाचार कौमुदी' और 'कलकत्ता जर्नल' शीघ्र ही चर्चित हो गयीं। अमृत 'बाज़ार पत्रिका' तथा 'युगान्तर' की भी पर्याप्त प्रसिद्धि थी। बम्बई से निकलनेवाली 'दी वन्देमातरम्', 'प्रभाकर', 'सुधाकर', 'केशरी', 'महाराष्ट्र मित्र' का भी देशभर में अपना महत्त्व था। मद्रास का 'हिन्दू' भी ख्यातिलब्ध समाचार-पत्र था। भारत में मुद्रण तकनीक का विकास प्रारम्भ में सन्तोषजनक नहीं था। प्रियालकर के अनुसार- ''मुद्रण के अवरोध का प्रमुख कारण रूढ़िवादी, हिन्दू-समाज था। उनके इस तर्क से सभी सहमत होंगे कि मुद्रण के लिए जिस स्याही का उपयोग होता था वह पशुओं की चर्बी से बनायी जाती थी। दूसरा कारण भारत में साक्षरता का प्रसार अत्यन्त कम था। इन दो कारणों ने मुद्रण की गति एवं

विकास में अवरोध उत्पन्न किये। परिणामस्वरूप शुरुआती दौर में पुस्तकों के मुद्रण की संख्या काफ़ी कम रही परन्तु बाद में इन्हीं पत्रों ने स्वाधीनता-प्राप्ति के आन्दोलन में शक्तिशाली अस्त्र-शस्त्रों का काम किया। समाचार-पत्रों ने अन्य देशों का ध्यान भारत के स्वाधीनता-आन्दोलन की गतिविधियों की वास्तविक भावनाओं से भी परिचित कराया। अगर उस समय जनसंचार के परम्परागत माध्यमों ने गाँव-गाँव में ग्रामीण लोगों को सचेत किया तो समाचार-पत्रों ने शहर के पढ़े-लिखे प्रबुद्ध लोगों में चेतना जागृत कर दी।'' महात्मा गाँधी के 'यंग इण्डिया' तथा 'हरिजन' का भारत में अपना ही वर्चस्व था। इन सभी पत्र-पत्रिकाओं ने भारत में विदेशी सत्ता के विरुद्ध चेतना जागृत करने में और राष्ट्रीय-भावना भरने में महत्त्वपूर्ण भूमिका का निर्वाह किया है। प्रौद्योगिकी के विकास के साथ-साथ समाचार-पत्र पत्रिकाओं में मुद्रण की नयी-नयी तकनीकों का प्रचलन हुआ है। समाचार-पत्र की छवि को नया रूप देने के लिए साज-सज्जा के क्षेत्र में अभूतपूर्व प्रगति हुई है। नयी-नयी मशीनों और विभिन्न प्रकार की मुद्रण की प्रक्रियाओं द्वारा पत्रिकाओं को द्रुतगति से छापने की व्यवस्था के साथ-साथ उनकी विषयवस्तु में भी सुधार हुआ है। आज़ादी के बाद समाचार-पत्रों के रूप के साथ-साथ उद्देश्य भी बदलते गये। आज़ादी से पहले विदेशी राज से निरन्तर संघर्ष करते रहना ही उसका मिशन था। उस समय राष्ट्र-उत्थान, समाज-उत्थान और मानव-उत्थान एकमात्र लक्ष्य था किन्तु आज वह आदर्श लुप्त होता जा रहा है। वैसे पत्रकारिता के समग्र विकास की दृष्टि से उसका व्यवसाय बन जाना उज्ज्वल भविष्य का संकेत भी है। आज पत्रकारिता के विकास के लिए पर्याप्त आर्थिक साधन सुलभ हैं। इसके व्यवसायिक होने की बात का अन्दाज़ा इसे मिलनेवाले विज्ञापन और प्रसार से लगता है। वरिष्ठ सम्पादक एवं विद्वान् अच्युतानन्द मिश्र का कहना है कि पत्रकारिता पूरी तरह व्यवसाय का रूप धारण कर चुकी है। पहले प्रकाशन समाज के प्रति अपना उत्तरदायित्व न सिर्फ़ समझते थे बल्कि निभाते भी थे। वर्तमान में स्थिति यह है कि प्रकाशन इसे पूरी तरह लाभ-हानि की तर्ज पर निकाल रहे हैं। पाठक और समाज के प्रति अपनी जिम्मेदारी को भी वे नज़रअन्दाज़ किये हुए हैं। पिछले एक दशक से पत्रकारिता के क्षेत्र में आयी गिरावट से इसके व्यावसायिक होने की बात पूरी तरह स्पष्ट हो जाती है। पिछले एक दशक से अख़बार पाठकों के लिए नहीं, बल्कि विज्ञापनदाताओं के लिए छप रहे हैं। आर्थिक रूप से मज़बूत हुए बग़ैर यह अपने मिशन में क़ामयाब नहीं हो सकते।

संख्या और प्रसार में हिन्दी समाचार-पत्र अग्रणी—भारत के समाचार-पत्रों के प्रतिवेदन 2004-05 के अनुसार हिन्दी समाचार-पत्रों ने अन्य भाषाओं के समाचार-पत्रों की तुलना में अपनी बढ़त बनायी है। हिन्दी में 3,265 दैनिक-पत्र प्रकाशित हो रहे हैं जबकि अंग्रेज़ी में 873, बँगला में 492, गुजराती में 477, उर्दू में 403, मराठी में 329 समाचार-पत्र निकल रहे हैं। वर्ष 2004-05 के दौरान उत्तर-प्रदेश में सबसे अधिक समाचार-पत्र प्रकाशित हुए। यहाँ से 1,385 समाचार-पत्र प्रकाशित हुए। इसके बाद दिल्ली (1029), महाराष्ट्र (646), राजस्थान (598) तथा बंगाल (559) का स्थान रहा। बहुराष्ट्रीय कम्पनियों के आने के बाद हिन्दी के पत्रों की प्रसार संख्या बढ़ी है और हिन्दी के पत्रों को अंग्रेज़ी के मुकाबले विज्ञापन भी अधिक मिलने लगे हैं। 1995 के बाद दर्शकों के दिल पर टीवी का वर्चस्व स्थापित होने के बाद यह माना जाने लगा कि अब पत्र-पत्रिकाओं का दौर ख़त्म हो जायेगा। लेकिन यह धारणा भ्रामक सिद्ध हुई। राष्ट्रीय स्तर पर हिन्दी में निकलनेवाले समाचार-पत्रों ने अंग्रेज़ी के समाचार-पत्रों को भी मात दे दी।

अमर उजाला, दैनिक जागरण, दैनिक भास्कर, दैनिक हिन्दुस्तान-जैसे समाचार-पत्रों के संस्करण एक ही राज्य के विभिन्न शहरों से निकलने लगे हैं। अगर पाठक सर्वेक्षणों की बात करें तो देश की क़रीब ढाई करोड़ आबादी समाचार-पत्र पढ़ती है। इनमें भी पहले दस स्थानों की सूची में हिन्दी और प्रान्तीय भाषाओं के समाचार-पत्रों का वर्चस्व दिखायी देता है। कई बार समाचार-पत्र रेडियो को समाचार वितरण में मात दे देता है। भारत में मध्यरात्रि के बाद प्रातःकाल तक रेडियो प्रसारण बन्द रहते हैं। इस दौरान अगर भूकम्प आ जाये या महत्त्वपूर्ण घटना घट जाये तो समाचार-पत्र अपने प्रातःकालीन संस्करण में उसका समाचार दे सकता है। जबकि रेडियो पर अगले प्रसारण तक श्रोताओं को इन्तज़ार करना पड़ता है। समाचार-पत्रों का महत्त्व इसीलिए भी बना हुआ है कि उनमें छपे समाचार और लेख सन्दर्भ और रिकॉर्ड के लिए प्रयोग में लाये जा सकते हैं। उनकी कतरनों की फाइलें बन सकती हैं, रेडियो में ऐसी कोई व्यवस्था नहीं हो सकती। रेडियो के प्रसारणों को रिकॉर्ड करना हरेक के बस की बात नहीं। जनता को समाचार-पत्रों में प्रत्येक विषय साहित्य, संस्कृति, राजनीतिक, सामाजिक, खेल, धर्म, महिला, बिजनेस व्यापार, शेयर मार्केट, कृषि, चिकित्सा, योग, ज्योतिष, प्रापर्टी आदि से सम्बन्धित अपडेट जानकारियाँ मिलती रहती हैं, जिन्हें आवश्यकतानुसार संग्रह किया जा सकता है जबकि रेडियो टीवी के प्रोग्राम रिकॉर्ड करके रखना आम आदमी के बस की बात नहीं है। समाचार-पत्रों के सम्पादकीय में ज्वलन्त मुद्दे पर सम्पादक तर्क-विर्तक सहित विश्लेषण करके अपनी राय देते हैं जो लोकहित और राष्ट्रहित में होती है। प्रतियोगी परीक्षाओं में बैठनेवाले विद्यार्थी, समाचार-पत्रों के सम्पादकीय पढ़कर ही ठोस जानकारियाँ ग्रहण करते हैं और अपने विषय की तैयारी करते हैं। विद्यार्थियों को समसामयिक मुद्दों पर लिखे लेखों से भी विस्तृत जानकारी मिल जाती है जबकि पुस्तक में उस विषय के लिए उन्हें कम-से-कम पाँच-छहः महीने के लिए इन्तज़ार करना पड़ता है। इण्टरनेट पर ऑनलाइन समाचार-पत्रों ने दूर विदेशों में बैठे लोगों के लिए भी पत्र को पहुँचाकर अपनी लोकप्रियता बढ़ाई है। गाँवों, घने जंगलों, पहाड़ी क्षेत्रों, दूरस्थ अनजान घाटियों में अर्थात् कहीं भी लैपटॉप या कम्प्यूटर पर ऑनलाइन समाचार-पत्र पढ़े जा सकते हैं। इलेक्ट्रॉनिक मीडिया और बढ़ते प्रभाव के कारण भी समाचार-पत्रों का महत्त्व कम नहीं हुआ है। रेडियो और टेलीविज़न सुनने के बाद भी लोग बिना समाचार-पत्र पढ़े नहीं रह पाते। दरअसल अभी भी समाचार-पत्र ही एकमात्र ऐसा साधन है जिसमें स्थायित्व है, न तो रेडियो को रिप्ले कर सकते हैं और न टीवी को, इसलिए समाचार-पत्रों की उपयोगिता दोनों के मुकाबले अभी भी ज़्यादा है। विश्वसनीयता की दृष्टि से भी लोग समाचार-पत्रों पर ज़्यादा यकीन करते हैं। समाचार-पत्र की ख़बरों को प्रमाणस्वरूप कहीं भी कोड किया जा सकता है, जबकि रेडियो और टीवी पर सुनी बात को प्रमाण के अभाव में कोड करना मुश्किल होता है। समाचार-पत्रों एवं पत्रिकाओं के अतिरिक्त पुस्तकों का भी जनसंचार में महत्त्वपूर्ण योगदान है। मुद्रण की नयी तकनीक से हज़ारों वर्ष पूर्व लिखे गये हस्तलिखित ग्रन्थों को जनसाधारण के लिए सुगम बनाया गया है। महाभारत, गीता, बाइबिल, कुरान और ज्ञान-विज्ञान अन्य महत्त्वपूर्ण ग्रन्थों को संसार की विभिन्न भाषाओं में अनुवाद करके प्रचलित किया जा रहा है। हाइटेक-युग में अब दुनिया का कोई भी ऐसा विषय नहीं है जिसे पुस्तक के रूप में न लिखा गया हो। पुस्तकों को आम आदमी तक सुलभ कराने के लिए जगह-जगह पुस्तक मेले आयोजित किये जाते हैं। इन मेलों में ज्ञान-विज्ञान से सम्बन्धित विश्वभर

की किताबें एक ही जगह पर मिल जाती हैं। पुस्तक प्रेमी इन मेलों में जाकर अपनी रुचि कें अनुसार पुस्तकें खरीदते हैं। पुस्तकें ज्ञान-विज्ञान को पीढ़ी-दर-पीढ़ी हस्तान्तरित करने का सबसे बड़ा माध्यम हैं। स्थानीय और सीमित क्षेत्र में प्रचार करने के लिए इश्तहारों का प्रयोग किया जाता है। सीमित क्षेत्र में प्रचार का यह सबसे सस्ता और प्रभावी माध्यम है। इन इश्तहारों से आम आदमी अपनी किसी विशिष्ट सूचना को आम आदमी तक पहुँचाता है। कई बार इश्तहारों को दीवार पर चिपकाकर और कई बार घरों में निःशुल्क वितरित करके महत्त्वपूर्ण सूचना आम आदमी को दी जाती है। पर्चे भी स्थानीय स्तर पर प्रचार करने के सस्ते और प्रभावी माध्यम हैं। आकार में ये इश्तहार से छोटे होते हैं। स्थानीय स्तर में प्रचार के लिए प्रायः रविवासरीय अख़बार पढ़ते हैं और खरीदते हैं। चुनाव के दिनों में पर्चों और इश्तहारों का बहुत अधिक प्रयोग किया जाता है।

समाचार समितियाँ- एनसाइक्लोपीडिया ऑफ ब्रिटेनिका की परिभाषा के अनुसार..''वह समिति जो समाचार-पत्र, पत्रिकाओं, क्लब, संगठनों व निजी व्यक्तियों को तारों, पाण्डुलिपियों, प्रूफ, टेप, मशीनों, प्रतिनिधियों एवं टेलीफ़ोन व अन्य संचार के साधनों द्वारा समाचार प्रेषित करती है, समाचार समिति कहलाती है।'' समाचार समितियाँ स्वयं समाचार प्रकाशित नहीं करतीं, अपितु निजी स्तर पर अपने ग्राहकों को सूचनाएँ उपलब्ध कराती हैं। इन समाचार एजेन्सियों को समाचारों का थोक विक्रेता कहा जाता है। समाचार समितियों का मुख्य कार्य विश्वभर की समसामयिक घटनाओं के समाचार, समाचार-पत्रों एवं टीवी चैनलों आदि को उपलब्ध कराना है। साधन एवं क्षमता के अभाव के कारण यह सम्भव नहीं कि सभी समाचार-पत्र विश्व के विभिन्न क्षेत्रों में अपने संवाददाता नियुक्त करें। इसी समस्या के निवारण हेतु समाचार समितियों का जन्म हुआ। आजकल ये समितियाँ अपने ग्राहकों को ऑनलाइन समाचार उपलब्ध करा रही हैं। समाचार लेनेवाले प्रिण्ट/इलेक्ट्रॉनिक मीडिया को एजेन्सी का कनेक्शन लेकर प्रतिमास/वार्षिक भुगतान करना पड़ता है। संचार सुविधाओं एवं समाचार प्रसार माध्यमों का विकास होने से लगभग सभी राष्ट्रीय/अन्तरर्राष्ट्रीय समाचार समितियों ने अपने कार्यक्षेत्र को एक से अधिक देशों में फैला दिया है। इन समाचार समितियों के पास वित्तीय साधन, कुशल संवाददाता एवं सुसंगठित प्रेषण सुविधाएँ होती हैं, जिनके कारण ये अपने कार्यक्षेत्र को सफल बना पाती हैं।

समाचार समितियाँ विश्वस्तरीय और भारतीय-दो प्रकार की हैं।

1. विश्वस्तरीय समाचार समितियाँ

एसोसिएट प्रेस

यूनाइटेड प्रेस इण्टरनेशनल

रायटर

तास

2. भारतीय समाचार समितियाँ

प्रेस ट्रस्ट ऑफ इण्डिया (पी.टी.आई)

हिन्दुस्तान समाचार

समाचार भारती

समाचार

1. विश्वस्तरीय समाचार समितियाँ

एसोसिएट प्रेस (ए. पी.)—यह विश्व की सबसे बड़ी एजेन्सी है, जिसका गठन 1848 में न्यूयार्क के छहः दैनिक समाचार-पत्रों के द्वारा किया गया था। वर्ष 1845 में 'न्यूयार्क एसोसिएटिड प्रेस' नाम से इसने कार्य करना आरम्भ किया। समाचार भेजने के खर्च को कम करने के लिए अमेरिका में वेस्टर्न ए.पी., सदर्न ए.पी. व न्यू इंग्लैण्ड ए.पी. की स्थापना की गयी तथा 1892 में इन सबका सामूहिक रूप 'एसोसिएटिड प्रेस' के रूप में स्थापित हुआ। इस प्रकार यह एक सहकारी संस्था है। यह सरकार से किसी प्रकार की सहायता या अनुदान प्राप्त नहीं करती है।

यूनाइटेड प्रेस इण्टरनेशनल- यह संसार की सबसे बड़ी समिति है। इसका गठन 1958 में अमेरिका में किया गया। जिस समय 'रायटर' और 'बोल्फ़' ने मिलकर क्षेत्रीय सेवा के आधार पर विश्व समाचार जगत् में अपना वर्चस्व स्थापित कर लिया था तब यूनाइटेड प्रेस ने अपनी मेहनत और कार्यकुशलता से यह सिद्ध कर दिया कि कोई समिति स्वतन्त्र रूप से समाचारों का संकलन और प्रेषण कर विश्व के समाचार-पत्रों को अपनी सेवा उपलब्ध करा सकती है।

रायटर- 'आवास' एजेन्सी के एक कर्मचारी जूलियस ने 1849 में ब्रूसेल्स से कबूतरों द्वारा स्टॉक एक्सचेंज के भावों का सम्प्रेषण आरम्भ किया था और 1851 में लंदन से कमर्शियल सर्विस आरम्भ की। यह समाचार सेवा के लिए 'तार' और कबूतर दोनों का प्रयोग करती थी। वर्ष 1925 के बाद समाचार-पत्र भी इस प्राइवेट कम्पनी में शेयर होल्डर बन गये तथा 1941 में [illegible] ने इस आत्मसात कर लिया और उसके बाद यह ब्रिटिश प्रेस की सामूहिक सम्पत्ति के रूप में ट्रस्टी की हैसियत से कार्य करने लगी। यह एजेन्सी लाभरहित सेवा के आधार पर कार्यरत है।

तास- रूसी क्रान्ति के पश्चात् 1910 में 'रोस्ता' नाम से स्थापित सोवियत संघ की केन्द्रीय सूचना सेवा है जो मन्त्रिपरिषद् के प्रति उत्तरदायी है। इसका उद्देश्य सरकारी घोषणाएँ और संवाद सम्प्रेषण के साथ-साथ अन्य देशों में समाचार भेजना भी था। 10 जुलाई, 1925 के 'रोस्ता' का स्थान तास ने ले लिया। यह एक बहुभाषी एजेन्सी है। विदेशी ग्राहकों को यह रूसी, अंग्रेज़ी, फ्रेंच, जर्मन, स्पेनिश, अरेबिक तथा हिन्दी भाषाओं में सेवा उपलब्ध कराती है। 'तास' ने अन्य अन्तर्राष्ट्रीय एजेन्सियों के साथ समाचारों के आदान-प्रदान के समझौते भी किये हुए हैं।

2. भारतीय समाचार समितियाँ

प्रेस ट्रस्ट ऑफ इण्डिया (पी.टी.आई.)—अगस्त, 1947 में पी.टी.आई. का गठन किया गया। पी.टी.आई. ने 1948 में सरदार वल्लभभाई पटेल के कारण रायटर से समझौता कर 1951 तक उसके साथ काम किया अब भी रायटर और पी.टी.आई. परस्पर समाचारों का आदान-प्रदान करते हैं। पी.टी.आई. एशिया की सबसे बड़ी एजेन्सी है, जिसके एशिया के साथ-साथ यूरोप तथा अन्य देशों में भी संवाददाता नियुक्त हैं। यह भारत की अति आधुनिक तथा विकसित समाचार समिति है, जिसने 1980 के आम चुनावों में समाचार देने के लिए कम्प्यूटर का प्रयोग

आरम्भ किया था। सेटेलाइट से जुड़ी होने के कारण यह समिति राजनीतिक, आर्थिक, व्यापारिक, सामाजिक तथा तकनीकी विकास के सम्बन्ध में विभिन्न आलेख एवं समाचार प्रतिदिन विभिन्न समाचार-पत्रों से उपलब्ध कराती है।

भाषा- पी.टी.आई. की हिन्दी समाचार सेवा 'भाषा' का आरम्भ 18 अप्रैल, 1986 को किया गया तथा इसके साथ ही इसने 'स्कैन समाचार सेवा' प्रारम्भ की, जिसमें दूरदर्शन के पर्दे पर वीडियो के माध्यम से ताज़ा समाचार लिखित रूप में दिखाये जा सकते हैं। पी.टी.आई. को एशिया एवं तीसरी दुनिया में जो सम्मान प्राप्त है, उसका लाभ भाषा को भी पूर्णतया मिल रहा है। मुख्य रूप से हिन्दी में प्रस्तुत की गयी समाचार सामग्री को भाषा द्वारा सम्पूर्ण भारत के हिन्दी पत्रों के पास निजी व दूर मुद्रकों के माध्यम से सम्प्रेषित करने की सक्षम व्यवस्था विद्यमान है।

यूनाइटेड न्यूज़ ऑफ इण्डिया - प्रथम प्रेस आयोग के सुझाव के अनुसार देश में कम-से-कम दो समाचार एजेन्सियाँ होनी आवश्यक थीं, ताकि दोनों एक-दूसरे से प्रतियोगिता करके एक-दूसरे की पूरक बन सकें। इसी सुझाव से सहमत होकर 10 नवम्बर, 1959 को समाचार-पत्रों ने यू.एन.आई. नाम से 1 मई, 1982 को हिन्दी में यूनीवार्त्ता नाम से सेवाएँ देना प्रारम्भ कर इस दिशा में पहल की। आज यह हिन्दी प्रदेशों की सर्वश्रेष्ठ समाचार समिति है। भारत के लगभग सभी प्रमुख भाषाओं के समाचार-पत्र इसकी समाचार सेवाओं का लाभ उठा रहे हैं। विश्व की अनेक समितियों के साथ इसका आदान-प्रदान होता है।

हिन्दुस्तान समाचार- इस समिति की स्थापना सन् 1948 में मुम्बई में हुई थी, जिसका श्रेय श्री एस. आप्टे को जाता है। प्रारम्भ में यह निजी संस्था थी लेकिन सन् 1857 में इसकी व्यवस्था एक सरकारी संस्था के रूप में [illegible] गयी। वर्तमान समय में भारत में इसके 50 से भी अधिक केन्द्र हैं। देवनागरी टेलीप्रिण्टरों का प्रयोग करनेवाली यह पहली समाचार समिति थी। यह भी भारत की विभिन्न भाषाओं (पंजाबी, बंगाली, गुजराती, उर्दू, मराठी, उड़िया, मलयालम, कन्नड़, असमी, तेलुगु, अंग्रेज़ी) में समाचार प्रेषित करती है।

समाचार भारती (भारती)- इस समिति की स्थापना 2 अक्टूबर, 1966 में हुई लेकिन इसने अपना कार्य जनवरी, 1967 में शुरू किया। लगभग 150 समाचार-पत्र इस समिति के ग्राहक हैं। यह समिति 'देश और दुनिया' के नाम से एक वार्षिकी भी प्रकाशित करती है। इसका संक्षिप्त नाम भारती है।

समाचार- आपातकाल के दौरान सरकार ने एक अध्यादेश जारी कर पी.टी.आई., यू.एन. आई., हिन्दुस्तान समाचार तथा समाचार भारतीय का विलय कर 24 जनवरी, 1976 को 'समाचार' नामक समाचार समिति की स्थापाना की। उस समय की सरकार ने इसे वित्तीय सहायता भी दी। सन् 1977 में केन्द्र में पुनः जनता सरकार बनने पर 14 अप्रैल, 1978 को समाचार को पुनः पुरानी चार समितियों में विभाजित कर श्री कुलदीप नैय्यर की अध्यक्षता में एक समिति का गठन भी किया गया, जिसे समाचार समितियों की संरचना के बारे में अध्ययन करने एवं इस सम्बन्ध में आवश्यक सुझाव देने का काम सौंपा गया।

समाचार-पत्रों के अतिरिक्त मुद्रित जनसंचार माध्यमों में पोस्टर, पम्फ्लेट, फोल्डर, पुस्तक-पुस्तिकाएँ इत्यादि भी जनसंचार का माध्यम हैं। इन सबकी विशेषता यह है कि छोटे-छोटे

प्रकाशनों को वितरित करना इनके लिए आसान होता है और जनता इन्हें आसानी से पढ़ सकती है। मुद्रित सामग्री की इस विधा में भी भारतीय भाषाओं का बड़ा महत्त्व है। क्योंकि जनता तक पहुँचने के लिए भाषा ही सबसे प्रभावी माध्यम है। प्रचार साहित्य पढ़े-लिखे वर्ग के लिए तैयार किया जाता है क्योंकि जनमत के निर्माण में इस वर्ग का बड़ा प्रभावशाली योगदान होता है। इसके अतिरिक्त भी मुद्रित जनसंचार माध्यमों में होर्डिंग, पोस्टर, इश्तहार, दीवारों पर लिखाई, हैण्डबिल इत्यादि हैं।

इलेक्ट्रॉनिक जनसंचार माध्यम- विद्युत तरंगों से संचालित होनेवाले सभी जनसंचार माध्यम इलेक्ट्रॉनिक मीडिया के अन्तर्गत आते हैं। इनमें प्रमुख हैं रेडियो, टेलीविज़न, फिल्म, कम्प्यूटर, इण्टरनेट आदि। मुद्रण के पश्चात् जनसंचार के क्षेत्र में 'मुग्लेलमी मार्कोनी' ने 1896 में बेतार के तार का पता लगाया। 1904 में डी फारेस्ट ने रेडियो ट्यूब की खोज की जिसके आधार पर रेडियो का आविष्कार हुआ और दुनिया की हर ताज़ी सूचनाएँ रेडियो के द्वारा मुद्रण माध्यम से पहले लोगों को मिलने लगी। रेडियो ध्वनि पर आधारित जनसंचार माध्यम हैं जो एक स्थान से दूसरे स्थान तक ध्वनियों के माध्यम से लोगों के कानों तक पहुँचते हैं। इसलिए रेडियो पर प्रसारित समाचारों के लिए श्रोता का शिक्षित होना आवश्यक नहीं है। रेडियो पर समाचारों को इस प्रकार लिखा और प्रस्तुत किया जाता है कि समाचार में पूर्णता का भाव भी हो और वह श्रोताओं को सहज बोधगम्य भी हो। रेडियो के विभिन्न कार्यक्रमों में- 1. संगीत (शास्त्रीय, सुगम, लोक, जनजातीय और पाश्चात्य), 2. विविध भारती, 3. विज्ञापन प्रसारण सेवा 4. नाटक 5. समाचार सेवा प्रभाग 6. विदेश सेवा प्रभाग, 7. केन्द्रीय अनुश्रवण सेवा 8. श्रोता अनुसन्धान 9. ग्राफ संचार 10. कृषि 11. परिवार कल्याण आदि आते हैं।

रेडियो- जनसंचार के विभिन्न माध्यमों में रेडियो की अपनी विशेष भूमिका है। इलेक्ट्रॉनिक संचार माध्यमों में रेडियो सबसे सस्ता और सबसे ज़्यादा पहुँचवाला संचार माध्यम है भारत में ही इसकी पहुँच 92 प्रतिशत भू-भाग और 99 प्रतिशत आबादी तक है। रेडियो से सन्देश ग्रहण करने के लिए श्रोता का शिक्षित होना भी ज़रूरी नहीं है और यह दूरी की सीमाओं को भी लाँघ सकता है। रेडियो की क़ीमत कम होने के कारण यह आम आदमी के लिए सुलभ है। इसके ज़रिये वे अधिक-से-अधिक सूचना, ज्ञान और मनोरंजन प्राप्त कर लेते हैं। इस तत्थ को ध्यान में रखते हुए जवरीमल्ल पारिख ने ठीक ही लिखा है कि, ''रेडियो निरक्षरों के लिए भी एक वरदान है। जिसके द्वारा वे सिर्फ़ सुनकर अधिक-से-अधिक सूचना, ज्ञान और मनोरंजन हासिल कर लेते हैं। रेडियो और ट्रांजिस्टर की क़ीमत भी बहुत अधिक नहीं होती। इस कारण वह सामान्य जनता के लिए भी कमोबेश सुलभ है। यही कारण है कि टी.वी. के व्यापक प्रसार के बावजूद तीसरी दुनिया के देशों में रेडियो का अपना महत्त्व आज भी क़ायम है।'' संचार के आधुनिक माध्यमों में रेडियो प्रथम माध्यम है जिसने कम पैसे में सभी जगह पहुँचकर अपनी पहल दर्ज़ की है। आज से लगभग 110 वर्ष पहले इटली के मारकोनी ने 2 जून, 1896 को अपनी खोज 'वायरलेस टेलीग्राफी' का पेटेण्ट प्राप्त कर लिया और तब से लेकर आज तक सम्प्रेषण के इस माध्यम ने तरंगों के द्वारा अनन्त आकाश में यात्रा करते हुए हमें इक्कीसवीं सदी के प्रागंण में पहुँचा दिया है। जनसंचार विशेषज्ञ विल्बर श्रेम का मत है कि ''प्रभावी जनसंचार माध्यम देश के सामाजिक, आर्थिक और सांस्कृतिक विकास में महत्त्वपूर्ण भूमिका अदा करते हैं। अतएव

मुक्त और समुचित सूचना उपलब्ध कराना मात्र ही जनसंचार माध्यमों का अन्तिम ध्येय नहीं है, बल्कि इच्छित सामाजिक परिवर्तन अन्तिम लक्ष्य है।'' भारत में आकाशवाणी सही अर्थों में 'बहुजन सुखाय बहुजन हिताय' कहावत को चरितार्थ करती है। सन् 1922 में ब्रिटेन में ब्रिटिश ब्राडकास्टिंग कम्पनी की स्थापना के पश्चात् नवम्बर, 1923 में कोलकाता में, जून, 1924 में मुम्बई एवं अगस्त, 1924 में चेन्नई रेडियो क्लब के द्वारा भारत में आकाशवाणी का शौकिया प्रसारण आरम्भ हुआ परन्तु व्यावसायिक स्तर पर पहला प्रसारण इण्डियन ब्रॉडकास्टिंग कम्पनी के मुम्बई केन्द्र से 23 जुलाई, 1927 को हुआ जिसका उद्घाटन भारत के तत्कालीन वायसराय लार्ड इरविन ने किया था। तत्पश्चात् जून 1935 में इण्डियन ब्रॉडकास्टिंग सर्विस को ऑल इण्डिया रेडियो नाम दिया गया। भारत में यह आकाशवाणी के नाम से प्रचलित है। सन् 1947 में स्वतन्त्रता-प्राप्ति के पश्चात् सूचना एवं प्रसारण मन्त्रालय को इसका कार्यभार सौंपा गया। सरदार वल्लभभाई पटेल जब भारत सरकार के सूचना एवं प्रसारण मन्त्री बने तो उन्होंने आकाशवाणी के विकास की एक बृहद् योजना प्रस्तुत की। योजना के परिणामस्वरूप 1950 ई. तक रेडियो से प्रसारित हुए कार्यक्रमों की अवधि 60,000 घण्टा प्रतिवर्ष हो गयी। सभी क्षेत्रीय भाषाओं के कार्यक्रम भी प्रसारित किये जाने लगे हैं। आकाशवाणी की विभिन्न सेवाएँ भारत के सुदूर विस्तारों में जहाँ बिजली का संचार अनियमित है, वहाँ भी 24 भाषाओं और 146 बोलियों में प्रसारण करती हैं। हम जनता को सूचना, शिक्षा एवं मनोरंजन एक साथ उपलब्ध कराते हैं। इस प्रकार आकाशवाणी ने भारतीय जन-मानस की विभिन्न आवश्यकताओं को ध्यान में रखते हुए अपना स्वरूप विस्तृत किया है। आकाशवाणी के स्वरूप की सार्थकता उसकी सम्प्रेषण-कला में निहित है। शब्दों के माध्यम से बिम्ब पैदा करके श्रोताओं को अभिभूत करने की कला में आकाशवाणी ने अद्भुत निपुणता प्राप्त की है। भारत-जैसे विशाल भूखण्ड पर विभिन्न भौगोलिक, सांस्कृतिक, सामाजिक, आर्थिक एवं धार्मिक परिस्थितियों में जीवन व्यतीत करनेवाले असंख्य श्रोता प्रमुख रूप से चार भागों में बाँटे जा सकते हैं-

- अल्पसंख्यक, लेकिन प्रबुद्ध श्रोता, जो जोशीले एवं मनोरंजन कार्यक्रम चाहते हैं।
- नगर निवासी बहुसंख्यक मध्यमवर्गीय श्रोता, जो थोड़े से समाचारों के साथ लोकप्रिय मनोरंजन चाहते हैं।
- नगर निवासी श्रमजीवी वर्ग, जो हलका-फुलका मनोरंजन चाहते हैं।
- सबसे विशाल समूह-ग्राम्य प्रदेश में रहनेवाला कृषक वर्ग, जिसे मनोरंजन के साथ-साथ सूचना की भी आवश्यकता है।
- जनसंचार के एक प्रभावी माध्यम के रूप में आकाशवाणी ने भारतीय जन-मानस को गहराई से प्रभावित किया है। आकाशवाणी ने भारतीय संस्कृति की पोषक अनेक परम्पराओं की रक्षा करके इस क्षेत्र में महत्त्वपूर्ण योगदान दिया है।

एफ.एम. रेडियो- एफ.एम. प्रसारण जिसका पूरा नाम फ्रीक्वेन्सी माडुलेशन है एक आधुनिक प्रसारण तकनीक है जिसमें कार्यक्रम बिना किसी रुकावट अनावश्यक शोर तथा

अच्छी तकनीकी गुणवत्ता के साथ श्रोताओं तक पहुँचता है। मीडियम वेव और शार्ट वेव के मीटरों पर कार्यक्रम सुनते समय कभी-कभी उसमें खड़खड़ाहट, कुछ अस्पष्ट नेपथ्य की आवाज़ें या स्वर की विकृति-जैसी समस्याएँ आती रहती हैं। लेकिन एफ.एम. चैनल के आगमन के साथ ही आकाशवाणी के कार्यक्रम प्रसारण में चार चाँद लग गया है। वायुमण्डल में व्याप्त प्राकृतिक शोर मीडियम वेव और शार्ट वेव को प्रभावित करता है किन्तु एफ.एम. को ये आवाज़े नहीं प्रभावित करतीं। स्टूडियो से श्रोता के रेडियो सेट तक पहुँचने में प्रसारण की गुणवत्ता कहीं भी बाधित नहीं होती। चूँकि इसकी फ्रीक्वेन्सी बिलकुल अलग होती है इसलिए जैसी आवाज़ स्टूडियो से प्रसारित होती है, बिना बाधा के वह ज्यों-की-त्यों श्रोता तक पहुँचती है। ओबरा, फैजाबाद, बरेली, झाँसी, लखनऊ, इलाहाबाद, वाराणसी आदि शहरों तथा भारत के अन्य प्रान्तों में भी एफ. एम. के बहुत-से चैनल अपनी सेवाएँ प्रदान कर रहे हैं। एफ.एम. चैनलों का मुख्य उद्देश्य श्रोताओं का मनोरंजन एवं सूचनाएँ देना है। कुछ एफ.एम. चैनलों से शिक्षा कार्यक्रम भी प्रसारित होते हैं। उदाहरण के लिए आकाशवाणी वाराणसी में स्थित ज्ञानवाणी के एफ.एम. चैनल से कुछ घण्टे के लिए इग्नू (इन्दिरा गाँधी ओपेन यूनिवर्सिटी) के द्वारा 'ज्ञानवाणी' कार्यक्रम चलाया जा रहा है जिसका उद्देश्य है कि जो जिज्ञासू शिक्षण संस्थाओं में जाकर औपचारिक ढंग से शिक्षा ग्रहण नहीं कर पाते हैं वे रेडियो के इस माध्यम से शिक्षा ग्रहण कर सकें। चूँकि एफ.एम. की फ्रीक्वेन्सी उच्चकोटि की है तथा अच्छी तकनीकी गुणवत्ता से भरपूर है इसलिए प्राइवेट चैनलों को भी नीलामी के आधार पर आबण्टित किया जाता है और इससे अर्थोपार्जन किया जाता है। प्राइवेट चैनलों को केवल मनोरंजन के कार्यक्रमों हेतु इस प्रकार का आबण्टन किया जाता है। इन चैनलों द्वारा समाचार प्रसारण करना प्रतिबन्धित होता है। आवाज़ की तद्रूपता एवं प्रसारण की अच्छी गुणवत्ता के कारण ही एफ.एम. चैनलों की माँग बहुत बढ़ गयी है। भारत में एफ.एम. ने सन् 2000 से मनोरंजन की दुनिया में अपनी जो विशिष्ट पहचान बनायी है उसका श्रेय टाइम्स एफ.एम. को जाता है जिसने अपने सहयोगी समाचार-पत्रों के माध्यम से एफ.एम. को हर आदमी तक पहुँचाया। 15 अगस्त, 1993 को जब एफ.एम. प्रसारणों का निजीकरण हुआ तो किसी ने सोचा भी नहीं था कि यह सिलसिला बरकरार रह पायेगा। उन्होंने एफ.एम. को लोकप्रिय बनाने के लिए इसका वक्त बेचने का निर्णय किया। यह योजना सफल रही और मुँहमाँगे दामों पर इसका वक्त बिका। फलस्वरूप आज लोग एफ. एम. के साथ पूरी तरह जुड़ गये हैं। सितम्बर, 2001 में ऑल इण्डिया रेडियो ने एक और एफ. एम. चैनल शुरू किया। इसमें मनोरंजन के साथ-साथ सूचनाओं को भी प्राथमिकता दी गयी। गाने के अलावा हर घण्टे पाँच-पाँच मिनट के हिन्दी और अंग्रेज़ी के समाचार बुलेटिन प्रसारित करना तय किया गया। दोपहर और शाम को हिन्दी और अंग्रेज़ी में समाचारों के साथ विश्लेषण भी प्रसारित किये जाने लगे। इस नये चैनल को ख़ासतौर से सन् 1970 के बाद के गानों से परहेज़ की हिदायत दी गयी। ग़ज़लों-क़व्वालियों के साथ महिलाओं, बच्चे और छात्रों के लिए अलग से कार्यक्रम प्रसारित किये जाने लगे। इस प्रकार आकाशवाणी ने एफ.एम.-2 शुरू करके दूर हो गये श्रोताओं को अपनी ओर खींचने की कोशिश की। आज एफ.एम.-2 यानी गोल्ड को गम्भीर श्रोता काफ़ी पसन्द करते हैं। मौजूदा दौर में दूरदर्शन घाटे में चल रहा है जबकि आकाशवाणी ने अपने प्रसारण-क्षेत्र का विस्तार कर मनपसन्द कार्यक्रम शुरू करके अपनी स्थिति पहले से कहीं बेहतर कर ली है। एफ.एम. की वजह से आकाशवाणी का राजस्व 72 करोड़ रुपये

से बढ़कर आज 114 करोड़ रुपये हो गया है। अब जब से प्राइवेट स्तर पर तीन और एफ.एम. चैनल रेडियो सिटी, रेड एफ.एम. रेडियो मिर्ची शुरू हुए हैं तो रेडियो प्रसारण के क्षेत्र में एक नयी क्रान्ति आ गयी है। आज दिल्ली और उसके आसपास की परिधि में सुने जानेवाले एफ.एम. चैनलों की लोगों में धूम मच रही है। इन सूचनाओं को जुटाने में श्रोताओं की भागीदारी बढ़ रही है। सवालों के जवाब पर इनाम देने के चलन ने भी श्रोताओं में इन प्राइवेट चैनलों को चहेता बना दिया है। ये प्राइवेट चैनल यातायात, खेल, मौसम, सेंसेक्स, शहर की हलचल, फिल्मी किस्सों पर काउन्सिलिंग करके अपने प्रसारणों को दिलचस्प बनाने में लगे हैं। इनकी ख़ासियत यह है कि ये चैनल अपने श्रोताओं से मोबाइल पर लगातार सम्पर्क बनाये रखते हैं। संवादात्मक शैली इन चैनलों की लोकप्रियता का सबसे बड़ा कारण है। शिक्षा के प्रचार-प्रसार का उद्‌देश्य लेकर सन् 2001 में I.G.O.U. द्वारा 'ज्ञानवाणी' चैनल की शरुआत की गयी। इस चैनल के द्वारा प्रतिदिन (N.G.O.) एवं राष्ट्रीय स्तर के विश्वविद्यालयों के पाठ्‌यक्रमों की जानकारी भी दी जाती है। ये कार्यक्रम सर्वशिक्षा अभियान, प्राथमिक और हाईस्कूल की शिक्षा, वयस्क शिक्षा, व्यावसायिक शिक्षा के साथ ही तकनीकी शिक्षा से सम्बन्धित होते हैं। इसके अतिरिक्त कृषि, पर्यावरण, स्वास्थ्य, महिला-विकास, उपभोक्ता-अधिकार, मानव-अधिकार, विज्ञान एवं प्रौद्योगिकी आदि से सम्बन्धित जानकारी दी जाती है। इस प्रकार एफ.एम. पर मनोरंजन के अतिरिक्त शिक्षा से सम्बन्धित ऐसे विषयों की जानकारी दी जाती है जो विद्यार्थी वर्ग के लिए तो महत्त्पूर्ण होती ही है आम आदमी भी अपनी व्यावहारिक ज़िन्दगी में ऐसे कार्यक्रमों से लाभ उठा रहे हैं। आधुनिकीकरण के इस दौर में जहाँ सभी क्षेत्रों में नयी-नयी खोजें की जा रही हैं वहीं रेडियो भी इसमें पीछे नहीं है। आजकल बाज़ार में छोटे-छोटे ट्रांजिस्टर बहुत कम क़ीमत में मिल रहे हैं, जिन्हें खरीदकर मनुष्य कहीं भी विद्युत् तार के बिना रेडियो कार्यक्रमों का आनन्द ले सकता है।

पहुँच- 'जहाँ न पहुँचे रवि, वहाँ पहुँचे कवि', यह कहावत रेडियो पर सौ फीसदी लागू होती है। आज देश में 223 रेडियो प्रसारण केन्द्र, 143 मीडियम वेब ट्रांसमीटर, 54 शॉर्टवेब ट्रान्समीटर, 161 एफ.एम. ट्रांसमीटर और 13.2 करोड़ रेडियो सेट हैं। देश के 92 प्रतिशत क्षेत्रफल और 99 प्रतिशत लोगों तक इसकी पहुँच है। आजकल तो मोबाइल, पेन, टार्च आदि ज़रूरत की छोटी-छोटी वस्तुओं में भी एफ.एम. सुना जा सकता है। दिल्ली मैट्रो में आसपास की दुनिया से बेख़बर युवाओं को कान में इयरफ़ोन के ज़रिये एफ.एम. का आन्रन्द लेते हुए आप देख सकते हैं। फैक्टरियों में काम करनेवाले कारीगर काम करते हुए एफ.एम. सुनकर काम की थकान और बोरियत दूर करते हैं। दृष्टिहीन और अनपढ़ आदमी को ज्ञान-विज्ञान और बाहर की दुनिया से जोड़ने का यह माध्यम सबसे सस्ता और कहीं भी सुन सकने के कारण एक वरदान से कम नहीं है। श्री गुरुनानक देव खालसा कॉलेज, देवनगर के एक दृष्टिहीन विद्यार्थी योगेन्द्र का कहना है कि वे हमेशा अपनी जेब में एफ.एम. रखते हैं, इग्नू के शैक्षिक कार्यक्रम सुनकर ज्ञानवर्द्धन करते हैं और रेडियो उनका सच्चा साथी है। आज कार, बस, मैट्रो में यात्रा करते हुए खेतों, फैक्ट्रियों में कहीं भी काम करनेवाले लोग काम करते हुए रेडियो का आनन्द ले रहे हैं। आदतन सुनने की लत रखनेवालों के लिए रेडियो एक वरदान से कम नहीं है। अपने व्यस्ततम जीवन में उलझा हुआ आदमी एक जगह क़ैद होकर टेलीविज़न से अधिक समय तक नहीं जुड़ सकता। ऐसी स्थिति में कहीं भी (कार, बस, मैट्रो) रेडियो का ही सहारा

चाहिए। आजकल तो मोबाइल, पैन, टार्च, घड़ी में चाइनीज़ रेडियो आ रहे हैं जिन्हें बड़ी आसानी से कहीं भी ले जाया जा सकता है। अन्य साधनों से सस्ता होने के कारण भी रेडियो आम और ख़ास सबका साथी है। टेलीविज़न के बढ़ते प्रभाव के बावजूद रेडियो सर्वसाधारण की चीज़ है।

सामुदायिक रेडियो- वर्ष 2006 में सामुदायिक विकास के लिए भारत सरकार ने सामुदायिक रेडियो की शुरुआत की। इस रेडियो की फ्रीक्वेन्सी 10 से 12 किलोमीटर तक है। अर्थात् इस रेडियो को 10 से 12 किलोमीटर तक के एरिया में ही सुना जा सकता है। भारत में अब 54 प्रसारण केन्द्र खुल चुके हैं। भारत सरकार की प्रसारण नीति के अनुसार केवल स्वयंसेवी संगठनों को ही सामुदायिक रेडियो का संचालन और प्रसारण करने की मंजूरी दी गयी है। सामुदायिक रेडियो की सबसे बड़ी ख़ासियत यह है कि यह अपने 10-12 किलोमीटर के लक्षित समूह की ज़रूरतों, समस्याओं और रुचियों के अनुसार कार्यक्रम पेश करता है और अपने श्रोताओं से सीधे सम्पर्क बनाये रखता है। सामुदायिक रेडियो अपने मक़सद में कितना क़ामयाब रहा उसकी बानगी हिन्दुस्तान के 2 मई के सुहेल हामिद के इस लेख से मिलती है-

''गाँव की शादी से समुद्र में तूफ़ान तक की ख़बर- 'गोपालपुर गाँव में लक्ष्मी की बेटी की शादी ठीक-ठाक हो गयी है, आज मछली का भाव बाज़ार में कुछ कम हुआ है और कल मौसम के बिगड़ने का अनुमान है।' उड़ीसा के कोणार्क स्थित कम्युनिटी रेडियो 'रेडियो नमस्कार' स्थानीय लोगों को उनकी ज़रूरत की जानकारी मुहैया कर रहा है। जब मछुआरे समुद्र में मछली पकड़ने जाते हैं। उनके पास रेडियो नमस्कार के अलावा संचार का कोई माध्यम नहीं होता। लोग मछली पकड़ने गये अपने परिवार के सदस्यों तक इस रेडियो के जरिये ही अच्छी-बुरी ख़बर पहुंचाते हैं। दूर-दराज़ के लागों को जागरूक करने के साथ उन तक तमाम जानकारी पहुँचाने में कम्युनिटी रेडियो अहम् भूमिका निभा रहा है। देश में इस वक्त 103 कम्युनिटी रेडियो हैं और सरकार इनकी संख्या बढ़ाना चाहती है। कम्युनिटी रेडियो का मक़सद ग्रामीणों को शिक्षा, स्वास्थ्य, खेती और अधिकारों के बारे में जागरूक करना है। रेडियो नमस्कार के कर्त्ताधर्त्ता एन. ए. शाह कहते हैं कि उनके अभियान से कई गाँव के स्कूलों में बच्चों का ड्रॉप आउट रेट कम हुआ है। मिड-डे मील की गुणवत्ता में भी सुधार हुआ है। अहमदनगर के डॉ. भास्कर ने रेडियो 'केवीके' के जरिये लोगों को पानी के प्रति जागरूक किया है। उत्तराखण्ड के कम्युनिटी रेडियो 'कुमाऊ वाणी' की ऋषु मानती हैं कि प्रक्रिया आसान नहीं है। लोग निजी ज़िन्दगी में जो कर रहे हैं, उसे समझने के लिए थोड़ी गहराई की ज़रूरत है।'' मल्लाहों की बस्ती में कम्युनिटी रेडियो का प्रसारण मल्लाहों की आवश्यकतानुसार सुबह चार बजे शुरू हो जाता है क्योंकि जब वे समुद्र में जाल फेंकने के लिए सुबह चार बजे निकलते हैं तो सुबह का प्रसारण उन्हें उसी वक्त मौसम की ताज़ा जानकारी देता है, बताता है कि आज समुद्र की क्या स्थिति है। उन्हें मौसम के अनुसार हिदायतें और सलाह दी जातो हैं। शाम के प्रसारण में मछली बेचनेवाली महिलाओं को सम्बोधित किया जाता है। उन्हीं की भाषा में मछली की मार्केटिंग करने के गुर सिखाये जाते हैं। वहाँ के तीज त्योहारों पर विशेष प्रसारण होते हैं।

DUFM- DUFM का शुभारम्भ 2 अक्टूबर, 2007 को दिल्ली विश्वविद्यालय के अन्तर्गत स्कूल ऑफ ओपन लर्निंग के तत्त्वावधान में किया गया। इस रेडियो के डायरेक्टर दिल्ली विश्वविद्यालय के विभिन्न महाविद्यालयों के साथ सम्पर्क बनाये रखते हैं। कॉलेज के विद्यार्थियों

को कार्यक्रम की ज़रूरतों के अनुसार दिशा-निर्देश देकर उन्हें कार्यक्रमों में भाग लेने के लिए उत्साहित भी करते हैं। कॉलेज में प्रवेश के दिनों में प्रवेश से सम्बन्धित कैरियर काउन्सिलिंग और परीक्षा के दिनों में परीक्षा से सम्बन्धित जानकारियाँ (जैसे-तनावमुक्त कैसे रहें, याद कैसे करें, परीक्षा देते समय क्या-क्या गुर अपनायें आदि) विशेषज्ञों के माध्यम से देती रहती हैं। महाविद्यालयों में होनेवाले कार्यक्रमों में प्रधानाचार्य/रोलमॉडल्स के इण्टरव्यू आधारित कार्यक्रम विशेष रूप से लोकप्रिय हैं। DUFM की सबसे बड़ी ख़ासियत यह है कि कॉलेज के प्रतिभाशाली विद्यार्थियों को यहाँ प्रतिभा-प्रदर्शन का मौक़ा दिया जाता है। सभी कॉलेजों के प्रतिभाशाली विद्यार्थी से DUFM जुड़े हुए हैं।

टेलीविज़न- टेलीविज़न जनसंचार का सर्वाधिक प्रभावशाली माध्यम है। टेलीविज़न इन दो शब्दों के योग से टेलीविज़न बनता है। ग्रीक शब्द टेली का अर्थ है दूर और लैटिन शब्द विज़न का अर्थ है देखना। टेलीविज़न की कुछ परिभाषाएँ निम्न हैं-

"Television brings entertainment, information and education to millions at a very nominal cost. It has changed buying habits, personal habits and tastes. It has educated younger faster than any teacher could have taught them in so short span of time."

—Lorence Witty

"Journalism is the television picture becamed by satelite direct from some war zone, showing men dying in agony in accurate colour. It is the television picture of a man stepping on to the surface of the moon, seen in millions of homes as it happens."

—Newton Minnow

प्रसिद्ध साहित्यकार कमलेश्वर का मत है कि, ''दूरदर्शन सिनेमा नहीं है, दूरदर्शन अख़बार भी नहीं है, यह रंगमंच लोककलाओं का प्रदर्शन मंच भी नहीं है, यह एक कल्चरल फैक्टरी है। रेडियो से केवल आवाज़ ही सुनी जा सकती है परन्तु दूरदर्शन से आवाज़ के साथ घटनाओं के चित्रों का हू-ब-हू आनन्द लिया जा सकता है। जहाँ तक टेलीविज़न का सवाल है, आज टेलीविज़न हमारे जीवन का अहम् हिस्सा बन गया है।' टेलीविज़न संचार का ऐसा माध्यम है जो मनोरंजन, सूचना और समाचार देने का पर्याय बन गया है। टेलीविज़न के प्रचार और लोकप्रिय होने के पहले जीवन में जो भूमिका समाचार-पत्रों एवं आकाशवाणी की थी, वही भूमिका टेलीविज़न की हो गयी है। टेलीविज़न से मनुष्य का ऐसा जुड़ाव हो गया है कि कौन-सा टूथपेस्ट करना है, यह टीवी तय करता है, कौन-सा साबुन चाहिए, कौन-सा तेल चाहिए, कौन हीरो क्या पहनता है- यह सब टीवी से ही आम घरों में आ रहा है। सुदूर गाँवों में भी टीवी कल्चर ने अपने पाँव पसार लिए हैं। ख़ासकर मध्यम वर्ग में टीवी का नशा सिर चढ़कर बोल रहा है।

टेलीविज़न का इतिहास- टेलीविज़न जनसंचार का एक सशक्त माध्यम है। भारत में टेलीविज़न की शुरुआत 15 सितंबर, 1959 में हुई। दिल्ली में आयोजित एक प्रदर्शनी में अमेरिका की मदद से फिलिप्स कम्पनी ने टेलीविज़न का प्रदर्शन किया तभी एक लघु दूरदर्शन

केन्द्र की स्थापना की गयी और स्कूली बच्चों के लिए सप्ताह में दो दिन एक-एक घण्टे का प्रसारण किया गया। बाद में टीवी सेट निर्माताओं, कार्यक्रम निर्माताओं और जनता के भारी दबाव के चलते 15 अगस्त, 1965 को नियमित प्रसारण आरम्भ किया गया। हिन्दी का प्रथम समाचार बुलेटिन भी इसी दिन प्रसारित हुआ। 26 जनवरी, को 'कृषि दर्शन' कार्यक्रम शुरू किया गया जिसे दिल्ली, हरियाणा, उत्तर प्रदेश के टेली-क्लबों ने शुरू किया। 1969 में यूनेस्को विशेषज्ञों ने भारत में टेलीविज़न की सम्भावनाओं का अध्ययन करके अपनी रिपोर्ट में यह कहा कि टीवी के विकास को भारत के विकास के साथ जोड़ दिया जाना चाहिए। शायद इसी रिपोर्ट को ध्यान में रखकर 1973 में भारत में 'साइट' (उपग्रह आधारित शैक्षिक टेलीविज़न प्रसारण) प्रायोगिक तौर पर शुरू हुआ। यह कार्यक्रम अमेरिका की संस्था 'नासा' के सहयोग से चला। इस कार्यक्रम के लिए 2,400 सामुदायिक टीवी सेट सरकार ने उपलब्ध कराये। इससे राजस्थान, बिहार, मध्य प्रदेश, उड़ीसा, आन्ध्र प्रदेश और कर्नाटक के पिछड़े इलाकों को फायदा पहुँचाने का उद्‍देश्य सामने रखा गया। 'साइट' प्रयोग मूलतः हरित क्रान्ति से जुड़ा था, यह किसानों को सम्बोधित करता था। सन् 1976 में नासा के साथ अनुबन्ध समाप्त हो गया और 'साइट' प्रयोग समेट लिया गया। वास्तव में 1959 से 1976 तक टेलीविज़न के विकास की गति बहुत धीमी थी। ज़्यादातर तकनीक विदेशी थी। प्रसारण केन्द्रों में भी विदेशी मशीनें थीं। टीवी सेट तक विदेशी थे। नासा से अनुबन्ध समाप्त होने के बाद भारत सरकार ने 'साइट' की उपयोगिता को समझकर उसे फिर से जारी करने की योजना बनायी। 1976 में राजस्थान, मध्य प्रदेश, कर्नाटक, उड़ीसा, आन्ध्र प्रदेश, बिहार आदि राज्यों में दूरदर्शन केन्द्र आरम्भ हो गये थे। 1976 में ही दूरदर्शन आकाशवाणी से अलग हो गया तो इसके लिए मण्डी हाउस में एक अलग निदेशालय खुला और दूरदर्शन ने अतिरिक्त धन जुटाने के लिए विज्ञापन सेवा की शुरुआत की। इसी मक़सद को पूरा करने के लिए प्रायोजित कार्यक्रम भी शुरू किये गये। यह दूरदर्शन के ऐसे रूप की शुरुआत थी, जिसने उसके आगे जाने की दिशा तय की। मीडिया विशेषज्ञ सुधीश पचौरी के शब्दों में 'दूरदर्शन विकास से बाज़ार की ओर बढ़ने लगा। सन् 1980 के बाद दूरदर्शन का तेज़ी से विकास और विस्तार शुरू हुआ। 1981-82 में मद्रास, मुम्बई, दिल्ली, जालन्धर और बंगलौर के बीच माइक्रोवेब लिंक की स्थापना हुई। इसी बीच 1 अप्रैल, 1982 को बहुउद्‍देशीय संचार उपग्रह इनसेट-1 छोड़ा गया। इसके बाद दूरदर्शन का तेज़ी से विकास हुआ। 15 अगस्त, 1982 को पहली बार प्रधानमन्त्री इन्दिरा गाँधी का भाषण देश के 21 टेलीविज़न केन्द्रों से एक साथ प्रसारित हुआ। इसी दिन टेलीविज़न रंगीन हुआ। रंगीन और बड़ी स्क्रीन आ जाने के बाद से दूरदर्शन की लोकप्रियता सिद्ध हुई। इस दौरान टेलीविज़न बनानेवाली कई कम्पनियाँ खुली और टेलीविज़न सेटों की बिक्री बढ़ी। टेलीविज़न की लोकप्रियता बनाये रखने के लिए इसी वर्ष लाइसेन्स की अनिवार्यता भी समाप्त कर दी गयी और मनोरंजक कार्यक्रमों की संख्या भी बढ़ायी गयी। 7 जुलाई, 1984 को दूरदर्शन पर पहला धारावाहिक **'हम लोग'** आरम्भ हुआ । इसके लेखक थे- मनोहर श्याम जोशी। इस धारावाहिक को देखने के लिए न जाने कितने लोगों ने टेलीविज़न खरीदा। पहली बार दूरदर्शन पर ऐसा मनोरंजक कार्यक्रम शुरू हुआ जिसने घर-घर की कहानी को छुटकी, बड़की, लल्लू लाल के माध्यम से रोचक अन्दाज़ में पेश किया। इसी वर्ष भारत द्वारा क्रिकेट विश्व कप जीतने का प्रसारण भी दूरदर्शन ने किया था जिसे देखने के लिए लोगों ने धड़ाधड़ टीवी सेट खरीदने शुरू

किये थे। आँकड़े बताते हैं कि 1989 तक आते-आते भारत में आवश्यकता से अधिक सफ़ेद एवं रंगीन टेलीविज़न बनने लगे। इसी दौरान भारत के सूचना और प्रसारण मन्त्रालय ने टीवी के इस तेज़ी से होते विस्तार को देखते हुए एक कमेटी का गठन किया जिसका काम था- दूरदर्शन के लिए कार्यक्रमों की योजना बनाना। 'भारतीय टीवी के लिए भारतीय व्यक्तित्त्व' शीर्षक से दूरदर्शन ने एक रिर्पोट प्रकाशित की। इसी साल प्रो. पी.सी. जोशी के नेतृत्व में एक कमेटी बिठायी गयी जिसका उद्देश्य समाज और दूरदर्शन के सम्बन्धों की पड़ताल करना था। इस कमेटी ने 'बदलते हुए भारत को कैसे सम्प्रेषित किया जाये? विकास की नयी व्याख्याएँ क्या हो सकती हैं? ग़रीबों की बाधा को कैसे पार किया जाये? परिवार-नियोजन कैसे हो? मानव संसाधन किस प्रकार विकसित किये जायें? महिलाओं की मुक्ति के प्रश्न कैसे हल हों? मनोरंजन का स्वरूप क्या हो? आदि प्रश्नों पर विचार किया। इस कमेटी ने भारत की ज़रूरतों को केन्द्र में रखा। धीरे-धीरे दूरदर्शन पर फिल्में भी नियमित रूप से दिखायी जाने लगीं। कुछ अन्य धारावाहिक भी शुरू हुए- 'रजनी', 'भारत एक खोज', 'विक्रम और बेताल', 'मुँगेरीलाल के हसीन सपने' के साथ-साथ 'रामायण' और 'महाभारत'-जैसे धारावाहिकों का प्रसारण भी शुरू हुआ। रविवार की सुबह पहले 'रामायण' और बाद में 'महाभारत' के प्रसारण से सड़कों पर कर्फ्यू-जैसा दृश्य नज़र आता था। क्रिकेट मैचों का सीधा प्रसारण भी इसी दौरान शुरू किया गया। सन् 1988 में दूरदर्शन को अपने कार्यक्रम 'कल्चरल हेरिटेज ऑफ इण्डिया' पर साइप्रस में हुए गोल्डन अग्रीनों फेस्टिबल में रजत पुरस्कार मिला तथा 'जय देश भारत-भारती' को सोवियत संघ का अन्तर्राष्ट्रीय पुरस्कार प्राप्त हुआ। 6 फरवरी, 1989 को सेण्ट्रल प्रोडक्शन सेण्टर (सी.पी.सी.) का नयी दिल्ली में उद्घाटन हुआ। अनेक उपकरण जापान से खरीदे गये और दो बड़े स्टूडियो बनाये गये। 'पचपन खम्भे लाल दीवारें' आदि स्तरीय धारावाहिकों का यहाँ निर्माण हुआ। 1991 के खाड़ी युद्ध का सी.एन.एन. ने सीधा प्रसारण किया। उपग्रह के माध्यम से पूरे विश्व में युद्ध का सीधा प्रसारण लोगों ने अपने घरों में बैठकर देखा। 1993 में दूरदर्शन पर मैट्रो चैनल का आरम्भ हुआ जिसके कार्यक्रम राष्ट्रीय फिल्म विकास निगम के सहयोग से प्रसारित किये जाते थे। फिल्म आधारित मनोरंजन का नया दौर शुरू हुआ। सन् 1993 से ही प्रादेशिक भाषाओं में भी व्यापक प्रसारणों का सिलसिला आरम्भ हुआ। दूरदर्शन के न्यूज़ चैनल का भी आरम्भ किया गया। 1996-97 में भारतीय कला और संस्कृति को बढ़ावा देने के लिए विदेशों में भी इसके कार्यक्रमों का प्रसारण आरम्भ हुआ। इसके कवरेज़ इतने अच्छे थे कि 1996 में दूरदर्शन को 'एशिया विज़न' पुरस्कार प्राप्त हुआ। दूरदर्शन लगातार भारतीय जीवन का अंग बनता जा रहा था। आकाशवाणी और दूरदर्शन का फिर से समन्वय करते हुए 15 सितम्बर, 1997 को प्रसार भारती अधिनियम को कार्यान्वयन के लिए आरम्भ किया गया। जिसने इलेक्ट्रॉनिक संचार माध्यमों को स्वायत्त बनाया।

प्रभाव- मौजूदा दौर में जहाँ टीवी ने आम आदमी को ज्ञान-विज्ञान के क्षेत्र में नयी-नयी जानकारियाँ दी हैं वहीं उसने जीवन-मूल्यों को रौंदने में भी कोई कसर नहीं छोड़ी है। हिंसा और क्रूरता को आधुनिक मुहावरों के साथ मज़बूत करने में टेलीविज़न की बहुत बड़ी भूमिका है। चार वर्ष के दो बच्चे मिलकर तीन वर्ष की एक लड़की की पत्थर मार-मारकर हत्या करके उसकी लाश नाले में डाल देते हैं। कानपुर की इस घटना के बारे में बहुमत था कि ऐसा करने के लिए उन्हें टेलीविज़न के किसी हिंसाप्रधान कार्यक्रम ने उकसाया होगा। घर के नौकर द्वारा मालिक

की हत्या की अनेक वारदातें भी टेलीविज़न के क्राइम शो दे रहे हैं। एक नौकर ने मालिक की हत्या करने के बाद स्वयं कबूल किया कि एक सच्ची घटना पर आधारित एक टीवी कार्यक्रम ने उसे मालकिन की हत्या करने की प्रेरणा दी। जब टीवी पर क्रिकेट मैच का लाइव प्रसारण होता है तब शहरों-क़स्बों में कर्फ्यू-जैसा माहौल छा जाता है। इतना ही नहीं त्योहारों के दिन भी लोग घरों में क़ैद रहते हैं। पहले त्योहारों के दिन लोगों के पास रिश्ते-नातों को निभाने और मित्रों के साथ फुर्सत के पल बिताने का अच्छा मौक़ा होता था, पर अब छुट्टियों के दिनों में टीवी के लगभग सभी चैनलों पर नज़र रहती है। मतलब यह कि आप टीवी से भागना चाहकर भी नहीं भाग पाते। वह आपके सोने, घूमने-फिरने, खाने के वक्त से भी अपने लिये समय छीन लेगा क्योंकि उसे अपने कार्यक्रम दिखाकर पैसे कमाने हैं। सामाजिकता और मित्रता के बीच दीवार खड़ी करनेवाला यह माध्यम लोगों की दिनचर्या और व्यवहार को भी बदल रहा है। अब लोग आत्मकेन्द्रित और स्वार्थी होते जा रहे हैं। टीवी पर परोसे जानेवाले अपराध, षड्यन्त्र, चुटकुले, कॉमेडी शो, रियलिटी शो (गीत-संगीत, नृत्य) फैशन शो, पश्चिम संगीत, रहस्य, रोमान्स, फूहड़ फिल्मी शो सब-कुछ है। टेलीविज़न आज भारत में जिस संस्कृति का पोषण कर रहा है, वह नवधनाढ्य की जीवन-शैली है, जिसमें भारतीयता का पुट खोजने पर भी नहीं मिलता। एक समय था जब टेलीविज़न 'हम लोग' धारावाहिक निम्न मध्यमवर्गीय लोगों की जीवन-शैली एवं समस्याओं से हमें परिचित कराता था। कहानी का पात्र बसेसर राम जब अपनी कमायी शराब में खर्च कर देता था तो उसके बच्चों की फीस भरने के लिए परिवार की कशमकश या नौकरी न मिलने के कारण लल्लू और नन्हें की परेशानी हर भारतीय को अपने घर की कहानी लगती थी। परन्तु आज स्थिति बदल चुकी है मासूम बड़की एवं मझली का स्थान धारावाहिक 'कसौटी ज़िन्दगी की' की प्रेरणा ने ले लिया है। जिसके कई विवाह एवं अवैध सम्बन्ध दिखाये जाने के बावजूद महिलाओं में वह बहुत लोकप्रिय है। टेलीविज़न के आज के धारावाहिकों में परिवार करोड़पति, अरबपति से कम नहीं होते हैं। इसमें आम आदमी की झलक देखने को नहीं मिलती हैं।

फिल्म (चलचित्र)- भारतीय सांस्कृतिक सन्दर्भों में फिल्म सर्वाधिक लोकप्रिय और शक्तिशाली माध्यम है। हॉलीवुड के बाद भारत फिल्मों का सबसे बड़ा दूसरा उत्पादक देश है। भारत की लगभग सभी क्षेत्रीय भाषाओं में मूक एवं बोलती फिल्मों का निर्देशन किया गया। देशभक्ति, राष्ट्रीय एकता, साम्प्रदायिक सद्भाव, जाति-प्रथा निषेध, छुआछूत निषेध, भ्रष्टाचार, परिवार-नियोजन और महिला उत्पीड़न आदि मुद्दे फिल्मों के कथानकों के मुख्य मुद्दे रहे हैं। डॉ. अर्जुन तिवारी ने फिल्मों को आठ भागों में विभक्त किया है- 1. फीचर फिल्म 2. चिल्ड्रेन फिल्म 3. न्यूज़ फिल्म 4. डाक्यूमेण्ट्री (वृत्तचित्र) फिल्म 5. टेलीविज़न फिल्म या टेलीफिल्म 6. पब्लिक रिलेशन फिल्म 7. विज्ञापन फिल्म और 8. निर्देशन फिल्म। फिल्मों की कुछ प्रमुख विधाएँ इस प्रकार हैं-

फीचर फिल्म- तीन घण्टे की लम्बाई की ये फिल्में प्रायः सिनेमाघरों में प्रदर्शित होती हैं।

बाल फिल्में- इन्हें लघु फीचर फिल्में भी कहते हैं, जो बाल-मनोविज्ञान पर आधारित होती हैं।

समाचार वृत्त- इसमें समाचारों का निर्माण होता है।

वृत्तचित्र- वृत्तचित्रों का उद्देश्य लोगों को सूचना देना और प्रशिक्षित करना है। ये साहित्य, कला, विज्ञान, संस्कृति अथवा संस्थाओं से सम्बन्धित होते हैं।

टेलीफिल्म- इनका निर्माण केवल दूरदर्शन के लिए ही होता है। इसमें सन्देश को अहमियत दी जाती है।

फिल्म में विज्ञान की शक्ति और कला का सौन्दर्य-दोनों हैं जो दिलो-दिमाग़ को खुराक देकर आन्दोलित करते हैं। आज के दौर में फिल्म अभिव्यक्ति का सर्वाधिक सशक्त माध्यम है जो किसी घटना या विचार को संगीत, नृत्य और दृश्यों के माध्यम से प्रभावशाली ढंग से प्रस्तुत करता है। पर्दे पर विभिन्न सामाजिक परिस्थितियों, विडम्बनाओं, यथार्थ और कल्पनाओं को कलाकार अपने अभिनय के बल पर सफलता से अंजाम देते हैं जिससे उसके निष्कर्ष और सन्देश सीधे हम तक पहुँचते हैं। फिल्म का प्रत्यक्ष या परोक्ष सन्देश और विभिन्न प्रकार के क्रिया-कलाप दर्शकों को झकझोरते भी रहते हैं, कुछ करने के लिए सकारात्मक व नकारात्मक, रचनात्मक व विध्वंसक दोनों तरह के प्रभाव आम आदमी पर पड़ते हैं। इसलिए फिल्मों का समाज के प्रति उत्तरदायित्व का सवाल कई बार आलोचकों द्वारा ज़ोर-शोर से उठाया जाता रहा है। फिल्मों के माध्यम से सामाजिक बदलाव का क्रम वस्तुतः उस तकनीक के द्वारा ही सम्भव हो पाता है जो हाइटेक-युग में इस विधा को मिली हुई है। दर्शक सब-कुछ पर्दे पर ही देख रहा होता है पर कुछ ही क्षणों बाद उसे ऐसा लगता है कि वह उस जीवन के साथ-साथ चल रहा है और स्वयं भोग भी रहा है। तीन घण्टे की फिल्म में वह एक नये जीवन को जीता है, नयी स्थिति को भोगता है। गीत-संगीत, दृश्य, नृत्य, संवाद, किरदारों के हाव-भाव ये सब दर्शकों को सीधे प्रभावित करते हैं। एक उपन्यास या क़हानी एक समय में एक ही पाठक को प्रभावित करती है पर एक कहानी या उपन्यास को फिल्म विधा के माध्यम से एक समय में लाखों लोग देखते हैं और प्रभावित होते हैं। फिल्म विधा की यह सम्प्रेषणीयता अतुलनीय है, इसीलिए सामाजिक बदलाव में इस विधा की भूमिका अप्रतिम है। अख़बारों से भी जो काम नहीं हो सकता, वह काम फिल्म कर देती है। इसीलिए डिस्लेकसिया से पीड़ित अनेक बच्चों की समस्याओं को सुलझाने की जो प्रेरणा हज़ारों लोगों ने फिल्म 'तारे ज़मीन पर' से ली, वह किसी पुस्तक को पढ़कर नहीं ले सकते थे। इसलिए देश के बुद्धिजीवियों को फिल्मों द्वारा समाज की अन्धी और थोथी मानसिकता को बदलने की कोशिश करनी चाहिए। इसी तरह आमिर ख़ान की फिल्म थ्री इडियट्स ने उन माता-पिता को एक प्रभावी सन्देश दिया जो अपने बच्चे के रुचियों का न समझकर अपनी इच्छाएँ बच्चों पर थोपते हैं। जनसंचार की परम्परा को आगे बढ़ानेवाली 'फिल्म' जन-मानस को सर्वाधिक प्रभावित करनेवाला माध्यम है। इस माध्यम से ध्वनि, दृश्य, गीत, संगीत, अभिनय, वेश-भूषा इत्यादि का शिक्षित-अशिक्षित, अमीर-ग़रीब, बूढ़े-जवान और बच्चों पर सीधा प्रभाव पड़ता है।

सिनेमा का उद्भव

रेडियो, टी.वी. एवं थियेटर के गुणों को अपने में समेटे सिनेमा एक ऐसी विधा है, जिसे केवल मनोरंजन के ही नहीं बल्कि जनसंचार के सशक्त माध्यमों में माना जाता है। सिनेमा ने हमारे देश में लोकप्रियता की इतनी ऊँचाइयाँ छुईं कि आज हमारा फिल्म उद्योग देश के सर्वाधिक राजस्व अर्जित करनेवाले उद्योगों में से एक है। विश्व में सिनेमा की अवधारणा गणितज्ञ

एथेनासियस किर्चर के प्रयोग से हुई थी। आज से लगभग तीन सौ पचास वर्ष पूर्व पूर्वी जर्मनी का एक युवा गणितज्ञ एथेनासियस किर्चर गणित के किसी प्रश्न को हल करने में व्यस्त था। विचारों में निमग्न वह कुर्सी पर बैठा था, मेज़ पर एक लैम्प जल रहा था। सोचते-विचारते उसकी दृष्टि सामने की दीवार पर पड़ी, पीछे से आ रही रोशनी की प्रतिच्छाया में दीवार पर उसे अपनी टोपी की छाया दिखायी दी। छाया को ध्यान से देखने पर उसे घोड़े पर सवार आदमी-सा जान पड़ा। उसके मस्तिष्क में कौतूहल जागा, उसने अपना सिर हिलाया तो, उसे घोड़े पर सवार आदमी सिर हिलाता दिखायी पड़ा। वह तेज़ी से सिर हिलाने लगा तो उसे घुड़सवार तेज़ी से सर हिलाता दिखायी देने लगा। यही से फिल्म बनने का इतिहास प्रारम्भ हुआ। युवा गणितज्ञ एथेनासियस किर्चर ने इस घटना से प्रेरणा लेते हुए सन् 1645 में एक प्रोजेक्टर का निर्माण किया और उसका नाम 'किर्चर मैजिक लैम्प' रखा, इसमें हाथ से बने चित्रों को एक साथ सीरीज में जोड़कर पीछे से प्रकाश रखकर पर्दे पर गतिमय चित्रों का आभास प्राप्त किया जाता था। इसे प्रचलित भाषा में जादुई लालटेन और वैज्ञानिक भाषा में 'काइटोस्कोप' कहा जाता था। ऐसे अनेक प्रदर्शनों के बाद इनमें क्रमशः सुधार आता गया और अमेरिका, इंग्लैण्ड, बेल्जियम, फ्रांस, ऑस्ट्रिया व जर्मनी में इस विषय पर शोध होने लगे। सन् 1880 में फ्रांस के डॉक्टर ई.जे. मरे ने एक कैमरे से चलती-फिरती फिल्म का निर्माण किया। 6 अक्टूबर, 1880 में ही एडीसन ने एक बॉक्सनुमा यन्त्र बनाया। इसमें उसने एक ओर वृहतीकरण (मैग्नीफाइ) लेन्स लगाया और दूसरी ओर चित्रों को रखा। सूर्य की रोशनी में इन चित्रों को गतिमय रूप में देखा गया तो इनमें चलने का आभास पाया गया। इस यन्त्र का नाम रखा गया-'वीटा स्कोप'। इसे 'एडीसन बॉक्स' भी कहा गया। 14 अप्रैल, 1883 को एडीसन ने न्यूयार्क में 6 मिनट की एक फिल्म 'डांसिंग बैलेरिना' का अपने ही बनाये वीटा स्कोप पर सफल प्रदर्शन कर दिखाया। धीरे-धीरे सिनेमा का अस्तित्व उभरकर सामने आ रहा था। जादुई चित्र अपना प्रभाव जन-मानस पर छोड़ते जा रहे थे। इंसान के ख्वाबों को कैमरे में बन्द करके सिल्क स्क्रीन पर दिखाने का सफल परीक्षण फ्रांस के ल्युमिएर बन्धुओं ने सन् 1885 में किया। आज से लगभग 127 वर्ष पूर्व जब ग्राण्ड केफे, मैरिस के इण्डिया रूम में ल्युमिएर बन्धुओं ने 'अराइवल ऑफ द ट्रेन इन द सिओटाट स्टेशन' का पहली बार प्रदर्शन किया तो वहाँ बैठे दर्शकों में अफरा-तफरी मच गयी। पर्दे पर अपनी ओर बढ़ती ट्रेन को देखकर दर्शक भयभीत हो उठे थे। उसके पाँच साल बाद पेरिस में हाथ से रंगी गयी रंगीन फिल्में दिखायी गयीं। फ़ोनोग्राफ रिकार्ड पर तस्वीरों के साथ आवाज़ को मिलाने की कोशिश भी यहीं से शुरू हुई। अगस्त 1914 में पहला विश्व युद्ध छिड़ने तक फ्रांस ही सिनेमा के क्षेत्र में बढ़त लिये हुए था। सन् 1898 में जॉर्ज मिलिएन ने पहला व्यावसायिक फिल्म स्टूडियो पेरिस के निकट माण्ट्रेयूल में खोला। 'बॉयेज टू द मून' व 'द कान्वेस्ट ऑफ द पोल' सरीखी फिल्मों में मिलिएन ने अपने विशाल ग्लास के भीतर स्पेशल इफ़ेक्ट्स व ट्रिक फोटोग्राफी के ज़रिये फन्तासी की दुनिया रची। थोड़े दिनों के बाद ही गाउमाण्ट स्टूडियो के रूप में एक और महान् ग्लास हाउस खुला जो एक विशाल कॉम्प्लेक्स की शक्ल में था। यहाँ सिनेमा की ज़रूरतों से जुड़े हर सामान का उत्पादन होता था। फरडिनाण्ड जेक्का द्वारा विनसेन्स में चलाया जा रहा पेद स्टूडियो और भी सुविधासम्पन्न था। इसके जनक चार्ल्स पेद ने फिल्म निर्माण, वितरण व प्रदर्शन में बड़ी मेहनत करके विश्व के हर उस भाग में अपनी कारोबारी शाखाएँ खोलीं जहाँ फिल्में देखी जाती थीं। सन् 1908 तक पेद का फिल्म साम्राज्य

अपना विस्तार ले चुका था। पेद ने ही अमेरिका का परिचय पहले धारावाहिक 'क्लिक हैंगर' से कराया। फ्रांसीसी सिनेमाकारों ने अमेरिकी फिल्मों पर बड़ा महत्त्वपूर्ण प्रभाव छोड़ा। मैक्स लिण्डर की हास्य फिल्मों ने अमरीकी निर्माताओं को नये सिरे से सोचने पर मज़बूर किया और काफ़ी हद तक चार्ली चैपलिन के आरम्भिक कैरियर की रूपरेखा की दिशा तय की। विदेशी सिनेमा की तरह भारत में भी देश की घटनाओं और लघु चित्र बनाने के लिए एच.एस. सावेदादा ने सन् 1901 में लन्दन से एक चलचित्र कैमरा मँगाकर, कुश्तियों और सर्कस का फिल्मांकन शुरू कर दिया। उन्होंने सुप्रसिद्ध गणितज्ञ परांजपे के स्वागत समारोह का भी बहुत शानदार फिल्मांकन किया, जो भारत की सर्वप्रथम समाचार फिल्म कही जा सकती है। इसी तरह कलकत्ता के हीरा लाल सेन ने भी मंच पर खेले जानेवाले नाटको का फिल्मांकन शुरू किया। सन् 1901 में कुछ फिल्मांकित किये गये नाटको का विज्ञापन भी कलकत्ता में हुआ था जिनमें 'अलीबाबा', 'बुद्ध', 'सीताराम' आदि प्रमुख थे। इस दौरान ऐतिहासिक महत्त्व और सामयिक घटनाओं पर भी लघु चित्र बने। इनमें 'ग्रेट बंगाल पार्टीशन मूवमेण्ट प्रोसेशन' (1905), 'हैदराबाद की भयानक बाढ़' (1906), 'भगोड़े लामा का दार्जिलिंग पलायन' व 'जुलूस' (1910), 'बम्बई के कॉटन मार्केट में लगी आग' आदि प्रमुख हैं। हरिश्चन्द्र सखाराम भखाड़ेकर को हीरा लाल सेन व दादा फाल्के से भी पूर्व का फिल्म निर्माता माननेवाले भी हैं। सन् 1900 में एक और भारतीय एफ.बी. थानावाला ने फिल्म निर्माण में क़दम रखा। बंगाल के हीरालाल सेन ने रॉयल बाइस्कोप खोला और कोलकाता के क्लासिक थियेटर में लोकप्रिय नाटकों को दिखाये जाने के बाद, हरेक के अन्त में वह उसी नाटक के दृश्यों की फिल्म दिखाने लगे। यह फिल्म प्रदर्शन में नयापन लाने की कोशिश थी। सन् 1903 में हीरा लाल अपनी खुद की फिल्मों का पूरा शो देने लगे। जिनके नाम 'भारतीय इतिहास की घटनाएँ', 'पौराणिक हिन्दू गाथाओं के दृश्य', 'घरेलू जीवन की झाँकियाँ', 'हमारे रंगमंच के कुछ पुष्प' आदि थे। सन् 1904 में माणिक डी. सेठना घूम-घूमकर फिल्म प्रदर्शित करने लगे थे। माणिक डी. सेठना की एक फिल्म 'द लाइफ ऑफ क्राइस्ट' के प्रदर्शन का एक शो 'ढुण्ढिराज गोविन्द फाल्के' ने भी देखा और काफ़ी प्रभावित हुए। फाल्के को जिन्हें लोग 'दादा साहब फाल्के' पुकारते हैं, को भी फिल्म बनाने का विचार आया। दादा फाल्के ने 3 मई 1913 को मुम्बई के कोरोनेशन हॉल में भारत की पहली फीचर फिल्म 'राजा हरिश्चन्द्र' का प्रदर्शन किया। यह फिल्म 3700 फीट लम्बी, 60 मिनट अवधि की मूक फिल्म थी। फिल्म-निर्माता इस बात का भी ध्यान रखते थे कि फिल्मों के लिए ऐसी कहानी का चुनाव किया जाये जो मूक होने के बावजूद प्रचलित कहानी होने के कारण मात्र चित्रों के द्वारा ही दर्शक पूरा कथानक समझ लें। राजा हरिश्चन्द्र भी ऐसी ही पौराणिक कहानी थी जिसे आम भारतीयजन समझ सकता था, यह कहानी भारतीय जन-मानस में पूरी तरह रची-बसी थी। यह फिल्म ख़ूब चली। दादा फाल्के ने राजा हरिश्चन्द्र के बाद 1912 से 1917 के बीच पौराणिक कथानकों को आधार बनाकर कई फिल्में बनायी जिनमें 'पुण्डलीक', 'कृष्ण-जन्म', 'कालियामर्दन', 'सत्यवान-सावित्री', 'लंका दहन', 'भस्मासुर मोहिनी' आदि प्रमुख थीं।

श्री श्यामलाल 'मधुप' के अनुसार- 1905 में बंगाल के विभाजन के विरोध में सुरेन्द्रनाथ बनर्जी द्वारा निकाले गये जुलूस की फिल्म ज्योतिष चन्द्र सरकार ने चित्रांकित की थी। फिल्म-निर्माण हेतु निर्माताओं के कई नामों की चर्चा चलती रही किन्तु वे सभी सम्भवतः अपनी

बनायी फिल्मों का सार्वजनिक मानक प्रदर्शन नहीं कर पाये, परन्तु दादा साहब फाल्के अटूट साहस और अदम्य प्रयत्नों से फिल्म का प्रदर्शन करने में सफल रहे, इसी कारण दादा साहब फाल्के को भारतीय फिल्मों का जन्मदाता माना जाता है।

भारत में फिल्मों की विकास-यात्रा : शताब्दी का तीसरा दशक भारतीय फिल्मों के लिए बड़ा उपलब्धिमूलक रहा। इसी दशक में सिनेमा ने उद्योग का दर्जा हासिल किया। फिल्म निर्माण की संख्या की दृष्टि से भी यह समय महत्त्वपूर्ण रहा। 1920 में फिल्मों की संख्या आठ फिल्में प्रतिवर्ष की औसत दर से बढ़कर अट्ठारह, 1921 में चालीस, 1925 में अस्सी एवं दशक के अन्त तक ये संख्या निरन्तर बढ़ते हुए 175 तक पहुँच गयी। भारतीय फिल्म उद्योग अब कानून के दायरे में भी आ गया था। सन् 1918 में 'सिनेमाटोग्राफ कानून' पास किया जा चुका था। इस कानून के अन्तर्गत सिनेमाघरों को लाइसेन्स और भारतीय तथा विदेशी फिल्मों के 'सेन्सर' का प्रावधान किया गया। यह प्रावधान 1920 में ही कार्यान्वित हुआ।

भारतीय फिल्मों के निर्माता श्री बाबूराव पेण्टर ने कोल्हापुर में 'महाराष्ट्र फिल्म कम्पनी' की स्थापना की। बाबूराव पेण्टर ने भारतीय पौराणिक कथाओं के साथ ही महाराष्ट्र प्रान्त की ऐतिहासिक पृष्ठभूमि से चुनकर कतिपय कथाओं पर भी फिल्में बनायी जैसे 'माया बाज़ार', 'सैरन्ध्री', 'सिंहगढ़' आदि। सुचेता सिंह ने विदेश से फिल्म निर्माण का प्रशिक्षण प्राप्त कर 'शकुन्तला' नामक फिल्म बनायी। फिल्म निर्माण के क्षेत्र में काम कर रहे भारतीय फिल्म निर्माताओं में अब यह बात ज़्यादा ज़ोर देने लगी कि मूक फिल्मों से निजात पाकर बोलनेवाली फिल्में बनायी जाये, इस दिशा में प्रयत्न किये जाने लगे। कुछ निर्माताओं ने टेप रिकॉर्डर पर संवाद रिकॉर्ड कर, प्रदर्शित फिल्म के साथ टेप रिकॉर्डर चलाकर संवाद सुनने की कोशिश भी की। फिल्मों के मूक दौर में क़रीब 1300 फिल्मों का निर्माण हुआ।

14 मार्च, 1931 से भारतीय सिनेमा के इतिहास में एक नये युग का सूत्रपात हुआ क्योंकि इसी दिन इंपीरियल कम्पनी द्वारा प्रथम भारतीय बोली हुई फिल्म 'आलमआरा' का मुम्बई के मैजेस्टिक सिनेमा हॉल में प्रदर्शन हुआ। इस फिल्म को ख़ान बहादुर आर्देशिर एम. ईरानी ने तैयार व निर्देशित किया था। फिल्म के रूप में 'आलमआरा' प्रदर्शित होने से पूर्व यह रंगमंच का एक चर्चित नाटक था। 'आलमआरा' फिल्म की पटकथा, संवाद और गीत प्रसिद्ध नाटककार जोसेफ डेविड ने लिखे। इस फिल्म में मास्टर विट्ठल, जुबेदा, जिल्लोबाई, पृथ्वीराज कपूर, डब्ल्यू एम. ख़ान, जगदीश सेठी ने अभिनय किया था। इस फिल्म का संगीत फिरोजशाह एम. मिस्त्री एवं बी. ईरानी ने तैयार किया था। इस दौरान फिल्म में काम करनेवाले कलाकारों को ही माईक के सामने आकर गीत गाने पड़ते थे। उन दिनों पार्श्वगायन की तकनीक उतनी विकसित नहीं थी, न ही इतने सारे वाद्य-यन्त्र प्रयोग में आते थे, न आज जैसा प्रचार-प्रसार, न ही इतनी साधन-सुविधाएँ उपलब्ध थी। 'आलमआरा' फिल्म में भी संगीत में हारमोनियम, तबला एवं वायलिन आदि का प्रयोग किया गया था। इसी दौरान व्ही. शान्ताराम ने बम्बई में प्रभात फिल्म कम्पनी की स्थापना की उनके निर्देशन में 'आयोध्या का राजा' (1932) 'सन्त तुकाराम' (1936) 'अमर ज्योति' (1935) और 'दुनिया न माने' (1937)-जैसी उल्लेखनीय फिल्में बनीं। सन् 1937 में आर्देशिर ईरानी ने 'किसान कन्या' बनायी, जो भारत की सर्वप्रथम आंशिक रूप से रंगीन फिल्म थी। सही अर्थों में रंगीन फिल्में 50 के दशक में बन सकी। इसी दौरान बम्बई,

कलकत्ता और मद्रास में स्टूडियो प्रणाली की शुरुआत हुई। कलकत्ता में बी.एन. सरकार और धीरेन गांगुली की छत्रच्छाया में 'चण्डीदास' (1932), 'देवदास' व 'मुक्ति' (1935) का निर्माण हुआ। 'देवदास' फिल्म से भारतीय फिल्म जगत् को कुन्दन लाल सहगल-जैसा अभिनेता व गायक मिला। यह फिल्म दर्शकों व फिल्म समीक्षकों द्वारा बहुत सराही गयी। 1936 में बाम्बे टॉकीज की 'अछूत कन्या' ने सामाजिक मुद्दों को उजागार करनेवाली फिल्मों का सिलसिला शुरू तो किया ही साथ ही देविका रानी व अशोक कुमार की हिट जोड़ी भी पेश की। चालीस के दशक में 'क़िस्मत', 'खजांची', 'अनमोल घड़ी', 'बरसात', 'दुलारी' व 'महल'-जैसी लाजवाब कहानियोंवाली फिल्में बनीं। वी. शन्ताराम की 'डॉ. कोटनीस की अमर कहानी', उदय शंकर की 'कल्पना' एस.एस. वासन की 'चन्द्रलेखा', चेतन आनन्द की 'नीचा नगर' व के.ए. अब्बास की 'धरती के लाल' इस दशक की यादगार फिल्में थीं। सन् 1939 में द्वितीय विश्व युद्ध प्रारम्भ हो जाने के कारण रंगीन फिल्मो के निर्माण को कई वर्षों तक स्थगित रखना पड़ा। बोलनेवाली फिल्मों के पदार्पण के साथ ही फिल्मों में गीतों के चलन का आकर्षण बढ़ता गया। फिल्मी गीत गानेवाले अभिनेता ही हुआ करते थे, गायन में उन दिनों सुरेन्द्र, कुन्दन लाल सहगल, रामानन्द पण्डित, गौहर बाई, जद्दन बाई, राजकुमारी आदि कलाकार ऐसे बहुमुखी प्रतिभा के धनी थे जो सफल अभिनेता के साथ कुशल गायक भी थे। कई बार अच्छे गायक अच्छा अभिनय न कर पाने के कारण फिल्म में नहीं आ पाते थे, ठीक वैसे ही जैसे अच्छा अभिनय करनेवाले अभिनेता गायन का ज्ञान न होने से फिल्म में काम नहीं कर पाते थे। ऐसे ही समय फिल्म में 'पार्श्वगायन', प्ले-बैक सिंगिंग-जैसी आधुनिक तकनीक का आविष्कार हुआ।

चालीस और पचास के दशक में कथानक की दृष्टि से पारिवारिक तथा सामाजिक फिल्मों का अधिक निर्माण हुआ। मिनर्वा मूवीटोन के बैनर तले सोहराब मोदी ने कुछ ऐतिहासिक फिल्में भी बनायीं जिनमें 'पुकार', 'सिकन्दर' और 'मिर्ज़ा ग़ालिब' प्रमुख थीं। महबूब ख़ान ने 'मदर इण्डिया', 'रोटी'-जैसी चर्चित फिल्में और केदार शर्मा ने 'जोगन', 'चित्रलेखा' और 'सुहागरात'-जैसी फिल्में बनाकर भारतीय सिनेमा को ठोस आधार दिया। उस बीच फिल्मों के साथ-साथ फिल्म संगीत का संसार भी विस्तृत होता गया और इसकी लोकप्रियता बढ़ती गयी। शंकर जयकिशन, एस.डी. बर्मन, ओ.पी. नैयर, सलिल चौधरी, ख़य्याम, लक्ष्मीकान्त, प्यारेलाल-जैसे संगीतकारों ने अपनी धुनों से फिल्मी संगीत को सफलता की बुलन्दियों तक पहुँचाया तो प्रदीप, मज़रूह, कैफ़ी आज़मी, शैलेन्द्र, शाहिर लुधियानवी-जैसे कवियों ने फिल्मी गीतों में अपनी शब्दरचना का जादू बिखेरा। गायकी के क्षेत्र में फिल्म जगत् को सुरैया, लता मंगेशकर, शमशाद बेगम, आशा भोंसले, मो. रफ़ी, मुकेश, किशोर कुमार, हेमन्त कुमार-जैसे प्रतिभाएँ मिलीं। फिल्म निर्माण-निर्देशन के क्षेत्र में राजकपूर, वी. शान्ताराम, गुरुदत्त, विमल राय, सत्यजीत रे, महबूब ख़ान ने भारतीय सिनेमा को अन्तर्राष्ट्रीय पहचान दिलायी। अभिनय के क्षेत्र में राजकुमार, गुरुदत्त, बलराज साहनी, दिलीप कुमार, देवानन्द, मधुबाला, नूतन, वहीदा रहमान ने दर्शकों के बीच अपनी जगह बनायी। साठ के दशक में लोकप्रिय संगीत के सहारे फिल्में भी लोकप्रिय हुईं। इस दौर की यादगार फिल्में थीं- 'मुगले आज़म', 'गंगा जमुना', 'संगम', 'गाइड' वग़ैरह। इसी दशक में फिल्म वित्त निगम बना, जिसे बाद में राष्ट्रीय फिल्म विकास निगम का नाम दिया गया। निगम ने भी भारतीय सिनेमा की प्रगति में महत्त्वपूर्ण योगदान दिया। सातवें दशक में राजेन्द्र कुमार के

सितारे भी ख़ूब बुलन्द रहे। 'तूफ़ान और दीया', 'वचन', 'चिराग कहाँ रोशन कहाँ', 'गूँज उठी शहनाई' और 'मदर इण्डिया' से चर्चा में आये राजेन्द्र कुमार की फिल्म 'ससुराल' (1961) ऐसी हिट हुई कि वे जुबली कुमार के नाम से मशहूर हो गये। टी. प्रकाशराव निर्देशित इस फिल्म ने सिल्वर जुबिली की और राजेन्द्र कुमार की अधिकांश फिल्में हिट रहीं। कुछ फिल्मों ने सिल्वर जुबिली मनायी तो कुछ ने गोल्डन जुबिली। राजेन्द्र कुमार की यादगार फिल्में रहीं- 'दिल एक मन्दिर', 'मेरे महबूब', 'आयी मिलन की बेला', 'संगम', 'आरजू', 'पालकी', 'झुक गया आसमान', 'गँवार', 'आप आये बहार आयी' आदि। सत्तर का दशक सुपर स्टारों का दशक था। इस दशक में पुरानी पीढ़ी के नायक राजकपूर और देवानन्द का बोलबाला था। कुछ नये नायक शम्मी कपूर, धर्मेन्द्र, सुनील दत्त भी थे। लेकिन नयी पीढ़ी के दर्शकों को ऐसे चेहरे की तलाश थी कि जो हमउम्र दिखे और अपना-सा लगे उस समय दिलीप कुमार, राजकपूर और देवानन्द के साथ उभरे नये नायकों के बीच से निकलकर अपनी पहचान बनाना आसान नहीं था। लेकिन ऐसे ही वक्त में राजेश खन्ना ने अपनी रूमानी अदाओं का ऐसा जादू फैलाया कि लोग उनके दीवाने हो गये। शक्ति सामन्त की फिल्म 'आराधना' (1969) से यह नौजवान चमका और भारतीय सिनेमा का पहला सुपर स्टार बन बैठा। यह कमाल ही था कि दिलीप कुमार, राजकपूर और देवानन्द-जैसे स्टार वह दर्ज़ा न पा सके जो इस नौजवान अभिनेता को अपनी रूमानी अदाओं से मिल गया। 'आराधना' की सफलता के बाद राजेश खन्ना फिल्मों को हिट करानेवाले नायक माने जाने लगे। उनकी प्रमुख फिल्मों में 1970 में प्रदर्शित हुई सच्चा-झूठा और उसके बाद आनन्द, सफ़र, कटी पतंग, अन्दाज़, अमर प्रेम, बावर्ची, नमक हराम, रोटी, प्रेम कहानी और मेहबूबा थी जिसमें उन्होंने अपने प्रभावशाली अभिनय से दर्शकों को मुग्ध कर दिया। 'सच्चा-झूठा', 'आनन्द' और आविष्कार में अपने प्रभावशाली अभिनय के कारण उन्हें फिल्म फेयर अवार्ड से सम्मानित किया गया। धीरे-धीरे दर्शक रोमाण्टिक कहानियों से ऊब गये और कुछ नया चाहने लगे। दर्शकों की इसी नब्ज़ को प्रकश मेहरा ने पकड़ा। उन्होंने नये कथानक पर फिल्म जंज़ीर का निर्माण किया। यह प्रतिशोध की आग में झुलसते एक युवक की कहानी थी जो व्यवस्था के विरुद्ध लड़ता है। अत्याचार के ख़िलाफ़ खड़े इस नायक (अमिताभ बच्चन) में लोगों को अपना प्रतिबिम्ब नज़र आया। अमिताभ की फिल्म 'जंज़ीर' (1973) ने ऐसा तहलका मचाया कि अमिताभ आगे चलकर ऐसे सुपर स्टार बन गये जो वर्षों तक निर्विवाद रूप से नम्बर एक के सिंहासन पर बैठे रहे। अमिताभ की प्रमुख फिल्मों में 'दीवार', 'शोले', 'डॉन', 'कभी-कभी', 'चुपके-चुपके', 'शंहशाह', 'शराबी', 'बाग़बान', 'कुली' इत्यादि प्रमुख थीं। अमिताभ की फिल्मों में ख़ास बात यह थी कि उनकी फिल्मों में उन्हीं का ही बोलबाला रहता था। बहुआयामी प्रतिभा के धनी अमिताभ बच्चन ने 'जंज़ीर' से 'शान' तक का जो सफ़र तय किया उसने हिन्दी सिनेमा का एक इतिहास रच दिया। आठवें दशक में 'जंज़ीर', 'शोले', 'दीवार' आदि से जो हिंसात्मक फिल्मों का दौर शुरू हुआ वह नौवें दशक तक भी ज़ारी रहा। लावारिस, मर्द, शक्ति, इंकलाब, शहंशाह और 'आज का अर्जुन' तक एंग्रीयंग मैन अमिताभ बच्चन का आक्रोश थमा नहीं, उनकी हिंसा बरकरार रही। इस हिंसा को एन. चन्द्रा की 'अंकुश', 'प्रतिघात', 'तेजाब'; विधु विनोद चोपड़ा की 'परिन्दा' और राजकुमार सन्तोषी की 'घायल' ने एक तरह से परोक्ष रूप में प्रोत्साहित किया। इन फिल्मों में व्यवस्था से जुड़े कुछ अहम् सवाल ज़रूर उठाये गये थे, लेकिन हिंसा हावी रही। इसी दशक में मारधाड़ व हिंसा पर आधारित कुछ

और फिल्में भी आयीं जिनमें प्रमुख रहीं- 'गुलामी', 'विधाता', 'अन्धा कानून', 'जियो और जीने दो', 'फ़र्ज और कानून', 'प्रतिबन्ध', 'इन्सानियत के दुश्मन' आदि। नौवें दशक में जहाँ हिंसात्मक फिल्मों का दौर था वहीं कुछ ऐसी फिल्में भी आयी, जिन्होंने प्रेम की बयार बहायी। सबसे पहले आयी 'एक दूजे के लिए' (1981)। दक्षिण के नामी निर्देशक के बालाचन्द्र की इस फिल्म में कमल हसन-रति अग्निहोत्री की मोहक जोड़ी थी। इसी वर्ष कुमार गौरव की पहली फिल्म 'लव स्टोरी' भी आयी। इसके बाद आयी मंसूर ख़ान निर्देशित फिल्म- 'कयामत से कयामत तक'। आमिर ख़ान-जूही चावला की जोड़ीवाली इस फिल्म ने ख़ूब धूम मचायी। यह कहना ग़लत न होगा कि 'क़यामत से क़यामत तक' की सफलता ने प्रेमकथाआ पर आधारित फिल्मों के नये युग का सूत्रपात किया। फिल्मों में फिर प्रेमकथाओं का महत्त्व बढ़ा। इसी दौरान करिश्मा कपूर-हरीश की 'प्रेमक़ैदी' भी आयी। दशक के अन्त में 'दिल', 'मैंने प्यार किया' और 'आशिकी' ने सिनेमा को प्रेम की फुहारों से पूरी तरह सराबोर कर दिया। इन्द्र कुमार निर्देशित 'दिल' में आमिर ख़ान-माधुरी दीक्षित और सूरज बड़जात्या निर्देशित 'मैने प्यार किया' में सलमान ख़ान-भाग्यश्री ने प्यार के ऐसे रंग बरसाये कि दर्शक उनके दीवाने हो उठे। महेश भट्ट निर्देशित 'आशिकी' में राहुल राय-अनु अग्रवाल ने भी ख़ासा प्रभाव जमाया। प्रेमकथाओं पर आधारित इन फिल्मों में सुकोमल भावनाएँ तो थी हीं, साथ ही कर्णप्रिय सुरीला संगीत भी था, जिसने हिंसक फिल्मी माहौल को हलका करके खुशगवार समाँ बाँधा। इस तरह हिंसाप्रधान फिल्मी माहौल में प्रेम की बयार बहने लगी। उसके बाद सन् 2000 के बाद से रितिक रोशन की 'कहो न प्यार है' 'कोई मिल गया', 'कृष', 'मै प्रेम की दीवानी हूँ', गोविन्दा की 'राजा बाबू', 'कुली नं. 1'; शाहरुख ख़ान की 'दिलवाले दुल्हनिया ले जायेंगे', 'कुछ-कुछ होता है', 'कभी खुशी कभी गम', 'कल हो न हो', 'देवदास', 'मै हूँ ना', 'रा-वन', आमिर ख़ान की 'लगान', 'दिल चाहता है', 'थ्री इडिएट्स', संजय लीला भंसाली की 'ब्लैक', संजय दत्त की 'मुन्ना भाई एम.वी.बी.एस.', 'लगे रहो मुन्ना भाई'। सलमान ख़ान की 'हम आपके है कौन', 'वाण्टेड', 'दबंग', 'बॉडीगार्ड' तथा अक्षय कुमार की 'हाउसफुल', 'सिंह इज़ किंग', 'हे बेबी', 'हाउसफुल 2' आदि प्रमुख फिल्में रहीं। आज की भारतीय हिन्दी फिल्मों में पाश्चात्य नृत्य जिसे आइटम सॉंग भी कहा जाता है का अधिक-से-अधिक प्रयोग होने लगा। लोकप्रिय फिल्मों के साथ लीक से हटकर कुछ यथार्थवादी फिल्में भी बन रही हैं। तकनीकी क्षेत्र में भी फिल्म जगत् ने बहुत प्रगति कर ली है। डिज़िटल संगीत, स्पेशल इफेक्ट्स से कृष, रोबोट एवं रा-वन-जैसी फिल्मों का निर्माण सम्भव हो सका है।

वीडियो पत्रकारिता- जब अमेरिका में टीवी की धूम मची थी, तभी वहाँ टीवी पत्रकारिता का भी जन्म हुआ। लोगों के टीवी के प्रति आकर्षण को देखते हुए टीवी में कार्यक्रमों की प्रस्तुति के सन्दर्भ में नये-नये प्रयोग होने लगे। साठ-सत्तर के दशक में वहाँ 'न्यू जर्नलिज्म' का आन्दोलन काफ़ी गर्म रहा। न्यू जर्नलिज्म के नवीन प्रयोगों के तहत टेलीविज़न में समाचार-वाचक की भूमिका भी बदल गयी। उस कोरे समाचार-वाचक में तटस्थता तथा भावहीनता की नीरस भूमिका श्रोता और दर्शकों को टारगेट बनाकर बदलनी पड़ी। अपने दर्शकों को प्रभावित करने के लिए अपने मुखमण्डल पर हाव-भाव, आवाज़ में उतार-चढ़ाव और समाचारों की विषयवस्तु के अनुकूल प्रभाव लाने की कला विकसित की गयी। इस कला को विकसित कर लेने के बाद दर्शकों को ऐसा प्रतीत होने लगा जैसे वाचक उनसे सीधे बातचीत कर रहा हो। परन्तु शीघ्र

ही अमेरिका में न्यू जर्नलिज़्म को पुराना करार कर दिया गया। दो दशक पहले वहाँ इस दिशा में नयी तकनीक विकसित हो गयी। लेकिन यह न्यू जर्नलिज़्म भले ही अमेरिका ने कूड़ेदान में डाल दिया था, भारत में इसका स्वागत वीडियो जर्नलिज़्म के रूप में हुआ। भारत में वीडियो जर्नलिज़्म पत्र-पत्रिकाओं के लिए बड़े काम की चीज़ सिद्ध हुई। वीडियो जर्नलिज़्म के रूप में इसने यहाँ प्रवेश पाकर न्यूज़ एंकर को कई रूपों में प्रकट किया। घटनास्थल पर पहुँचकर घटना से जुड़े व्यक्तियों के इण्टरव्यू लेकर दर्शकों को प्रभावित किया।

इण्डियन बुक हाउस के वीडियो कैसेट पर एक पत्रिका 'मूवी वीडियो' के प्रकाशन से भारत में यह कार्य आरम्भ हुआ। हिन्दी वीडियो पत्रकारिता 'कालचक्र' सबसे पहले मार्केट में आयी। इसके निर्माण से विनीत नारायण ने हिन्दी वीडियो पत्रकारिता में हलचल मचा दी। गरवारे वीडियो कैसेट्स की इस सफलता ने और भी लोगों को इसकी ओर आकर्षित किया। चेन्नई की 'गणभूमि विज़न' ने रामायण और आध्यात्मिक वेदपुराण से सम्बन्धित 'गणभूमि' वीडियो कैसेट का प्रकाशन आरम्भ किया। आध्यात्मिक जगत् में इसका हार्दिक स्वागत हुआ। इसी प्रकार 'अमर चित्र' कथाओं को लेकर 'अनन्तये' ने ऑडियो कैसेट के क्षेत्र में पैर रखा है। वे 'टिंकल'-जैसी बाल-पत्रिकाओं के सम्पादक हैं। इसका नाम है- 'टिंकल टाइम विद अंकल'। यह कार्यक्रम बच्चों को समर्पित था। बच्चों को स्वस्थ मनोरंजन देना इनका ध्येय था। मौजूदा दौर में वीडियो कैसेट की टेक्नालॉजी में काफ़ी बदलाव आया है। आजकल सीडी और डीवीडी का ज़माना है जिसे आप डीवीडी प्लेयर के ज़रिये अपने टीवी की स्क्रीन पर और लैपटॉप या कम्प्यूटर के ज़रिये आप मॉनीटर पर देख सकते हैं। सीडी के प्रचलन ने घटनाओं की कवरेज के कई रास्ते खोल दिये हैं। हिन्दुस्तान-पाकिस्तान के कारगिल युद्ध, इण्दिरा गाँधी तथा राजीव गाँधी की हत्याएँ, बाबरी मस्जिद विध्वंस, मण्डल आयोग की सिफ़ारिशों पर देश की राजनीतिक हवा में बदलाव आदि अनेक प्रकार की ऐसी घटनाएँ हैं जो कैसेट और सीडी के बाज़ार को गर्म किये रहती हैं। सी.एन.एन. चैनल ने खाड़ी युद्ध का आँखों देखा हाल सबसे पहले अपने कैसेट में क़ैद कर भारत में इसका सीधा प्रसारण दिखाया। आज सीडी की मार्केट बहुत बड़ी है। खेलों से लेकर शिक्षा तक, गीत-संगीत से लेकर फिल्मों तक, योग से लेकर भोग तक न जाने कितने ही विषयों पर सीडी/डीवीडी से मार्केट पटी पड़ी है। इस छोटी-सी सीडी/डीवीडी को यात्रा करते हुए कार, गाड़ी और बस में भी देखा और सुना जा सकता है। घर में डीवीडी प्लेयर के ज़रिये टीवी पर देखा जा सकता है या कहीं भी लैपटॉप या पीसी पर आराम से कभी भी देखा और सुना जा सकता है। पीसी पर काम करते हुए भी सुना जा सकता है। ज्ञान-विज्ञान से जुड़ने का यह सबसे प्रभावी और सस्ता माध्यम है। आजकल तो वीडियो इतना लोकप्रिय हो रहा है कि कोई घरेलू कार्यक्रम हो, कोई सामाजिक क्रिया-कलाप हो, कोई न्यूज़ स्टोरी बनानी हो, कोई मेला, पर्व या त्योहार कवर करना हो तो इससे उपयोगी कोई माध्यम नहीं लगता। लेकिन घरेलू कार्यक्रमों की भी एक रूपरेखा तो बनानी ही पड़ती है। किस व्यक्ति को हाईलाइट करना है, किस घटना को प्रमुखता देनी है यह बात वीडियोग्राफर जानता है। किसी कार्यक्रम में कहाँ संगीत का इस्तेमाल करना है, कहाँ संगीत इस्तेमाल नहीं करना है, कहाँ केवल म्यूज़िक देना है, इतनी जानकारी तो उसे होनी ही चाहिए। दरअसल वीडियोग्राफ़ी करते समय कैमरा बहुत-सी अवांछित ध्वनियाँ, बातचीत या शोरगुल कैच कर लेता है, लेकिन स्टूडियो में जब उसका सम्पादन किया जाता है तब सारी अवांछित चीज़ें मिटाकर उसकी जगह विषय के अनुसार मैटर

रिकॉर्ड कर लेते हैं लेकिन यह सब घरेलू कार्यक्रमों में ही कर सकते हैं। यदि कोई न्यूज आइटम तैयार करना है तो वीडियोग्राफी के साथ-साथ घटनास्थल पर मौजूद लोगों की बातचीत, सम्बन्धित लोगों के वक्तव्य, जिम्मेदार लोगों के बयान तत्काल रिकॉर्ड करके पूरी न्यूज़ स्टोरी तैयार की जाती है। ध्यान रखा जाता है कि संवाददाता की तुलना में विजुअल ज़्यादा बोले। आज कल छोटे-छोटे डिजिटल कैमरों से कवरेज करना पहले से कहीं ज़्यादा आसान हो गया है।

सेटेलाइट (उपग्रह) आधारित तकनीकें- जनसंचार के क्षेत्र में आयी क्रान्ति ने आज 'वसुधैव कुटुम्बकम' की संकल्पना को एक ग्राम के रूप में साकार कर दिया है। विश्व को 'ग्लोबल विलेज' का नाम देनेवाले मीडिया-गुरु मार्शल मैक्लूहान ने जब इस उक्ति का प्रयोग किया था तब सेटेलाइट संचार प्रणाली विकसित हो चुकी थी और आज जब अन्तर्राष्ट्रीय स्तर की किसी भी घटना अथवा खेल (ओलम्पिक आदि) को समूचा विश्व समय और स्थान की दूरी पार कर एक साथ बैठकर देखता है तो सामान्य-सी बात लगती है। सेटेलाइट के कारण न केवल टेलीविज़न पर बल्कि कम्प्यूटर और मोबाइल पर ध्वनियों के साथ-साथ चित्र भी पृथ्वी के एक कोने से दूसरे कोने तक पलक झपकते ही पहुँच रहे हैं। इस प्रगति ने संचार को आज पूरी तरह आकाशीय बना दिया है। आधुनिक उपकरणों और नवीन टेक्नोलॉजी के कारण आज जनसंचार की परिभाषा ही बदल गयी है। आज इसके कारण दोतरफ़ा संचार सम्भव हो गया है। दर्शक अपने प्रश्न सीधे प्रसारण केन्द्र तक भेजकर किसी भी समस्या पर बात कर सकते हैं। आज से कुछ वर्ष पूर्व जहाँ प्रेस का मतलब था केवल समाचार-पत्र और पत्रिकाएँ। वहीं आज अख़बारों के इलेक्ट्रॉनिक संस्करण उपलब्ध होने लगे हैं। फाइबर ऑपटिक्स के द्वारा भी संचार सम्भव हो गया है। फाइबर के महीन तार में प्रवाहित प्रकाश तरंगें एक साथ कई टीवी चैनलों के कार्यक्रम, टेलीफ़ोन व कम्प्यूटर डाटा का संचार करने में सक्षम हैं। इस टेक्नोलॉजी द्वारा दो तरफ़ा संचार और भी सहज हो गया है। कोई प्रसारण केन्द्र यदि किसी शिक्षा के कार्यक्रम में किसी प्रश्न का उत्तर माँगता है तो विशेषज्ञ द्वारा उत्तर की जाँच उसके अपने कम्प्यूटर पर सम्भव है और सही उत्तर पूछनेवाले के निजी कम्प्यूटर पर प्रेषित किया जा सकता है। सेटेलाइट टेक्नोलॉजी द्वारा जहाँ प्रसारण केन्द्र/चैनल विभिन्न क्षेत्रों तक अपने कार्यक्रम भेज पाते हैं वहीं अब डी. टी.एच., (सीधे घर के अन्दर) उच्च तकनीक द्वारा अनेक चैनलों के टीवी कार्यक्रम एक छोटे-से डिश एण्टीना की सहायता से बिना किसी केबल ऑपरेटर के सेटेलाइट के माध्यम से सीधे घर के अन्दर एक छोटे-से डिश के द्वारा देखे जा सकते हैं। हार्ड-डेफिनिशन टेलीविज़न और डिज़िटल टेलीविज़न द्वारा अब प्रसारण बेहतर हो गया है। हार्ड-डेफिनिशन टेलीविज़न में स्कैन होनेवाले चित्रों की स्कैन-क्षमता बढ़ जाने के कारण टेलीविज़न स्क्रीन बड़ी होने लगी है। इसी प्रकार डिज़िटल टेक्नोलॉजी में माइक्रोप्रोसेसिंग द्वारा चित्र बिलकुल स्पष्ट दिखायी देते हैं। टेलीकान्फ्रेन्सिंग, संचार-प्रणाली की एक और महत्त्वपूर्ण उपलब्धि है, इसके द्वारा अपने शहर में बैठा व्यक्ति वीडियोफ़ोन के माध्यम से लोगों से मीटिंग कर बड़े-बड़े निर्णय ले सकता है। वीडियोफ़ोन अतिव्यस्त लोगों के लिए वरदान सिद्ध हो रहा है। अनेक महत्त्वपूर्ण व्यक्तियों को वीडियोफ़ोन से सम्बद्ध करके उनमें सामूहिक बातचीत अथवा विचार-विमर्श करवाया जा सकता है इस सुविधा से अति महत्त्वपूर्ण लोग कान्फ्रेन्स पर होनेवाले बेहिसाब खर्च और समय की बर्बादी से बच रहे हैं क्योंकि कान्फ्रेन्स में आये प्रतिनिधिमण्डलों की हवाई यात्रा

का खर्च और ऊपर से भागदौड़ और समय की बर्बादी इन सबसे कोई कान्फ्रेन्स-आयोजक बड़ी आसानी से बच जाता है।

इण्टरनेट- वर्तमान समय में इण्टरनेट दुनिया की सर्वाधिक सक्षम सूचना तकनीक है, जिसमे करोड़ों कम्प्यूटरों के बीच सूचनाओं का आदान-प्रदान हो रहा है। इण्टरनेट की कार्य-पद्धति भी अति सरल है। कम्प्यूटर या लैपटॉप के माध्यम से टेलीफ़ोन लाइन या वायरलेस मॉडम (नेटशटर) से जोड़कर मनचाही सूचनाएँ प्राप्त कर सकते हैं। विश्व के किसी भी कोने में इण्टरनेट से जुड़े कम्प्यूटरों के बीच अति तीव्र रफ्तार से आँकड़ों का सम्प्रेषण, समाचार-सन्देश, देश-विदेश के पुस्तकालयों के साथ सम्पर्क, इलेक्ट्रॉनिक मेल और विभिन्न पत्र-पत्रिकाओं का अध्ययन आदि बहुत सरलता से किया जा सकता है। इण्टरनेट पर किसी का भी एकमात्र नियन्त्रण नहीं है। इण्टरनेट के माध्यम से चैटिंग (वार्त्तालाप), ज़रूरी सूचनाओं का आदान-प्रदान किया जा सकता है। बाज़ारों-दुकानों पर नज़र रखी जा सकती है, थोड़े शब्दों में कहा जाये तो इसका उपयोग असीमित है। वर्तमान समय में इण्टरनेट का उपयोग करनेवालों की संख्या निरन्तर बढ़ रही है। संचार के इस विकसित साधन ने लोगों की जीवन-शैली, व्यवहार और सोच को पूर्णतया प्रभावित किया है। एक समय था जब लोग सूचना पाने के लिए तरसते रहते थे परन्तु आज सूचनाओं की बाढ़-सी आ गयी है लेकिन सकारात्मक प्रभाव के साथ-साथ संचार की इस तकनीक के नकारात्मक ख़तरे भी आज बहुत अधिक बढ़ गये हैं।

इण्टरनेट का जन्म 1979 में एक शैक्षिक नेटवर्क 'यूज़नेट-न्यूज़' के रूप में हुआ। इसका पहला सार्वजनिक विस्तार सरकारी नियन्त्रण में हुआ। आठवें दशक के उत्तरार्द्ध में अमेरिकी सरकार ने 'नेशनल साइंस फाउण्डेशन' के माध्यम से पाँच सुपर कम्प्यूटर केन्द्रों की स्थापना की जो इण्टरनेट के प्रमुख संयोजक बिन्दु बने और इनके द्वारा कई विश्वविद्यालयों और अनुसन्धान प्रयोगशालाओं को आपस में जोड़ा गया। अमेरिका में ही इस प्रणाली ने विकसित होकर सन् 1990 तक अपना वर्तमान स्वरूप ग्रहण किया। इस समय इण्टरनेट पर पूरे विश्व में 10 लाख से भी अधिक वेबसाइट विद्यमान हैं और प्रत्येक वेबसाइट अपने-आपमें एक नेटवर्क है और ये सभी वेबसाइट किसी-न-किसी माध्यम से परस्पर जुड़े हुए हैं। भारत में इण्टरनेट की शुरुआत लगभग 15 वर्ष पहले हुई। सर्वप्रथम सैनिक अनुसन्धान नेटवर्क (इआरनेट) ने शैक्षिक और अनुसन्धान क्षेत्रों के लिए इसका उपयोग शुरू किया। इआरनेट भारत सरकार के इलेक्ट्रॉनिक विभाग तथा यूनाइटेड नेशन्स डेवलपमेण्ट प्रोग्राम का एक संयुक्त उपक्रम था। भारत में इण्टरनेट को काफ़ी सफलता मिली और इसने अनेक नोडों का परिचालन शुरू किया। लगभग आठ हज़ार से अधिक वैज्ञानिकों और तकनीशियनों द्वारा इआरनेट की सुविधाएँ प्राप्त की जाने लगीं। एनसीएसटी, मुम्बई द्वारा अन्तर्राष्ट्रीय सम्पर्क प्राप्त किया जाने लगा। 15 अगस्त, 1995 को विदेश संचार निगम लिमिटेड ने गेटवे इण्टरनेट एक्सेस सर्विस (जीआईएएस) की स्थापना वाणिज्यिक तौर पर की। इसने मुम्बई, दिल्ली, चेन्नई, कोलकाता, बेंगलूरु और पुणे में इण्टरनेट नोड स्थापित किये। इसने अमेरिका, जापान, इटली आदि देशों की इण्टरनेट कम्पनियों से समझौता करके देश के प्रमुख शहरों में इण्टरनेट की सुविधाएँ उपलब्ध करानी शुरू कीं। उसके बाद दूरसंचार विभाग से मिलकर इसने देश के अन्य बड़े शहरों को भी इण्टरनेट से जोड़ा। इसके पश्चात दूरसंचार विभाग ने आईनेट नामक नेटवर्क के द्वारा देश के दूरदराज़ इलाकों को भी इण्टरनेट से जोड़ने का काम शुरू किया। इस समय भारत में तीन सरकारी

एजेन्सियाँ इण्टरनेट सर्विस प्रोवाइडर (आईएसपी) अर्थात् इण्टरनेट की सुविधाएँ उपलब्ध कराने का काम कर रही हैं- (1) दूरसंचार विभाग (2) महानगर टेलीकॉम निगम लिमिटेड तथा (3) विदेश संचार निगम लिमिटेड। 1991 की उदारीकरण नीति ने इस क्षेत्र में निजी कम्पनियों के प्रवेश के लिए भी रास्ता खोल दिया। सरकार द्वारा बनायी गयी इण्टरनेट नीति के फलस्वरूप कई देशी-विदेशी कम्पनियाँ जैसे- रिलायन्स, एम.टी.एस., टाटा, सिफी आदि आज भारत के इण्टरनेट प्रेमियों को इण्टरनेट सुविधाएँ प्रदान कर रही हैं। इण्टरनेट के ग्राहकों की संख्या क्रमशः बढ़ रही है। इस समय देश में लगभग 25 लाख लोग इण्टरनेट का उपयोग कर रहे हैं। संचार माध्यमों के क्षेत्र में तो इसने क्रान्ति ही ला दी है। यद्यपि इसने समाचार-पत्रों के प्रचार-प्रसार पर प्रभाव तो अवश्य डाला है तथापि उनके महत्त्व को कम नहीं कर पाया है। वर्तमान में पत्रकारिता और इण्टरनेट दोनों परस्पर पूरक बन गये हैं। फैक्स और टेलीफ़ोन की अपेक्षा इण्टरनेट ने पत्रकारिता को तीव्रता से गति प्रदान की है। 'इण्टरनेट' आज पत्रकारों को वह सामग्री भी उपलब्ध करवा रहा है जिसकी कल्पना तक पत्रकारों को नहीं थी। समय की बचत और अनुवाद करने में सुविधा आज इण्टरनेट की महत्तवपूर्ण देन है। बहुभाषीय ऑनलाइन वार्ता, सुपरटेक सॉफ्टवेयर के निर्मित होने से हिन्दी पत्रकारिता में सहजता से कार्य सम्भव हो गया है। इण्टरनेट के आगमन से अब संवाददाताओं पर निर्भरता कम होने लगी है। साथ ही भ्रामक समाचारों से बचना सम्भव हो पाया है। इसी प्रकार समाचारों के संकलन एवं विश्लेषण में पाठक की भूमिका बहुत महत्त्वपूर्ण नहीं होती थी जबकि इण्टरनेट पर व्यक्ति करोड़ों लोगों के साथ मिलकर सूचना-समुद्र में गोता लगाकर अपनी मनचाही सूचनाएँ प्राप्त कर सकता है। अब संवाददाता निश्चित समय-सीमा में बँधकर कार्य करने के लिए बाध्य है। उस निर्धारित स्थान के अनुरूप ही अपना समाचार लिखना होता है। उसे अपने पूरे पाठकवर्ग की रुचि को भी ध्यान में रखना पड़ता है। समाचार-पत्रों का प्रकाशन भी एक नियत समय पर नियमित रूप से करना आवश्यक है। दूसरी ओर इण्टरनेट के लिए कोई समय-सीमा नहीं है। यही कारण है कि अब प्रातः काल समाचार-पत्र आने से पूर्व ही अधिकांश पाठकों को उन समाचारों की जानकारी इण्टरनेट अथवा दूरदर्शन के माध्यम से मिल चुकी होती है। इण्टरनेट के बढ़ते प्रभाव के कारण सम्पादकीय विभाग पर भी पाठकों की रुचि को बनाये रखने के लिए निरन्तर दबाव बढ़ रहा है। इस कारण आजकल समाचार-पत्रों के कलेवर, साज-सज्जा, स्तम्भ आदि में व्यापक परिवर्तन दिखायी देने लगा है। कम्प्यूटर और इण्टरनेट के आविष्कार से पूर्व अधिकतर पत्रकारों को अपने दिन-प्रतिदिन के समाचारों की पृष्ठभूमि लिखने के लिए मुख्यतः अपनी स्मरण-शक्ति पर निर्भर रहना पड़ता था। कई बार वे अनुमान का सहारा लेते थे लेकिन आज इण्टरनेट के कारण सब-कुछ सहज और सरल हो गया है। किसी भी घटना से सम्बन्धित तथ्य और आँकड़े डाटा बैंक में सहज ही उपलब्ध हो जाते हैं। इस समय इण्टरनेट विचारों की स्वतन्त्र अभिव्यक्ति का सर्वाधिक प्रभावशाली माध्यम है और धीरे-धीरे इसने घर-घर में स्थान बनाना प्रारम्भ कर दिया है। अब इण्टरनेट पर समाचार-पत्रों में मुद्रित समाचार उनके ई-पेपर संस्करण में पढ़े जा सकते हैं। अनेक संवाद समितियाँ अब अपने स्तंभ लेखकों एवं संवाददाताओं पर निर्भर रहने की अपेक्षा इण्टरनेट के माध्यम से सूचनाओं को आदान-प्रदान कर रही हैं। विभिन्न केन्द्रो को परस्पर जोड़कर समाचार समितियाँ सहज ही अपने ग्राहकों को त्वरित सेवा उपलब्ध करा रही हैं। इण्टरनेट के माध्यम से एक ही समाचार-पत्र के विभिन्न केन्द्रों से प्रकाशित होनेवाले

संस्करणों को जोड़कर तैयार सामग्री भेजी जाने लगी है। वास्तव में इण्टरनेट से जुड़ने का अर्थ है- इण्टरनेट की अनोखी दुनिया से जुड़ जाना। अब लोग दुनिया के अलग-अलग हिस्सों में मौजूद इण्टरनेट से जुड़े लाखो कम्प्यूटरों के साथ आनन-फ़ानन में सम्पर्क साध सकते हैं। इण्टरनेट पर खरीदारी करना भी मात्र एक छोटी-सी सुविधा है। आज इण्टरनेट पर लगभग वह सब-कुछ किया जा सकता है जो लोग भौतिक दुनिया में करते हैं इण्टरनेट पर किताबें, अख़बार वग़ैरह पढ़ा जा रहा है पर्यटन का मज़ा भी लिया जा सकता है। अश्लील साइट, सिनेमा देख सकते हैं, सन्देश भेज और मँगा सकते हैं, हज़ारों किलोमीटर दूर बैठे लोगों से बातचीत कर सकते हैं, रेडियो सुन सकते हैं, टीवी देख सकते हैं इत्यादि।

आज इण्टरनेट युद्ध का अखाड़ा भी बन चुका है। विभिन्न देशों में चल रहे गृहयुद्ध से जुड़े समूहों, आतंकवादी संगठनों आदि ने अपनी-अपनी वेबसाइट खोल ली है और अपना 'प्रोपेगण्डा' करने में जुटे हैं। इनके विरोधी या यों कहें कि दुश्मन इस 'प्रापेगण्डा' को ध्वस्त करने के लिए इण्टरनेट पर ही जवाबी हमले करते रहते हैं। इस तरह इण्टरनेट पर निरन्तर एक युद्ध चलता रहता है जिसे 'साइबर वार' कहा जाता है। विभिन्न देशों की सरकारें भी 'साइबर वार' से डरती हैं क्योंकि इण्टरनेट पर किया गया 'प्रोपेएण्डा' विश्वव्यापी होने के कारण पूरी दुनिया का ध्यान अपनी ओर खींचता हैं। इण्टरनेट पर सेक्स और अश्लील सामाग्री का कारोबार भी ख़ूब चल रहा है। अनेक वेश्याएँ या कॉलगर्ल इण्टरनेट पर अपनी दुकान खोलकर ख़ासी कमायी कर रहीं हैं। कुछ वेश्याएँ इण्टरनेट पर 'लाइव' अश्लील प्रदर्शन करती हैं। इण्टरनेट से जुड़ी 'आभासी' (वर्चुअल) तकनीक के ज़रिये लोग कम्प्यूटर पर ही यौन क्रियाओं को देख सकते हैं। एक अनुमान के अनुसार सन् 2005 में वयस्क साइटों ने लगभग सात अरब डॉलर का कारोबार किया। अश्लील साइट के क़रीब 75000 से अधिक मासिक ग्राहक हैं। गौरतलब है कि इण्टरनेट ने दुनिया भर में चिकित्सा सुविधाओं का भी नक्शा बदल दिया है। अब आप घर बैठे देश-विदेश के प्रख्यात चिकित्सको से सलाह-मशविरा कर सकते हैं। आधुनिक अस्पतालों में इण्टरनेट के ज़रिये वीडियो सम्मेलन आयोजित करके बाक़ायदा चर्चाएँ की जाती हैं और जटिल रोगों का निदान किया जाता है। कुछ जगहों पर ऐसी सुविधाएँ भी हैं कि दिल्ली के अस्पताल में चल रहा ऑपरेशन न्यूयार्क में बैठा सर्जन देख सके और वहीं से ज़रूरी हिदायतें दे सके। इण्टरनेट पर चिकित्सा को 'टेलीमेडिसन' कहा जाता है। खेल-कूद और पर्यटन इण्टरनेट के अपेक्षाकृत नये आकर्षण है। आज लगभग हर खेल सिखाने से लेकर उससे सम्बन्धित नवीनतम सूचनाएँ देने तक के लिए उपयोगी वेबसाइट उपलब्ध हैं।

ई-मेल— ई-मेल इण्टरनेट के द्वारा संचालित इलेक्ट्रॉनिक मेल सेवा है। इस संचार माध्यम से हम अपना पत्र या कोई सन्देश विद्युत गति से दुनिया के किसी भी कोने में स्थित कम्प्यूटर-मॉनीटर पर पहुँचा सकते हैं। वहाँ उसका प्रिण्ट निकाल लिया जाता है। यह फैक्स की उपेक्षा बहुत ही सस्ता और विश्वसनीय प्रेषण माध्यम है। सीधे-सीधे शब्दों में कहें तो ई-मेल का अर्थ है कम्प्यूटर व इण्टरनेट की सहायता से चिट्ठी आदि भेजना। ई-मेल की ख़ास बात यह है कि ई-मेल को आप दुनियाभर में कहीं भी, किसी के पास भेज सकते हैं। बशर्तें उस व्यक्ति या संस्था के पास अपना ई-मेल एकाउण्ट हो। आपके पास भी अपना एक ई-मेल एकाउण्ट होना चाहिए। ख़ास बात यह है कि साधारण डाक की तरह ई-मेल भेजने के लिए अलग-अलग दरों के टिकट नहीं लगाने पड़ते हैं। ई-मेल एकाउण्ट प्राप्त करने के लिए मुख्यतः

दो तरीके हैं। पहला तरीक़ा तो यह है कि जब आप किसी इण्टरनेट सेवा प्रदाता कम्पनी यानी इण्टरनेट सर्विस प्रोवाइडर से इण्टरनेट कनेक्शन लेते हैं तो आपको एक ई-मेल एकाउण्ट स्वतः मिल जाता है। दूसरा तरीक़ा यह है कि आप किसी साइट पर जाकर अपना एक ई-मेल खाता खोल सकते हैं। कुछ साइटों को छोड़कर यह खाता बिलकुल मुफ्त खोला जा सकता है। जी-मेल, इण्डिया टाइम्स, हॉटकॉम, याहू-जैसी कुछ साइटें मुफ्त में ई-मेल एकाउण्ट खोलने की सुविधा देती है। साधारणतया किसी व्यक्ति के ई-मेल एकाउण्ट के तीन भाग होते हैं। पहले भाग में व्यक्ति का नाम अथवा लॉगिन नेम होता हैं। इसका मतलब यह है कि जिस नाम से व्यक्ति साइट पर अपना एकाउण्ट चेक करता है। दूसरे भाग में साइट का नाम होता है और तीसरे भाग में साइट का डोमेन नाम यानी साइट किस क्षेत्र का प्रतिनिधित्व करती है। उदाहरण के लिए अजय@जीमेलडॉटकॉम। इस ई-मेल नाम में पहले भाग में नाम है, दूसरे भाग में साइट का नाम और तीसरे भाग में डोमेन है। डॉटकॉम की जगह डॉट ईडीयू, डॉट नेट आदि भी हो सकते हैं। ई-मेल के माध्यम से आप केवल पत्र आदि ही नहीं भेज सकते हैं बल्कि चित्र, ग्राफ़िक्स आदि भी भेज सकते हैं। इसके लिए ई-मेल के साथ अटैचमेण्ट भेजने की सुविधा भी होती हैं।

सोशल नेटवर्किंग साइट- ई-मेल की तरह ही सोशल नेटवर्किंग साइटो का भी उदय हुआ और विश्व भर के लाखों-करोड़ो उपभोक्ता अत्यन्त अल्प समय में इनसे जुड़ गये। 2006 में शुरू हुई फेसबुक डॉट कॉम की स्थापना हावर्ड विश्वविद्यालय के मार्क जुकरबर्ग ने की थी। शुरुआत में यह नेटवर्किंग साइट सिर्फ़ हावर्ड विश्वविद्यालय के छात्रों के लिए थी लेकिन बाद में इसे सभी के लिए खोल दिया गया। वर्तमान में इस सोशल नेटवर्किंग साइट से लगभग करोड़ों लोग जुड़े हैं। इसके अलावा गूगल डॉट कॉम, ट्वीटर डॉट कॉम, ऑरकुट, माईस्पेस डॉट कॉम समेत बहुत सारी सोशल नेटवर्किंग साइट आज मौजूद हैं जिनके सदस्य बनकर आज विश्व के कोने-कोने में रहनेवाले लोग से चैटिंग, मैसेज, पिक्चर, वीडियो आदि का मज़ा ले रहे हैं। इतनी बड़ी संख्या में उपभोक्ताओं के जुड़ने से सोशल नेटवर्किंग साइटों के बीच प्रतिस्पर्द्धा भी शुरू हो गयी है। शीर्ष पर विद्यमान सोशल नेटवर्किंग साइट फेसबुक की बादशाहत को चुनौती देने के लिए गूगल अपनी नयी साइट गूगल प्लस लेकर आया है। जब गूगल ने सर्च इंजन की शुरुआत की तब मोटे तौर पर सर्च का आशय वेबसाइट सर्च करने से लगाया जाता था। यह कई मायनों में आज भी सही है। इण्टरनेट पर किसी विषय पर ढेर-सारी जानकारी हासिल करने के लिए गूगल बेहतरीन ज़रिया है लेकिन आज कई जगह सर्च का दायरा सिमटकर व्यक्ति केन्द्रित हो गया है। ऐसे में फेसबुक गूगल से बीस साबित हो रहा है। किसी व्यक्ति को फेसबुक पर तलाश करना गूगल के मुक़ाबले आसान होता जा रहा है। फेसबुक पर दोतरफ़ा संवाद की सम्भावना भी अधिक है। इन्ही ख़ूबियों के चलते सोशल नेटवर्किंग साइट कहीं-न-कहीं सर्च की नयी परिभाषा और ज़रूरत के मुताबिक खुद को फिट करने में लगी हैं।

ऑनलाइन पत्रकारिता/इण्टरनेट संस्करण-नाटक- ऑनलाइन पत्रकारिता या ऑनलाइन मीडिया का समाचार उद्योग पर काफ़ी प्रभाव पड़ा है। आज देश के अधिकांश समाचार-पत्र इण्टरनेट पर अपने संस्करण निकाल रहे हैं। भारत में इण्टरनेट संस्करण का दौर वर्ष 1995-96 में शुरू हुआ। तब यहाँ आम चुनाव होनेवाले थे। एक ओर जहाँ पाठकों के बीच उनकी माँग थी तो दूसरी ओर अख़बारों के बीच भी कड़ी स्पर्द्धा थी। इसी स्पर्द्धा के चलते समाचार-पत्रों के

मालिकों की नेट के प्रति रुचि पैदा हुई। इसके अतिरिक्त वे चाहते थे कि उनकी अन्तर्राष्ट्रीय छवि बने तथा अप्रवासी भारतीयों एवं विदेशी पाठकों को भारतीय अख़बार उसी दिन मिल सके। जिस दिन वे भारतीय पाठकों को मिलते हैं। भारत में सबसे पहले चैन्नई से प्रकाशित अंग्रेज़ी दैनिक 'द हिन्दू' का साप्ताहिक संस्करण सन् 1995 में इण्टरनेट पर आया। हिन्दी समाचार-पत्रों में सबसे पहले 'नयी दुनिया' (इन्दौर) ने सन् 1997 में अपना इण्टरनेट संस्करण शुरू किया। राजस्थान में सन् 1998 में 'राजस्थान पत्रिका' ने इण्टरनेट संस्करण आरम्भ किया। इसके बाद तो कई राष्ट्रीय समाचार-पत्रों एवं क्षेत्रीय समाचार-पत्रों ने इण्टरनेट संस्करण निकालने शुरू किये।

ब्लॉग- इण्टरनेट पर ब्लॉगिंग एक ऐसी व्यक्तिगत डायरी को कहा जाता है जो व्यक्तिगत होते हुए भी सार्वजनिक पठन-पाठन के लिए उपलब्ध होती है। पहले के ज़माने में लोग केवल अपने लिये डायरी लिखते थे और दूसरों से छुपाकर रखते थे परन्तु वर्तमान समय में लोग ब्लॉग के रूप में लिखी डायरी को दूसरों के साथ शेयर करने के लिए लिखते हैं। ब्लॉग की शुरुआत 1994 में एक युवा अमेरिकन छात्र जस्टिन हॉल ने की। उसने अपने निजी अनुभवों को इण्टरनेट वेबसाइट पर लिखकर लोगों के साथ बाँटना शुरू किया। इसके बाद जॉर्न बारजर ने 1997 में इसे वेबलॉग (Weblog) यानी इण्टरनेट डायरी का नाम दिया। बाद में 1999 में पीटर्स मरहॉल्ज ने इसे संक्षिप्त करके वी ब्लॉग कर दिया। धीरे-धीरे यह सिर्फ़ ब्लॉग रह गया। वर्तमान समय में ब्लॉग विचारों की अभिव्यक्ति का एक सशक्त माध्यम बन गया है। अजकल हर व्यक्ति अपनी ज़िन्दगी में इतना व्यस्त है कि अपने दोस्तों, रिश्तेदारों यहाँ तक अपने परिवार के सदस्यों से भी अपने मन की बातें शेयर नहीं कर पाता। मौजूदा दौर में इसी का एक विकल्प है ब्लॉगिंग। यह एक ऐसी डायरी की तरह है जिसे पढ़ा जा सकता है। ब्लॉगिंग के ज़रिये कोई भी व्यक्ति अपने विचारों, अनुभवों या रचनात्मकता को दूसरों तक तुरन्त पहुँचा सकता है।

वरिष्ठ ब्लॉगर अनूप शुक्ल का मानना है कि "अभिव्यक्ति की बेचैनी ब्लॉगिंग की प्राण तत्त्व है और तात्कालिकता इसकी मूल प्रवृत्ति है। विचारों की सहज अभिव्यक्ति ही ब्लॉग की ताक़त है और यही इसकी कमज़ोरी भी। जो अच्छा लिखते हैं उनके ठिकानों पर स्वतः भीड़ हो जाती है, उनके ब्लॉगों में टिप्पणियों की बहार आ जाती है।" ऐसे कई ब्लॉग हीरो, ब्लॉगिंग की दुनिया ने दिये हैं, जो सिर्फ़ अपने लेखों और भाषा या रचनात्मकता के लिए ही नहीं तकनीकी मार्गदर्शन देने और नये ब्लॉगरों व ब्लॉग परियोजनाओं को प्रोत्साहित करने के लिए भी जाने जाते हैं।

मौजूदा दौर में ब्लॉग मण्डल अर्थात् सबकी सामूहिक डायरियाँ निर्विवाद रूप से विश्व में जनसंचार का सबसे सशक्त माध्यम बन चुकी हैं। इसमें कहीं गीत-वीडियो, कहीं पर लोग मिल-जुलकर पुस्तकें लिख रहे हैं तो कहीं फिल्म निर्माण की तकनीकी प्रक्रिया के बारे में लिखा जा रहा है। किसी ब्लॉग में भाषाएँ सिखायी जा रही हैं तो किसी में अमर साहित्य को ऑनलाइन उपलब्ध कराया जा रहा है। कुछ ब्लॉग शिक्षा से सम्बन्धित जानकारियाँ दे रहे हैं तो कुछ ब्लॉग लोगों का मनोरंजन कर रहे हैं। वर्तमान युग में ब्लॉग के माध्यम से लोगों को जागरूक एवं शिक्षित किया जा रहा है। त्वरित अभिव्यक्ति और विश्वव्यापी प्रसारण के कारण तत्काल प्रतिक्रिया मिल जाने से आज ब्लॉगिंग का क्षेत्र तीव्रगति से व्यापक होता जा रहा है। ब्लॉगों

की दुनिया पर केन्द्रित कम्पनी Http:www.technorati.com की ताज़ा रिर्पोट के अनुसार क़रीब 10 करोड़ ब्लॉगों का विवरण उसके पास उपलब्ध है। ऐसे ब्लॉगों की संख्या भी अच्छी-ख़ासी है जो टैक्नोरैटी में रजिस्टर्ड नहीं है। ब्लॉग मूलतः दो प्रकार के होते हैं- वैयक्तिक ब्लॉग और कम्यूनिटी या सामुदायिक ब्लॉग। वैयक्तिक ब्लॉग वे होते हैं जिन्हें कोई एक व्यक्ति लिंखता है और एक ख़ास किस्म के विचार ही उनमें आ पाते हैं। उदाहरण के लिए udaysahaymakingnews.blogspot.com प्रसिद्ध मीडिया विशेषज्ञ उदय सहाय का निजी ब्लॉग है। लेकिन कुछ ब्लॉग ऐसे होतें हैं जिन पर सभी को अपने विचारों की अभिव्यक्ति की छूट होती है। इस सन्दर्भ में bhadus blogspot.com (भड़ास-ब्लॉग स्पष्ट) को देखा जा सकता है। तीसरी तरह के ब्लॉग इन दोनों के मिले-जुले रूप में दिखायी देता है। इसका उदाहरण hindimedia.blogspot.com है जहाँ ब्लॉगर अपनी रचनाएँ तो देता ही है, नये और युवा रचनाकारों के विचारों को भी इस ब्लॉग पर स्थान मिल जाता है। हिन्दी ब्लॉगिंग में आलोक कुमार पहले ऐसे ब्लॉगर हैं, जिन्होंने ब्लॉग के लिए चिट्ठा 'शब्द' का प्रयोग किया। जीतेन्द्र चौधरी, अनूप शुक्ल, देवाशीष, पंकज नरुला (मिर्ची सेठ), आलोक पुराणिक, रामप्रकाश आदि हिन्दी ब्लॉगरो ने इण्टरनेट पर हिन्दी को समृद्ध बनाने में अभूतपूर्व योगदान दिया। इक्कीसवीं सदी में ब्लॉगिंग आम आदमी की अभिव्यक्ति के मौलिक अधिकार का सबसे सशक्त माध्यम बन गया है। ब्लॉग के जरिये आज कोई भी व्यक्ति अपने विचारों व अनुभवों को बिना किसी सेन्सरशिप के सार्वजनिक कर सकता है। उसके द्वारा लिखा हुआ एक-एक शब्द ब्लॉग के रूप में सुरक्षित रहता है जिसे विश्व में कहीं भी और कोई भी पढ़ सकता है। चर्चित 'भड़ास' नामक सामूहिक ब्लॉग के सूत्र वाक्य में कहा गया है कि "कोई बात गले में अटक गयी हो तो उगल दीजिए..मन हलका हो जायेगा।" आज के युग में ब्लॉगिंग ही एक ऐसा मंच है जो किसी भी वर्जना, आचार-संहिता के किसी अनुशासन में क़ैद नहीं है। ब्लॉग के जरिये व्यक्ति अपनी निजी भावनाओं को भी व्यक्त कर सकता है जिसे किसी पत्र-पत्रिकाओं में प्रकाशित नहीं किया जा सकता। आजकल मीडिया के ओवर एक्सपोजर होने के कारण आम आदमी से लेकर बड़े-बड़े सिलेब्रिटीज भी खुद को प्रेजेण्ट करने के लिए ब्लॉग लिख रहे हैं। उन्हें मीडिया अटेन्शन चाहिए और ब्लॉग मीडिया का ही एक नया संस्करण है। सिलेब्रिटीज ब्लॉगिंग के ज़रिये खुद को ज़्यादा-से-ज़्यादा शो करना चाहते हैं। लोग भी अब इनकी पर्सनल लाइफ में ज़्यादा इण्ट्रेस्ट रखने लगे हैं। सिलेब्रिटीज के बारे में वे हर छोटी-छोटी बात जानना चाहते हैं। इसीलिए आज हमारे देश की सबसे चर्चित हस्तियों-अमिताभ बच्चन, आमिर ख़ान, शाहरुख ख़ान, सचिन तेंदुलकर ने अपने ब्लॉग गढ़ लिये हैं। आज हर बड़ा नेता, उद्योगपति, फिल्मी सितारें व बड़े-बड़े खिलाड़ी अपनी बात लोगों तक पहुँचाने के लिए ब्लॉग का प्रयोग कर रहे हैं क्योंकि अगर वे अपनी बात मीडिया के ज़रिये लोगों तक पहुँचाना चाहते हैं तो मीडिया कई बार आचार-संहिता के तहत उनकी कुछ बातें काट देती है या अपने तरीके से उसकी बात लिखती है। लेकिन ब्लॉग के ज़रिये अपनी बात लिखने पर कोई उससे छेड़खानी नहीं कर सकता, साथ ही उनके फैंस भी उस पर अपनी राय दे सकते हैं। ब्लॉग अब सिर्फ़ विचारों को खुला मंच देने का जरिया ही नहीं रह गया है, बल्कि यह लर्निन टूल भी बन गया है। आजकल बड़ी संख्या में स्टूडेण्ट्स इसके ज़रिये इन्फॉर्मेशन को एक-दूसरें तक पहुँचा रहे हैं। इंजीनियरिंग, मेडिकल, मैनेजमेण्ट, आर्ट्स, साइन्स, सोशल सब्जेक्ट, रिसर्च स्टूडेण्ट आदि के लिए ब्लॉग सबसे ज़्यादा फ़ायदेमन्द

साबित हो रहा है। गूगल के आँकड़ों के मुताबिक, फिलहाल दुनिया भर में एक अरब से ज़्यादा ब्लॉगर हैं। इनमें से 1 करोड़ से ज़्यादा-ब्लॉगर एक्टिव हैं। इन ब्लॉग्स में हर सेक्टर के लोग सक्रिय हैं। ये सभी ब्लॉग के ज़रिये अपने विचार और ज्ञान को ग्लोबल बना रहे हैं। ब्लॉग पर टेक्स्ट के साथ-साथ ऑडियो-वीडियो प्रेजेण्टेशन की सुविधा भी उपलब्ध है। वर्तमान समय में रिकॉर्डेड ब्रॉडकास्ट की ही सुविधा है, लाइव ब्रॉडकास्टिंग और टेक्स्ट को किसी भी लैंग्वेज में बदलने की सुविधा उपलब्ध कराने की दिशा में काम किया जा रहा है और बहुत ही जल्द लाइव ऑडियो विजुअल इण्टरेक्शन सम्भव हो जायेगा। ऑनलाइन-लर्निंग मॉडयूल मुहैया करानेवाली कम्पनी विज आई क्यू ने इन सुविधाओं की पायलट प्रोजेक्ट के तौर पर टेस्टिंग शुरू कर दी है। आनेवाले दिनों में यह सबके लिए उपलब्ध हो जायेगा। इससे सबसे ज़्यादा फायदा स्टूडेण्ट्स को होगा। वे अपने घर में बैठे-बैठे दुनिया के किसी भी ब्लॉगर से अपनी आवश्यकतानुसार सवालों के जवाब के लिए मदद ले सकेंगे। साथ ही लाइव ऑडियो-विजुअल इण्टरेक्शन से कोई भी बात समझने तथा समझाने में आसानी हो जायेगी। आनेवाले दिनों में कोई भी व्यक्ति अपने ब्लॉग पर याहू और जी-मेल की तरह लाइव इण्टरेक्शन भी कर सकेगा। ब्लॉगिंग में युवा पीढ़ी की बढ़ती रुचि को देखते हुए कई कम्पनियाँ अब इसे और यूजर फ्रेण्डली बनाने के लिएं काम कर रही हैं।

कुछ महत्त्वपूर्ण ब्लॉग

www.bhadas.blogspot.com
www.rejectmal.blogspot.com
www.mohalla.blogspot.com
www.samatavadi.wordpress.com
www.hindimedia.blogspot.coom
www.udaysahaymakinghews.blogspot.com
www.mantrafoundation.blogspot.com
www.hindimediaglobe.wordpress.com

हिन्दी सम्बन्धी बेबसाइट

www.webdunia.com (भारत की पहली हिन्दी बेबसाइट)
www.dainikjagran.com(दैनिक जागरण समाचार-पत्र की साइट)
www.hindibhasha.com (हिन्दी भाषा से सम्बन्धित साइट)
www.rajbhasha.nic.in

जनसंचार माध्यम की उपयोगिता उत्तरोत्तर विस्तृत होती जा रही है। जीवन का कोई भी कोना आज इससे अछूता नहीं दिखता। शिक्षा, व्यापार, खेलकूद, कृषि, नौकरी, सरकार सभी क्षेत्रों में जन माध्यम का महत्त्वपूर्ण स्थान है। यह हर आयु, वर्ग एवं व्यवसाय के व्यक्ति के लिए उपयोगी सिद्ध होते हैं। जनसंचार माध्यम का बहुआयामी प्रचार एवं प्रसार हुआ है। जनसंचार अब अपने-आपमें एक व्यापक विषय हो गया है। यह एक बहुत बड़ा व्यवसाय भी बन गया है। आज जनसंचार का काम केवल सूचना देना और जनमत तैयार करना ही नहीं बल्कि सही

जानकारी देना, सही सम्पर्क बनाना और भ्रामक एवं ग़लत प्रचारों को निरर्थक बनाना भी है। जनसंचार माध्यम का दायित्व है कि वह हमारी लोकतान्त्रिक प्रणाली को गतिशीलता, सुदृढ़ता, संवेदशीलता, विकासशीलता और जागरूकता प्रदान करने में सहयोगी सिद्ध हो और जन-मानस को भी उसका परिपूरक बनाये। जनसंचार माध्यम समाज में व्याप्त भ्रम, नैराश्य, बिखराव, विद्वेष-जैसी चर्चाओं को निष्फल करते हुए देश को सामाजिक, आर्थिक, राजनैतिक, प्रशासनिक, सांस्कृतिक, कलात्मक विकास एवं सुधार की ओर निरन्तर बढ़ाते हुए एक महत्त्वपूर्ण भूमिका निभा रहा है।

□

1857 से लेकर आज तक मीडिया की भाषा

पत्रकारिता आधुनिकता की एक विशिष्ट उपलब्धि है। आधुनिकता उस सांस्कृतिक संचेतना का नाम है जिसने वैज्ञानिक आलोक से मानवीय धरातल के विभिन्न स्तरों को उजागर किया। भारत में आधुनिकता का प्रवेश नवजागरण के साथ हुआ और हमारे अन्दर एक ऐसी चेतना उत्पन्न हुई जिससे पश्चिमी जगत् को अधिक जानने-समझने के लिए हम उत्सुक हो उठे। इसके लिए अँगरेज़ी भाषा का ज्ञान आवश्यक था। सुधारवादी आन्दोलन के पुरोधा और भारतीय नवजागरण के उन्नायक राजा राममोहन राय ने इस आवश्यकता को समझा और अंग्रेज़ी शिक्षा-प्रचार का समर्थन किया। इस प्रकार आधुनिकता के मूल वैशिष्ट्य की समग्रता को पूरी तरह आत्मसात् करने की भूमिका का निर्माण शुरू हुआ। अँगरेज़ी शिक्षा ने देश के सम्पूर्ण सांस्कृतिक परिवेश में परिवर्तन की अपेक्षा उत्पन्न की। उक्त परिवर्तन की अपेक्षा रखनेवाले भारतीयों के दो वर्ग थेः उनकी दो स्वतन्त्र दृष्टियाँ थीं। एक वह जिसने आधुनिकता को फ़ैशन के रूप में अपनाया और अँगरेज़ियत के रंग में रँगकर भारतीयता को हेयदृष्टि से देखने लगा। दूसरा वर्ग अपने देश को यूरोपीय जगत् के ज्ञानपक्ष से- उसकी शिक्षा, राजनीति, अर्थनीति और विज्ञान से- आलोकित करने का आकांक्षी था। भारतीय नवजागरण के पुरस्कर्त्ता इसी वर्ग के थे। वे अँगरेज़ियत के पीछे पागल नहीं थे बल्कि अपनी परम्परा को आधुनिक सन्दर्भ में प्रतिष्ठित करने के लिए उसे एक नयी अर्थवत्ता देना चाहते थे। इसके लिए आवश्यक था पाश्चात्य शिक्षा और संस्कृति से अपने को एक हद तक जोड़ना। इस वर्ग के सबसे बड़े प्रतिनिधि राजा राममोहन राय थे। उनके साथ एक ऐसी स्वस्थ परम्परा का आविर्भाव हुआ जिसने आधुनिक भारत ही नहीं सम्पूर्ण मानव जाति पर उपकार किया। भारतवासी ब्रिटिश सरकार की कठोर नीतियों से पीड़ित थे। राममोहन राय ने जिस सुधारवादी आन्दोलन का सूत्रपात किया वह नये-नये सुधारकों और विचारकों का वैचारिक अवलम्ब पाकर निरन्तर विकसित हो रहा था। इस प्रकार एक ओर सामाजिक कलुष-प्रक्षालन का महत् उपक्रम चल रहा था और दूसरी ओर हमारी राजनीतिक चेतना प्रखर हो रही थी। राममोहन राय और उनके सहयोगी द्वारकानाथ टैगोर ने अनुभव किया था कि सामाजिक-आर्थिक-राजनीतिक सुधार आन्दोलन की अपेक्षित सक्रियता बनाये रखने के लिए स्वतन्त्र पत्रों की प्राथमिक आवश्यकता है। इसी दृष्टि से उन्होंने अँगरेज़ी, बँगला, फ़ारसी और हिन्दी में कई पत्र प्रकाशित किये। पत्र-प्रकाशन के उद्‌देश्य के विषय में राजा राममोहन राय लिखते हैं कि, "मेरा उद्‌देश्य मात्र इतना ही है कि जनता के सामने ऐसे बौद्धिक निबन्ध उपस्थित करूँ जो उनके अनुभव को बढ़ायें और सामाजिक प्रगति में सहायक

सिद्ध हों। मैं अपनी शक्ति-भर शासकों को उनकी प्रजा की परिस्थितियों का सही परिचय देना चाहता हूँ और प्रजा को उनके शासकों द्वारा स्थापित विधि-व्यवस्था से परिचित कराना चाहता हूँ ताकि शासक जनता को अधिक-से-अधिक सुविधा देने का अवसर पा सके और जनता उन उपायों से अवगत हो सके जिनके द्वारा शासकों से सुरक्षा पायी जा सके और अपनी उचित माँगों को पूरी करा सके।'' किन्तु सरकार समाचार-पत्रों के प्रति इतनी शंकालु थी कि छोटे से छोटे से कारणों पर भी सांघातिक प्रहार करने को उद्यत रहती।'' इस दमन-नीति से क्षुब्ध होकर अपने पत्र 'बंगाल गज़ट' में राममोहन राय ने लिखा था कि 'भारत के किसी निवासी के लिए, जो सरकारी भवन की डेहरी लाँघने में भी समर्थ नहीं हो पाता', पत्र-प्रकाशन के लिए सरकारी आज्ञा प्राप्त करना बहुत कठिन हो गया है। खुली अदालत में हलफ़नामा दाख़िल करना कम अपमानजनक नहीं; फिर लाइसेन्स ज़ब्त किये जाने का खतरा सिर पर सदा झूला करता है। ऐसी दशा में पत्र का प्रकाशन रोक देना ही उचित है।'' इस प्रकार ब्रिटिश सरकार की इस नीति से भारतीय मानस पीड़ित और व्यथित हो उठा था। अँगरेज़ी-शिक्षा का पहला स्वस्थ परिणाम यह था कि आधुनिक जगत् की राजनीतिक और सांस्कृतिक प्रवृत्तियों को कुछ हद तक हम समझने लगे और पराधीनता से मुक्ति पाने की इच्छा हममें प्रबल होने लगी थी। इसी संक्रमण काल में भारतीय पत्रकारिता का जन्म और विकास हुआ था।

प्रारम्भिक समाचार-पत्रों की भाषा

भारतीय नवजागरण का पहला अनुभव बंगाल ने किया था; बंगाल से ही भारत में आधुनिकता का प्रवेश हुआ। भारतीय पत्रकारिता की जन्मभूमि बंगाल है और हिन्दी पत्रकारिता का जन्म और विकास भी कलकत्ता में हुआ। 19वीं शती में नौकरी की तलाश में पश्चिमोत्तर प्रदेश से अनेक हिन्दी भाषा-भाषी यहाँ आ गये थे। उनमें कुछ अँगरेज़ी पढ़े-लिखे भी थे जो आधुनिक चेतना को धीरे-धीरे ग्रहण कर रहे थे। हिन्दी समाज को आधुनिकता से जोड़ने की महत्त्वाकांक्षा उनके मन में उठ रही थी। कलकत्ते में सहज-सुलभ आधुनिक साधन-सुविधाओं ने उन्हें अन्दर ही अन्दर और प्रेरित किया। जिसका परिणाम हुआ हिन्दी के प्रथम (साप्ताहिक) पत्र 'उदन्त मार्त्तण्ड' का प्रकाशन। हिन्दी पत्र प्रकाशन की यह ऐतिहासिक घटना कलकत्ते में हुई जो हिन्दी-गद्य निर्माण की एक विराट् सम्भावना की सूचक थी। हिन्दी में पत्रकारिता का प्रारम्भ निर्विवाद रूप से उदन्त मार्तण्ड (30 मई, 1826) पत्र से माना जाता है किन्तु महादेव साहा ने अपने लेखों' में तथा जे. एच. आनन्द ने अपने शोधग्रन्थ 'पाश्चात्य विद्वानों का साहित्य' में 'उदन्त मार्तण्ड' को पहला हिन्दी पत्र न मानकर क्रमशः मिशनरी पत्र 'दिग्दर्शन' और 'गॉस्पल मैगज़ीन' (1820) को माना है। महादेव साहा के मतानुसार 'दिग्दर्शन' का प्रकाशन पहले अंग्रेज़ी-बँगला मे 1818 से 1820 ई. तक हुआ बाद में दिल्ली से आदमी बुलाकर इसके तीन अंक हिन्दी में भी प्रकाशित कराये गये थे।' इसे कलकत्ता स्कूल बुक सोसाइटी ने प्रकाशित किया था। इसका उद्देश्य भारतीय छात्रों और प्रौढ़ नवसाक्षरों को ज्ञानवर्द्धक, शिक्षाप्रद और मनोरंजक सामग्री प्रदान करना था। इस पत्र की अब कोई भी प्रति मौजूद नहीं है। दिग्दर्शन के विषय में यह माना गया कि यह कोई पत्र नहीं, बल्कि पुस्तक थी। डॉ. जॉन हेनरी आनन्द 1820 में प्रकाशित 'गॉस्पल मैगज़ीन' को हिन्दी का पहला अख़बार मानते हैं। उनके अनुसार 'गॉस्पल मैगज़ीन' मिशनरी पत्रिका का प्रकाशन कलकत्ता में 'बँगला औग्सलरी मिशनरी सोसाइटी' (बी.ए.एम.एस.) संस्था ने दिसम्बर, 1819 में अंग्रेज़ी-बँगला में स्कूल प्रेस से किया

था। इसके 8 से 13 (1920 ई.) अंकों के विज्ञापनों से ज्ञात होता है कि बाद में अंग्रेज़ी संस्करण बन्द करके हिन्दी संस्करण निकाला गया। डॉ. आनन्द के पास उपलब्ध प्रति में 'गॉस्पल मैगज़ीन' की भाषा इस प्रकार है।

कोई समय में बंग देशीय एक पण्डित ने कहा जो :

स्वभावो यदृशो यस्य न जहाति कदाचन्,
अंगारः शतधौतेन मालिनत्वं न मुञ्चति।

इसका अर्थः है जिसका जैसा स्वभाव वह उसको कभी परित्याग करता नहीं, देखो जैसे शत बार धोने से भी अंगार अपनी मालिन्यता का त्याग करता नहीं। अतः उपलब्ध प्रामाणिक सामग्री और खोज के आधार पर मिशनरी पत्र 'गॉस्पल मैगज़ीन' (1820) को पहला हिन्दी पत्र मानना अधिक तर्कसंगत होगा। लेकिन भाषा के दृष्टि से उदन्त मार्तण्ड से ही विवेचन करना उचित होगा। "युगलकिशोर सुकुल ने कलकत्ता से सन् 1826 ई. में 'उदन्त मार्तण्ड' नामक एक हिन्दी साप्ताहिक पत्र निकाला। इसके लिए भारत सरकार से लाइसेन्स प्राप्त करने का आवेदन दिया। 16 फरवरी, सन् 1826 ई. को सरकार ने उनकी दरख़्वास्त मंजूर करके अख़बार निकालने का लाइसेन्स दिया।" जिसका पहला अंक 30 मई, सन् 1826 ई. को प्रकाशित हुआ था। इस समाचार-पत्र का उद्‌देश्य हिन्दीभाषी लोगों के ज्ञान में वृद्धि करना था। उदन्त मार्तण्ड की भाषा बोलचाल की, व्यंग्यपूर्ण तथा स्पष्ट थी। आचार्य रामचन्द्र शुक्ल लिखते हैं कि "उदन्त मार्तण्ड हिन्दी का पहला समाचार-पत्र होने पर भी भाषा और विचारों की दृष्टि से सुसम्पादित पत्र था" सुकुल जी को हिन्दी, फ़ारसी, संस्कृत, अंग्रेज़ी और ब्रजभाषा का काफ़ी ज्ञान था इसलिए यह पत्र अत्यन्त सुसम्पादित था। इसके प्रकाशन की पृष्ठभूमि में हिन्दी में पत्र के प्रकाशन की भावना थी। इसलिए इसमें ब्रजभाषा और खड़ीबोली दोनों का प्रयोग होता था। सुकुल जी का लक्ष्य हिन्दी में प्रतिष्ठित पत्र प्रकाशित करना था। युगलकिशोर सुकुल ने इसके प्रथम अंक में लिखा था- हिन्दीभाषी, अपनी निज भाषा में सत्य समाचार पढ़कर उसका आनन्द लें और उसका महत्त्व समझें, यही सुकुल जी की हार्दिक कामना और पत्र-प्रकाशन का सर्वोच्च लक्ष्य है। हिन्दुस्तानियों के हित के हेतु तथा पराधीनता से मुक्ति दिलाकर स्वतन्त्र दृष्टि के निर्माण के उद्‌देश्य को लेकर प्रकाशित इस अख़बार के आदर्श वाक्य थे-

दिनकर कर प्रगटत दिनहिं, यह प्रकाश अठयाम।
ऐसो रवि उग्यो मँहि, जेहि-तेहि सुख को धाम।।
उत कमलनि विकसित करत, बढ़त चाव चित वाम।
लेत नाम या पत्र को होत हर्ष अरु काम।।

आचार्य रामचन्द्र शुक्ल ने उदन्त मार्तण्ड के लेख का उदाहरण देते हुए हिन्दी का पहला समाचार-पत्र माना है- "यह उदन्त मार्तण्ड अब पहिले पहल हिन्दुस्तानियों के हित के हेतु जो आज तक किसी ने नहीं चलाया, पर अँगरेज़ी ओ पारसी ओ बँगले में जो समाचार का काग़ज़ छपता है उसका सुख उन बोलियों के जान्ने ओ पढ़नेवालों को ही होता है। इससे सत्य समाचार हिन्दुस्तानी लोग देखकर आप पढ़ ओ समझ लेयँ ओ परायी अपेक्षा न करें ओ अपने भाषे की उपज न छोड़ें इसलिए श्रीमान गवर्नर-जनरल बहादुर की आयस से ऐसे साहस में चित्त लगाय के एक प्रकार से यह नया ठाट ठाटा। जो कोई प्रशस्त लोग इस ख़बर के काग़ज़ के लेने की इच्छा करें तो अमड़ा तला की गली 37 अंक मार्तण्ड छापाघर में अपना नाम ओ ठिकाना भेजना

ही से सतवारे के सतवारे यहाँ के रहनेवाले घर ओ बाहिर के रहनेवाले डाक पर काग़ज़ पाया करेंगे।" उदन्त मार्तण्ड प्रत्येक मंगलवार को प्रकाशित होता था। इसमें सरकारी अफ़सरों की नियुक्ति, स्थानान्तरण की सूचनाएँ, पब्लिक इश्तहार, जहाज़ों के आवागमन की समय-सारणी कलकत्ते का बाज़ार-भाव, साहित्यिक सूचनाएँ तथा देश-विदेश के समाचार प्रकाशित होते थे। इसके पहले अंक की विज्ञप्ति है :

"सभी को ख़बर दी जाती है कि जो किसी को गंगा की मिट्टी लेनी होय तो तीर की राह वल्ली और फुट 15 के अटकल जगह छोडके खाले की भुंई खनि लेय औ जब ताईं दूसरा हुकम न होय तब तक यही हुकम बहाल रहेगा और जिसको मिट्टी की दरकार होय वह उसी ओर की राह के अमीन मेसृटर केलार्क साहब के यहाँ अरजी देवेगा।" एक महत् इच्छा और ऊँचे आदर्श को लेकर हिन्दी के इस प्रथम पत्र का प्रकाशन हुआ था। प्रति मंगलवार को प्रकाशित होनेवाले इस पत्र के विषय में पं. अम्बिकाप्रसाद वाजपेयी का कहना है कि "सरकार 'जामें जहानुमा' नाम के फ़ारसी पत्र और 'समाचार दर्पण' नाम के बँगला पत्र को आर्थिक सहायता देती थी। इसी के भरोसे युगलकिशोरजी ने भी 'उदन्त मार्तण्ड' निकाल दिया था। परन्तु वह न मिली और किसी धनीमानी से सहायता मिलने की आशा न रही, तब यह मार्तण्ड अस्ताचल को चला गया।" "30 मई, 1826 (ज्येष्ठ वदि 9 सं. 1883) को निकला और पौष वदि 1 सं. 1884 ता. 11 दिसम्बर, 1827 को बन्द हुआ। इस प्रकार कोई डेढ़ साल चला।" सरकारी सहायता के अभाव तथा पर्याप्त ग्राहकों की कमी के कारण 4 दिसम्बर, 1827 को हमेशा के लिए बन्द हो गया। 4 दिसम्बर के अन्तिम अंक में सम्पादक ने लिखा थाः

'आज दिवस लौ उग चुक्यौ मार्तण्ड उदन्त
अस्ताचल को जात है दिनकर दिन अब अन्त।'

प्रथम स्वतन्त्रता संग्राम (1857) के पूर्व कलकत्ते से अनेक हिन्दी-पत्र प्रकाशित हुए जिनमें 'बंगदूत', 'प्रजामित्र', 'सामदन्त मार्तण्ड' और हिन्दी के प्रथम दैनिक 'समाचार सुधावर्षण' प्रमुख हैं और जिन्हें लक्ष्य कर पं. विष्णुदत्त शुक्ल ने 'माधुरी' में लिखा था कि "कलकत्ते में हिन्दी-पत्रों के सम्बन्ध में जब इतना काम हो चुका था, तब तक दूसरे किसी स्थान पर हिन्दी का एक भी समाचार-पत्र प्रकाशित नहीं हो सका था। इस सन्दर्भ में यह भी द्रष्टव्य है कि कलकत्ता-स्थित फ़ोर्ट विलियम कॉलेज और ईसाई मिशनरी समितियों का हिन्दी गद्य शैली के विकास में महत्त्वपूर्ण योगदान रहा है।" डॉ. सुनीति कुमार चट्टोपाध्याय ने लिखा है कि 'यदि कलकत्ते को हिन्दी की आधुनिक गद्य शैली की जन्मभूमि कहा जाये तो कुछ अत्युक्ति न होगी।" **'बंगदूत'** पत्र के मूल प्रेरक और संचालक आधुनिक भारत के प्रथम उन्नायक राजा राममोहन राय थे। "नीलरतन हालदार के सम्पादन में 'बंगदूत' का प्रकाशन 10 मई, 1829 ई. में अहिन्दीभाषी क्षेत्र कलकत्ता से ही तीन भाषाओं बँगला, फ़ारसी, हिन्दी में एक साथ हुआ था। इसका अंग्रेज़ी संस्करण 'हिन्दू हेरल्ड' अलग से 16 पृष्ठों में छपता था।" राजा राममोहन राय एवं उनके सहयोगियों द्वारा प्रकाशित पत्र में हिन्दी का होना महत्त्वपूर्ण है क्योंकि तब तक राजा राममोहन राय आदि के द्वारा अंग्रेज़ी भाषा को प्रभुत्व एवं समर्थन मिलने लगा था। फिर भी 'बंगदूत' से हिन्दी के व्यापक प्रचलन एवं जनभाषा होने का प्रमाण मिलता है। आचार्य रामचन्द्र शुक्ल ने अपने इतिहास में राममोहन राय के हिन्दी के प्रति योगदान पर चर्चा करते हुए कहा

है कि ''संवत 1886 में उन्होंने 'बंगदूत' नाम का एक संवादपत्र भी हिन्दी में निकाला। राजा साहब की भाषा में एक-आध जगह कुछ बँगलापन ज़रूर मिलता है, पर उसका रूप अधिकांश में वही है जो शास्त्रज्ञ विद्वानों के व्यवहार में आता था। उदाहरण-

''जो सब ब्राह्मण सांग वेद अध्ययन नहीं करते सो सब व्रात्य हैं, यह प्रमाण करने की इच्छा करके ब्राह्मण-धर्म-परायण श्री सुब्रह्मण्यम् शास्त्री जी ने जो पत्र सांगवेदाध्ययनहीन अनेक इस देश के ब्राह्मणों के समीप पठाया है, उसमें देखा जो उन्होंने लिखा है- वेदध्ययन-हीन मनुष्यों को स्वर्ग और मोक्ष होन शक्ता नहीं।''

राजा साहब की हिन्दी-सेवा की चर्चा करते हुए डॉ. लक्ष्मीसागर वार्ष्णेय ने लिखा है कि ''बंगदूत' नामक समाचार-पत्र भी उन्होंने निकाला था। आचार्य शुक्ल ने 'बंगदूत' की भाषा का जो नमूना दिया है वही पं. अम्बिकाप्रसाद वाजपेयी ने भी उद्धृत किया है। मेरी उपलब्ध सामग्री में बंगदूत का उक्त स्थल नहीं है।'' यह प्रति रविवार को प्रकाशित होता था। प्रकाशन-विज्ञप्ति के अलावा इस पत्र का हिन्दी अंश उपलब्ध नहीं है, बंगदूत के हिन्दी अंश के ऊपर यह छन्द रहता था-

''दूतन की यह रीति बहुत थोरे में भाषैं।
लोगनि को बहुलाथ होय याही ते लाखैं।
बंगाला को दूत दूत यहि वायु को जानौ।
होय विदित सब देश क्लेश को लेश न मानौ।''

'बनारस अख़बार' जो 1845 में बनारस से प्रकाशित हुआ था, हिन्दी प्रदेश से प्रकाशित होनेवाला पहला हिन्दी साप्ताहिक पत्र था। इसके सम्पादक गोविन्दनाथ थत्ते तथा संचालक शिवप्रसाद 'सितारे हिन्द' थे। यह अख़बार हिन्दी लिपि में प्रकाशित होता था किन्तु इस अख़बार में अरबी-फ़ारसी शब्दों की भरमार होती थी। तारामोहन मैत्र के सम्पादकत्व मे 1850 में **'सुधाकर'** का प्रकाशन हुआ। यह हिन्दी और बाँग्ला दोनों में प्रकाशित होता था। भाषा की दृष्टि से यह हिन्दी प्रदेश का पहला हिन्दी पत्र था। 1852 में आगरा से 'बुद्धि प्रकाश' नामक पत्र सदासुख लाल के सम्पादन में प्रकाशित हुआ इसमें इतिहास, भूगोल, शिक्षा, गणित, विज्ञान आदि के लेख प्रकाशित होते थे। हिन्दी का प्रथम दैनिक पत्र **'समाचार सुधावर्षण'** जून, 1854 में कलकत्ता से निकला था। इसके सम्पादक श्यामसुन्दर सेन थे। प्रारम्भ में इस पत्र के दो पृष्ठ हिन्दी तथा शेष दो पृष्ठ बंगला में होते थे। व्यापारिक, जहाजी और देशी समाचार के साथ ही, इसमें अनेक चमत्कारी सूचनाएँ भी होती थी। समाज सुधार पर भी टिप्पणी प्रकाशित हुई थी। यह ब्रिटिश नीति निर्माताओं को प्रोत्साहन, परामर्श और चेतावनी भी देता था। इसमें देश और विदेश दोनों के समाचार प्रकाशित होते थे। 'समाचार सुधावर्षण' में जातीय स्वाभिमान का स्वर काफ़ी मुखर है। इसके आश्विन वदि 2 संवत् 1912 के अंक में 'दिल्ली' शीर्षक एक सम्पादकीय टिप्पणी प्रकाशित हुई है। उक्त टिप्पणी की आरम्भिक पंक्तियाँ इस प्रकार हैं, **''**दिल्ली शहर में एक हलालखोरिन ने हलाली की रोटी छोड़के हरामी के रोटी पर उतारू होकर कसवी का पेशा उठाय लिया और वह थी रूपवती इस लिये एक गोरे चमड़ेवाला साहेब उस हलालखोरिन पर आशक होकर उसको अपने घर में डाल लिया बदनामियों का टोकरा सिर पर उठा के दिल लगाना जो है सो झक मारना और गू का खाना है।**''** जहाँ तक भाषा का अर्थ

है बंगला का प्रभाव होते हुए भी इसकी भाषा में बहुत सफ़ाई है। इस पत्र का ऐतिहासिक महत्त्व यह है कि यह हिन्दी का प्रथम दैनिक पत्र है। लेकिन यह अख़बार सामाजिक कुरीतियों से लड़ने का साहस नहीं जुटा पाया। पत्रों ने प्रतिगामियों का साथ दिया था। इसमें 'विधवा विवाह' शीर्षकवाले सम्पादकीय में विधवा विवाह का विरोध किया था। यह अख़बार 1873 तक चला। लगातार इतने वर्षों तक चलनेवाला यह प्रथम अख़बार था।

भारतीय पत्रकारिता की कहानी भारतीय राष्ट्रीयता की कहानी है, दोनों की विकासभूमियाँ एक-दूसरे की सहायक रहीं। पत्रकारिता ने राष्ट्रीयता के विकास के अनुकूल भूमि तैयार की। हिन्दी पत्रकारिता का उदय राष्ट्रीय आन्दोलन की पृष्ठभूमि में, सांस्कृतिक चेतना को विकसित करने के लिए हुआ था। व्यावसायिक उद्देश्यों से इतर त्याग और बलिदान की भावना इसमें प्रमुख थी। इस दौर का प्रमुख पत्र **'पयामे आज़ादी'** था। इसे 8 फरवरी 1857 में स्वतन्त्रता-आन्दोलन के नेता अजीमुल्ला ख़ाँ ने प्रकाशित किया था। यह दिल्ली से प्रकाशित होता था। इसका एक और संस्करण मराठी में झाँसी से प्रकाशित होता था। इस पत्र ने तत्कालीन वातावरण में ऐसी जलन पैदा कर दी जिससे ब्रिटिश सरकार घबरा उठी। इसे बन्द कराने के लिए उसने कोई कसर नहीं छोड़ी। जिस व्यक्ति के पास इसकी प्रति मिलती, उसे अनेक यातनाएँ दी जातीं। बहादुर शाह ज़फ़र के पुत्र केदार बख़्त, पयामें आज़ादी के मुद्रक-प्रकाशक थे। इसमें 1857 का प्रसिद्ध राष्ट्रगीत छपा था-

हम हैं इसके मालिक, हिन्दोस्ताँ हमारा,
पाक वतन है कौम का, जन्नत से भी प्यारा।
ये है हमारी मिल्क़ियत, हिन्दुस्तान हमारा,
इसकी सहामियत से, रोशन है जग सारा।

अजीमुल्ला ख़ाँ की उग्र विचारधारा ने जन-मानस को अत्यधिक प्रभावित किया। 8 अप्रैल, 1857 में जब मंगल पाण्डेय को फाँसी दी गयी, तब सारे मुल्क में एक सशक्त जनान्दोलन ब्रिटिश सरकार के ख़िलाफ़ उठ खड़ा हुआ। बहादुर शाह ज़फ़र का ऐतिहासिक सन्देश पयाम-ए-आज़ादी में प्रकाशित हुआ था। "हिन्दुस्तान के हिन्दुओं और मुसलमानों उठो, खुदा ने इन्सान को जितना बरकतें अता की हैं, इनमें सबसे क़ीमती बरकत आज़ादी है।" पयामे-आज़ादी में मंगल पाण्डेय, तात्या टोपे, महारानी लक्ष्मीबाई आदि की संघर्ष कथाएँ दी जाती थीं। इस पत्र ने अपने सामाजिक एवं राजनीतिक दायित्वों का पूर्णतः निर्वहन किया। ईश्वरचन्द्र विद्यासागर ने 1858 में बाँग्ला भाषा में 'सोम प्रकाश' पत्र का प्रकाशन किया। यह पत्र अपनी निर्भीकता एवं साहसिक आलोचना के लिए अत्यधिक लोकप्रिय हुआ। इसके बाद देवेन्द्रनाथ टैगोर एवं मनमोहन घोष ने 1861 में 'इण्डियन घोष' समाचार-पत्र प्रकाशित किया। 1868 में मोतीलाल घोष ने 'अमृत बाज़ार पत्रिका' का प्रकाशन किया। इन समाचार-पत्रों का प्रकाशन संघर्षपूर्ण एवं जिजीविषा से भरा रहा। इन पत्रों ने स्वतन्त्रता-संग्राम आन्दोलन में जनसंचार की महत्त्वपूर्ण भूमिका निभायी। इनमें से प्रायः सभी पत्रों का स्वर सरकार विरोधी था। हिन्दी में अभी समाचार-पत्रों की लोकप्रियता नहीं हुई थी, इसलिए जो लोग इस दिशा में प्रयास कर रहे थे उन्हें अगणित कठिनाइयों से जूझना पड़ रहा था। इन पत्रों ने अपने सीमित साधनों तथा विरोध के वातावरण में भी युगीन चेतना का प्रकाश फैलाया और हिन्दी गद्य का परिष्कार किया। सन्

1857 के बाद कई और पत्र प्रकाशित हुए। कुछ पत्रों की भाषा तो साहित्यिक भाषा से ओत-प्रोत नज़र आयी। अनेक साहित्यकार इन पत्रों के सम्पादक भी थे। उनसे भारतीय भाषाओं के अच्छे साहित्यकार जुड़ गये। इस काल के प्रमुख समाचार-पत्रों में थे- भारतमित्र (1878), सारसुधा निधि (1879), उचितवक्ता (1880) ये तीनों ही हिन्दी भाषा के समाचार-पत्र थे, जो कलकत्ता से प्रकाशित हुए।

भारतेन्दुयुगीन पत्रों की भाषा

हिन्दी पत्रकारिता का सच्चा राष्ट्रीय स्वरूप और सहज लालित्य भारतेन्दु- युग मे ही दिखायी पड़ता है। सनू 1868 ई. में भारतेन्दु हरिश्चन्द्र द्वारा सम्पादित 'कविवचन सुधा' के प्रकाशन से हिन्दी पत्रकारिता में एक नया युग प्रारम्भ हुआ। डॉ. रामविलास शर्मा के शब्दों में ''भारतेन्दु ने 'कविवचन सुधा' के द्वारा हिन्दी में निर्भीक पत्रकार-कला का आदर्श लोगों के सामने रखा। उनसे पहले लोगों ने पत्र निकाले थे। उनमें से कोई इस लगन से एक निश्चित उद्देश्य के लिए नहीं लड़ा था।'' झाबरमल्ल शर्मा लिखते हैं कि ''इस पत्रिका का महत्त्व हिन्दी में राष्ट्रीय भावों को जागृत करने, हिन्दी पत्रकारों को प्रेरणा देने तथा हिन्दी भाषा और पत्रकारिता को सहज जातीय स्वरूप प्रदान कर पाठकों की अभिरुचि जागृत करने में है।'' इस पत्रिका की स्वाधीन चेतना का प्रमाण इसी बात से लग जाता है कि अंग्रेज़ी सरकार ने इस पत्रिका के स्वतन्त्र राजविद्रोही लेखों तथा देशहितपूर्ण टिप्पणियों से क्रुद्ध होकर इसकी 100 प्रतियाँ लेनी बन्द कर दी थी जबकि इससे पूर्व किसी पत्रिका के साथ ऐसा नहीं हुआ था। यह पत्रिका जनता की माँग पर मासिक से साप्ताहिक रूप से (1875 ई.) प्रकाशित की गयी थी। इस साप्ताहिक पत्रिका के आदर्श के अनुरूप नीति वाक्य था-

खल जननसों सज्जन दुखी मति होंहि, हरिपद मति रहे।
अपधर्म छूटै, स्वत्व निज भारत गहै, कर दुख बहै।।
बुध तजहि मत्सर, नारिनर सम होंहि, जग आनन्द लहै।
तजि ग्राम कविता, सुकविजन की अमृत बानी सब कहै।।

अम्बिकाप्रसाद वाजपेयी के अनुसार ''जिस समय 'कविवचन सुधा' (1868) का जन्म हुआ था। ''वह समय अँगरेज़ अधिकारियों के सामने हाथ जोड़े खड़े रहने का था।'' उस समय 'नारिनर सम होहि' और 'स्वत्व निज भारत गहै' कहनेवाले भारतेन्दु हरिश्चन्द्र-जैसे साहसी राष्ट्र निर्माता ही हो सकते है। डॉ. रामविलास शर्मा ने लिखा है कि ''यह पत्रिका विविध राष्ट्रीय समस्याओं तथा विषयों से समन्वित थी। इसकी सम्पादकीय टिप्पणियों तथा सर्जनात्मक साहित्य में राष्ट्र नव-निर्माण के स्वर पूर्ण तेजस्विता के साथ मुखरित हुए हैं।'' गाँधी जी के आगमन से लगभग 45 वर्ष पूर्व ही 23 मार्च, 1874 को 'कविवचन सुधा' में भारतेन्दु ने स्वदेशी वस्त्रों का प्रचार कर उन्हें अपनाने की प्रतिज्ञा करते हुए लिखा था। ''हम लोग आज के दिन से कोई विलायती कपड़ा नहीं पहिनेंगे हिन्दुस्तान ही का बना कपड़ा पहिनेंगे।'' 'कविवचन सुधा' के अतिरिक्त जनसाधारण के दुख-सुख को पत्रकारिता से जोड़नेवाली, हिन्दी को 'नयी चाल में ढालनेवाली' राष्ट्रीय उद्बोधन और सरकार की भर्त्सना के लिए छिपकर व्यंग्य करनेवाली 'हरिश्चन्द्र मैगज़ीन' का प्रकाशन भारतेन्दु ने ही 15 अक्टुबर, 1873 को प्रारम्भ किया था। आठ

अंकों के पश्चात् इसका हिन्दी नामकरण 'हरिश्चन्द्र चन्द्रिका' कर दिया गया। यह काग़ज़ और छपायी में आकर्षक, विविध विषयों से समन्वित तथा ज्ञानवर्द्धक सामग्री से युक्त थी। इस पत्रिका ने अन्ध रूढ़िवादिता, औपनिवेशिक साम्राज्यवाद तथा सामन्ती संस्कृति के विरुद्ध कभी खुल्लम-खुल्ला, कभी राज-भक्ति की चाशनी में भिगोकर रोषपूर्ण व्यंग्यात्मक तेवर दिखलाये थे, फलतः इस सजग राष्ट्रीय पत्रिका की भी प्रतियाँ सरकार ने लेनी बन्द कर दी थी।

अंग्रेज़ी-हिन्दी भाषा में प्रकाशित इस पत्रिका के युगानुकूल गम्भीर चिन्तन, उच्च स्तर तथा वैविध्ययुक्त प्रौढ़ सामग्री का आभास उसके अग्रलेखों से हो जाता है। इसी पत्रिका में राष्ट्र नवचिन्तन को सर्वप्रचलित जातीय भाषा और धाराप्रवाह शैली में प्रस्तुत करते हुए सम्पादकीय में कहा था 'पब्लिक ओपिनियन अर्थात् सब साधारण लोगों की राय क्या वस्तु है? और इसमें कितना ज़ोर है और इसके लिए क्या हो सकता है? यह प्रश्न ठहरा तो इसका साधारण उत्तर यही है कि यह वह वस्तु है जो संसार को एक कर सकती है, गंगा की धारा हिमालय पर चढ़ाकर ले जा सकती है, सूर्य को पश्चिम में उगा सकती है और चाहे तो ईश्वर को भी पकड़कर कठपुतली की भाँति नचा सकती है। यह मेरा कहा कभी असत्य नहीं है क्योंकि दस आदमी मिलकर कठिन काम को भी सहल कर सकते हैं। फूही-फूही तलाब भरता है।'' पत्रिका की आधुनिक विचारों की छटा, जनतन्त्रीय चेतना, ऐक्यभाव तथा आधुनिक गद्य का संगम दृष्टिगोचर होता है। आचार्य रामचन्द्र शुक्ल का कथन कितना सटीक है ''हिन्दी गद्य का ठीक परिष्कृत रूप पहले-पहले इसी चन्द्रिका में प्रकट हुआ। जिस प्यारी हिन्दी को देश ने अपनी विभूति समझा, जिसको जनता ने उत्कण्ठापूर्वक दौड़कर अपनाया, उसका दर्शन इसी पत्रिका से हुआ।'' उन्होंने देवनागरी-फारसी लिपि और भाषा विवाद के समाधान में सजीव परिष्कृत जनभाषा के लिए व्यापक उदार दृष्टिकोण और दूरदर्शिता का परिचय दिया था। भारतेन्दु ने धार्मिक जागृति के लिए 'भगवत तोषिणी' पत्र का सम्पादन भी किया था तथा स्त्री-शिक्षा के लिए 'बाला बोधिनी' (1874) पत्रिका प्रकाशित की थी जिसके शीर्ष छन्द का उत्कृष्ट नारी-नर समभाव द्रष्टव्य है-

जो हरि सोई राधिका जो शिव सोई शक्ति।
जो नारी सोई पुरुष या मै कछु न विभक्ति।

हिन्दी को भाषा के रूप में प्रतिष्ठित करने का श्रेय भारतेन्दु को ही जाता है। यह युग हिन्दी गद्य निर्माण का युग माना जाता है। हिन्दी के अनेक महत्त्वपूर्ण पत्र-पत्रिकाओं का प्रकाशन इसी युग में हुआ। 'कविवचन सुधा', 'हरिश्चन्द्र-मैगज़ीन', 'हरिश्चन्द्र चन्द्रिका', 'हिन्दी प्रदीप', 'ब्राह्मण', 'हिन्दुस्तान', 'भारत मित्र', 'सारसुधानिधि' और 'उचित वक्ता' का विशेष महत्त्व है। इस युग का हरेक लेखक पत्रकार था। यह युग हिन्दी को साहित्यिक ही नहीं, बल्कि मातृभाषा के रूप में भी प्रतिष्ठित करने का काल था। इसमें सभी साहित्यकार, पत्रकार और बुद्धिजीवी निरन्तर संघर्षरत रहे। इन सबका निश्चित तौर पर मानना था कि मातृभाषा की उन्नति के बिना राष्ट्र की प्रगति सम्भव नहीं है। हिन्दी भाषा के प्रचार के लिए इस युग के पत्रों में निरन्तर टिप्पणियाँ, लेख, कविताएँ आदि प्रकाशित होते थे। पत्रकारों की यह निश्चित धारणा थी कि देश की एक सामान्य और सर्वमान्य भाषा होनी चाहिए और इस भाषा के रूप में हिन्दी ही प्रतिष्ठित हो सकती थी। इस युग में पत्रकारों और साहित्यकारों ने हिन्दी को साहित्यिक ही नहीं, जनसामान्य की भाषा के रूप में प्रतिष्ठित किया। व्यावहारिक

जीवन के प्रति अत्यधिक आग्रह के कारण साहित्य का कलापक्ष न्यून हो गया तथा भाषा भी अनलंकृत हो गयी। उपर्युक्त विश्लेषण से यह स्पष्ट है कि भारतेन्दुयुगीन पत्रकारिता संघर्ष और जिजीविषा से उत्पन्न पवित्र कर्म था, जिसने सामाजिक एवं राजनीतिक बदमाशियों, बेईमानियों और बुराइयों को जड़ से उखाड़ फेंकने का काम किया। यह हिन्दी पत्रकारिता का स्वर्ण युग था। उत्तर उन्नीसवीं शती में भारतेन्दु ही पत्रकारिता के सूत्रधार रहे। इस काल में हिन्दी पत्र-पत्रिकाओं की संख्या लगभग 350 पहुँच गयी थी। इन पत्रों का हिन्दी पत्रकारिता के दूसरे दौर के पत्रों में विशिष्ट स्थान है। हिन्दी पत्रकारिता के इतिहास-लेखक डॉ. रामरतन भटनागर के अनुसार "इस युग के पत्रों का विवरण इस प्रकार है : 'कविवचनसुधा (1867), हरिश्चन्द्र मैगज़ीन (1874), श्री हरिश्चन्द्र चन्द्रिका (1874), 'बालाबोधिनी', 'स्त्री जन की' (1874) के रूप में भारतेन्दु ने इस दिशा में पथ-प्रदर्शन किया था। 'हिन्दी प्रदीप' (1877) और 'भारतजीवन' (1884) का नामकरण भी भारतेन्दु बाबू ने ही किया था। भारतेन्दु के बाद इस युग के पत्रकार और पत्र ये हैं- पं. रुद्रदत्त शर्मा : 'भारतमित्र', 1877; बालकृष्ण भट्ट : 'हिन्दी प्रदीप', 1877; दुर्गाप्रसाद मिश्र : 'उचित वक्ता', 1858; पं. सदानन्द मिश्र : 'सारसुधानिधि', 1878; पं. वंशीधर : 'सज्जन कीर्ति सुधाकर', 1878; बदरीनाारायण चौधरी 'प्रेमघन' : 'आनन्द कादम्बिनी', 1881; देवकीनन्दन त्रिपाठी : 'प्रयाग समाचार', 1882 : राधाचरण गोस्वामी : 'भारतेन्दु', 1882; पं. गौरीदत्त : देवनागरी प्रचारक', 1882; राजा रामपाल सिंह : हिन्दुस्तान', 1883; प्रतापनारायण मिश्र : 'ब्राह्मण', 1883, अम्बिकादत्त व्यास : 'पीयूषप्रवाह'; 1884; बाबू रामकृष्ण वर्मा : 'भारत जीवन', 1884; पं. रामगुलाम अवस्थी : 'शुभ चिन्तक', 1888; योगेशचन्द्र वसु : 'हिन्दी बंगवासी' 1890; पं. कुन्दनलाल : 'कवि व चित्रकार' 1891; और बाबू देवकीनन्दन खत्री एवं बाबू जगन्नाथदास 'साहित्य सुधानिधि'; 1894। 1895 में नागरी प्रचारिणी पत्रिका का प्रकाशन। 1900 में सरस्वती', 'सुदर्शन' के प्रकाशन के साथ नये युग का आरम्भ।" बँगला पत्र 'सोमप्रकाश' से प्रभावित होकर पं. छोटूलाल मिश्र और पं. दुर्गाप्रसाद मिश्र ने हिन्दी पत्र **'भारतमित्र'** का प्रकाशन 17 मई 1878 को शुरू किया। आरम्भ में यह था और इसकी पहली संख्या आधे रॉयलशीट के दो पन्नों पर छपी थी। इसके सम्पादक पं. छोटूलाल मिश्र थे, इसके मुख पृष्ठ पर इसका उद्देश्य मुद्रित था जो इस प्रकार है : 'जयोऽस्तु सत्यनिष्ठानां येषां सर्वे मनोरथाः'। आर्थिक सहायता न प्राप्त होने पर दसवें अंक से 'भारतमित्र' साप्ताहिक हो गया। 'भारतमित्र' की सम्पादकीय टिप्पणी में राजभक्ति का मुलम्मा भी दिखायी पड़ता है। उदाहरणार्थ 'भारतवर्षीय' देशी राजागण और अँगरेज़ी गवर्नमेण्ट' देखी जा सकती है। किन्तु यह 'भारतमित्र' का सजातीय स्वर नहीं है। 'भारतमित्र' की असली प्रकृति अंक 10 की टिप्पणी में दिखायी देती है। 'अपने को ठाँव नहीं पाँच पीर संग चलें में।' मि. जयशंकर ने लन्दन के टाइम्स नामक अख़बार में एक पत्र लिखकर यह अनुरोध किया कि भारत से आनेवाले चावल पर से ड्यूटी उठा दी जाये। अपने इस स्वार्थ का औचित्य प्रमाणित करने के लिए उक्त महाशय ने जो तर्क दिये थे। नितान्त दुर्बल और विचारशून्य थे। उनकी स्वार्थपरता पर सम्पादकीय टिप्पणी द्रष्टव्य है:

"दुसरे का दुःख दूर करने के पहले उसी प्रकार अपना दुःख दूर करना उचित है, इस देश में आजकल जैसी दुर्भिक्ष की बढ़ती है उसके लिए देश हितैषी सम दुःख गणों को यह उचित

है जो पहले भारत को उस कष्ट से बचाये तब से और का उपकार करे जो स्वयं दीन, निराहार और मुट्ठी-भर अन्न के लिए लालायित रहते हैं उनसे साहाय्य की प्रार्थना करना और बलपूर्वक छीन लेना दोनों एक ही समान है।''

'भारतमित्र' की भाषा को देखते हुए कहा जा सकता है कि हिन्दी में परिनिष्ठित गद्य का युग अभी नहीं आया था तथापि उसकी सारी सम्भावनाएँ स्पष्ट हो गयी थीं। ब्रजभाषा का प्रभाव अभी नहीं मिटा था। क्रियापदों में भी कहीं-कहीं शुद्ध खड़ीबोली की प्रकृति नहीं आ पायी थी। ह्रस्व-दीर्घ सम्बन्धी भी विचित्र प्रयोग दिखायी पड़ते हैं जो उपर्युक्त उद्धरणों में स्पष्ट है। वैसे कुल मिलाकर भाषा सरल और उस युग के लिए सहज एवं व्यावहारिक भी थी। भारतमित्र की भाषा अत्यन्त साफ़ थी और शैली में एक विशेष प्रकार की वक्रता है अपनी भाषा के वैशिष्ट्य को क़ायम रखते हुए दूसरी भाषा के शब्दों को ग्रहण करने की यह उदारता आज भी वही महत्त्व रखती है क्योंकि इसमें भाषा-सम्बन्धी एक सही दिशा का संकेत है। बड़ा बनने के लिए पुरानी संकीर्णताओं एवं पूर्वाग्रहों को छोड़कर ही बड़े परिवेश को अपनाया जा सकता है। डॉ. रामविलास शर्मा ने लिखा है कि ''यदि अपनी रुदनशील शैली को छोड़कर अनेक प्रगतिशील लेखक भारतमित्र की शैली को अपनावें तो अपनी बात जनता तक अधिक सरलता से पहुँचा सकेंगे।''

इस युग का दूसरा प्रमुख पत्र **'सारसुधानिधि'** था जिसे कलकत्ता से ही 1879 ई. में पं. सदानन्द के सहयोग से पं. दुर्गाप्रसाद मिश्र ने प्रकाशित किया था। दूसरे दौर के अख़बारों में यह बड़ा तेजस्वी अख़बार था लेकिन धन के अभाव में बारह साल चलकर 1890 में यह बन्द हो गया। यह पत्र नितान्त लोकपरक था। लोकपरक इसलिए कि इसमें तत्कालीन लोकजीवन और देश-दशा का बड़ा यथार्थ चित्रण है। इसमें राजनीति, समाजनीति, धर्म, स्वास्थ्य, और साहित्य के साथ ही देश-विदेश की प्रमुख ख़बरें भी रहती थीं। सम्पादकीय नीति शुद्ध राष्ट्रीय थी और सारे हिन्दी प्रदेश में इस पत्र का सम्मान था, दूसरी भाषावाले भी इसके महत्त्व और जातीय स्वर से परिचित थे। कुछ ऐसे पत्र और लोग थे जो 'सारसुधानिधि' के उत्कर्ष से पीड़ित और ईर्ष्या-दग्ध होकर इसके विरुद्ध बोलने में औचित्य की सीमा लाँघ जाते थे। इस पत्र में एक भी ऐसा शब्द नहीं छपता था जिसमें राष्ट्रीयता का स्वर न हो। स्वार्थरत देशवासियों को लक्ष्य कर सारसुधानिधि के दूसरे वर्ष के पचीसवें अंक में सम्पादकीय 'भारत के दुर्भाग्य' में सम्पादक ने कहा था, ''यहीं तो भारतवर्ष का दुर्भाग्य है कि जिस प्रकार प्रजा अपने-अपने विभिन्न स्वार्थ में तत्पर हो ऐसे कार्य नहीं करती कि जिसमें बहुतों का एक ही स्वार्थ हो ''हे प्रिय भारतवासियों! यह न समझो कि भारत के दुर्भाग्य हमको क्या हमारा तो एक प्रकार निर्वाह होता है। यह तो हम निश्चय कहेंगे कि इस समझ से तो कदापि सुधरना नहीं है अतएव भारत के दुर्भाग्य को अपना दुर्भाग्य और भारत के सौभाग्य को अपना सौभाग्य समझो। नहीं तो भारत का दुर्भाग्य कदापि दूर नहीं होयगा।'' सारसुधानिधि की भाषा में संस्कृत शब्दावली का प्रयोग होते हुए भी भाषा सहज और वेगवती है। हरिश्चन्द्र-काल की भाषा की चर्चा करते हुए आचार्य रामचन्द्र शुक्ल लिखते हैं, ''उस काल में हिन्दी का शुद्ध साहित्योपयोगी रूप ही नहीं व्यवहारपोयोगी रूप भी निखरा'' सारसुधानिधि की भाषा पर यही बात लागू होती है सारसुधानिधि की भाषा पर मुख्य रूप से क्रियापदों में कहीं संस्कृति का पण्डिताऊ प्रभाव और कहीं पछाहीं प्रभाव है। तथापि भाषा कहीं लत्थड़ नहीं हुई है और न तो कहीं सहिजता टूटी है। हिन्दी भाषा का आन्दोलन भी इसी युग में चल रहा था और उसे राष्ट्रीय आन्दोलन की एक सम्पृक्त धारा के रूप में देखा

जा सकता था। इस आन्दोलन में 'सारसुधानिधि' ने खुलकर भाग लिया। हिन्दी पत्रकारिता के उन्नायक पं. दुर्गाप्रसाद मिश्र ने 1880 ई. में कलकत्ता से उचित वक्ता समाचार-पत्र आरम्भ किया। स्वाधीनता खोकर उन्नति करने में गौरव नहीं है यह उचित वक्ता के प्रथम अंक के सम्पादकीय का मूल स्वर है। प्राचीन भारतीय उन्नति से अँगरेज़ी शासनकालीन उन्नति की तुलना करते हुए स्पष्ट भाषा में सम्पादक ने लिखा था "पहिली उन्नति और अबकी उन्नति में अन्तर इतना ही है कि वह स्वाधीन भारत की उन्नति थी, उस उन्नति में उन्नतिमना स्वाधीनता प्रिय भारत सन्तानों का गौरव था, और यह पराधीन भारत की उन्नति हो रही है, इस उन्नति में पदानत निर्वीर्य्य हमं भारत कुलतिलकों की अगौरव के सहित गर्दन नीची होती जाती है।" हिन्दी की प्रतिष्ठा के लिए 'उचित वक्ता' सदैव सचेत रहता था। हिन्दी भाषां के स्वरूप पर भी उसका ध्यान था, हिन्दी साहित्य में भाषा-सम्बन्धी प्रयोगों की शिथिलता उसे स्वीकार नहीं थी। उसका कहना था कि अधिकांश लेखनदास लोग घर से सतुआ बाँधकर हिन्दी लिखने का व्यापार करने को निकले हैं। ये लेखक क्या हैं, मानो बहुरूपी स्वाँग हैं। इनको जब जैसा मालिक मिल जाय और जिस प्रकार लिखने से पैसा प्राप्त हो, ये लोग वैसा ही लिखने में उद्यत हो जाते हैं। सुतरां ऐसे लेखकों के लेखों से भी हिन्दी की यथेष्ट हानि हो रही है। स्पष्ट है कि यह पत्र सहज भाषा का अग्रही था अर्थात् इसकी भाषा नितान्त सहज थी यानी ऐसी भाषा जिस पर विजातीय भार न हो और जो इतनी वेगवती हो कि पाठक के हृदय को छूकर निकल जाय। भारतमित्र के भाषा दोष पर चर्चा करते हुए सम्पादकों की भाषा-सम्बन्धी एक सामान्य आदर्श का उल्लेख है। "भाषा के विषय में सम्पादक का उद्देश्य यह दिखता है कि जिसमें सब लोगों की समझ में आया करे ऐसी सहज शैली पर भाषा लिखना योग्य है निस्सन्देह प्रचलित शब्दों में हिन्दी का यथार्थ सौन्दर्य रखकर सहज रीति से अपने मन की बातों का प्रकाश करना ही समस्त सम्पादकों को उचित है।"

'हिन्दोस्थान', 'सर्वहितैषी', 'हिन्दीबंगवासी', 'साहित्य सुधानिधि', 'स्वराज्य', 'नृसिंह', 'प्रभा' प्रभृति पत्रों ने जागरण-मन्त्र द्वारा आँग्ल शासकों के दाँत खट्टे कर दिये। 1885 ई. में 'सत्यश्रमाभ्यां सकलार्थसिद्धिः' ध्येयवाक्यवाले प्रथम दैनिक पत्र 'हिन्दोस्थान' का प्रकाशन कालाकांकर के राजा रामपाल सिंह द्वारा हुआ। पं. मदनमोहन मालवीय के अतिरिक्त अमृतलाल चक्रवर्ती, शशिभूषण चटर्जी, प्रतापनारायण मिश्र, बालमुकुन्द गुप्त, गोपालराम गहमरी-जैसे दिग्गज हिन्दीसेवी पत्र के सम्पादक थे। इस राष्ट्रवादी पत्र द्वारा भारतवासियों को संस्कृति एवं स्वदेशी के प्रति जागरुक बनाया गया। 1890 ई. में पं. अमृतलाल चक्रवर्ती के सम्पादन में 'हिन्दी बंगवासी' निकला। यह पत्र हिन्दी के वरिष्ठ पत्रकारों का प्राथमिक विद्यालय सिद्ध हुआ। पत्र की नीति प्रगतिशील नहीं थी फलतः पराड़कर जी, बाबू बालमुकुन्द गुप्त, अम्बिकाप्रसाद वाजपेयी-जैसे उग्र राष्ट्रवादी पत्रकारों को पत्र से अलग होना पड़ा। इन पत्रों ने 19वीं शती के उत्तरार्द्ध की समग्र जातीय चेतना को आत्मसात् कर हिन्दी समाज के संस्कृति और राजनीतिक उन्नयन में सक्रिय योगदान दिया। भाषा और शैली के निर्माण में भी इनका ऐतिहासिक महत्त्व है। हिन्दी समाज में राजनीतिक संस्कार और चेतना जगाने का दायित्व इन पत्रों पर था। तत्कालीन इतिहास को क्रमबद्ध करनेवाले अनेक तथ्य इन पत्रों में भरे पड़े हैं।

ये पत्र युगीन साहित्यिक चेतना के प्रति भी पूर्ण सचेत थे। हिन्दी आन्दोलन का पक्ष-समर्थन इनकी एक प्रमुख विशेषता है। वास्तव में हिन्दी पत्रकारिता के इसी युग में समग्र भारतीय राष्ट्रीयता के विकास की अनुकूल भूमि तैयार की गयी। 20वीं शताब्दी के आरम्भिक दो दशकों की हिन्दी पत्रकारिता का मूल स्वर उग्र राष्ट्रीयता का है। भाषा-आन्दोलन भी पत्रकारिता के माध्यम से निरन्तर सशक्त हुआ।

तिलकयुगीन समाचार-पत्रों की भाषा

यह युग 1900 से प्रारम्भ होकर 1920 तक था। इस युग पर सर्वाधिक प्रभाव महावीरप्रसाद द्विवेदी और लोकमान्य तिलक का पड़ा। द्विवेदी जी ने 'सरस्वती' के माध्यम से साहित्य और भाषा दोनो को ही नया संस्कार और प्रौढ़ता देने का कार्य किया। इसी दौर में लोकमान्य तिलक के मराठी दैनिक 'केसरी' ने राजनीतिक जड़ता को तोड़कर, भारतीय समाज को पूर्ण स्वराज्य-प्राप्ति की ओर प्रेरित किया। "इस युग के सच्चे प्रतीक थे बालगंगाधर तिलक।" 1890 में 'केसरी' के सम्पादक का कार्य तिलक ने शुरू किया। उनका उद्देश्य जनता को शिक्षित कर, शताब्दियों से चली आ रही जड़ता को उखाड़ना था। वे अभिव्यक्ति की स्वतन्त्रता के पक्षधर थे। उनकी लेखनी बहुत प्रभावी और भाषा आक्रामक और प्रहार करनेवाली थी। जनसंचार की राजनीतिक महत्ता को सबसे पहले समझनेवाले तिलक ही थे। सन् 1903 में नागपुर से **'हिन्दी केसरी'** का प्रकाशन प्रारम्भ हुआ था। इसके सम्पादक माधवराव सप्रे थे। केसरी में प्रकाशित तिलक के लेखों का हिन्दी अनुवाद 'हिन्दी केसरी' में प्रकाशित होता था। यह गरम दल का प्रामाणिक पत्र था। **'केसरी', 'हिन्दी केसरी'** और **'मराठा'** ने स्वतन्त्रता-संग्राम में महत्त्वपूर्ण भूमिका निभायी। 1908 में उग्र आलेखों के प्रकाशन की वजह से माधवराव सप्रे को गिरफ्तार कर लिया गया और 1909 में हिन्दी केसरी का प्रकाशन बन्द हो गया। तिलक शैली की उग्र राजनीतिक विचारधारा से हटकर साहित्यिक सांस्कृतिक परम्पराओं का निर्वहन करनेवाली पत्र-पत्रिकाएँ इस काल में बहुतायत से प्रकाशित हुईं। सरस्वती (1900 इलाहाबाद), सुदर्शन (1900 काशी), समालोचक (1902 जयपुर) आदि इस काल की प्रमुख साहित्यिक पत्रिकाएँ थीं। साहित्यिक पत्रकारिता की बागडोर हिन्दी मासिक 'सरस्वती' ने सम्हाली जो सचित्र पत्रिका थी। इस पत्रिका का प्रकाशन अगस्त, 1899 में काशी नागरी प्रचारिणी सभा ने किया था। 1903 में पण्डित महावीरप्रसाद द्विवेदी इसके सम्पादक बने। इस पत्रिका ने साहित्य, कला, संस्कृति, भाषा धर्म आदि के क्षेत्र में महत्त्वपूर्ण कार्य किये। डा. रामरतन भटनागर 'सरस्वती' के योगदान को चिह्नित करते हैं- "भाषा के मानवीकरण की दिशा में, खड़ीबोली में गद्य के विकास तथा विज्ञान, इतिहास समाजशास्त्र आदि विषयों पर उपयोगी और सूचनात्मक लेखों को प्रतिष्ठित करने के लिए, कविता में ब्रजभाषा के स्थान पर खड़ीबोली के लिए, गद्य की विविध शैलियों के विकास के लिए, संस्कृत शब्दावली के प्रयोग के लिए, साहित्यिक समालोचन के लिए और लघु कथाओं के उत्थान के लिए।"

साहित्यिक पत्रिका के रूप में 1901 से प्रकाशित 'सरस्वती' (1903 से सम्पादक महावीरप्रसाद द्विवेदी) का महत्त्वपूर्ण योगदान है। हिन्दी भाषा तथा साहित्य का निखार, परिष्कार और संवर्द्धन इस पत्रिका ने पूरी निष्ठा के साथ किया। सरस्वती के इस मूल्यांकन से उसका हिन्दी पत्रकारिता में योगदान स्पष्ट होता है। इसके अतिरिक्त 'नागरी प्रचारिणी पत्रिका',

'समालोचना', 'छत्तीसगढ़ मित्र' आदि भी इस युग की महत्त्वपूर्ण पत्रिकाएँ थीं, जिन्होंने हिन्दी को एक निश्चित स्वरूप प्रदान करते हुए, उसे एक भाषा के रूप में प्रतिष्ठित किया। 9 नवम्बर, 1913 में कानपुर से 'प्रताप' का प्रकाशन प्रारम्भ हुआ था। इस साप्ताहिक के सम्पादक गणेश शंकर विद्यार्थी थे। इसके प्रवेशांक में विद्यार्थी जी ने लिखा था, ''समस्त मानव जाति का कल्याण हमारा परम् उद्देश्य है जिसकी प्राप्ति का एक बहुत बड़ा और बहुत ज़रूरी साधन हम भारतवर्ष की उन्नति समझते हैं।'' प्रताप के प्रथम पृष्ठ पर यह पंक्तियाँ प्रकाशित होती थीं-

जिनको न निज गौरव तथा निज देश का अभिमान है।
वह नर नहीं, नर-पशु निरा है और मृतक समान है।।

साप्ताहिक 'स्वदेश' का प्रकाशन 1919 में गोरखपुर से हुआ, जिसके सम्पादक और संस्थापक दशरथ प्रसाद द्विवेदी थे। श्री द्विवेदी ने विपरीत परिस्थितियों के बावजूद इसे 1939 तक प्रकाशित किया। स्वतन्त्रता-आन्दोलन को उत्तर प्रदेश में प्रसारित करने का कार्य इस पत्र ने कुशलता से किया, इसके मुख-पृष्ठ पर सिद्धान्त वाक्य के रूप में निम्न पंक्तियाँ छपती थीं-

जो भरा नहीं है भावों से, बहती जिसमें रसधार नहीं।
वह हृदय नहीं है पत्थर है, जिसमें स्वदेश का प्यार नहीं।।

स्वदेश में उग्र विचारों और राष्ट्रीय विचारों से ओतप्रोत लेख लिखने के लिए पण्डित पाण्डेय बेचन शर्मा 'उग्र' और सम्पादक दशरथ प्रसाद द्विवेदी को समय-समय पर जेल-यात्राएँ करनी पड़ी। नृसिंह (1907 कलकत्ता), देवनागर (1907 कलकत्ता) अभ्युदय (1907 प्रयाग), कर्मयोगी (1907 प्रयाग) आदि भी उस युग के प्रमुख राजनीतिक हिन्दी पत्र थे। इसी युग में 'नृसिंह' साप्ताहिक पत्र का प्रकाशन 1907 में अम्बिकाप्रसाद वाजपेयी ने किया। इसका प्रकाशन एक वर्ष तक हुआ, इसके पहले ही अंक में राष्ट्रभाषा शीर्षक सम्पादकीय लेख में कहा गया है कि ''जो लोग अंग्रेज़ी नहीं जानते, वे न तो कांग्रेस में जाते हैं और न उसके उद्दश्यों को ही भलीभाँति समझते हैं। गत दिसम्बर में जो कांग्रेस कलकत्ता में हुई थी, उस की बैठकों में अंग्रेज़ी न जाननेवाले अनेक मारवाड़ी भी उपस्थित थे। पर अंग्रेज़ी की उपयुक्त योग्यता न होने के कारण, उन्हें वहाँ कुछ आनन्द न मिलता था। अन्त को हिन्दी समाचार-पत्रों द्वारा जो थोड़े बहुत समाचार मिले, उन पर ही उन्हें सन्तोष करना पड़ा। यदि आज समस्त भारत के लिए सार्वजनिक अथवा राष्ट्रभाषा होती, तो विदेशी व्यापार में लिप्त मारवाड़ी भी देश की दुर्दशा का समस्त वर्णन अपने कानों सुनकर परिणाम में सत्यानाशी विदेशी वाणिज्य को तिलांजलि दे देते।'' देश की एकता को क़ायम रखने के लिए एक सामान्य भाषा के रूप में किसी देशी भाषा की प्रतिष्ठा का प्रश्न स्वतन्त्रता संग्राम के साथ उठा था। कुछ विद्वानों ने हिन्दी का पक्ष समर्थन किया था। राजा राममोहन राय से लेकर अरविन्द तक जितने भी विद्वान् हुए सबने हिन्दी का समर्थन किया। जस्टिस शारदाचरण मित्र ने बंगाक्षर के स्थान पर देवनागराक्षर के पक्ष में प्रस्ताव प्रस्तुत किया। इस प्रश्न को उन्होंने इतना महत्त्व दिया कि भाषा के साथ ही लिपि का आन्दोलन शुरू हो गया जिसे सार्वत्रिक व्याप्ति देने के लिए 1907 में कलकत्ता से ही **'देवनागर'** पत्र का प्रकाशन हुआ। भारतीय पत्रकारिता के इतिहास में यह एक अभूतपूर्व और अप्रतिम प्रयोग था। जस्टिस शारदाचरण मित्र ने भली प्रकार समझ लिया था कि जातीय उत्थान के लिए भावात्मक एकता अनिवार्य शर्त है और इस एकता को प्राप्त करने के लिए एक-दूसरे की भावाभिव्यक्ति को

समझना ज़रूरी है। एक-दूसरे की भावाभिंव्यक्ति को समझने के लिए एक-दूसरे की भाषा और लिपि का ज्ञान ज़रूरी है। विभिन्न भाषा-भाषी प्रदेशों के इस महादेश में यह एक विकट समस्या है। इसी समस्या का समाधान ढूँढ़ने के उद्‌देश्य से शारदाचरण मित्र ने 'एक लिपि-विस्तार परिषद्' की स्थापना की थी। 'एक लिपि विस्तार परिषद्' के आदि संचालक जस्टिस शारदाचरण मित्र ने भारतीय भाषाओं की सामान्य लिपि बनाने का व्रत लिया था और इस महत् उद्‌देश्य की सिद्धि के लिए ही 'देवनागर' का आविर्भाव हुआ था। इस पत्र की विज्ञप्ति थी भारत में एक सामान्य लिपि-देवनागरी लिपि-का प्रचार बढ़ाना। अपनी पुस्तक 'समाचार-पत्रों का इतिहास' में सम्पादकाचार्य पं. अम्बिकाप्रसाद वाजपेयी ने 'देवनागर' की चर्चा की है, ''देवनागर विचित्र था। भारत भर में एक लिपि हो जाये, इसका आन्दोलन करने के अभिप्राय से हाईकोर्ट के जज बाबू शारदाचरण मित्र की प्रेरणा से 'एक लिपि-विस्तार परिषद्' की स्थापना हुई थी जिसने नागरी वा देवनागरी को भारत की लिपि बनाने का संकल्प किया था। कारण यह है कि यह समग्र भारत में प्रचलित और परिचित लिपि है। इसका उद्‌देश्य भारत की सभी भाषाओं को तमिल, तेलुगु आदि द्रविड़ भाषाओं को भी हिन्दी अक्षरों में प्रकाशित करना था।'' शारदा बाबू परिषद् के मन्त्री और प्रथम सम्पादक बनाये गये। सारदा बाबू के बाद उमापति दत्त शर्मा और उनके बाद बाबू यशोदानन्द अखौरी ही वास्तविक सम्पादक रहे।'' **'देवनागर'** का प्रकाशन भारतीय पत्रकारिता में एक सशक्त नवीन प्रयोग था। यह पत्रिका मूलतः सांस्कृतिक थी। भाषा, साहित्य, धर्म, राजनीति, इतिहास, विज्ञान, गणित आदि प्रायः सभी विषयों पर लेख प्रकाशित होते थे। इसमें प्रत्येक भारतीय भाषाओं की रचनाएँ देवनागरी लिपि में छपती थीं। इसका उद्‌देश्य था एक लिपि के प्रचार द्वारा जातीय एकता की प्रतिष्ठा और सांस्कृतिक उन्नयन। एक वर्ष की विषय सूची देखकर इसका वैशिष्ट्य आसानी से समझा जा सकता है। 'देवनागर' के प्रथम पृष्ठ पर 'आविर्भाव' शीर्षक सम्पादकीय वक्तव्य है जो 'देवनागर' के आविर्भाव के कारणों और उद्‌देश्य पर प्रकाश डालता है। 'देवनागर' का सम्पादकीय वक्तव्य का कुछ अंश इस प्रकार है :''मनुष्य स्वभाव से ही एकता प्रेमी है। अद्वितीय परमात्मा का अंश होने के कारण चित्र-विचित्र पटावलम्बित संसार को एकता के सूत्र में गूँथने की इच्छा उसे सदा बनी रहती है। लोकमान्य बालगंगाधर तिलक के पथ पर चलकर इस पत्र ने एक लिपि विस्तार द्वारा राष्ट्रीय चेतना को उद्‌दीप्त किया। भाषा के विषय में देवनागर का यह विचार था ''जगद्‌विख्यात भारतवर्ष ऐसे महाप्रदेश में जहाँ जाति, पाँति, रीति, नीति, मत आदि के अनेक भेद दृष्टिगोचर हो रहे हैं, भाव की एकता रहते भी भिन्न-भिन्न भाषाओं के कारण एक प्रान्तवासियों के विचारों से दूसरे प्रान्तवालों का उपकार नहीं होता। इसमें सन्देह नहीं कि भाषा का मुख्य उद्‌देश्य अपने भावों को दूसरे पर प्रंकट करना है इससे परमार्थ ही नहीं समझना चाहिए अर्थात् मनुष्य को अपना विचार दूसरों पर इसीलिए प्रकट करना पड़ता है कि इससे दूसरे का भी लाभ हो किन्तु स्वार्थ साधन के लिए भी भाषा की बड़ी आवश्यकता है। इस समय भारतवर्ष में अनेक भाषाओं को प्रचार होने के कारण प्रान्तिक भाषाओं से सर्वसाधारण का लाभ नहीं हो सकता। भाषाओं को शीघ्र एक कर देना तो परमावश्यक होने पर भी दुस्साध्य-सा प्रतीत होता है। परन्तु इस अवस्था में भी जब यह देखा जाता है कि पर्यन्त हिन्दी या इसके रूपान्तर का व्यवहार करते हैं तब भाषाओं में सम्मिलन से एक सार्वजनिक नूतन भाषा का आविर्भाव हो जायगा।

गाँधीयुगीन पत्रों की भाषा

1920 के बाद भारतीय राजनीति अहिंसा के पुजारी महात्मा गाँधी के हाथ में आ गयी। गाँधी जी स्वयं पत्रकार थे और वे पत्रकारिता को वैचारिक क्रान्ति का सशक्त माध्यम मानते थे। इसलिए उन्होंने कहा था "ऐसी कोई भी लड़ाई जिसका आधार आत्मबल हो, अख़बार की सहायता के बिना नहीं चलायी जा सकती।" गाँधी जी ने 4 जून, 1903 में डर्बन से '**इण्डियन ओपिनियन**' नामक पत्र प्रकाशित किया। इस अख़बार की भाषाएँ अंग्रेज़ी, हिन्दी, गुजराती और तमिल होती थीं। अप्रत्यक्ष रूप से गाँधी ही इसके सम्पादक थे। इस पत्र ने अफ्रीका तथा अन्य देशों में बसे प्रवासी भारतीयों को अपने अधिकारों के प्रति सजग किया और उनमें राष्ट्रीय एवं सामाजिक चेतना उत्पन्न की। उस समय विभिन्न भाषाओं में अनेक पत्र प्रकाशित हो रहे थे। जिन पर गाँधी विचार का असर था और जो सत्याग्रह आन्दोलन के प्रतिश्रुत थे।" जलियाँवाला बाग़ काण्ड के बाद अंग्रेज़ों का दमन और तेज़ हुआ। ऐसे समय में 'यंग इण्डिया' का प्रकाशन हुआ, जिसके सम्पादक गाँधी जी थे। शीघ्र ही इसका गुजराती संस्करण 'नवजीवन' (जुलाई 1919) में प्रकाशित हुआ। इन मासिक पत्रों को बाद में साप्ताहिक कर दिया गया। साथ ही हिन्दी नवजीवन का प्रारम्भ किया गया। कालान्तर में 'यंग इण्डिया' 'नवजीवन' और 'हिन्दी नवजीवन' तीनों के नाम 'हरिजन' रख दिये गये। यह अछूतोद्धार और अस्पृश्यता विरोधी नीति का परिणाम था। इस तरह हरिजन, हिन्दी, अंग्रेज़ी और गुजराती में प्रकाशित होता था। इन पत्रों की विशेषता यह थी कि इनमें विज्ञापन नहीं प्रकाशित होते थे। हिन्दी हरिजन से महादेव भाई देसाई, वियोगी हरि, प्यारेलाल जी, रामनारायण चौधरी आदि गाँधी जी के प्रमुख सहयोगी थे। इन पत्रों के माध्यम से गाँधी जी एक सजग पत्रकार के रूप में भारतीय जन-मानस में छा गये। सामाजिक कुरीतियों और दूषित परम्पराओं के ख़िलाफ़ गाँधी ने इन्हीं पत्रों के माध्यम से आवाज़ उठायी, साथ ही असहयोग, सत्याग्रह और भारत छोड़ो आन्दोलनों को भी सक्रियता प्रदान की। इसी युग में शिवप्रसाद गुप्त ने बनारस से 5 सितम्बर, 1920 को 'आज' का प्रकाशन शुरू किया। इसके पहले ही अंक में सम्पादक श्री पराड़कर जी ने लिखा था-"हमारा उद्देश्य अपने देश के लिए सब प्रकार से स्वातन्त्र्य उपार्जन है। हम हर बात में स्वतन्त्र होना चाहते हैं। हमारा लक्ष्य यह है कि हम अपने देश का गौरव बढ़ावें, अपने देशवासियों में स्वाभिमान का संचार करें, उनको ऐसा बनावें कि भारतीय होने का उन्हें अभिमान हो, संकोच न हो।" अंग्रेज़ सरकार ने समाचार-पत्रों का दमन करने के सभी प्रयास किये और प्रेस ऐक्ट के ज़रिये, उन पर प्रतिबन्ध लगाये। 8 अगस्त, 1942 में एक आदेश के अन्तर्गत असहयोग आन्दोलन से सम्बन्धित सभी समाचारों के प्रकाशन में रोक लगा दी गयी। गाँधी-युग की हिन्दी पत्रकारिता की सबसे बड़ी उपलब्धि यह है कि इस युग में साहित्यिक पत्रकारिता राजनीतिक से पृथक् हुई। मतवाला, सुधा, चाँद, माधुरी, हंस और विशाल भारत-जैसी पत्रिकाएँ इसी समय निकलीं। इन पत्रिकाओं में गाँधी-युग की मूल चेतना मुखर है। आज, अर्जुन, प्रताप, हिन्दुस्तान, नवभारत, विश्वबन्धु तथा आर्यावर्त्त आदि दैनिक पत्रों ने स्वतन्त्रता आन्दोलन को गति प्रदान की। 1920 में जबलपुर से 'कर्मवीर' नामक साप्ताहिक पत्र प्रकाशित हुआ था। कर्मवीर का प्रकाशन इस युग की महत्त्वपूर्ण घटना थी। इस पत्र ने उग्र राष्ट्रीयता के दौर में त्याग, बलिदान, क्रान्ति और विद्रोह को मानवीय एवं संवेदनात्मक रूप में प्रस्तुत किया। हिन्दी को इस पत्र के द्वारा महत्त्वपूर्ण आयाम प्राप्त हुए। सन् 1930 ई. के प्रारम्भ में स्वतन्त्रता-आन्दोलन को कुचलने के लिए 'प्रेस

ऑर्डिनेन्स' लगाया गया फलतः अधिकांश पत्रों का प्रकाशन स्थगित हो गया। ऐसी स्थिति में मनस्वी पत्रकारों ने स्वाभिमान को जगाने हेतु भूमिगत क्रान्तिकारी पत्रों को निकाला जिसका नेतृत्व काशी ने किया। सर्वश्री पराड़कार, रामचन्द्र वर्मा, विश्वनाथ शर्मा, दुर्गाप्रसाद खत्री, दिनेशदत्त झा आदि तपस्वियों की साधना के बल पर अनेक विप्लवकारी पत्र निकले। 'रणभेरी', 'शंखनाद', 'चिनगारी', 'रणडंका', 'चण्डिका' और 'तूफ़ान' नामधारी पत्रों ने स्वतन्त्रता-आन्दोलन को गत्वरता दी। सम्पादक, प्रकाशक एवं अन्य तथ्यों को गुप्त रखकर इन पत्रों ने क्रान्ति की ज्वाला को भभकाया जिसके प्रमाण रूप में यह पंक्तियाँ अंकित हैं। 'रणभेरी उसके (पुलिस) के सर पर बजेगी और तब तक बजती रहेगी जब तक काले कानून रहेंगे और काशी में देशभक्ति रहेगी। डरा-धमकाकर लोगों को देशद्रोही बनाने का जमाना गया।'

ऐतिहासिक दृष्टि से बीसवीं शताब्दी के साथ ही आविर्भूत 'सरस्वती' साहित्यिक महत्त्व और जातीय स्वर की दृष्टि से इसी युग की पत्रिका थी। गाँधी-युग की पत्रकारिता के साथ यहीं से हिन्दी की साहित्यिक पत्रकारिता का जन्म हुआ। 'मतवाला' का प्रकाशन हिन्दी पत्रकारिता की समृद्धि का संकेत था। इसी पत्र के माध्यम से हिन्दी-काव्य को 'निराला'-जैसे विशिष्ट हस्ताक्षर की उपलब्धि हुई जो कालान्तर में हिन्दी के सर्वश्रेष्ठ कवि माने गये। डॉ. कृष्ण विहारी मिश्र ने ठीक लिखा है- "जिस प्रकार राजा राममोहन राय से लेकर जवाहरलाल नेहरू और कहना चाहिए डॉ. राममनोहर लोहिया तक आधुनिक भारतीय राष्ट्रीयता का प्रायः प्रत्येक पुरस्कर्त्ता पत्रकार भी रहा है, उसी प्रकार आधुनिक हिन्दी साहित्य के अधिकांश श्रेष्ठ लेखक कहीं-न-कहीं और किसी-न-किसी रूप में पत्रकारिता से जुड़े रहे हैं। यह परम्परा भारतेन्दु बाबू हरिश्चन्द्र से लेकर सच्चिदानन्द वात्स्यायन तक स्पष्ट दिखायी पड़ती है।" कृष्ण बिहारी मिश्र का यह कथन सर्वथा उचित है कि "हिन्दी गद्य के निर्माण का अधिकांश श्रेय हिन्दी पत्रकारों को है जिन्होंने पत्रों के माध्यम से भाषा को एक व्यवस्था, समृद्धि और परिनिष्ठित रूप दिया।" परवर्ती काल के यहाँ के हिन्दी पत्रकारों में तो कुछ ऐसे नाम भी हैं जो हिन्दी के गौरव हैं। बालमुकुन्द गुप्त, अम्बिकाप्रसाद वाजपेयी, बाबू रावविष्णु पराड़कर, शिवपूजन सहाय, सूर्यकान्त त्रिपाठी 'निराला', पाण्डेय बेचन शर्मा 'उग्र', इलाचन्द्र जोशी, भगवतीचरण वर्मा, सच्चिदानन्द हीरानन्द वात्स्यायन 'अज्ञेय' आदि किसी समय कलकत्ते में हिन्दी के पत्र-सम्पादक थे। निस्सन्दिग्ध रूप से कहा जा सकता है कि हिन्दी गद्य की भाषा और शैली के साथ-साथ यहाँ के हिन्दी पत्रकारों ने हिन्दी साहित्य की जातीय भूमिका का निर्माण किया।

स्वातन्त्र्योत्तर पत्रकारिता

स्वतन्त्रता आन्दोलन के क्रम में हिन्दी पत्रकारिता एक मिशन थी। इसका लक्ष्य, राष्ट्रीय अस्मिता, एकता, अखण्डता, स्वतन्त्रता एवं स्वत्त्व की पुनर्प्रतिष्ठा के लिए भारतीय जन-मानस को प्रेरित करना था। उस अवधि में अधिकांश पत्रकार, स्वतन्त्रता-संग्राम से जुड़े हुए थे। जनमत संचार और जन शिक्षण की दिशा में पत्रकारों ने जिस निष्ठा से आज़ादी की लड़ाई के दौरान कार्य किया था, वह निष्ठा भाव या कहें मिशन स्वतन्त्र भारत में ग़ायब हो गया। पूरी निष्ठा से स्वराज-प्राप्ति का जतन करनेवाली हिन्दी पत्रकारिता, आज़ादी मिलने के बाद, सुराज-प्राप्ति के मार्ग से भटक गयी। मिशन पर व्यावसायिकता हावी हो गयी। अख़बारों पर सम्पादकों का कब्ज़ा हो गया, जो कि पूँजीपति या व्यवसायी होते हैं, जिसकी वजह से पत्र प्रकाशन लाभ-हानि

से जुड़ गया। स्वाधीनता के पश्चात् दैनिक पत्रों के प्रकाशन एवं प्रसार संख्या में वृद्धि हुई। नवनिर्माण काल के कुछ श्रेष्ठ दैनिकों में 'नवभारत टाइम्स' (नयी दिल्ली, 1947)', 'नयी दुनिया' (इन्दौर, 1947), 'प्रदीप' (पटना, 1947), 'नव प्रभात' (ग्वालियर, 1948), 'युगधर्म' (नागपुर, 1951), 'स्वतन्त्र भारत' (लखनऊ, 1947) 'जागरण' (कानपुर, 1947), 'अमर उजाला' (आगरा, 1948), 'सन्मार्ग' (कलकत्ता, 1948), 'नवजीवन' (लखनऊ, 1947), 'वीर प्रताप' (जालन्धर), 'वीर अजुर्न' (दिल्ली, 1954), 'पंजाब केसरी' (जालन्धर, 1964), 'राष्ट्रदूत' (जयपुर, 1951), 'राजस्थान पत्रिका' (जयपुर, 1956), 'देशबन्धु' (भोपाल, जबलपुर, रायपुर, 1956),'आज' (वाराणसी, 1920), 'गाण्डीव' (वाराणसी), 'हिन्दुस्तान' (दिल्ली), 'स्वदेश' (इन्दौर, ग्वालियर, 1966), 'भास्कर' (ग्वालियर, 1958), 'नवीन दुनिया' (जबलपुर, 1956), 'दैनिक ट्रिब्यूटन' आदि सैकड़ों हिन्दी पत्र प्रकाशित हुए जिनके द्वारा नवयुग की चेतना के निर्माण में महत्त्वपूर्ण भूमिका निभायी गयी। अपनी व्यावसायिक प्रवृत्ति के बावजूद पिछले 64 वर्षो में हिन्दी पत्रकारिता ने आर्थिक सामाजिक विकास में जन-मानस की सक्रिय भागीदारी को सुनिश्चित किया है। भारतीय लोकतन्त्र को सफल बनाने में पत्रकारिता का योगदान महत्त्वपूर्ण है। सत्ता और जनता के मध्य कड़ी के रूप में कार्य करते हुए, भारतीय पत्रकारिता ने नित नये आयाम स्थापित किये हैं।

भारत में 1974 से ही सर्वाधिक पत्र हिन्दी में छपते थे उस समय हिन्दी में जहाँ 3200 पत्र निकलते थे वहीं अंग्रेज़ी पत्रों की संख्या 2453 थी। 1971 ई. में प्रेस रजिस्ट्रार की रिपोर्ट के अनुसार विगत वर्षो की अपेक्षा हिन्दी पत्रों की बिक्री लगभग दो लाख बढ़ी। युगीन भावबोध के साथ भाषा आन्दोलन हिन्दी की पत्र-पत्रिकाओं द्वारा मुखरित हुआ। हिन्दी का आदर्श स्वरूप स्थिर करने, लोकरुचि का परिष्कार करने तथा साहित्य की विविध विधाओं के समुन्नयन हिन्दी पत्रों का महत्त्वपूर्ण योगदान है। साहित्य प्रबुद्धवर्ग की वस्तु नहीं है उसका सम्बन्ध जनसामान्य से होना चाहिए इस तथ्य को पत्रकारिता ने स्पष्ट किया। विज्ञान, तकनीक, इलेक्ट्रॉनिक, कम्प्यूटर ने जनजीवन में क्रान्तिकारी परिवर्तन किया। हिन्दी के विभिन्न समाचार-पत्रों ने वैज्ञानिक अनुसन्धानों को जनता तक पहुँचाया। स्वतन्त्रता-प्राप्ति के पश्चात् हिन्दी पत्रों ने जहाँ एक ओर बहुमुखी विकास का मार्ग प्रशस्त किया वहीं राष्ट्रभाषा को सर्वाधिक उपयोगी बनाने का सफल प्रयास भी किया। दैनिक जीवन में बोलचाल के शब्दों के प्रयोग, नवीन शब्दों के निर्माण द्वारा पत्रों ने जनभाषा का शिल्पायन किया। बड़े और जटिल वाक्यों के स्थान पर छोटे और सरल वाक्यों के द्वारा भाषा को स्वाभाविक और बोधगम्य बनाया। क्रान्तिकाल के सेनानी पत्रकारों के सहयोगी रतनलाल जोशी, कालिकाप्रसाद दीक्षित 'कुसुमाकर', रामनारायण चौधरी, अशोक जी, योगीन्द्रपति त्रिपाठी, श्री प्रकाश, रामकृष्ण रघुनाथ खाडिलकर, मुकुन्दीलाल श्रीवास्तव, दिनेश दत्त झा, वेंकटलाल ओझा, सोहनलाल द्विवेदी, वियोगी हरि, क्षेमचन्द्र 'सुमन', कृष्णदत्त पालीवाल थे। इन पत्रकारों के व्यक्तित्व में विद्वत्ता और सरसता, पाण्डित्य और विदग्धता, गम्भीरता और विनोदमयता थी। वे वैचारिक धरातल पर पूर्णतः परिपक्व थे। वे जन-कल्याण के प्रति कटिबद्ध थे। समाचार-पत्रों का काम केवल ख़बर देना ही नहीं है। आज जब विश्व के प्रत्येक क्षेत्र में विभिन्न विषयों में नये-नये अनुसन्धान हो रहे हैं ऐसे में समाचार- पत्रों का महत्त्व और बढ़ जाता है। एक समय था जब केवल समाचार-पत्रों का कार्य सूचना-संकलन करना होता था, किन्तु आज इसका कार्य-क्षेत्र काफ़ी बढ़ गया है। यह आज एक उद्योग भी

माना जाने लगा है। साथ ही समय और समाज को दृष्टिगत रखते हुए नागरिकों को उनके कर्तव्य व अधिकारों का बोध कराना भी समाचार-पत्रों का कार्य है।

'खींचो न कमान को, न तलवार निकालो,
जब तोप मुक़ाबिल है, तो अख़बार निकालो।'

अकबर इलाहाबादी के इस कथन को 'मतवाला' समाचार-पत्र सबसे ऊपर छापता था, समाचार-पत्रों की महत्ता को रूपायित तो करता ही है साथ ही उसकी पैनी धार को भी स्पष्ट करता है।

वर्तमान समाचार-पत्रों की भाषा

समाचार-पत्र को अरबी में अख़बार और अंग्रेज़ी में न्यूज़ पेपर कहा जाता है। मोटे तौर पर अभिधागत समाचार-पत्र का अर्थ समाचारों की जानकारी देनेवाले पत्र से है। समाचार-पत्रों की आवश्यकता समय की माँग के अनुरूप बढ़ती गयी। ज्यों-ज्यों मानव समाज बढ़ता गया, उसके चारों तरफ़ तरह-तरह की घटनाओं ने जन्मना शुरू कर दिया। अब इन घटनाओं को आदमी धक्षुशः तो देख नहीं सकता, कर्णशः सुन नहीं सकता। उसके पास एक ही साधन था पाठन का, तो समाचार-पत्रों ने इस कमी को दूर किया और घर बैठे-बैठे उसे कम खर्च और कम समय में ही केवल आसपास की ही नहीं बल्कि विदेशों की भी ख़बरें मिलने लगीं। समाचार-पत्रों की भाषा, भाषा की एक अलग 'प्रोक्ति' है। जिस प्रकार साहित्य की अलग भाषा होती है, कार्यालयों की भाषा भी अलग होती है, फिल्मों की भाषा अलग होती है ठीक उसी प्रकार समाचार-पत्रों की भी एक अलग भाषा होती है, जो उसे भाषा की अन्य प्रयुक्तियों से अलग कर देती है। जहाँ एक ओर साहित्य की भाषा में तत्सम शब्दों की भरमार होती है और कार्यालय की भाषा में पारिभाषिक शब्दावली की अधिकता होती है वहीं समाचार-पत्रों की भाषा में आम बोलचाल के शब्दों का बाहुल्य होता है। समचार-पत्र का दायरा असीमित होता है। उसे अपनी बात नौकर से लेकर मालिक तक, अनपढ़ से लेकर अध्यापक तक पहुँचानी होती है। इसलिए उसे भाषा के तौर पर सामंजस्य करके चलना होता है, उसे अपनी भाषा बोलचाल की रखनी पड़ती है।

वर्तमान में समूचे देश में हिन्दी ही एक ऐसी भाषा है जिसके बोलने, समझने व पढ़नेवालों की संख्या अपेक्षाकृत अधिक है। अतः इसके माध्यम से किसी भी नवीन, पुरानी, अज़ीब घटना का प्रचार-प्रसार किसी अन्य भाषा से कहीं अधिक होता है। यह भाषा न केवल भारत में बोली जाती है, बल्कि विश्व के कई अन्य देशों में भी बोली जाती है। अतः हिन्दी के दैनिक समाचार-पत्रों को ख़ासकर राष्टीय स्तर के समचार-पत्रों की भाषा का काफ़ी ध्यान रखना पड़ता है। जिस हिन्दी को मथुरा, दिल्ली या लखनऊ का आम पाठक आसानी से समझ सकता है, उसे असम, मेघालय या फिर नेपाल का पाठक आसानी से नहीं समझ पायेगा। अतः समाचार-पत्रों को इन पाठकों के साथ भी तादात्म्य स्थापित करना होता है। हिन्दी में वर्तमान में लगभग 17 बोलियाँ हैं। वे सभी मिलकर हिन्दी कहलाती हैं, स्थानीय समाचार-पत्रों में क्षेत्रीय बोलियों के शब्दों की भरमार होती है, जो स्वाभाविक है। 'अमर-उजाला' में जहाँ एक ओर ब्रज की प्राधानता मिलेगी तो वहीं 'राजस्थान-पत्रिका' में मारवाड़ी व मेवाती शब्दों की बहुलता मिलेगी, तो 'नयी-दुनिया' में मालवी शब्दों की अधिकता होगी। राष्ट्रीय स्तर के पत्र इन सब बातों को दृष्टिगत रखते हुए क्षेत्रीय संस्करण भी निकालते हैं। दैनिक जागरण, अमर उजाला, दैनिक भास्कर, नवभारत-टाइम्स व हिन्दुस्तान इनमें से प्रमुख हैं जहाँ एक ओर इन राष्ट्रीय

समाचार-पत्रों के पहलेवाले पृष्ठ व सम्पादकीय की भाषा समूचे देश के लिए एक होती है, वहीं क्षेत्रीय संस्करणवाले पृष्ठों के समाचार-पत्रों की भाषा में क्षेत्रीयता का प्रभाव रहता है। जहाँ एक ओर 'नवभारत टाइम्स' के उत्तर-प्रदेश संस्करण की भाषा में संस्कृतनिष्ठ शब्द रहते हैं तो वहीं मुम्बई संस्करण में मराठी के शब्दों की अधिकता रहना स्वाभाविक है। अतः दैनिक हिन्दी समाचार-पत्रों की भाषा अन्य प्रयुक्तियों से एक अलग प्रयुक्ति है। इन दैनिक समाचार-पत्रों में प्रत्येक स्तम्भ की भाषा अलग होती है जैसे- सम्पादकीय की अलग भाषा है, तो बाज़ार भाव की अलग, खेलकूद की अलग भाषा है तो विज्ञापनों की अलग, समाचारों की अलग भाषा है तो विशेष लेखों की अलग। ये सभी दैनिक समाचार-पत्रों की भाषा के विविध रूप हैं। इन सबकी भाषा, व्याकरणिक व शैलीगत बिलकुल अलग-अलग होती है, जिसका विस्तृत विवरण इस प्रकार है।

राजनीतिक-सामाजिक समाचारों की भाषा-इनकी भाषा का अपना अलग स्थान होता है। व्याकरणिक दृष्टि से इस क्षेत्र में बहुत-से तद्भव के साथ-साथ तत्सम शब्दों का भी प्रयोग किया जाता है। परन्तु ये तत्सम शब्द सरल ही होते हैं जो आसानी से समझ में आ जाते हैं। इन शब्दों की बानगी इस प्रकार है- मृत, ग्राम, प्राथमिक, सर्वोपरि, नेतृत्व, कुकृत्य, गुणवत्ता, विश्लेषण, त्रस्त, ग्रस्त, ज्ञान, अज्ञान-जैसे अनेक शब्द हैं।

समाचार-पत्रों की भाषा के अध्ययन में स्पष्ट होता है कि इनमें अंग्रेज़ी के शब्दों का प्रयोग भी काफ़ी मात्रा में होता है और उन शब्दों को इन समाचार-पत्रों ने दूध में पानी की तरह मिला दिया है, और अब तो ऐसा लगता है कि जैसे यह शब्दावली अंग्रेज़ी की न होकर हिन्दी की ही है। उदाहरणार्थ-रिपोर्ट, सिनेमा, बम, फ़ोन, सिटी, ऑपरेशन, स्पीड, इलेक्ट्रॉनिक, इन्चार्ज, गेटकीपर, गैस सिलेण्डर, बल्ब, क्लब, मेडिकल, फर्नीचर, जज, केस, वारण्ट, ड्राइवर, फाइल, कमेटी, समूह, चालान, बिल, रोड, वर्कशॉप, शेयर, नर्सिंग होम, प्राईवेट, ट्रक, स्कूटर, इण्टरवल, हाईकोर्ट-जैसे असंख्य शब्द हैं। जहाँ एक ओर हिन्दी समाचार-पत्रों में अंग्रेज़ी के शब्दों की भरमार है, वही दूसरी ओर फ़ारसी शब्दों के भी दर्शन होते हैं। जो अधिकांशतः विषयानुकूल होते हैं। प्रवृत्ति निर्देश के लिए इस अवधि में पाये गये कुछ अरबी फ़ारसी शब्दों की सूची इस प्रकार है- इत्तला, दर्ज़, सुलूक, कब्ज़ा, अज़ीब, ख़ातिर, बरामद, मुहिम, दहेज, तकाजा, नामज़द, मदद इत्यादि। जहाँ एक ओर समाचार-पत्रों की भाषा में तत्सम, तद्भव, विदेशी तथा देशी शब्दों का प्रयोग होता है, वहाँ दूसरी ओर सन्धि द्वारा निर्मित शब्दों को भी ग्रहण कर लिया जाता है। यहाँ समाचार-पत्रों में उपलब्ध कुछ सन्धि शब्द प्रस्तुत हैं-आग्नेयास्त्र, हताहत, कथनानुसार, अध्यादेश, पुनरावृत्ति, यातायात, अन्त्येष्टि, पूर्वाग्रही, परगनाधिकारी, नियमानुसार, प्रोत्साहन, सर्वोपरि, समयागम, जिलाधिकारी, भ्रष्टाचार इत्यादि। समाचार-पत्रों में उपसर्ग एवं प्रत्यय द्वारा निर्मित शब्दों का भी पर्याप्त मात्रा में प्रयोग किया जाता है। समाचार-पत्रों में इस प्रकार के शब्दों की आवृत्ति कहीं अपने सहज रूप में तो कहीं पारिभाषिक रूप में ग्रहण करती दिखायी देती हैं। जैसे- प्रशिक्षण, विक्षत, प्रत्यारोपण कुकृत्य, दर्शनीय, अधिग्रहण, भावनात्मक, प्रतिकार, सशस्त्र, अज्ञात, निर्देश, अनुदेश, कामुक, दर्शनीय, अतिक्रमण, नियोजन, सम्मिलित, विभागीय, उल्लेखनीय, सामूहिक स्थानीय-जैसे शब्द हैं। समाचार- पत्रों में प्रयोग होनेवाली शब्दावली में कुछ विशेष शब्द ऐसे होते हैं जो केवल समाचार-पत्रों की भाषा में ही मिलते हैं। जैसे- प्रेस ट्रस्ट, यूनीवार्ता, कामगार, निपटान, लाठी चार्ज, दिन दहाड़े, गोली काण्ड, धोखाधड़ी, फ़रार, नाकेबन्दी, आँसू गैस,

घिराव, हथियाना, सुगबुगाहट, नतीजन, हड़कम्प, फूटपरस्त, बर्फबारी, आदि शब्द हैं।-चूँकि मुद्रण कला का विकास सर्वप्रथम पश्चिम देशों में हुआ था इसलिए पत्रकारिता का भी जन्म पश्चिमी देशों में ही पहले हुआ। अतः हिन्दी समाचार-पत्रों पर इनका प्रभाव पड़ना स्वाभाविक ही है। समाचार-पत्रों की भाषा का अध्ययन करते समय हमें यह प्रभाव अन्य रूपों के साथ अनुवाद के रूप में भी प्राप्त होता है। यह अनुवाद दो रूपों में देखा जा सकता है- एक अनुवाद तथा दूसरा छायानुवाद या आंशिक अनुवाद । उदाहरणार्थ-

पूर्ण अनुवाद -Pak firing in Poonch

Pakistani Troops have been resorting to unprovoked internittent firing against the indian Security Forces posted in Begyaldara area in Boarder district of Poonch for the last three days.

'पुंछ !! अक्टूबर (प्रे.ट्र.) इस सीमावर्ती जिले के वायलदरा क्षेत्र में भारतीय सुरक्षा सैनिकों पर पाकिस्तानी सैनिकों की ओर से अकारण पिछले तीन दिनों से रह-रहकर गोलाबारी की जा रही है।'

क्रीड़ा-जगत् के समाचारों की भाषा- क्रीडा-जगत् के समाचारों की भाषा में ऐसे शब्द प्रायः देखने में आते हैं, जिनका सामान्य भाषा में एक अर्थ होता है, परन्तु खेलों में प्रयोग होने पर वे विशिष्ट अर्थ के वाहक बन जाते हैं। जैसे 'तोड़' का प्रयोग या तो किसी वस्तु को तोड़ने के सन्दर्भ में किया जाता है या दही के पानी के लिए। परन्तु 'कुश्ती' में इस तोड़ की छटा कुछ अलग है। जैसे- 'आज तोड़ की कुश्तियों का अर्थ है, बहुत शानदार एवं मुक़ाबले की कुश्तियाँ। इसी प्रकार अन्य शब्द भी हैं- शतकीय, लड़न्त, गोलमुहाने, भिड़न्त, उत्कृष्ट, अप्रत्याशित, तरणताल (Swimming pool) मानद, अवैतनिक, परिपत्र, स्वर्ण-पदक, तूफ़ानी गेंदबाज, धड़ल्लेदार बल्लेबाजी, ऑस्ट्रेलिया 150 रन पर निपटा, लीग मैच, गोल, आक्रामक पारी, एकादश विजयी, शानदार शतक, धुआँधार रन बटोरे, 2 गोल से रौंद डाला, फर्राटिया, रिजर्वफोर्स प्लेयर्स, फाल ऑफ विकिट्स, ओपनिंग बैट्समैन, टॉप प्लेयर्स, रिवर्स सिंगल मैच, ओवर, विकेट, अम्पायर, रेफरी, पेनाल्टी, डक, जैसे असंख्य शब्द हैं।

बाज़ार भावों के समाचारों की भाषा- वस्तुओं के भावों की जानकारी देनेवाले समाचारों की भाषा में प्रयोग किये जानेवाले शब्दों का अलग ही महत्त्व है। इनका उदाहरण कुछ इस प्रकार है- मूल्य घटने के लिए खिसकना या लुढ़कना-जैसे शब्दों का प्रयोग किया जाता है तथा मूल्य बढ़ने के लिए उछाल शब्द का प्रयोग होता है। जैसे-

- सोना 10 रुपये लुढ़क गया
- चाँदी का सिक्का 60 रुपये तक उछल गया।
- मूल्यों के स्थिर रहने के लिए अपरिवर्तित तथा सुस्त पड़ना-जैसे शब्दों का प्रयोग होता है। जैसे-
- लिवाली के कमज़ोर रहने से शक्कर में सुस्ती रही। मसूर की दाल अपरिवर्तित रहा।

इसी तरह के अन्य शब्दों की बानगी इस प्रकार है- उतरना, टूटना, नरमी, खुलना, ढीला रहना, बन्द होना, पड़ा होना, शान्त होना, सीमा पार कर जाना, आगे बढ़ना, चढ़ जाना, टिकटिकाव, सुधारना, शिथिलता, उच्चतम, न्यूनतम, हाजिर भाव, ग्राहक, बाज़ारी, बिकावली, तेजड़िया, मन्दड़िया, लिवाली, निकासी, कारोबारी, चालू भाव, उपभोक्ता, पूँजी निवेश, विनिमय,

मुद्रा-स्फीति, माँग, पूर्ति, आयात, निर्यात, लाभांश, हानि, अवमूल्यन आदि शब्द। कई बार इस बाज़ार की भाषा में मुहावरों का प्रयोग होता है तथा कई बार क्रिया- रूप में भी उनका प्रयोग किया जाता है जिसका उद्देश्य भाषा को सटीक बनाने के लिए होता है। जैसे- कपूर हवा में उड़ा, पीपरमेण्ट बैठ गया, गेहूँ में गरमी आयी, चने फिर सुस्त, सोडियम नाइट्राइट और टूटा। इसमें कपूर हवा में उड़ा से तात्पर्य है कि कपूर के दाम बढ़ गये, पीपरमेण्ट बैठ गया का आशय है कि इसके दाम में काफ़ी गिरावट आयी, गेहूँ में गरमी का मतलब गेहूँ के भावों में वृद्धि हुई, चने फिर सुस्त यानी चने के भाव में फिर से गिरावट आयी, सोडियम नाइट्राइट टूटा का मतलब है कि माँग कमज़ोर होने से इसके भाव पहले से ज़्यादा कम हो गये। ये ऐसे शब्द हैं जो बाज़ार के परिप्रेक्ष्य में प्रयोग किये जाने पर पाठक समझ जाता है कि इसका वास्तविक अर्थ क्या होगा।

सम्पादकीय की भाषा- जिस प्रकार मानव शरीर बिना प्राण केवल अस्थि-पंजर होता है, ठीक उसी प्रकार सम्पादकीय के बिना समाचार-पत्र निर्जीव है। सम्पादकीय समाचार-पत्र के रीढ़ की हड्डी की तरह है, जिस पर पूरे समाचार-पत्र की साख टिकी होती है। सम्पादकीय मानव शरीर के चेहरे के समान है जिससे चेहरा देखकर मनुष्य की मानसिकता का अन्दाज़ा लगाया जा सकता है। जिस समाचार-पत्र की जितनी सशक्त, निर्भीक व निरपेक्ष सम्पादकीय होगी वह निश्चित ही जनतन्त्र का सच्चा प्रहरी होगा। सम्पादकीय समूचे समाचार-पत्र के दृष्टिकोण को रूपायित करती है। सम्पादकीय बहुधा ज्वलन्त मुद्दों पर लिखी जाती है या फिर उस दिन की किसी बड़ी घटना को लेकर लिखी जाती है । सम्पादकों की विषय-वस्तु धार्मिक, आर्थिक, सामाजिक, राजनीतिक, वैदेशिक आदि सभी से सम्बद्ध होती है। सम्पादकीय की भाषा विषयवस्तु एवं सम्पादक की शैली पर निर्भर करती है। जहाँ एक ओर राष्ट्रीय समाचार-पत्रों 'नवभारत टाइम्स', 'हिन्दुस्तान', 'जनसत्ता' की सम्पादकीयों में प्रयुक्त भाषा परिमार्जित, वर्तनी शुद्ध व मानक होती है, वहीं क्षेत्रीय समाचार-पत्रों की सम्पादकीयों में इन तत्त्वों की कुछ कमी-सी रहती है। भाषा का अध्ययन व्याकरणिक रूप से करने पर यह पता चलता है कि सम्पादकीय में बहुधा तत्सम शब्दों को वरीयता दी जाती है। वैसे तो देशज शब्दों को भी नकारा नहीं जा सकता, साथ ही अंग्रेज़ी, उर्दू, अरबी, फारसी-जैसे विदेशी भाषा के शब्दों का भी बख़ूबी प्रयोग किया जाता है। कई समाचार-पत्रों में सम्पादक अलग से नहीं होते बल्कि समाचार-पत्र के मालिक होते हैं उनकी भाषा कुछ कम मानक होती है। और ऐसा प्रायः क्षेत्रीय समाचार-पत्रों में ही देखने को मिलता है, क्योंकि राष्ट्रीय स्तर के समाचार-पत्रों में तो सम्पादक अलग से नियुक्त किये जाते हैं।

रविवासरीय अंकों की भाषा- सभी समाचार-पत्रों में एक ख़ास विशेषता यह होती है कि प्रत्येक समाचार-पत्र रविवासरीय संस्करण अवश्य प्रकाशित करता है और उसमें मुख्यतः साहित्यिक विशिष्ट लेख, बाल जगत्, पर्यटन, ऐतिहासिक चित्रण, फिल्मी पन्ने, पुस्तक-समीक्षा, साप्ताहिक भविष्य फल आदि होते हैं। यूँ तो भाषा के तौर पर रविवासरीय संस्करण की भाषा आम संस्करण की भाषा में कोई अन्तर नहीं होता, सिर्फ़ परिशिष्ट को छोड़कर शेष समाचार तो आम संस्करणों-जैसे ही होते हैं। साहित्यिक खण्डों की भाषा के अन्तर्गत कहानी, उपन्यास धारावाहिक, लघु उपन्यास, कविता, हास्य-व्यंग्य, और पुस्तक समीक्षा, साक्षात्कार आदि आते हैं। एक मायने में इस खण्ड की भाषा को समाचार-पत्रों की भाषा के अन्तर्गत समाहित नहीं किया

जा सकता क्योंकि यह तो गद्य व पद्य अलग-अलग दो विधाओं की भाषा होती है, उसमें भी उपन्यास की भाषा में अन्तर होता है, वहीं साहित्यिक लेखों की भाषा में भी भिन्नता होती है। अतः इस खण्ड को समाचार-पत्रों की भाषा न ही मानना उचित होगा। फिल्मी पन्ने की भाषा राजभाषा शब्दावली की तरह एक अलग से प्रयुक्ति बनती जा रही है। इसकी भाषा में जहाँ एक ओर अंग्रेज़ी शब्दों की भरमार होती है वहीं कुछ शब्द ऐसे भी होते हैं, जो इसकी अलग से शब्दावली बन चुके हैं। अंग्रेज़ी शब्दावली इस प्रकार है- टीन-एज, फिल्मी प्रोडक्शन, रिकॉर्ड, फ्लॉप, एपीसोड, साउण्ड, ट्रैक, डबिंग, हिट, पापुलर, सुपर, हीरो, विलेन, हीरोइन। संस्कृत शब्दावली इस प्रकार है- कृति, प्रख्यात, स्थापित, चरित्र, अभिनेता, प्रदर्शित, मार्मिक, युद्धक्रान्त, प्रत्यक्ष, प्रमाणिक, परिवेश, भव्य, प्रतिष्ठा, समारोह।

समाचार-पत्रों की भाषा के कुछ उदाहरण-

'शुक्ल के आने से पूर्व रणजी चैम्पियन दिल्ली के सभी तोप खिलाड़ी लौट चुके थे।'

(हिन्दुस्तान दैनिक 21-03-1981)

'उनकी पहली प्रतिक्रिया थी कि विचारधारा और दाँवपेंच का यह सुविधा हनीमून क़ामयाब नहीं हो सकता।'

(नवभारत टाइम्स 27-07-1989)

यहाँ पर शब्द हनीमून का हिन्दी पर्याय सुहागरात का प्रयोग बहुत ही अटपटा लगेगा। ''वे भी हिन्दुओं के साथ हर ग़म में शरीक़ रहे है।''

यहाँ पर गम शब्द के साथ मिलकर 'शरीक' शब्द गम की गम्भीरता को और महत् कर रहा है।

(अमर उजाला 05-07-1989)

'विजयी भव' (दैनिक जागरण 02-04-2011)

यहाँ विजयी भव वर्ड कप में लंका पर भारत की जीत के लिए कहा गया है जो भगवान् राम द्वारा लंका पर जीत की याद दिलाता है।

'लय में हो, लेन्थ बिगाड़ दो' (हिन्दुस्तान 30-03-2011)

भारतीय बल्लेबाजी को पाकिस्तानी गेंदबाजी के दबाव में न आने का सन्देश देता है। क्योंकि पाकिस्तानी गेंदबाजी बहुत मज़बूत मानी जाती है।

'पीपीपी मॉडल से सुधारेंगे 21 हाईवे' (अमर उजाला 29-03-2011)

अंग्रेज़ी शब्दों की बहुलता से बना शीर्षक

'Fight for the Pride,'

अन्ना से मिलने पहुँचे अनुपम खेर। (आई-नेक्स्ट 09.04.2011)

हिन्दी अख़बार का अंग्रेज़ी शीर्षक,

'जन गण मन की जीत' (हिन्दुस्तान 09-04-2011)

अन्ना हजारे की माँग माने जाने पर देशभक्ति को दर्शाता शीर्षक

समाचार-पत्रों की भाषा का अध्ययन करने के बाद हम इस निष्कर्ष पर पहुँचते हैं कि समाचार-पत्रों की भाषा प्रयुक्त अन्य प्रयुक्तियों से बिलकुल अलग है। इसकी अलग पहचान है, अलग विशेषता है, जो अन्य प्रयुक्तियों से इसे अधिक रोचक व प्रभावशाली बना देती है।

समाचार-पत्रों की भाषा की सबसे पहली विशेषता सम्प्रेषणीयता की होती है। समाचार-पत्रों की भाषा का मुख्य उद्देश्य समाचार को येन-केन-प्रकारेण पाठकों तक पहुँचाना होता है। अतः इसमें प्रयोग की गयी भाषा मानक भाषा से काफ़ी हटकर होती है। समाचार-पत्रों की भाषा में सन्दर्भ के अनुसार आगत, संस्कृत तत्सम, अर्द्धतत्सम, तद्भव और देशज शब्दों का भरपूर प्रयोग होता है। चूँकि समाचार-पत्रों का मुख्य उद्देश्य आम व्यावसायिक हो गया है, अतः वे भाषा की व्याकरणसम्मतता पर अधिक ध्यान न देकर उसकी सम्प्रेषणीयता पर ध्यान देते हैं। इस कारण अनेक स्थानों पर भाषा का प्रयोग मानक रूप से कुछ हटकर होता है। समाचार-पत्रों की भाषा में वाक्य बहुत लम्बे भी देखे जा सकते हैं। यद्यपि समाचार-पत्रों का पाठक एक अल्प-शिक्षित व्यक्ति से लेकर उच्च-शिक्षित व्यक्ति तक होता है, अतः समाचार-पत्रों की भाषा भी उसी के अनुसार लचीली एवं सुबोधगम्य ही रखी जाती है। वस्तुतः समाचार-पत्रों की भाषा परिनिष्ठित व मानक भाषा न होकर एक कामचलाऊ भाषा होती है, जो कि इसकी प्रकृति के अनुकूल ही है। भाषा को अधिक समृद्ध और सटीक बनाने के लिए उसे मुहावरों तथा लोकोक्तियों आदि से तो सम्पन्न किया ही जाता है, साथ ही चयन और विचलन-जैसी प्रवृत्तियों को भी अपनाया जाता है। भाषा में चयन की यह प्रवृत्ति संज्ञा, विशेषण क्रिया, क्रिया-विशेषण वाक्य आदि के स्तर पर मिलती है, और विचलन का भी संज्ञा, विशेषण, क्रिया, वाग्भाग, अन्वय, लिंग, क्रम तथा अर्थ के स्तर पर सर्जनात्मक प्रयोग मिलता है। भाषा को अधिक सरल और प्रवाहपूर्ण बनाने के लिए उसमें अंग्रेज़ी के सरल शब्दों का प्रयोग तो किया ही जाता है, अनेक प्रचलित शब्दों का प्रयोग भी उसे अधिक सटीक, संक्षिप्त बनाने के लिए अथवा शब्द-विशेष के अनिवार्य होने पर किया जाता है, कुल मिलाकर यह कहा जा सकता है कि जनसंचार माध्यम के रूप में समाचार-पत्रों की भाषा 1857 से लेकर अब तक लगातार परिवर्तित होती रही, और आज भी इसमें परिवर्तन हो रहे हैं। पहले समाचार-पत्रों की भाषा अवधी, ब्रजभाषा के साथ खड़ीबोली हिन्दी रही तत्पश्चात् उर्दू-हिन्दी और आज हिंग्लिश हो गयी है।

रेडियो- भारत में रेडियो-प्रसारण का इतिहास सन् 1926 से शुरू होता है। मुम्बई, कलकत्ता तथा चेन्नई में व्यक्तिगत रेडियो क्लब स्थापित किये गये थे। इन क्लबों के व्यवसायियों ने एक प्रसारण-कम्पनी गठित कर ली थी और निजी प्रसारण-सेवा शुरू कर दी। 1926 ई. में ही भारत सरकार ने इस प्रसारण कम्पनी को देश में प्रसारण केन्द्र स्थापित करने के लिए लाइसेन्स प्रदान किया। इस कम्पनी की ओर से पहला प्रसारण 23 जुलाई, 1927 को मुम्बई से हुआ। इस मुम्बई रेडियो स्टेशन का उद्घाटन तत्कालीन वायसराय लॉर्ड इरविन ने किया था। कलकत्ता केन्द्र का उद्घाटन तत्कालीन गवर्नर सर स्टेनली जैक्सन ने किया। इस उद्घाटन के साथ 26 अगस्त, 1927 को **बँगला भाषा** में समाचार बुलेटिन का प्रसारण हुआ। इस प्रकार बँगला को प्रादेशिक भाषाओं में सबसे पहले रेडियो पर समाचार बुलेटिन के रूप में प्रसारित होने का श्रेय प्राप्त है। 1930 में भारत सरकार ने प्रसारण सेवा का प्रबन्ध अपने अधिकार में ले लिया और इसका नाम रखा 'इण्डियन ब्राडकास्टिंग सर्विस'। यह सर्विस आगे विकसित होती चली गयी और 1936 में इसका नाम 'आल इण्डिया रेडियो' हो गया। उस समय रेडियो में अंग्रेज़ी और बँगला में कार्यक्रम प्रस्तुत किये जाते थे। 1936 से पूर्व 1935 में तत्कालीन देसी रियासत मैसूर में एक स्वतन्त्र रेडियो स्टेशन की स्थापना हुई थी। तत्कालीन मैसूर रियासत ने इस स्टेशन को

'आकाशवाणी' नाम दिया था। जब देश स्वतन्त्र हुआ तो सन् 1957 में भारत सरकार ने इस संगठन का नाम 'आकाशवाणी' घोषित किया जो मैसूर रियासत के रेडियो स्टेशन का नाभ था किन्तु 'आकाशवाणी' नाम का प्रयोग हिन्दी तथा अन्य भारतीय भाषाओं में ही हो रहा है। अंग्रेज़ी-प्रसारणों और विदेशी सेवा के प्रसारणों में अब भी 'आल इण्डिया रेडियो' ही प्रसारित होता है। 3 अक्टूबर, 1957 को 'विविध भारती' और मई, 1966 को 'उर्दू सर्विस' को प्रारम्भ किया गया जिससे आकाशवाणी को ख़ासी लोकप्रियता मिली। रेडियो में राष्ट्रीय प्रसारणों में तो रेडियो की भाषा अंग्रेज़ी और हिन्दी ही रही। आकाशवाणी ने प्रादेशिक सेवाओं को भी महत्त्व दिया। विभिन्न प्रदेशों की राजधानियों एवं प्रमुख नगरों में आकाशवाणी के 42 एकांश हैं, जहाँ से 131 समाचार बुलेटिन प्रसारित होते हैं। ये बुलेटिन उनके अतिरिक्त है, जो दिल्ली से प्रादेशिक भाषाओं में प्रसारित किये जाते हैं। दिल्ली से प्रसारित होनेवाले प्रादेशिक भाषाओं के बुलेटिन इन भाषाओं में है- असमिया, नेपाली, कन्नड़, कश्मीरी, डोंगरी, बँगला, मलयालम, उड़िया, तमिल, तेलुगु, पंजाबी, गुजराती, मराठी, सिन्धी, उर्दू, संस्कृत। रेडियो पर अबाध रूप से लगभग चौबीस भाषाओं और 146 बोलियों में विभिन्न कार्यक्रम प्रसारित हो रहे हैं। रेडियो पर श्रोताओं के लिए समय-समय पर विभिन्न लोकप्रिय कार्यक्रम प्रसारित होते हैं। समाचार, घटनाओं की सामयिक समीक्षा, गीत-संगीत एवं ऐसे ही अन्य अनेक कार्यक्रम निरन्तर प्रस्तुत किये जाते हैं। प्रत्येक जनसंचार माध्यमों की अपनी एक भाषा और उस भाषा का व्याकरण होता है। रेडियो एक श्रव्य माध्यम है। इस पर प्रसारित होनेवाले कार्यक्रमों का समय निर्धारित होता है। रेडियो की कुछ माध्यमगत विशेषताएँ होती है। इसमें दुहराव और संग्रह की सुविधा नहीं होती। रेडियो पर प्रसारित होनेवाले कार्यक्रमों में माध्यम के वैशिष्ट्य का हर शब्द और हर पंक्ति का अर्थ श्रोता को एक ही बार में स्पष्ट हो जाना चाहिए। सुनने के लिए ऐसी भाषा लिखी जाती है जैसी बोली जाती है। इस भाषा का व्याकरण, वाक्य-विन्यास और शैली लिखित भाषा के व्याकरण और वाक्य-विन्यास स भिन्न होती है। अख़बार को हम जितनी बार चाहे पढ़ सकते हैं। लेकिन रेडियो प्रसारण को अगर हमने एक बार में नहीं समझा, तो फिर नहीं समझ पायेगें क्योंकि जो कुछ प्रसारित होता है हवा में मिल जाता है। इसलिए रेडियो प्रसारण की भाषा ऐसी होती है जिसे श्रोता पहली बार में ही समझ जाता है।

रेडियो की भाषा

रेडियो पर प्रसारित किये जानेवाले कार्यक्रमों की प्रस्तुति में सामान्य बोलचाल की भाषा व शब्दों का प्रयोग किया जाता है क्योंकि बातचीत की शैली और संक्षिप्त नामों का प्रयोग श्रोताओं द्वारा ग्रहणीय होता है। रेडियो की भाषा में रोचक व छोटे वाक्यों का प्रयोग किया जाता है। वाक्यों में शब्दों को इस ढंग से पिरोया जाता है जिससे श्रोताओं के दिमाग़ में आप जो कहना चाहते हैं या बताना चाहते हैं उसकी तस्वीर खिंच जाये। इनमें ऐसे शब्दों का प्रयोग अच्छा होता है जो सर्वथा उचित हों, आम लोगों की भाषा के हों और उनका उच्चारण भी ऐसा हो जो अर्थ से मेल खाता हो। शब्द का उपयोग सन्दर्भ के अनुकूल होता है। अनौपचारिक शब्दों का प्रयोग अच्छा होता है। लेकिन फूहड़ और देहाती शब्दों का प्रयोग उचित नहीं होता। दिशेषताओं और क्रिया विशेषणों के बदले केवल संज्ञा या क्रिया का ही प्रयोग किया जाता है। कई शब्दों के

समूह के बदले एक ही सहज शब्द का प्रयोग ज़्यादा अच्छा होता है। रेडियो में दुरूह, कठिन व अपरिचित शब्दों का प्रयोग नहीं किया जाता। संक्षिप्त शब्दों का प्रयोग रेडियो में सावधानीपूर्वक किया जाता है। संक्षिप्त नामों में से कुछ नाम आम लोगों में भी प्रचलित होते हैं जैसे- कैग (CAG) एनटीपीसी (NTPC), एस बी आई (SBI) सी बी आई (CBI) सी.आई.डी. (CID) आदि। इनका पूरा नाम और संक्षिप्त नाम दोनों ही लोगों को पता होता है। लेकिन कुछ संक्षिप्त नाम ही लोकप्रिय होते हैं और उनके विस्तार से लोग परिचित नहीं होते, जैसे- सार्स, टीबी, एड्स, डीडीटी आदि। ऐसे संक्षिप्त नामों का प्रयोग बिना उनकी व्याख्या से किया जा सकता है। ये सर्वप्रचालित और सर्वग्राह्य होते हैं। लेकिन ऐसे संक्षिप्त नामों का प्रयोग रेडियो में नहीं किया जाता जिनसे भ्रम की सम्भावना हो। सरल, सुबोध, स्पष्ट और संक्षिप्त वाक्या-रचनावली भाषा-शैली ही रेडियो कार्यक्रमों में प्रयोग की जाती है। रेडियो प्रसारण की सफलता के लिए उसका सन्तुलित वाचन भी महत्त्वपूर्ण होता है। अतः रेडियो उद्घोषक में शब्द उच्चारण की स्पष्टता व शुद्धता शब्दों को अलग-अलग करके उच्चारित करने की कला, वाचन के समय आवाज़ में उतार-चढ़ाव की सटीकता एवं उसकी भाषा-शैली सरल, सुगम, सुबोध एवं प्रभावपूर्ण होती है। रेडियो समाचार लेखक जटिल तत्त्वों का सरलीकरण करता है। वह घटना के मुख्य तत्त्व तक सीधे पहुँच जाता है और कभी-कभी तो केवल मुख्य तत्त्व ही समाचार के तत्त्व के रूप में सम्मिलित होता है। रेडियो समाचारों के वाक्य संक्षिप्त होते हैं। लम्बे वाक्य न तो समाचार उद्घोषक ठीक से पढ़ पाता है और न ही श्रोता ठीक से समझ पाते हैं। औसतन रेडियो समाचार का एक वाक्य 13-14 शब्दों से ज़्यादा नहीं होता।

तालिकाः वाक्य की लम्बाई एवं श्रवणीयता

औसत वाक्य लम्बाई	श्रवणीयता
1. 1 से 8 शब्दों तक	अत्यन्त आसानी से समझने योग्य
2. 9 से 11 शब्दों तक	आसानी से समझने योग्य
3. 12 से 14 शब्दों तक	समझने योग्य
4. 15 से 17 शब्दों तक	ठीक से सुनकर समझने योग्य
5. 18 से 21 शब्दों तक	समझने में भूल की सम्भावना
6. 22 से 25 शब्दों तक	ज़्यादा भूल-चूक की सम्भावना
7. 26 से 29 शब्दों तक	चूक होना अवश्यम्भावी
8. 30 शब्दों तक	समझना अत्यन्त मुश्किल

चूँकि रेडियो समाचार एक या दो मुख्य तत्त्वों को ही स्पष्ट करते हैं अतः उनकी शुरुआत प्रायः कर्त्ता, क्रिया, कर्म के प्रतिरूप का अनुसरण करते हुए होती है। ऐसा इसलिए भी होता है क्योंकि रेडियो समाचार में सीधे 'क्या हुआ?' और 'किसने किया या कहा' स्पष्ट कर दिया जाता है।

संक्षिप्तता का तुलनात्मक उदाहरण

रेडियो समाचार-पाकिस्तान क्रिकेट टीम ने आगामी भारत दौरे के तहत अहमदाबाद में टेस्ट मैच खेलने से मना कर दिया है। इस सन्दर्भ में पाकिस्तान टीम ने भारत से लिखित आग्रह भी किया है।

समाचार-पत्र प्रस्तुति-पाकिस्तान ने भारत के साथ अगले माह अहमदाबाद में क्रिकेट टेस्ट मैच खेलने से मना कर दिया है। पी सी बी के दल द्वारा सौंपी गयी रिपोर्ट के आधार पर पाक बोर्ड ने बी सी सी आई को लिखे एक पत्र में अहमदाबाद में खेलने पर ऐतराज़ जताया है।

उपर्युक्त समाचारों में से एक रेडियो पर जारी हुआ है और दूसरा समाचार-पत्र में छपा है। रेडिया समाचार में दो वाक्यों में समाचार को पूर्ण कर लिया गया है। रेडियो कॉपी में कुल 22 शब्द प्रयोग में आये हैं जबकि समाचार कॉपी में 32 शब्द प्रयुक्त हुए हैं।

रेडियो नाटक की भाषा-रेडियो के लिए काव्य-नाटक लिखते समय उसकी भाषा और शैली पर विशेष ध्यान देना चाहिए ताकि वह दुरूह न होने पाये और श्रोताओं के लिए बोधगम्य बनी रहे। काव्य नाटक का स्थायी प्रभाव श्रोताओं पर पड़ सके इसके लिए बहुत आवश्यक है कि उसमें रागात्मक तत्त्व की प्रधानता हो; साथ ही शब्दों का स्वाभाविक साम जस्य भी हो। धर्मवीर भारती के 'अन्धा युग' का एक छोटा-सा उदाहरण जो इस प्रकार के काव्य नाटक के लिए सर्वथा उपयुक्त है, उदाहरण के तौर पर देखा जा सकता है-

व्यास-(आकाशवाणी) यह क्या किया

अश्वत्थामा ! नराधम !

यह क्या किया?.

अश्वत्थामा- कौन दे रहा है अपनी मृत्यु को निमन्त्रण मेरे प्रतिशोध में बाधकर बनकर?

व्यास-मैं हूँ व्यास। ज्ञात क्या तुम्हें है परिणाम इस ब्रह्मास्त्र का ? यदि लक्ष्य सिद्ध हुआ ओ नरपशु! तो आगे आनेवाली सदियों तक पृथ्वी पर रसमय वनस्पति नहीं होगी, शिशु होंगे पैदा विकलांग और कुष्ठग्रस्त सारी मनुष्य जाति बौनी हो जायेगी।

जो कुछ भी ज्ञान संचित किया है मनुष्य ने सतयुग में, त्रेता में, द्वापर में सदा-सदा के लिए होगा विलीन वह, गेहूँ के बालों में सर्प फुफकारेंगे, नदियों में बह-बहकर आयेगी पिघली आग।

रेडियो नाटक वह माध्यम है जो अपने संवाद ध्वनि प्रभाव आदि के माध्यम से श्रोताओं के मन के समक्ष एक लोक की सृष्टि करता है इसीलिए यह रेडियो की अन्य विधाओं में सबसे महत्त्वपूर्ण स्थान रखता है। भाषा, संवाद, संगीत, ध्वनि-प्रभाव और वाचन अथवा नैरेशन किसी भी नाटक के मुख्य तत्त्व हैं। इनमें से किसी एक के भी अभाव अथवा कमज़ोर होने पर पूरा नाटक असफल हो सकता है। सबसे पहले नाटकों की भाषा की बात की जाये तो चूँकि रेडियो से उच्चरित शब्द ही श्रोताओं के कानों तक पहुँचते हैं इसलिए रेडियो नाटक की भाषा ऐसी होनी चाहिए जो सहज-प्रभावमय और सप्राण हो। भावनाओं को प्राणवान् रूप में सम्प्रेषित करने की शक्ति रेडियो नाटक की भाषा में होनी चाहिए। कृत्रिम शब्दावली का प्रयोग बिलकुल नहीं करना चाहिए। आवश्यक नहीं कि प्रत्येक नाटक में केवल बोलचाल की भाषा का प्रयोग किया

जाय बल्कि परिवेश एवं विषय की माँग के अनुरूप संस्कृत उर्दू या अंगेजी के भी शब्द प्रयोग किये जा सकते हैं। बस ध्यान इस बात का रहना चाहिए कि नाटक में जो बात कही जा रही हो उसका पूरा चित्र श्रोता की आँखों के सम्मुख निर्मित हो जाय। संवाद किसी भी नाटक का प्राणतत्त्व है। यह भावाभिव्यक्ति का एक महत्त्वपूर्ण साधन है। यह संवाद किसी पात्र के भीतर के किसी अन्तर्द्वन्द्व को भी चित्रित कर सकता है और दो या दो से अधिक पात्रों के बीच वार्त्तालाप के रूप में हो सकता है। रेडियो में संवादों के माध्यम से पात्रों की वेश-भूषा क्रिया-कलाप अथवा पूरे परिवेश का चित्रण किया जाता है। उदाहरण के लिए- 'अरे वाह, तुम्हारे ऊपर यह गुलाबी साड़ी बहुत फब रही है' से यह स्पष्ट हो जाता है कि नाटक में उपस्थित दूसरी पात्र स्त्री है और उसने गुलाबी साड़ी पहन रखी है। लेकिन इस तरह का परिचय या विवरण देनेवाले संवादों में अत्यधिक सावधानी की भी अपेक्षा होती है। श्रोताओं को कहीं भी यह आभास न होने पाये कि अमुक पात्र का परिचय जान-बूझकर करवाया जा रहा है। उदाहरण के लिए यदि नाटक में संवाद 'काले-काले बादल घिर आये हैं' कहा जाय तो वह कृत्रिम लगेगा लेकिन उसी के स्थान पर 'देखो ये काले-काले बादल, हमेशा से मुझे लुभाते रहे हैं' कहा जाय तो स्वाभाविक रूप से बादलों के परिवेश का निर्माण हो जाता है। इसलिए नाटकों में संवाद-योजना का एक निश्चित प्रयोजन होना चाहिए। अनावश्यक विस्तार अथवा अलंकृत वाक्यों के प्रयोग से बचना चाहिए। पात्रों के रहन-सहन शिक्षा-दीक्षा अथवा परिवेश के अनुरूप ही संवाद भी रचे जाने चाहिए जो स्वाभाविक लगें। किसी अनपढ़ पात्र से यदि संस्कृतनिष्ठ शब्दावली का प्रयोग करवाया जाय तो वह अस्वाभाविक लगने लगेगा। उसी तरह किसी पौराणिक आख्यान अथवा ऐतिहासिक नाटक के मुख्य पात्र से अनगढ़ बोलचाल की भाषा का प्रयोग करवाया जाय तो वह संवाद भी श्रोताओं के ऊपर अपेक्षित प्रभाव नहीं डाल सकेगा। संक्षेप में यह कहा जा सकता है कि संवाद बोधगम्य प्रसंग और पात्रों के अनुरूप तथा गतिशील होना चाहिए। रेडियो नाटक में संगीत का भी अपना एक अलग महत्त्व है। सामान्य रूप से संगीत से तात्पर्य गायन, वादन और नृत्य से लिया जाता है लेकिन रेडियो नाटक में संगीत से तात्पर्य केवल वाद्य संगीत से होता है। किसी भी रेडियो नाटक में दृश्य के प्रारम्भ और अन्त तथा कभी-कभी बीच में भी स्वतन्त्र रूप से वाद्य संगीत का प्रयोग होता है। कभी-कभी यह प्रयोग हृदय के किसी भाव को संकेतित करने के लिए होता है तो कभी दृश्य परिवर्तन के लिए भी इसका प्रयोग किया जाता है। रेडियो नाटक में संवादों की भावपूर्ण अभिव्यक्ति के लिए कभी-कभी पृष्ठभूमि में भी संगीत का उपयोग किया जाता है। किसी भी आवेग के उत्कर्ष की स्थिति को संगीत के माध्यम से और बढ़ाया जा सकता है वहीं पर अतीत की स्मृतियों या दृश्यों का भी प्रभाव परिपार्श्व संगीत से श्रोताओं की आँखों के समक्ष सजीव किया जा सकता है। कभी-कभी प्रकृति के मनोरम दृश्य का चित्रण करने के लिए उसके क्षेत्र-विशेष के किसी लोकगीत या उसकी धुन का भी प्रयोग किया जाता है। इस प्रकार वाद्य संगीत के साथ-साथ गायन भी पूरी तरह वर्जित नहीं है।

संगीत की ही तरह रेडियो नाटक में ध्वनि-प्रभावों की भी महत्त्वपूर्ण भूमिका होती है। किसी भी वातावरण की संरचना अथवा उसे एक वास्तविक प्रतीति देने के लिए रेडियो नाटक में ध्वनि प्रभावों का प्रयोग किया जाता है। फिल्मों या टेलीविज़न के नाटकों में इस प्रकार के परिवेश निर्माण की आवश्यकता नहीं होती बल्कि वास्तविक दृश्यांकन किया जा सकता है। उदाहरण के लिए- बादलों का बरसना, दरवाज़ों का खुलना, टेलीफ़ोन का बजना, चिड़ियों की आवाज़

आदि को प्रत्यक्ष दिखाया जा सकता है लेकिन रेडियो नाटक में ऐसी सम्भावना नहीं होती। दरवाज़ा खुलने, टेलीफ़ोन की घण्टी बजने, बूँदों की टिप् टिप् या चिड़ियों की चहचहाहट के लिए ध्वनि प्रभावों जिसे 'साउण्ड एफेक्ट' कहते हैं, का सहारा लेना पड़ता है। ध्वनि-प्रभावों से नाटक के अनेक प्रयोजन सिद्ध होते हैं। यह नाटककार की कुशलता पर निर्भर करता है कि वह नाटक में ध्वनि-प्रभाव के माध्यम से कौन-सा प्रयोजन सिद्ध करना चाहता है। उदाहरण के लिए- किसी युद्ध क्षेत्र का दृश्य चित्रित करते समय पृष्ठभूमि में बम और पिस्तौल की आवाज़ें सुनायी दें अथवा तलवारों की झनझनाहटें और घोड़ों की टापों की आवाज़ तथा हिनहिनाहटें, इसका निर्णय लेखक को अपने विवेक से करना होता है कि वह युद्ध किस विशेष युग का है और उस समय किन हथियारों का प्रयोग होता था। ध्वनि प्रभावों के लिए उचित अवकाश भी नाटक में होना अपेक्षित है। बिना किसी प्रयोजन के ध्वनि-प्रभावों को नाटक में ठूँसना जहाँ एक ओर अव्यावहारिक है वहीं नाटककार की अदक्षता का भी परिचायक है। इसलिए नाटककार को नाट्य-लेखन करते समय ध्वनि प्रभावों के प्रयोग को स्पष्ट कर देना चाहिए।

अन्तर्द्वन्द्व या अति कल्पना जिसे हम फैण्टेसी कहते हैं, की जितनी सजीव प्रस्तुति रेडियो पर हो सकती है उतनी अन्य माध्यमों में नहीं हो सकती है। एक तरफ़ फैण्टेसी के माध्यम से देवताओं, यक्षों, किन्नरों के मनोभाव, अतीत के मृत पात्रों के, चिड़ियों, पशुओं, वनस्पतियों आदि के भी विचारों की प्रस्तुति ध्वनि-माध्यम से भली प्रकार हो सकती है वहीं किसी पात्र के भीतर चल रहे द्वन्द्व का भी चित्रण करने में रेडियो नाटक जितना सफल हो सकता है उतना अन्य कोई माध्यम नहीं। उदाहरण के लिए सम्राट् अशोक के मन में उठ रहे द्वन्द्व का एक सफल चित्रण प्रस्तुत है-

अशोक - राजसिंहासन के लिए युद्ध ?

मन - हाँ, युद्ध ! युद्ध ! युद्ध ! जो सामने आये, उससे युद्ध, जो नहीं आये उसकी हत्या।

अशोक - नहीं, नहीं, मुझसे यह नहीं होगा। राजसिंहासन के लिए अपने भाइयों का रक्तपात। नहीं, मुझसे यह नहीं होगा।

मन - पागल हो गये हो अशोक? महाप्रतापी चन्द्रगुप्त और बिम्बसार का राजसिंहासन नहीं चाहिए तुम्हें? क्या जम्बूद्वीप का सम्राट् होना तुम नहीं चाहते? क्या तुम नहीं चाहते कि देश का एक-एक व्यक्ति तुम्हारे सम्मुख नतशीश रहे।

अशोक - चाहता हूँ।

मन - चाहते हो तो उठो, कायर न बनो। तलवार उठाओ और राजसिंहासन का पथ निष्कण्टक बना दो। राजकुमार के लिए युद्ध चाहिए, युद्ध।

उपर्युक्त रेडियो नाट्य अंश में मन के अन्तर्द्वन्द्व को चित्रित करने के लिए लेखक ने सम्राट अशोक और उसके मन को दो पृथक् पात्रों के रूप में चित्रित करके बड़ी सहजता से मन की भीतरी पर्तों को श्रोताओं के समक्ष उकेरकर रख दिया है। यह सुविधा रेडियो नाटक के अलावा कहीं नहीं है। दूसरी तरफ़ यदि फिल्म या रंगमंच पर इस प्रकार के पात्रों का समावेश बलात् कर लिया जाय तो नाटक या तो अस्वाभाविक हो उठेगा अथवा चमत्कारपूर्ण।

टेलीविज़न- टेलीविज़न गत सात-आठ दशकों का ही उत्पादन है। यूँ तो दूर तक तस्वीरों को प्रसारित करने की युक्ति 1890 में ही ज्ञात हो चुकी थी। 1930 के अन्त में ब्रिटेन में टीवी एक घरेलू शब्द बन चुका था, जबकि संसार का पहला नियमित सार्वजनिक प्रसारण 1936 में आरम्भ हुआ। जॉन लोगी बेयर्ड ने ब्रिटेन में सन् 1926 में टीवी का पहला सार्वजनिक प्रदर्शन किया था। भारत में टेलीविज़न का शुभारम्भ 15 सितम्बर 1959 को दिल्ली में प्रायोगिक सेवा के रूप में हुआ। टेलीविज़न, विकास के विभिन्न सोपानों को पार करते हुए आज विश्व के बड़े टेलीविज़न संजालों में अपना स्थान बना चुका है। टेलीविज़न विगत 45 वर्षों से निरन्तर भारतीय दर्शकों को प्रसारण सुविधा उपलब्ध करा रहा है। इसकी पहचान सरकार द्वारा निर्देशित चैनल की है। अपने प्रसारण के शुरुआती 25 वर्षों तक डी.डी. वन या नेशनल इकलौता चैनल था जो अंग्रेज़ी और हिन्दी की भाषा में बोलता था। फिर 1984 में डी.डी. मेट्रो केवल चार महानगरों में दिखाया जाता था। इसमें हिंग्लिश भाषा का प्रयोग दिखा। आज टेलीविज़न के नेटवर्क में विभिन्न चैनल उपलब्ध हैं जिनके माध्यम से उसके कार्यक्रम दर्शकों तक पहुँचते हैं। यह चैनल 'अखिल भारतीय चैनल', 'क्षेत्रीय भाषा उपग्रह चैनल' 'राज्य नेटवर्क' और 'अन्तर्राष्ट्रीय चैनल' के रूप में वर्गीकृत किये गये हैं। डी.डी. मेट्रो अब डी.डी. न्यूज़ हो गया है। क्षेत्रीय भाषाओं में दूरदर्शन के चैनल इस प्रकार हैः-

क्षेत्रीय भाषा उपग्रह चैनल

चैनल	भाषा
डी डी-4	मलयालम
डी डी-5	पोंडिगयी-तमिल
डी डी-6	ओडिया
डी डी-7	बँगला
डी डी-8	तेलुगु
डी डी-9	चन्दना-कन्नड
डी डी-10	सह्याद्रि-मराठी
डी डी-11	गुजराती
डी डी-12	कश्मीर
डी डी-13	पूर्वोत्तर-पूर्वोत्तर की भाषाएं
डी डी-18	पंजाबी

दूरदर्शन चैनलों के राज्य नेटवर्क में डी डी 14 - राजस्थान, डी डी 15 - मध्य प्रदेश, डी डी 16 - उत्तर प्रदेश, डी डी 17 - बिहार और डी डी 19 - हिमांचल प्रदेश में प्रसारण करता है। इसके अतिरिक्त डी.डी.-वर्ल्ड दूरदर्शन का अन्तर्राष्ट्रीय चैनल है जो अन्तर्राष्ट्रीय दर्शकों को

ध्यान में रखकर उसी भाषा में कार्यक्रमों का प्रसारण करता है। डी डी - वर्ल्ड एशिया, यूरोप, अमेरिका, अफ्रीका और कनाडा में उपलब्ध है। यह **बहुभाषी चैनल** है। इस पर हिन्दी, अंग्रेज़ी के अलावा पंजाबी, उर्दू, तमिल, तेलुगु, मराठी, कन्नड़, मलयालम और गुजराती भाषा के भी कार्यक्रम प्रस्तुत किये जाते हैं।

टेलीविज़न की भाषा

दूरदर्शन में प्रस्तुत समाचारों की हिन्दी में संस्कृतनिष्ठ शब्दों का प्रयोग बहुतायत किया जाता है। उदाहरणार्थ- ''राष्ट्रपति श्रीमती प्रतिभादेवी सिंह पाटिल ने कहा कि तकनीकी संस्थान और वैज्ञानिकों को अपनी योजनाएँ बनाते समय देश और समाज की ज़रूरतों को ध्यान में रखना चाहिए। आज कानपुर में भारतीय प्रौद्योगिकी संस्थान के स्वर्ण-जयन्ती-समारोह को सम्बोधित करते हुए उन्होंने कहा कि वैज्ञानिक क्षेत्र में देश की प्रगति की रफ्तार को न केवल बनाये रखने की ज़रूरत है बल्कि क्षेत्र में सबसे आगे रहने की आवश्यकता है। उन्होंने कहा कि मूलभूत अनुसन्धान प्रयोगशालाओं की सुविधाओं के लिए काफ़ी मानव और बौद्धिक संस्थानों की आवश्यकता होती है और इन ज़रूरतों को प्रौद्योगिकी संस्थान पूरा कर सकती है।'' (6 मार्च, 2010 को 5.53 मि. डी.डी. न्यूज़ पर प्रसारित समाचार का अंश) दूरदर्शन पर प्रसारित इस समाचार के अंश में भारतीय प्रौद्योगिकी संस्थान स्वर्ण जयन्ती अनुसन्धान, प्रयोगशालाओं और बौद्धिक संस्थानों-जैसे संस्कृतनिष्ठ शब्दों का प्रयोग दिखायी पड़ता है।

जनसंचार माध्यमों की भाषा का विकास धीरे-धीरे हुआ। कहने का तात्पर्य यह है कि पहले इन माध्यमों की भाषा ब्रजभाषा, स्थानीय अन्य भाषाएं, हिन्दी, उर्दूमिश्रित हिन्दुस्तानी भाषा, उसके बाद मानक या परिनिष्ठित हिन्दी भाषा, फिर बोलचाल की आम हिन्दी भाषा और अब अंग्रेज़ी और हिन्दी से मिश्रित हिंग्लिश भाषा का प्रयोग हुआ जिसे आज 'नयी हिन्दी भाषा' का नाम दिया जा रहा है। किन्तु सूचना और शिक्षाप्रधान कार्यक्रमों में ऐसे प्रयोग कम ही दिखायी पड़ते हैं। उनमें भाषा के मानक रूप को ही अपनाया जाता है। आज जनमाध्यमों की भाषा सरल-सहज आम बोलचाल की भाषा है। आज भाषा-बोली के माध्यम से हमें किसी भी कार्यक्रम के पात्रों के बारे में पूरी जानकारी प्राप्त हो जाती है। उदाहरणार्थ-

- साहिब पहचाना? अरे साहिब काहे पंगा करता! मैं दारूवाली झाडूवाली नयी! थोड़ा पैसा ढीला करना।
- ए मैन। तुमको बोला ना, काहे को खालीपीली भेजा खाता।
- मैं सलामाँ मार राऊ, तुम कबूलते इच नयी मियाँ।
- मालिक हम रधिया हैं, हमार मरद बीमार है। तोरे याँ चाकरी मिल जाये तो...

यदि जनसंचार माध्यम में टेलीविज़न की बात करें तो इसकी भाषा का इतिहास, विकास और बदलाव को भली-भाँति समझा जा सकता है। टेलीविज़न की भाषा में दृश्यों का बहुत महत्त्व होता है। टेलीविज़न के समाचारों में दृश्यों के माध्यम से समाचारों को जीवन्त कर दिया जाता है शब्दों का काम सिर्फ़ उन दृश्यों को जोड़ना भी होता है। इसे इस तरह भी कहा जा सकता है कि जिस तरह से भवन-निर्माण में ईंटों को सीमेण्ट से जोड़ा जाता है ठीक उसी प्रकार टेलिविज़न में दृश्यों को शब्दों के द्वारा जोड़ा जाता है। इसलिए टेलीविज़न की भाषा का निर्माण

करते समय दृश्यों को ध्यान में रखना बहुत ज़रूरी है टेलीविज़न लेखन करने में यह बात विशेष रूप से ध्यान में रखनी पड़ती है। इसी बात को स्पष्ट करने के लिए टेलीविज़न लेखन का एक प्रारूप दिया जा रहा है।

स्लगः हौसले को सलाम

एंकरः- कहते हैं कि अगर इन्सान में हौसला हो तो वह बड़े-से-बड़ा काम आसानी से कर सकता है, इसी बात को सच कर दिखाया है इलाहाबाद की सरिता द्विवेदी ने। सरिता जब चार साल की थी तो एक हादसे में गम्भीर रूप से घायल हो गयी जिसके कारण उसके दोनों हाथ और एक पैर को काटना पड़ा इस हादसे के बाद भी सरिता ने हिम्मत नहीं हारी और बचे हुए एकमात्र पैर से अपनी ज़िन्दगी की लड़ाई बख़ूबी लड़ रही है सरिता इतना बड़ा हादसा होने के बाद भी निराश नहीं हुई। उन्होंने पेण्टिंग को अपना शौक बनाया और आज सरिता इस क्षेत्र में इतना आगे निकल आयी कि बड़े-से-बड़ा पेण्टर भी उनके बनाये चित्रों को देख कर दाँतों तले उँगलिया दबा लेता है। सरिता को 2005 में बालाश्री पुरस्कार से सम्मानित किया गया। साल 2008 में राष्ट्रीय पुरस्कार से भी सम्मानित किया गया आज सरिता सैकड़ों पेण्टिंग प्रतियोगिताओं में हिस्सा लेकर दर्जनों पुरस्कार जीत चुकी है।

वी/ओ-1 सरिता बताती है कि उनकी इच्छा पेण्टिंग के क्षेत्र में कैरियर बनाने की है. पेण्टिंग के अलावा सरिता घर के कामों में भी हाथ बँटाती है। इस वर्ष उसने ओल्ड कैण्ट के सेण्ट्रल स्कूल से 10वीं की परीक्षा पास की है। सरिता कम्प्यूटर भी सरलता से चलाती है इसके अलावा उन्हें सिलाई-कढ़ाई का भी शौक है। वह आगे फाइन आर्ट्स का कोर्स करना चाहती हैं वो कहती है की अपना अधिक-से-अधिक काम वह खुद करती है और दूसरों की मदद कम-से-कम लेती हैं।

बाइट-1:— सरिता द्विवेदी (नन्हीं चित्रकार)

वी/ओ-2 सरिता की माँ आज भी सरिता के साथ हुए उस हादसे को याद करके काँप उठती हैं। वह बताती हैं की सरिता जब चार साल की थी तब अपनी नानी के यहाँ गयी थी उसी दौरान जब वह छत पर खेल रही थी तभी 11000 वोल्ट का करण्ट लगने से बुरी तरह से जल गयी गम्भीर हालत में उसे हॉस्पिटल में भरती कराया गया जहाँ उसकी जान बचाने के लिए उसके दोनों हाथ और एक पैर को काटना पड़ा। उस समय उसकी हालत देखकर सारा परिवार सकते में आ गया था लेकिन सरिता ने हिम्मत नहीं हारी और बचे हुए एक पैर से ही ख़ूबसूरत पेण्टिंग बनाने लगी और अपनी अलग पहचान बनायी। अब माँ खुश है वह कहती है की आज सरिता की वजह से लोग उन्हें पहचानते हैं। सरिता ने देश भर में उनका नाम रोशन किया है। सरिता के पिता सेना में हवलदार हैं। वह बताते हैं कि जब सरिता को राष्ट्रपति पुरस्कार के लिए पत्र आया तो उन्हें विश्वास नहीं हुआ वह कहते हैं कि उन्हें सरिता पर गर्व है।

बाइट 2:- विमला देवी (सरिता की माँ)

बाइट 3:- विजयकान्त द्विवेदी (सरिता के पिता)

पीटीसीः- सरिता ने उन लाखों लोगों के लिए एक मिसाल क़ायम की है जो ज़िन्दगी में कोई हादसा होने पर निराश होकर हीनभावना का शिकार हो जाते हैं सरिता कहती हैं कि

ज़िन्दगी में कभी हार नहीं माननी चाहिए और ज़िन्दादिली से ज़िन्दगी जीनी चाहिए। सरिता को देखकर बरबस ही मुख से यह निकल जाता है कि "पंखों से उड़ान नहीं होती उड़ान हौसलों से होती है।" इस स्क्रिप्ट में दृश्य और बाइट के द्वारा बहुत-कुछ पता लग जाता है शब्द सिर्फ़ उनकी सहायता करते हैं इसलिए टेलिविज़न की भाषा में दृश्यों का बहुत महत्त्व है।

टेलीविज़न के धारावाहिकों में भाषा के विविध रूप मिलते हैं। इनमें संस्कृतनिष्ठ हिन्दी से लेकर, मानक हिन्दी, हिन्दुस्तानी, क्षेत्रीयता और स्थानीयता से रंगी हिन्दी, विभिन्न बोलियों की शब्दावली से युक्त हिन्दी, हिंग्लिश आदि रूपों का बराबर प्रयोग हो रहा है। हम सुप्रसिद्ध धारावाहिक रामायण और महाभारत को याद करें, जिनमें संस्कृतनिष्ठ हिन्दी और मानक हिन्दी का ही प्रयोग था। फिर याद करें हिन्दी के पहले धारावाहिक हम लोग को। जिसमें हिन्दुस्तानी भाषा का प्रयोग था साथ ही बीच-बीच में हिन्दी के अन्य रूप भी मुक्तहस्त होकर अपनाये गये थे और अब याद करें हम पाँच-जैसे धारावाहिक को, जिसमें हिन्दी के नये रूप को अपनाया गया। उसके बाद हम देख सकते हैं कि हास्यप्रधान धारावाहिकों में मुम्बइया हिन्दी, हिंग्लिश की खिचड़ी, हैदराबादी और मद्रासी हिन्दी का रूप आवश्यकतानुसार अपनाया गया। इस प्रकार धारावाहिकों को तीन श्रेणियों में रखा जा सकता हैः-

1. पौराणिक, ऐतिहासिक और सामाजिक तथा पारिवारिक विषयवस्तुवाले धारावाहिक। जैसे- रामायण, महाभारत, भारत एक खोज, जय हनुमान, ओम नमः शिवाय, द ग्रेट मराठा इत्यादि।

2. स्वस्थ मनोरंजन प्रधान धारावाहिक। जैसे- जुनून, स्वाभिमान, पल-छिन इत्यादि।

3. हास्य, व्यंग्यप्रधान धारावाहिक। जैसे- फ्लाप शो, हम पाँच, तू-तू मैं-मैं, हम सब एक हैं इत्यादि।

इनके अलावा एक श्रेणी और है- बाल धारावाहिकों की। ये धारावाहिक शिक्षा एवं मनोरंजन के उद्देश्य से तैयार किये जाते हैं। इन धारावाहिकों में - सेलेस, हिमगिरि का वीर, जंगल की कहानी, डिजनी आदि हैं।

जनसंचार माध्यमों की भाषा का विकास क्रमिक रूप से हुआ, जिसे उदाहरण के रूप में इस प्रकार देखा जा सकता है—

- मैं इसी क्षण माताश्री के पास जा रहा हूँ।
  कोई सम्मति लेने?
  नहीं। न जाने उन्होंने मुझे क्यों बुलाया था, बिना वस्त्र।
  बिना वस्त्र! तुम जाओगे। ये तो नीति और मर्यादा के विरुद्ध है दुर्योधन।

('महाभारत' धारावाहिक में श्रीकृष्ण और दुर्योधन के मध्य संवाद का अंश)

- हे अर्जुन, जिसे तुम मृत्यु कहते हो, वह परिवर्तन मात्र है। अमरता का अर्थ है, अपरिवर्तन। मनन करो कि संसार में कोई भी परिवर्तन न हो। उस संसार में क्या सुख और आकर्षण होगा?

हे पार्थ, मन की उग्र इच्छाएँ और व्याकुलताएँ ही मनुष्य के वे संस्कार हैं जो मृत्यु को पीड़ामय बना देते हैं।

(श्री कृष्ण धारावाहिक का अंश)

- बख़्शीश लेता जी, पन.....हवलदार को कभी देखा नहीं जी
  हय्यो तुम क्या बोलता जी
  दूयेता, दूयेता अम तुमको देता जी .....ये Two hundred rupees ......
  ये तुम्हारा मूँछ गाय के पूँछ माफ़िक क्यों लटकता जे?
  ये दादा अन्ना तुम बोलता नहीं।
  ए बोदी अमी की बोलू, तुम ए खाने बोशो पहले।

('हैप्पी होम' हास्य धारावाहिक में दक्षिण भारतीय और बंगाली पात्र के संवाद का अंश)

- लगता है आदमी का बच्चा है।
  कितना प्यारा बच्चा है
  सभी प्राणी बचपन में प्यारे लगते हैं। बड़ा होकर यह जंगल के लिए ख़तरा हो सकता है।
  कैसे हो बघेरा।

('जंगल की कहानी' कार्टून धारावाहिक से कुछ संवाद के अंश)

- मेरी ज़िन्दगी में इतना change आया है I am enjoying .... I am enjoying my life and work ....
  ये मेरे सवाल का जवाब नही।
  ये सब तरुण के कारण हुआ। Because of him उसने नयी राह दिखायी है।

(दूरदर्शन के एक धारावाहिक के कुछ अंश)

- What happend, विनय अब तुम्हारा next step क्या होगा।
  रीमा I think हमें ईशा की Protection बढ़ा देनी चाहिए।
  Ya of course I think so. But fou; Real culprit कौन है कैसे पता चलेगा।
  उसके लिए मैने एक Plan बनाया है So don't worry.

('एक दिन अचानक' धारावाहिक का कुछ अंश)

इन उदाहरणों में हनने पौराणिक, सामाजिक और हास्यप्रधान धारावाहिकों की भाषा का रूप देखा। पौराणिक धारावाहिक में मानक हिन्दी का प्रयोग है। उसमें भी संस्कृतनिष्ठ शब्दावली पर विशेष बल दिया गया है। सामाजिक धारावाहिक में हिन्दी-अंग्रेज़ी-मिश्रित रोज़मर्रा में बोलचाल के निकट की हिन्दी का प्रयोग है। यह खिचड़ी भाषा आम बोलचाल में ख़ूब सुनने को मिलती है। हास्य धारावाहिकों में हिन्दी के क्षेत्रीय रूप का प्रयोग है। इनके विपरीत बच्चों के धारावाहिक में सामान्य, सरल-सहज हिन्दी का प्रयोग किया गया है।

फिल्म की भाषा

आज फिल्में विशाल उद्योग के साथ ही जनसम्पर्क का महत्त्वपूर्ण साधन है जो मनोंरंजन और विचारशीलता के बीच सामंजस्य स्थापित करती हैं। सम्प्रेषण शक्ति की अत्यधिक तीव्रता से प्राप्त है भारतीय परिप्रेक्ष्य में सन् 1913 में 'राजा हरिश्चन्द्र' से मूक फिल्मों की शुरुआत हुई थी। उसके बाद 1931 में 'आलमआरा' फिल्म से भाषा ने मौखिक संवाद का रूप धारण किया। इससे पूर्व अभिनय मुख्यतः (बॉडीलैंग्वेज) हाव-भाव से व्यक्त किया जाता रहा। मूक फिल्मों के दौर में प्रसिद्ध साहित्य और पौराणिक कथाओं पर फिल्में बनती थी जिसके कारण मूक होने के बावजूद भी लोग उसे समझ लेते थे फिर भी उन फिल्मों के दृश्यों के भी अर्थवत्ता को और भी सार्थक रूप में सम्प्रेषित करने के लिए शब्दों में लिखित संवादों का प्रयोग किया गया। दृश्य को स्पष्ट करने के लिए, आने से पहले शीर्षक संवाद कार्ड्स (टाइटिल कार्ड्स) का प्रयोग किया जाता था। शब्द लिखे हुए इन कार्ड्स ने मूक-दृश्य भाषा को सम्प्रेषणीयता के स्तर पर एक सशक्तता प्रदान की एवं उसे एक वाणी दी। यहाँ शब्द दृश्य की पृष्ठभूमि तैयार करते है क्योंकि बोला हुआ शब्द मूक होता था। अपने लिखित एवं मुद्रित रूप में यह लोगों को दिखायी पड़ता था। राजा हरिश्चन्द्र फिल्म में दृश्य प्रारम्भ होने से पूर्व ही अंग्रेज़ी एवं हिन्दी में शीर्षक कार्ड्स-शीर्षक वाक्य-विषय वस्तु की पूर्व प्रस्तुति कर दर्शकों को आगामी परिदृश्य के लिए मानसिक रूप से तैयार करती है। एक कार्ड्स की भाषा जैसे- 'राजा का जाना' भाव को लिखित शब्दों से जीवन्त करने का प्रयास था। इस दौर की अन्य मूक फिल्में 'पितृप्रेम' (1929), 'दिलेर जिगर' (1931), 'फॉल ऑफ सलेवरी'(1931) में भी इसी तरह शीर्षक कार्ड्स का प्रयोग कर शब्दों और दृश्यों के अन्तर्सम्बन्धों को उजागर करने का प्रयास किया गया। दृश्य पटल और मौखिक भाषा के प्रभाव के अन्तर्गत वाक्य की सम्पूर्णता अलग-अलग तरह से देखी जा सकती है। दृश्य का आरम्भ वाक्य से होता है जबकि शाब्दिक भाषा ध्वनि, शब्द उपवाक्य की यात्रा कर वाक्य तक पहुँचती है और उसके सही-सही सम्प्रेषित होने की समस्या बनी रहती है। फिल्म की भाषा की बात करने पर हिन्दी फिल्में अब न केवल सिर्फ़ भारत में बल्कि विदेश के प्रमुख शहरों में भी रिलीज़ होती है और करोड़ों रुपये का व्यवसाय करती हैं। हिन्दी भाषा का वर्चस्व हॉलीवुड की फिल्मों में भी बढ़ा है। पिछले कुछ वर्षों में हॉलीवुड की अस्सी प्रतिशत चर्चित फिल्मों का हिन्दी में अनुवाद कर भारतीय दर्शको के समक्ष प्रस्तुत किया गया है। टाइटेनिक, यूनिवर्सल सोल्जर, ट्रू लाइस, जेम्स बॉण्ड की सारी फिल्में, डंकस्टेन चिक्स इन, एक बन्दर होटल के अन्दर, बेण्ड इट लाइक बेखेम, 'फुटबॉल शुटबॉल हाय रब्बा, स्टुअर्ट लिटिल इत्यादि सैकड़ों फिल्में हिन्दी में अनूदित होकर भारतीय दर्शकों का मनोरंजन कर रही हैं। इन फिल्मों की नयी कल्पना, नये कथानक, नये दृश्य भारतीय सिने-प्रेमियों को मनोरंजन प्रदान करने के साथ-साथ ज्ञानवर्द्धन भी कर रहे हैं। 'जुरासिक पार्क' के विभिन्न भाग की सरल हिन्दी डबिंग ने सृष्टि के विशालकाय जीवों की विशालता, उनका जीवनकाल, उनकी भयावहता को बतलाया तो टाइटेनिक की हिन्दी डबिंग ने मनुष्य पर आनेवाली विपत्तियों, संकटों का सामना करते हुए मानवीय सभ्यता को प्रेम-स्नेह, ईर्ष्या-शोक आदि संवेगों के साथ समुद्री लहरों से खेलते हुए विनाश और सृष्टि की सच्चाई से भारतीय दर्शकों को अवगत कराया। 'हैरी पॉटर' अंग्रेज़ी संस्करण ने तो पूरे विश्व के बालजगत् में धूम मचायी। हिन्दी में 'सुधीर दीक्षित' द्वारा अनूदित

किताबी संस्करण में इसकी हिन्दी में डबिंग, भारतीय बालमन को भी ख़ूब मनोरंजन एवं रोमांच प्रदान किया है। बहुत पहले दक्षिण भारत में सिनेमा का उदय हुआ, तब कुछ समय बाद ही उन्हें पता चला कि क्षेत्रिय या प्रादेशिक भाषा में फिल्में अधिक नहीं चल सकेगी, जिसके कारण मुनाफ़ा कम होगा। ऐसे में दक्षिण भारत के कुछ निर्माताओं जैसे- डी. रामा नायडू, के.सी. बोकाड़िया, इत्यादि ने हिन्दी में फिल्में बनानी प्रारम्भ की। यहाँ तक कि दक्षिण की कई अभिनेत्रियाँ, जिनमें रेखा, श्रीदेवी, जयप्रदा प्रमुख हैं। हिन्दी फिल्मों में आकर बुलन्दीं के शिखर तक पहुँची। तमिल, तेलुगु, बंगाली , कन्नड़ इत्यादि अनेक भाषाओं की फिल्मों को हिन्दी में डब किया जा रहा है। जिससे न सिर्फ़ लोगों का मनोरंजन हो बल्कि विशाल हिन्दीभाषी क्षेत्र में इसे रिलीज कर मुनाफ़ा कमाया जा सकें। बाँग्ला में शरतचन्द्र, रवीन्द्रनाथ टैगोर, बंकिमचन्द्र आदि से लेकर विमल मित्र तक की न जाने कितनी साहित्यिक कृतियों पर बंगाली में ता काम हुआ ही साथ ही हिन्दी में भी फिल्में बनीं- 'सुजाता', 'बन्दिनी', 'ममता', 'सत्यकाम', 'आनन्दमठ', 'आनन्द', 'साहब बीबी और ग़ुलाम', आदि इन फिल्मों को अनेक फिल्मकारों ने बनाया जिन्हें बँगला साहित्य का हिन्दी रूपान्तरण का ज्ञान था। इन फिल्मकारों में ऋषिकेश मुखर्जी, सत्यजीत रे, आसित सेन, फडि मजूमदार, बासु चटर्जी, गुरुदत्त, विमल राय आदि प्रमुख थे।

फिल्मों के साथ छोटे पर्दों ने भी हिन्दी अनुवाद को अपनाया है। टी.वी. पर विदेशी चैनल-नेशनल ज्योग्राफिक चैनल, डिस्कवरी चैनल आदि ने ज्यों ही अंग्रेज़ी से हिन्दी में समीक्षा देना प्रारम्भ किया त्यों ही चैनलों के दर्शक वर्ग में जबरदस्त वृद्धि देखी गयी। इनमें विभिन्न विषयों की जानकारियाँ हिन्दी में मिलने के कारण भारतीय दर्शक वर्ग की बौद्धिक जागृति में अप्रत्याशित वृद्धि हुई। विभिन्न भारतीय भाषाओं की कृतियों का हिन्दी अनुवाद पूरे देश के लिए लाभदायक सिद्ध हो रहा है। आर.के. नारायण के 'मालगुडी डेज' के बाल चरित्र 'स्वामी' ने बच्चे तो बच्चे, बडों को भी बचपन के भोले, सलोने, जीवन की सुख अनुभूतियों का स्मरण कराया। विभिन्न भारतीय भाषाओं से हिन्दी में अनूदित धारावाहिक- 'एक कहानी' ने भारतीयों को अनेक प्रेरक सन्देश दिये। इस प्रकार यह कहा जा सकता है कि फिल्म और मनोरंजन के क्षेत्र में तथा हिन्दी भाषा की उन्नति के लिए इलेक्ट्रॉनिक एवं प्रिण्ट मीडिया में हिन्दी अनुवाद का निरन्तर प्रयोग हिन्दी की उपयोगिता एवं उसकी असीमितता को दर्शाता है

जनसंचार माध्यम की भाषा के अन्तर्गत फिल्मों को ओर उनके गीतों पर आधारित कार्यक्रमों की भाषा पर भी ग़ौर करना पड़ेगा। इन गीतों में कुछ गानों की भाषा अंग्रेज़ी शब्दावली से मिश्रित हे तो कुछ गीत मानक हिन्दी और सरल-सहज हिन्दुस्तानी में लिखे गये। इसी के बीच संस्कृतनिष्ठ हिन्दी के गीतों ने भी दर्शकों का मन जीता। इन गीतों में कल्पना शक्ति का अद्‌भुत प्रयोग था, कोमलता थी और बिम्बो की नवीनता और ताजगी भी थी। लय और प्रवाह थी। कुछ उदाहरण इस प्रकार है:-

सहज-सरल हिन्दी या हिन्दुस्तानी में लिखे गये जैसे-

ओहरे ताल मिले नदी के जल में, नदी मिले सागर में,
सागर मिले कौन-से जल में कोई जाने न
रहें न रहें हम महका करेंगे, बनके कली, बनके सबा राहे वफ़ा में

गंगा मइया में जब तक ये पानी रहे, मेरे सजना तेरी ज़िन्दगानी रहे

इसी तरह के असंख्य गाने हैं।

आँचलिक शब्दावली से सम्बन्धित हिन्दी के कुछ गाने-

काशी हीले, पटना हीले, कलकत्ता हीले ल
तोहरी लचके जब कमरिया सारी दुनिया हीले ल
सोनवा के पिंजरा में बन्द भइले हाय राम
सखी सैंया तो खूबई कमात है महँगाई डायन खाये जात है
ए चन्दा मामा, आरे आवा, पारे आवा
सोनवा कटोरिया में दूध भात लैके आवा

ऐसे ही न जाने कितने गाने और भी हैं।

लयात्मकता के लिए कुछ अलग हटकर डाली गयी शब्दावली के गाने-

डम-डम, डीगा-डीगा, मौसम भीगा-भीगा
लल्ला लल्ला लोरी, दूध की कटोरी
इना मीना डीका, डाय डामा डीका
अपलम चपलम चपलाई रे दुनिया को छोड़
तेरी गली आयी रे आयी रे आयी रे
रमैया वस्ता वइया
मैने दिल तुमको दिया

इस प्रकार के गीतों की संख्या अन्य गीतों की अपेक्षा कम है। ऐसे गीत प्रयोग के तौर पर एक बदलाव लाने के लिए सामने आये और पसन्द भी किये गये।

अंग्रेज़ी शब्दावली को डालकर बनाये गये गीत-

ए बी सी डी छोड़ो
नैनों से नैना जोड़ो
सी ए टी कैट, कैट माने बिल्ली
आर ए टी रैट, रैट माने चूहा
माई नेम इज़ शीला, शीला की जवानी
उर्वशी-उर्वशी, टेक इट ईजी पॉलिसी
लाइफ हो आउट ऑफ कण्ट्रोल
होंठों को करके गोल सीटी बजाके बोल ऑल इज़ वेल
भइया ऑल इज़ वेल।

अन्य क्षेत्रीय भाषाओं के शब्दों से मिश्रित हिन्दी के गाने-

कुची कुची रकमा पास आओ ना
इक प्यारी-प्यारी गुड़िया दे दो ना

सजड़ा ने फुल मारया मेरी रूह फलक तक रोई
केसरिया बालमा पधारो म्हारे देश
मुंगड़ा मैं गुड़ की डली मंगता है तो आजा रसिया

कुछ ऐसे भी गीत हैं जो शास्त्रीय संगीत की श्रेणी में आये जैसे-

मधुबन में राधिका नाचे रे, गिरधर की मुरलिया बाजे रे
रैना बीती जाये श्याम ना आये
मोहे भूल गये साँवरिया
माई री मैं कासे कहूँ अपने जिया की बात

इस तरह के गीतों में संस्कृतनिष्ठ हिन्दी का प्रयोग किया गया है। इन गीतों में इतनी जीवन्तता और गहराई है कि लोग आज भी इन्हें नहीं भूल पाये हैं।

उर्दू, फ़ारसी के शब्दों से बनी हिन्दी। प्रायः इस श्रेणी में ग़ज़लें ही आती हैं, जैसे-

जुस्तजू जिसकी थी उसको तो न पाया हमने
हमने देखी है इन आँखों की महकती खुशबू
रस्में उल्फत को निभाये तो निभाये कैसे
ये क्या जगह है दोस्तों ये कौन-सा दयार है

कुछ ऐसे भी गीत हैं जिनमें भजन की लययुक्त शब्दावली एवं संस्कृत, अंग्रेज़ी और अन्य भाषाओं की शब्दावली का प्रयोग किया गया है। जैसे-

गोविन्द बोलो हरि गोपाल बोलो
क्या ये जादू....क्या ये जादू
हरे राम हरे कृष्णा, हरे कृष्णा हरे राम

टेलीविज़न माध्यमों में जब कोई कार्यक्रम प्रस्तुत किया जाता है तो प्रस्तुतकर्त्ता जिस रोचक ढंग से इन्हें प्रस्तुत करता है, उसकी हिन्दी एकदम अलग होती है। यह कार्यक्रम की प्रकृति और प्रस्तुतकर्ता की शैली पर निर्भर करती है। उदाहरणार्थ -

- ये सब जानते हैं कि How popular, how likable this programme is .... मैं ये जिम्मेदारी आज उठाने की कोशिश कर रही हूँ क्योंकि मेरे पहले, पहले जो भी Co-hostes आये, उनकी अपनी एक style थी। उनकी voice उनकी बातें। वह जगह मैं न लेना चाहती हूँ न ले सकती हूँ। I Just request you to accept me the way I have ... thank you, thank you very much.
- मैं Close-up अन्ताक्षरी परिवार को देखनेवाले तमाम सदस्यों की तरफ़ से Welcome to the family. All the best ... और मैं चाहूँगा कि नयी शृंखला, जिसे हमने नाम दिया है-
- Young Dhamaka उसका inauguration आप करें।

(क्लोज-अप अन्ताक्षरी की प्रस्तुतीकरण का एक अंश)

- नमस्कार देवियो एवं सज्जनो! मैं हूँ अमिताभ बच्चन कौन बनेगा करोड़पति में आपका स्वागत है।

(कौन बनेगा करोड़पति के प्रस्तुतीकरण का एक अंश)

इसी प्रकार एक कार्यक्रम BPL Oye का एक का तीन। इसकी प्रस्तुती रोचक और नाटकीय होती है। इस कार्यक्रम के कुछ अंश-

- White Shoes नहीं पहनते आप?

  White Shoes नहीं डालेगा हम।

  Pinne Khanna means – see you later जाने को माँगता आने को माँगता, ब्रेक के बाद।

  I love you अपुन से प्यार नयी करने का BPL से प्यार करने का। क्यों बीडू?

इसी प्रकार फिल्मी दुनिया के सूचना और समाचारवाले कार्यक्रम भी प्रायः हिंग्लिश में प्रस्तुत किये जाते हैं। जैसे-

Hopefully producers films के rate को इतना नहीं बढ़ायेंगे कि–

- India के all time great star. Unfortunately उनकी इस साल कोई भी फिल्म नहीं चली। Same story, same starcast, light hearted और entertaining. Story को भी interesting बनाया जा सकता है। वह कहीं उठती है, कहीं गिरती है वह flow की consistancy नहीं है।

इण्टरनेट की भाषा

मनुष्य निरन्तर नवीनतम क्रान्ति चिह्नों से परिपूर्ण हो रहा है, विशेष रूप से संचार क्रान्ति जिसने आधुनिकीकरण व नूतन लक्ष्यों के प्राप्ति के लिए विशेष भूमिका का निर्वाह किया है। नयी तकनीकी के विकसित रूपों में हम आश्चर्य चकित होकर उन इलेक्ट्रॉनिक माध्यमों को देख रहे हैं, जो पल भर में ही ऐसा संसार उपस्थित कर देती है, जिसके कारण विश्व के किसी भी कोने से असीम ज्ञान पलक झपकते ही प्राप्त कर सकते हैं। इलेक्ट्रॉनिक माध्यमों ने विश्व को ग्लोबल विलेज में परिवर्तित कर दिया है। वहीं इण्टरनेट, सेटेलाइट, कम्प्यूटर, सी.डी. ने भौगोलिक सीमाओं का ही नहीं वरन् राष्ट्रीय, सामाजिक, आर्थिक, सांस्कृतिक मूल्यों व व्यवस्था को भी प्रभवित किया है।

आज हम उस युग में आ चुके हैं जहाँ तृतीय क्रान्ति के नाम से विख्यात इलेक्ट्रॉनिक क्रान्ति से जुड़े उपग्रह केबल वीडियो, कम्प्यूटर ने तो इक्कीसवीं सदी को 'सूचना युग' ही घोषित कर दिया। सूचना प्रौद्योगिकी इस नये रूप में इण्टरनेट एक ऐसे शक्तिशाली इलेक्ट्रॉनिक माध्यम के रूप में उभरा जिसने सम्पूर्ण विश्व को अपने में समा लिया। यह वह संचार माध्यम है जिसकी व्यापकता असीम है। वस्तुतः यह नेटवर्कों का नेटवर्क कहा जाता है, जिसका अर्थ है- सूचना तन्त्र के बीच स्थापित सम्बन्धों का समेकित तन्त्र। इसे सूचनाओं और जानकारियों

का विशाल संग्रहालय भी कहा जा सकता है।

जहाँ तक इण्टरनेट और हिन्दी भाषा का सम्बन्ध है निश्चित ही तकनीकी अवरोधों के बावजूद हिन्दी भाषा अपनी उपस्थिति निरन्तर दर्ज़ कर रही है। अंग्रेज़ी के साथ लगातार क़दम मिलाते हुए अपने अस्तित्व और पहचान के लिए संघर्षरत हिन्दी इस बात पर ज़ोर देती हुई लगती है कि अपनी भाषा केवल अपनी ही होती है और उसमें ही अपनी बात समझ सकते हैं। आज यह धारणा ग़लत साबित हो चुकी है कि अंग्रेज़ी ही इण्टरनेट की एकमात्र भाषा है। नेट की भाषाओं के समीकरण पर सबसे ज़्यादा प्रभाव एशिया की नेट पर बढ़ती हुई भागीदारी का पड़ रहा है। बढ़ते बाज़ार तन्त्र और बहुराष्ट्रीय कम्पनियों के उत्पाद हेतु ग्राहक जुटाने के हेतु, अनुकूल परीक्षणों के लिए भी अब भाषा को अस्त्र बनाया गया है। अमेरिका में इण्टरनेट के भूमण्डलीकरण पर एक सेमिनार में बर्लिज्ज ग्लोबनेट नाम की कम्पनी के कार्यकारी उपाध्यक्ष जिम लुइस ने कहा कि "व्यापार घरानों को इस बात से वाकिफ़ होना चाहिए कि जल्द ही दुनिया में एक अरब नेट उपभोक्ता होंगे और दुनिया में फैले इस ऑनलाइन समुदाय में 70 प्रतिशत ग़ैर अंग्रेज़ी भाषी होंगे। इसी को ध्यान में रखते हुए आज अनेक बहुराष्ट्रीय कम्पनियाँ विश्व भर में अपनी बिक्री में बढ़ोत्तरी के लिए वेबसाइटों को बहुभाषी बना रही है। इण्टरनेट पर हिन्दी का बढ़ता प्रभाव भी इस नीति से अप्रभावित नहीं है, इससे भारत में राष्ट्रभाषा प्रचार के द्वारा सम्भवतः खुल सकें। आज इण्टरनेट पर वेबसाइट के माध्यम से अनेक हिन्दी-पत्र, पुस्तकें एवं हिन्दी शिक्षण कार्य उपलब्ध है।

'द स्टेट ऑफ द साइबरनेशन' पुस्तक में नीलबैरट ने इण्टरनेट के सन्दर्भ में पाठ को तीन भागों में बाँटा है। तात्कालिक महत्त्व के समाचार-पत्र जैसे- दैनिक समाचार-पत्र। दूसरा पृष्ठभूमीय समाचार-पत्र लेख जिनकी उपयोगिता अपेक्षाकृत कम समयबद्ध होती है, जैसे- साप्ताहिक और मासिक पत्रिकाएँ और तीसरा स्थायी महत्त्व की कथा-अकथा किताबें। आज इण्टरनेट पर भारतीय भाषाओं के अनेक समाचार-पत्रों, पत्रिकाओं और पुस्तकों के इलेक्ट्रॉनिक संस्करण उपलब्ध हैं। हिन्दी भाषा सीखने के लिए बहुत-सारी वेबसाइटें उपलब्ध हैं, जो शब्दो के उच्चारण व लेखन को सरलता से सिखाती हैं। इसके अतिरिक्त भारत की संस्कृति के बारे में भी जानकारी देती हैं, जिससे हिन्दी भाषा सीखने में आसानी हो। अब इण्टरनेट पर भारत में प्रचलित अंग्रेज़ी और हिन्दी ही नहीं वरन् संस्कृत सहित 18 राजकीय भाषाएँ भी हैं। भारतीय भाषाओं में कम्प्यूटर का उपयोग बढ़ाने के लिए सरकार हिन्दीभाषी राज्यों में हिन्दी सॉफ्टवेयर टूल्स ओर फॉण्ट्स मुफ्त में वितरित कर रही है। ऐसे सॉफ्वेयर टूल्स से कम्प्यूटर हिन्दी से अंग्रेज़ी में और अंग्रेज़ी से हिन्दी में लिप्यन्तरण कर सकेगा। इतना ही नहीं हिन्दी से लिखी किसी भी सामग्री को कम्प्यूटर पढ़कर सुना सकता है, यहाँ तक कि हिन्दी के एक फॉण्ट में काम करने पर खुद-ब-खुद हिन्दी के दूसरे फॉण्ट में बदला जा सकता है। इससे हिन्दीभाषी व्यक्ति अपनी भाषा में कार्य कर सकता है। डेवलपमेण्ट ऑफ एडवान्स कम्प्यूटिंग (सीडेक) ने सामान्य व्यक्तियों की भाषा में कम्प्यूटर सॉफ्टवेयर मुफ्त में वितरित व प्रस्तुत कर करोड़ो व्यक्तियों की समस्या का समाधान किया है।"

इस पहल से भाषायी समस्या से जूझ रहे करोड़ों लोगों की संवादहीनता की समस्या समाप्त होगी। भाषायी अन्तराल मिटाने के लिए सूचना प्रौद्योगिकी मन्त्रालय में 'ओ आर जी' तकनीक

को हिन्दी में परिवर्तन कर दिया है। हिन्दी के पेजों को स्कैन कर उनको हिन्दी में, टाइप में बदल देने का कार्य आसान नहीं है, इससे फॉण्ट की समस्या भी हल हुई है। इस टूल्स में विभिन्न प्रकार के फॉण्ट्स, मल्टीफॉण्ट्स की बोर्ड, कन्वर्टर, हिन्दी का ब्राउज़र फायर फॉक्स, हिन्दी का मेसेंजर, हिन्दी का ओसीआर, हिन्दी और अंग्रेज़ी शब्दकोशन, हिन्दी के शब्दों की वर्तनी शुद्धि सुविधा, अनुवाद टूल्स, हिन्दी में कम्प्यूटर पर टंकित सामग्री को कम्प्यूटर द्वारा पढ़ने की सुविधा आदि, इन्हें आई टी मन्त्रालय द्वारा सीडी में एकत्र कर सामान्य व्यक्ति तक पहुँचाने का अभियान प्रारम्भ किया गया है। इसमें काग़ज़ पर हिन्दी में लिखित किसी भी सामग्री को स्कैन कर हिन्दी ओसीआर टूल्स के माध्यम से सम्पादित किया जा सकता है।

यदि सम्पादन के पूर्व पढ़ने का समय न हो तो हिन्दी भाषा टेक्स्ट टू स्पीच सिस्टम की सहायता से उसे सुना जा सकता है। इस टूल्स से कम्प्यूटर द्वारा टेक्स्ट पढ़कर सुना सकता है। जिसे सम्पादित कर कन्वर्टर के माध्यम से हिन्दी के इच्छानुरूप फॉण्ट में परिवर्तित कर उसका उपयोग कर सकते हैं। नेत्रहीन व्यक्ति भी सहायक की मदद से सुन सकते हैं। इसमें उपस्थित शब्दकोश हिन्दी शब्दों की सही वर्तनी और इसके अंग्रेज़ी शब्द भी उपलब्ध करा सकते हैं।

'सीडॅक' संविधान द्वारा मान्य 22 भाषाओं के सॉफ्टवेयर तैयार कर रही है। तमिल और हिन्दी के पैकेज रिलीज़ हो चुके हैं। निश्चित रूप से विभिन्न भाषाओं के इस प्रकार सॉफ्टवेयर आने से कम्प्यूटर पर अंग्रेज़ी का वर्चस्व समाप्त होगा। हमारे देश में शिक्षा और भाषा के वैविध्य के प्रश्न हैं, इस दृष्टि से 'कम्प्यूटर संस्कृति' में अपार क्षमताएँ हैं। विभिन्न सूचनाएँ, सूचना संकेत, असंख्य समवाय, इसमें उपस्थित हैं। यह वह माध्यम है जो एक साथ ही लिखना, पढ़ना, संयोजित करना, विज्ञता, चित्रण, संचय को सम्भव करता है। इण्टरनेट ने तो शिक्षण, संवाद के विधान को ही नहीं परिवर्तित किया, वरन् नूतन क्षितिजों और सम्बद्धता से विश्व को जोड़ा है। सभी-कुछ प्रत्यक्ष करते हुए आश्चर्यजनक रूप से हमारें सामने ग्रन्थालय, वास्तु-शिल्प की खोजें, लुप्त शिलालेख, वाङ्मय सूची को वह हमारे सामने उपस्थित कर देता है।

आज वेबसाइट पर साहित्य से लेकर हिन्दी अध्ययन के हर पाठ संजाल-फलकों (साइट) पर उपलब्ध हैं। विविध स्तम्भ, समीक्षा, नयी पुस्तकें, विचारधारा, कहानी, कविता, पाठकों के लिए मौजूद हैं। यहाँ तक कि जिन्हें रचना लिखने में रुचि है वे 'लिटरेटवर्ल्ड' को उसे प्रेषित भी कर सकते हैं। गोष्ठियाँ, सेमिनार, रिपोर्ट अपडेट होती हुई हमें अपने से जोड़ती हैं। कुछ वेबसाइट का उल्लेख निम्नांकित रूप में किया जा सकता है-

www.cdaindia.com- इस वेबसाइट में केन्द्रीय सूचना प्रौद्योगिकी मन्त्रालय ने भारतीय भाषाओं के लिए लघुतर तथा तकनीकी विकास-सम्बन्धी महत्त्वपूर्ण जानकारी दी है। हिन्दी, मराठी, संस्कृत तथा कोंकणी के लिए विशेष अभियान चलाया जा रहा है।

www.rajsabha.com —इस वेबसाइट में राजभाषा हिन्दी से सम्बन्धित नियम, साहित्य, व्याकरण, पत्रकारिता, तकनीकी सेवा, हिन्दी संसार, हिन्दी सीखें आदि सम्पर्क सूत्र उपलब्ध हैं।

www.dol.nic.in—केन्द्रीय राजभाषा विभाग के राजभाषा से सम्बन्धित नियम, अधिनियम, वार्षिक कार्यक्रम, तिमाही, अर्द्धवार्षिक, वार्षिक विवरण, हिन्दी शिक्षण सम्बन्धी महत्त्वपूर्ण

जानकारी उपलब्ध करायी गयी हैं। सरकारी कार्यालयों, उपक्रमों, उद्यमों के लिए यह वेबसाइट उपयुक्त है।

www.indianlangua.com—इस वेबसाइट पर जो हिन्दी साहित्य सभी प्रमुख भारतीय भाषाओं के लिए साहित्य, समाचार-पत्र, खोज आदि महत्त्वपूर्ण जानकारी उपलब्ध है।

www.bhartvani.com - इस वेबसाइट पर हिन्दी टंकण, लिखना, बोलना साथ ही ऑनलाइन टेस्ट भी लिये जाते हैं।

www.litrobedu.au - इस वेबसाइट पर हिन्दी शिक्षण, साक्षरता व भाषा साहित्य उपलब्ध है।

www.dictionary.com - इस वेबसाइट पर विश्व की प्रमुख भाषाओं के शब्दकोश, अनुवाद समानार्थी शब्द, वेबकोश, बेतार व चल शब्दकोश तथा व्याकरण-सम्बन्धी महत्त्वपूर्ण जानकारी उपलब्ध है।

www.ciil.org - केन्द्रीय भाषा संस्थान ने सभी भारतीय भाषाओं के विकास के लिए इसका निर्माण किया है। भारतीय भाषाओं में आदान-प्रदान बढ़ाने के लिए यह संस्थान विशेष कार्य कर रहा है।

www.unl.ias.unu.edu - टोकियो विश्वविद्यालय द्वारा विकसित इस साइट पर हिन्दी सहित विश्व की 18 भाषाओं के विकास के लिए अनुसन्धान जारी है। इसका नाम Universal Networking Language रखा गया है। इसमें शब्दकोश तथा अनुवाद द्वारा विश्व शान्ति एवं एकता स्थापित करने का प्रयास किया जा रहा है।

www.litrateworld.com - यह मुख्यतः साहित्यिक पत्रकारिता से जुड़ी वेबसाइट है जिसे प्रति सप्ताह अपडेट किया जाता है। यह कैलिफोर्निया स्थित अपनी 'लिटरेड वर्ल्ड इनकार्पोरेट' की वेबसाइट है जो सन् 2001 से प्रारम्भ है। अब तक हिन्दी के कई प्रसिद्ध साहित्यकारों के साक्षात्कार विकल्प के तहत इसमें लिये जा चुके हैं, इसमें प्रमुख हैं- अमरकान्त, कमलेश्वर, निर्मल वर्मा, संजीव, मंगलेश डबराल, गगन गिल, अलका सरावगी। इसके अतिरिक्त उदय प्रकाश, विष्णु खरे, अशोक वाजपेयी, मृदुला गर्ग, मैत्रेयी पुष्पा, गीतांजलिश्री इसमें नियमित स्तम्भ लिखते हैं। इस पत्रिका के अब तक 30 अंक आ चुके हैं।

www.bbchindi.com - समाचारों की निष्पक्षता के लिए विख्यात इस साइट का हिन्दी स्तर प्रशंसनीय है। 11 मई, 1940 को प्रथम बार लन्दन से हिन्दी में समाचार प्रसारित करनेवाली बी.बी.सी. को तब बी.बी.सी. हिन्दुस्तानी सर्विस के नाम से जाना जाता था। विभिन्न अन्तर्राष्ट्रीय गतिविधियों का तटस्थ विश्लेषण के अतिरिक्त इसमें 'नेट दुनिया' विकल्प के द्वारा इण्टरनेट के सम्भावित आयामों की पूर्ण जानकारी उपलब्ध है।

www.microsoft.comindiaehindi2000 - विश्व प्रसिद्ध माइक्रोसॉफ्ट कम्पनी ने हिन्दी के लिए एम.एस.ऑफिस 2000 विकसित किया है। इसमें बातचीत की सुविधा भी उपलब्ध है।

www.resettastone.com - हिन्दी सहित विश्व की सभी भाषाओं को सीखने के लिए अणु सुविधाएँ उपलब्ध हैं। विश्व की 80 भाषाओं का व्यावहारिक ज्ञान Gold Partner नामक अणु डायरी में उपलब्ध है।

हिन्दी में अनुवाद की सुविधा है-

www.epatr.com

www.mailijol.com

www.bharatmail.com

www.cdacindia.com

www.webdunia.com

www.danikjagran.com

www.rediffmail.com

भारतीय सर्च इंजन

www.search.com

www.123india.com

www.khoj.com

www.iloveindia.com

www.jadoo.com

www.searchindia.com

इन प्रमुख वेबसाइटों के अतिरिक्त सैकड़ों अन्य वेबसाइट भी हिन्दी में उपलब्ध हैं। यहीं नहीं हिन्दी की प्राचीन संस्था नागरी प्रचारिणी सभा द्वारा प्रकाशित 6000 पृष्ठों का विश्वकोश भी इण्टरनेट पर उपलब्ध है, जिसमें ज्ञान विज्ञान के 8000 विषयों की प्रामाणिक जानकारियाँ उपलब्ध हैं। इस प्रकार यह कहा जा सकता है कि भारतीय विश्वकोश अन्तर्राष्ट्रीय सूचना तन्त्र पर भी उपलब्ध है। इसमें कोई दो मत नहीं है कि इण्टरनेट सेटेलाइट इत्यादि अत्याधुनिक इलेक्ट्रॉनिक माध्यमों ने आकाश मार्ग द्वारा भौगोलिक सीमाओं को ही नहीं वरन् राष्ट्रीय, आर्थिक, सामाजिक, सांस्कृतिक मूल्य एवं व्यवस्था पर भी अपना प्रभाव अंकित किया है। नयी तकनीक के सन्दर्भ में यदि भाषा के स्वरूप का विश्लेषण करें तो इसमें एकरसता दिखायी पड़ेगी, क्योंकि यान्त्रिक रूप से संचालित होनेवाली भाषा का प्रश्न अब केवल मनुष्य की पहचान का ही प्रश्न नहीं हैं, वरन् इस भूमण्डलीकरण के युग में मनुष्यता की पहचान का भी युग है। इण्टरनेट का संसार जहाँ एक बटन दबाते ही पूरा विश्व कम्प्यूटर स्क्रीन पर सिमट आता है, परन्तु उतने ही तीव्र गति से मनुष्य का अपने से ही अलगाव भी करता है।

अब प्रश्न यह उठता है कि क्या इण्टरनेट पर गम्भीर साहित्य की रचना सम्भव है? इस पर भाषा हिन्दी, कविता, कहानी, उपन्यास अन्य साहित्यिक विषयों का भविष्य क्या है?

यह सत्य है कि भाषा, साहित्य, संस्कृति मानव-मूल्यों से जुड़े हैं, परन्तु तकनीकी ज्ञान भी प्राप्य विकल्पों में विस्तार द्वारा मूल्यों में परिवर्तन लाता है। आवश्यकता है इण्टरनेट के भाषायी संसार में विस्तार परिवर्तन से जुड़ी शब्दावली की क्योंकि भाषा कोई भी हो वह ज्ञानात्मक-संवेदनात्मक पक्षद्वय से जुड़ी होती है। जब तक संवेदना है तब तक संवाद है, जिज्ञासा है। जिज्ञासा से ज्ञान तक की यात्रा बिना भाषा के सम्भव नहीं है। आज भी जब भाषा की एकरूपता, भाषायी सर्वसम्प्रेषणीयता के प्रश्न हमारे समक्ष हैं। ऐसे में इण्टरनेट हमारा सहयोगी है जिसके लिए शिक्षण और आर्थिक सामर्थ्य दोनों की आवश्यकता है।

इण्टरनेट के तकनीकी अवरोध क्रमशः धीरे-धीरे समाप्त हो रहे हैं। 'भाषा-साहित्य दृष्टि' तकनीकी ज्ञान को सृजनसमन्वित, मूल्यसापेक्ष बना सकती है, उसे दिशावान् और संकल्प सजग बना सकती है, क्योंकि भाषा जीवन है और भाषा की गति में ही जीवन की गति है। जिसके पास भाषा नहीं है वह जीवन गति से भी अपरिचित रहेगा। निश्चित रूप से आगामी पीढ़ी जिस भाषा-साहित्य से परिचित होगी वह उसके उस यथार्थ बोध से पूर्ण होगी जिसमें इलेक्ट्रॉनिक दृश्य-श्रव्य माध्यम से संयुक्त परिवेश होगा। उसके गत्यात्मक संश्लिष्ट बिम्ब, नयी ध्वन्यात्मकता से पूर्ण लय, बिम्ब, कल्पना, शब्दों पर इसका प्रभाव होगा जो भाषा को और अधिक यथार्थ, ठोस मूर्त रूप दे सकेगा।

विज्ञापनों में हिन्दी भाषा

आधुनिक युग को विज्ञापन का युग कहा जाता है। विज्ञापन प्रसारण के अनेक साधन उपलब्ध हैं किन्तु समाचार-पत्र, रेडियो, एफ.एम. रेडियो तथा दूरदर्शन एवं निजी चैनल तथा इण्टरनेट आदि प्रसार माध्यमों में विज्ञापन का स्थान सर्वोपरि है। ये माध्यम अपनी-अपनी प्रवृत्ति में एक-दूसरे से भिन्न ज़रूर हैं किन्तु सभी माध्यम से जनसम्पर्क अत्यन्त प्रभावी तथा व्यापक पैमाने पर किया जा सकता है। अतः उक्त सभी माध्यमों में विज्ञापन का स्थान अक्षुण्ण महत्ता रखता है। आज के वैश्वीकरण के युग में जबकि सारी दुनिया एक विशाल मण्डी बन चुकी है, विज्ञापन का महत्त्व बहुत बढ़ गया है। 1991 में शुरू हुए आर्थिक उदारीकरण के बाद भारत में उद्योगों और व्यवसायों के लिए अवसरों के नये द्वार खुले। लगभग दो दशक की इस अवधि में भारतीय बाज़ार भी ग्लोबल हो गया। ग्लोबल होने पर उपभोक्ताओं को आकर्षित करने की ज़रूरत महसूस हुई। उपभोक्ताओं को आकर्षित करने के लिए विदेशी कम्पनियों ने अंग्रेज़ी को न चुनकर बहुभाषी लोगों के लिए हिन्दी को ही चुना क्योंकि वे इस बात को भली प्रकार समझ चुकी थीं कि यदि उन्हें भारत की विशाल मण्डी में अपना माल बेचना है तो उसके बारे में लोगों को उनकी भाषा में ही बताना पड़ेगा। इसके लिए सरकार को भाषा-सम्बन्धी कोई कानून बनाने की आवश्यकता नहीं पड़ी, हिन्दी भाषा की शक्ति के सामने कम्पनियों ने स्वयं ही अपना सिर झुका दिया। ऐसे में विज्ञापनों पर हिन्दी हावी होती चली गयी। विज्ञापनों ने एक नयी हिन्दी गढ़ी, जो किताबी न होकर आम बोलचाल की भाषा थी। जब उपभोक्ता तक विज्ञापनों के सन्देश उसके द्वारा रोज़मर्रा बोली जानेवाली भाषा में पहुँच तो वह उनसे प्रभावित हुए बिना न रह सका। विज्ञापनदाता सन्देशों से सीधे उपभोक्ता के दिल में पहुँचना चाहते थे और वे सफल रहे। आम बोलचाल की भाषा इन विज्ञापनों में आयी और फिर वही प्रसारित, प्रचारित तथा प्रचलित होती गयी। फिर आये 'इण्टेलिजेण्ट स्लोगन'। ये बदलते समय के नये विचारों और सोच के प्रतीक थे। 'मिले सुर मेरा तुम्हारा', 'स्वस्थ खाओ तन-मन जगाओ', (ब्रिटानिया) ने हिन्दी विज्ञापनों

में प्रयोग शुरू किये। पीयूष पाण्डे, प्रसून जोशी, कमलेश पाण्डेय, सुरेश मलिक, अशोक राय, अमर ठाकुर और रेखा निगम ने विज्ञापनों में हिन्दी के नये बिम्ब रचे। हाल के विज्ञापनों में 'ठण्डा मतलब कोका-कोला' और 'ये दिल माँगे मोर' को अल्टीमेट माना गया। फेविकोल का 'जोड़ है टूटेगा नहीं', 'कर लो दुनिया मुट्ठी में', 'तूफ़ानी ठण्डा', 'चुटकी में चिपकाये फेविक्विक' और 'सर्फ एक्सेल है ना'-जैसे विज्ञापनों ने हिन्दी की कम्यूनिकेशन स्किल को बढ़ाया है। एड गुरु प्रहलाद कक्कड़ का मानना है- ''विज्ञापनों ने हिन्दी को आज के युग में एक मॉडर्न लैग्वेंज के रूप में पेश किया है। हिन्दी को विज्ञापनों से नये मुहावरे मिले हैं, जो ग्लोबल हैं।'' विज्ञापन की भाषा में ध्यान आकर्षित करने के लिए कई प्रकार की अपीलों का स्लोगन के माध्यम से सुन्दर प्रस्तुतिकरण किया जाता है। इसके लिए विज्ञापनों में 'अब आप समझे', 'खरीदारी में ही समझदारी है', पहले इस्तेमाल करो फिर विश्वास करो, ख़ास लोगों की ख़ास पसन्द' आदि संक्षिप्त स्लोग्नों का प्रयोग किया जाता है। विषय के अनुसार शब्दों के कलात्मक प्रयोग से स्लोगन के ज़रिये उपभोक्ता का ध्यान आकर्षित किया जाता है। हिन्दी के विज्ञापनों में श्रव्यता के लिए कविता तथा गीतों के रूप में भाषा का उपयोग किया जाता है और संगीत का भी इसमें समावेश होता है। संगीत से विज्ञापनों में श्रव्यता का गुण आ जाता है।

विज्ञापन की भाषा

विज्ञापन की भाषा-प्रयुक्ति अपनी एक विशिष्टता लिये होती है। विज्ञापनों में प्रयोग की जानेवाली हिन्दी की अपनी एक विशेषता होती है उसमें ऐसे हिन्दी शब्दों का प्रयोग किया जाता है, जो विज्ञापन के उद्देश्य की पूर्ति हेतु उचित होते हैं। अच्छे विज्ञापनो में चार गुणों का होना आवश्यक है- सर्वप्रथम विज्ञापन आकर्षक होना चाहिए, जो बरबस ही लोगों को अपनी ओर खींच सके। दूसरे विज्ञापन की भाषा ऐसी होनी चाहिए कि समाचार-पत्र का पाठक आसानी से पढ़ और समझ सके यदि विज्ञापन में परिष्कृत या संस्कृतनिष्ठ हिन्दी का प्रयोग किया जायेगा, तो कम पढ़ा-लिखा व्यक्ति उसे ठीक से समझ नहीं सकेगा और विज्ञापनकर्त्ता का लक्ष्य पूरा नहीं हो सकेगा। तीसरे, विज्ञापन ऐसा होना चाहिए जो लम्बे समय तक लोगों को याद रहे, जैसे-'दूध-सी सफ़ेदी निरमा से आये, रंगीन कपड़ा भी खिल-खिल जाये, 'भूल न जाना ई.सी.ई. बल्ब लाना।' जैसे विज्ञापन आज भी लोगों को याद है। चौथा विज्ञापन की विक्रय-शक्ति अर्थात् समाज के जिस वर्ग के लिए विज्ञापन किया जा रहा है, उसकी क्रय-शक्ति उसके अनुरूप है कि नहीं। जैसे कि-'ब्राण्डेड ए.सी., महँगे सौन्दर्य प्रसाधन-जैसे विज्ञापनों का महत्त्व गाँव के क्षेत्रों में न के बराबर है। जबकि ट्रैक्टरों एवं कृषि यन्त्रों के विज्ञापन से शहरी लोगों का कोई लेना-देना नहीं है। विज्ञापन में जीवन्तता एवं आकर्षण लाने के लिए जैसे और सामान्य शब्द का भी प्रयोग ऐसे किया जाता है कि लगता है कि उनमें कोई विशेष बात है। जैसे- और टी.वी. की दुनिया में अब एक नया धमाका-ऑप्टानिका! और हार्लिक्स अब नये पैक में ! इसी प्रकार अनेक शब्द या वाक्यांश देखे जा सकते हैं। विज्ञापन में, इस प्रकार, शब्द के सानर्थ्य को पहचानकर उसे वैशिष्ट्पूर्ण आयामों में प्रस्तुत किया जाता है।

विज्ञापन की भाषा- उसके सन्दर्भ, आवश्यकता तथा माध्यम के अनुसार बदलती रहती है। समाचार-पत्र, रेडियो तथा दूरदर्शन के विज्ञापनों की भाषा एक-सी नहीं होती, हो भी नहीं सकती। समाचार-पत्र, पत्रिकाओं के विज्ञापन की भाषा में स्थानीय उपभोक्ता की आवश्यकता के अनुसार सामाजिक अथवा सांस्कृतिक शब्दों का प्रयोग किया जाता है। इसमें शब्दबाहुल्य की अधिक गुंजाइश रहती है। आकाशवाणी के विज्ञापन में केवल श्रव्यता पर अधिक बल होने के कारण शब्दों के चयन और उच्चारण पर अधिक ज़ोर देकर उसके प्रभाव को बढ़ाया जाता है। दूरदर्शन के विज्ञापन में दृश्य एवं श्रव्य दोनों का प्रयोग किया जाता है। अतः ऐसे विज्ञापनों को अधिक कलात्मक तथा प्रभावशाली बनाये जाने के लिए शब्दों के उच्चारण के साथ दृश्यों के प्रस्तुतीकरण की ओर विशेष ध्यान दिया जाता है। इन सभी प्रचार-माध्यमों के विज्ञापनों में हिन्दी का एक अनोखा एवं विशिष्ट रूप प्रयुक्त होता है जिसमें भाषायी लचीलापन, कोमलता, संक्षिप्तता तथा प्रभावोत्पादकता के साथ शब्द-स्वरों का आरोह-अवरोह, बलाघात तथा उच्चारण आदि पर विशेष रूप से ध्यान दिया जाता है।

समाचार-पत्रों के विज्ञापन की भाषा

समाचार-पत्र को विज्ञापन के लिए अत्यन्त प्रभावी माध्यम माना गया है, क्योंकि समाचार-पत्र आज लोगों के जीवन का अभिन्न अंग बन चुके हैं। समाचार-पत्रों का प्रसार एवं नये समाचार-पत्रों की संख्या दिन-पर-दिन बढ़ता जा रहा है। अतः इसमें दिये जानेवाले विज्ञापनों की भाषा का विशेष महत्त्व होता है। यदि विज्ञापन की भाषा लोगों को आकर्षित नहीं कर सकेगी तो ऐसे विज्ञापनों का कोई मतलब नहीं रह जायेगा। समाचार-पत्र में दिये जानेवाले विज्ञापनों में मुख्यतः हेडलाइन, सब-हेडलाइन, टेक्स्ट, मोनोग्राम और स्लोगन पर विशेष रूप से ध्यान दिया जाता है। सामान्यतः विज्ञापन की हेडलाइन या पंचलाइन ऐसी होती है, जो आसानी से पाठकों का ध्यान आकर्षित कर सके और उनके मन में कौतूहल तथा उत्सुकता उत्पन्न कर सके। जैसे- 'कर लो दुनिया मुठ्ठी में', चलो पढ़ाये कुछ कर दिखाये, ठण्डा-ठण्डा-कूल-कूल।

हेडलाइन- जूही की ख़ूबसूरती का राज
सब हेडलाइन- नया इण्टरनेशनल लक्स

विज्ञापन की सफलता मुख्य रूप से उसके विषय वस्तु एवं आकर्षक प्रस्तुतीकरण पर निर्भर होती है। विज्ञापन बनाते समय ग्राहकों की मानसिकता, आधुनिक फैशन, समय के बदलाव को ध्यान में रखते हुए उत्पादित वस्तु की आवश्यकता दर्शकों के लिये अनिवार्य है, यह स्थापित करने का प्रयास किया जाता है। विषयवस्तु के द्वारा उत्पादित वस्तु की उपयोगिता, उसमें निहित गुण, अन्य उत्पादों से हटकर होना और उसमें समाहित उत्कृष्ट तकनीक के बारे में जानकारी दी जाती है, जिससे ग्राहक उस वस्तु को खरीदने के लिए प्रेरित हो। समाचार-पत्रों के विज्ञापनो में विज्ञापनकर्त्ता, कम्पनी अथवा फर्म की मुद्रा या व्यापारिक बोध चिह्न को अवश्य दिखाया जाता है। यह चिह्न सम्बन्धित कम्पनी या फर्म का दर्पण कहा जा सकता है। जैसे- बॉम्बेडाइंग का झुके हुए पलड़े का तराजू, मफतलाल ग्रूप का कन्धे पर पृथ्वी उठा रखा आदमी, तथा किर्लोस्कर अथवा टाटा का अक्षरों का बोध चिह्न आदि देखे जा सकते है।

मीडिया के विज्ञापनों में स्लोगनो का भी बख़ूबी प्रयोग किया जाता है। ऐसे वाक्य अत्यन्त संक्षिप्त एवं आकर्षक होने के साथ सम्बन्धित कम्पनी की या फर्म की विश्वसनीयता को दर्शाते हैं। ऐसे स्लोगनों का उपयोग ग्राहकों कों उत्पाद खरीदने के लिए उत्प्रेरित करना होता है।

उदाहरण के तौर पर विडियोकॉन का 'ब्रींग होम द लिडर', ओनिडा का 'नेबर्स एनवे-ओनर्स प्राइड', खेतान का 'सिर्फ़ नाम ही काफ़ी है', पेप्सी कोला का 'ये है राइट चाइस बेबी', तथा दिनेश मिल का 'टेक द वर्ल्ड इन यूवर ट्राइड' आदि स्लोगन वाक्य हैं। मुद्रण माध्यम द्वारा किये जानेवाले विज्ञापनों में सुपाठ्यता लाने के लिए सुन्दर और विविध आकारोंवाले टाइप का प्रयोग किया जाता है। बच्चों से लेकर वृद्धों तक के सभी वर्गों की 'उत्पाद वस्तु' के ब्रांड को या उत्पाद को सदा याद रखवाने के उद्‌देश्य से विज्ञापनों में स्लोगनों तथा नारों का प्रयोग किया जाता है। ये स्लोगन छोटे-छोटे सरल वाक्यों में होते हैं तथा वस्तु के नाम को भी याद रखवानेवाले होते हैं। जैसे- 'आया नया उजाला, चार बूँदोंवाला'। इसलिए विज्ञापन की भाषा में संक्षिप्तता, सरलता, तथ्यों की रोचकता, मोहकता आदि का विशेष ध्यान रखा जाता है। विज्ञापनों की भाषा में गागर में सागर का गुण अर्थात् थोड़े शब्दों में ज़्यादा कहने का गुण मिलता है। विज्ञापन के एक-एक शब्द और वाक्य को लिखने से पहले मानव के मनोविज्ञान की भीतरी सतह पर उतरकर शोध किया जाता है। मनुष्य आज के भागदौड़ भरे माहौल में जिस प्रकार जीवन व्यतीत कर रहा है। उसमें यदि कोई मधुंर स्वर लहरी उसके मन की भावनाओं को छू जाती है तो वह विज्ञापन की भाषा का ही कमाल होता है।

रेडियो पूर्णतः श्रव्य माध्यम होने के कारण उसमें प्रसारित विज्ञापनों में भाषा की सरलता संक्षिप्तता एवं माधुर्य होता है। शब्दों के उच्चारण पर विशेष ध्यान दिया जाता है और उच्चारण में विशेष कौशल एवं बलाघात के प्रयोग पर बल दिया जाता है। ताकि विज्ञापन अत्यन्त प्रभावशाली हो और श्रोताओं को अपनी ओर आकर्षित कर सके। रेडियो में प्रसारित विज्ञापनों में समय का विशेष महत्त्व रहता है। विज्ञापनों की अवधि 10 सेकेण्ड से लेकर 1 मिनट अवधि तक की होती है। समय कम होने के कारण रेडियो के लिए विज्ञापन तैयार करते समय शब्द सुर और समयावधि मे विशेष सामाञ्जस्य बैठाना पड़ता है। दूरदर्शन या निजी टेलिविज़न चैनल दृश्य एवं श्रव्य का मिलाजुला रूप है, जो कि परिवारिक दृष्टिकोण से बहुत प्रभावी माध्यम है। इस कारण इस पर प्रसारित विज्ञापन का असर बहुत दूरगामी होता है। दूरदर्शन श्रव्य और दृश्य का मिला-जुला रूप हैं, पर इसमें श्रव्य की अपेक्षा दृश्य पर अधिक ज़ोर रहता है। दर्शक भी सुनने के बजाय देखना अधिक पसन्द करते है। इसलिए दूरदर्शन के लिए तैयार किये जानेवाले विज्ञापनों में दृश्य पर अधिक बल देकर उसके अनुसार ही श्रव्य सामग्री तैयार की जाती है। दूरदर्शन के विज्ञापनों में दृश्य चित्र (Visual) के अनुसार ही स्क्रीप्ट लिखी जाती है। दूरदर्शन के विज्ञापनों में संगीत और सुरो द्वारा विज्ञापन को अत्यन्त आकर्षक एवं स्मरणीय बनाया जाता है। उस मधुर स्वर लहरी को सुनकर उपभोक्ता पल भर के लिए सपनों की दुनिया में खो जाता है। इसलिए विज्ञापन सम्बन्धित दृश्य बिबों के द्वारा भावात्मक स्पर्श देता है। उदाहरण देखियेः-

- पल-पल महके ऐसे पहला प्यार हो जैसे नया जय सौन्दर्य साबुन- (गन्ध बिम्ब)
- मज़ेदार भोजन का राज़- डालडा- स्वाद बिम्ब उत्तम चखते ही एक बार हो जाये प्यार- स्वाद बिम्ब (प्रिया अचार)

- त्वचा ऐसी जिसे बार-बार छूने को जी चाहे एन फ्रेंच क्रीम -स्पर्श बिम्ब

इस तरह से श्रृंगार प्रसाधन सामग्री से सम्बन्धित विज्ञापनों को गन्ध बिम्ब, दृश्य और स्पर्श बिम्बों के प्रयोग से उपभोक्ता के सामने मूर्तिमान करके प्रभावित किया जाता है। खाद्य सामग्री से सम्बन्धित विज्ञापनों को स्वाद बिम्ब के ज़रिये प्रभावशाली बनाया जाता है। मनमोहक और मधुर संगीत और सुन्दर चलचित्रों से समग्रतः श्रव्य और दृश्य बिम्ब की योजना करके प्रत्येक विज्ञापन में उपभोक्ता की पाँचों इन्द्रियों पर सामूहिक प्रभाव डालकर उपभोक्ता को लुभाने की भरपूर कोशिश की जाती है। बिम्बात्मक भाषा के प्रयोग से विज्ञापन की भौतिक आकृति इतनी सजीव और आकर्षक होती है कि उपभोक्ता उसे देखकर, सुनकर सम्बन्धित वस्तु को खरीदने के प्रति उत्सुक हो जाता है मदनलाल वर्मा के अनुसार- वस्तुओं का बखान करना कोई चापलूसी नहीं। ग्राहकों को सुन्दर नयनाभिराम तथा चलचित्रीय आकर्षक रंगों में छपी भाषा से मुग्ध करना कोई धोखा नहीं। यह तो कला है। विज्ञापनों में भाषा की कला, चित्रकार का कमाल, छापेखाने की ख़ूबी और प्रस्तुतीकरण का अनोखा निराला, अनूठा ढंग- यह सब-कुछ जो विज्ञान के मुख लक्ष्य-धनोपार्जन में सहायक होता है। विज्ञापनों का बाह्य आकर्षण, वस्तु विशेष का चित्रात्मक या चलचित्र रूप ये सब ग्राहक की चेतना पर सामूहिक रूप से प्रभाव डालते हैं।

उपभोक्ता के सामने वस्तु के गुणों का बखान करने के लिए विशेषणों का अधिक-से-अधिक प्रयोग किया जाता है। उदाहरण-

- डबल डायमण्ड चाय

  स्वाद में, तेज़ी में, आपके ख़्यालों-सी ताज़गी।

- आप भी अपना वक्त और ईंधन बचाइये

  घर में यूनाइटेड प्रेशर कूकर लाइयेए।

इस प्रकार विज्ञापन की भाषा को ज़्यादा-से-ज़्यादा प्रभावी बनाने के लिए अधिक-से-अधिक विशेषणों, क्रियाओं और क्रिया विशेषणों का प्रयोग किया जाता है। कोमल कान्त पदावली लयपूर्ण गीतात्मक शैली का भी अपना विशेष महत्त्व है। टेलीविज़न के विज्ञापन की भाषा में अनेक गुण लक्षित होते हैं- सुगमता, सुबोधता, आकर्षण क्षमता, स्मरणीयता, नाटकीयता, लक्ष्योन्मुखता, जीवन्तता आदि। टेलीविज़न में अमिधा से अधिक लक्षणा, व्यञ्जना-शक्तियों का प्रयोग दर्शक को मुग्ध कर देता है। इन माध्यमों में कैमरा ट्रिक्स, तथा कम्प्यूटर ग्रैफिक्स का प्रयोग कर दर्शक को चकित कर दिया जाता है। विज्ञापनों में हिन्दी का जो रूप मिलता है वह अन्यत्र कम ही मिलता है। चूँकि विज्ञापन का मूल उद्‌देश्य होता है रोचक ढंग से अपने उत्पाद के प्रति ग्राहकों का ध्यान आकर्षित करना। यहाँ भाषा का व्याकरण नहीं, बल्कि अर्थ तथा दृश्य का व्याकरण देखा जाता है। तो यदि विज्ञापन के हिन्दी की बात करें तो यहाँ भी हिंग्लिश ही विद्यमान है। उदाहरणार्थ-

- रेडचीफ है तो लैदर ही होगा - (जूते)
- बाहर से स्टाइलिश अन्दर से स्मार्ट - (फ्रिज़ गोदरेज़)
- सिर्फ़ क्लीन नहीं अब जर्मी क्लीन - (निप) (बर्तन धोने का पाउडर)

- No रूखापन No चिपचिपाहट
- ये दिल माँगे more
- यही है right choice baby.
- हमें लिख भेजिये right now.

अब टेलीविज़न और रेडियो पर प्रसारित सन्देशों की ओर ध्यान दें। इनमें प्रायः शुद्ध या मानक हिन्दी और सरलता के लिए कहीं-कहीं हिन्दुस्तानी हिन्दी की शब्दावली को अपनाया जाता है, ताकि जनसामान्य सन्देश को आसानी से समझ सकें, ग्रहण कर सकें। ऐसा ही सन्देश इस प्रकार हैः-

सुबह-सुबह जब चिड़िया उठती
मेरी माँ भी मुझे जगाती
थोड़ा सोने को जी करता
अभी न उठने को मन करता,
तब माँ मुझको गोद उठाती
और प्यार से ये समझाती
पढ़ लिखकर जग में छा जाओ
उठो चलो तुम स्कूल जाओ (सर्व शिक्षा अभियान)

पूरब से सूर्य उगा, फैला उजियारा
जागी हर दिशा-दिशा, जागा जग सारा
चलो पढ़ायें। कुछ कर दिखायें।

(राष्ट्रीय साक्षरता मिशन)

•

मीडिया की भाषा का बदलता स्वरूप

भाषा स्थिर नहीं रहती, उसमें सदा परिवर्तन हुआ करते हैं। विद्वानों का अनुमान है कि कोई भी प्रचलित भाषा एक हज़ार वर्ष से अधिक समय तक एक-सी नहीं रह सकती। जो हिन्दी हम लोग आजकल बोलते हैं, वह हमारे प्रपितामह आदि के समय में ठीक इसी रूप में नहीं बोली जाती थी। अपने पूर्वजों की भाषा की खोज करते-करते हमें अन्त में एक ऐसी हिन्दी भाषा का पता लगेगा, जो हमारे लिये एक अपरिचित भाषा के समान कठिन होगी। भाषा में यह परिवर्तन इतना धीरे-धीरे होता है कि हमको मालूम नहीं होता; पर अन्त में, परिवर्तनों के कारण नयी-नयी भाषाएँ उत्पन्न हो जाती हैं। भाषा को अभिव्यक्ति का सशक्त माध्यम माना जाता है। किसी भी देश की भाषा वहाँ के देशज शब्दों में निहित उसके ऐतिहासिक एवं भौगोलिक पृष्ठभूमि में ही उत्पन्न होती है। भाषा के उद्‌भव एवं विकास का यह काल सतत एवं निर्बाध रूप से चलता रहता है। इसी पृष्ठभूमि में भाषा के स्वरूप को समझने के लिए सर्वप्रथम हमें अपनी संस्कृति की पृष्ठभूमि का अवलोकन करना होगा। हिन्दी भाषा का जो स्वरूप आज हमारे सामने है उसके निर्माण में तक़रीबन एक हज़ार साल लगे हैं और हम दावे के साथ यह कहने की स्थिति में अब भी नहीं है कि यह स्वरूप आख़िरी है या स्थिर है या इसमें परिवर्तन की गुंजाइश एकदम ख़त्म हो चुकी है। वैसे तो हिन्दी के कुछ रूप पालि में ही मिलने लगते हैं लेकिन भाषावैज्ञानिक हिन्दी भाषा की वास्तविक शुरुआत 1000 ई0 से मानते हैं। अपने प्रारम्भिक काल में थोड़े बहुत अन्तरों के साथ हिन्दी अपभ्रंश के बहुत क़रीब थी और उसमें उन्हीं स्वरों और व्यंजनों का प्रयोग होता था जो अपभ्रंश में प्रयुक्त होते थे। शब्द-समूह भी प्रायः अपभ्रंश के ही थे। आचार्य रामचन्द्र शुक्ल के अनुसार- "प्राकृत की अन्तिम अवस्था अपभ्रंश से ही हिन्दी साहित्य का आविर्भाव माना जा सकता है।" लेकिन भक्ति आन्दोलन के प्रारम्भ के साथ तत्सम शब्दों की वृद्धि हुई और मुसलमानों के आगमन के साथ पश्तो, फ़ारसी तथा तुर्की भाषाओं से कुछ शब्द हिन्दी में आये। 1500 ई. के बाद हिन्दी ने अपभ्रंश से पल्ला झाड़ लिया और व्याकरण के क्षेत्र में अपने पैरों पर खड़ी हो गयी। वाक्य-रचना फ़ारसी से प्रभावित होने लगी और फ़ारसी, पश्तो, तुर्की तथा अरबी भाषाओं से 6 हज़ार से भी अधिक शब्द हिन्दी में आये। भारतीय इतिहास में उत्तर उन्नीसवीं शताब्दी राष्ट्रीय नवजागरण एवं सुसंगठित जनमत के अंकुरण का काल था। सारा देश पश्चात्यीकरण, वैज्ञानिक संचार-साधनों एवं सांस्कृतिक-राजनीतिक परिवर्तनों से जुड़ रहा था। इसी परिवेश में राष्ट्रीय नवचेतना के साथ राष्ट्रीय पत्रकारिता का उदय हुआ। भारतीय नवजागरण के उन्नायक राजा राममोहन राय ने अनुभव किया कि सामाजिक आर्थिक राजनीतिक सुधार-आन्दोलन की सक्रियता बनाये रखने के लिए स्वतन्त्र पत्रों की

अत्यन्त आवश्यकता है। इस दृष्टि से उन्होंने अंग्रेज़ी, बँगला, फ़ारसी और हिन्दी के कई पत्र प्रकाशित किये। ऐसे ही समय आदि पत्रकार पं. युगुलकिशोर शुक़ुल ने कलकत्ता से 30 मई 1826 में उदन्त मार्तण्ड पत्र का प्रकाशन शुरू किया। इस समाचार-पत्र का उद्‌देश्य हिन्दीभाषी लोगों के ज्ञान में वृद्धि करना था। शुकुल जी को हिन्दी, संस्कृत, फ़ारसी, अंग्रेज़ी और ब्रज भाषा का पर्याप्त ज्ञान था इसलिए यह पत्र अत्यन्त सुसम्पादित था। इसके प्रकाशन की पृष्ठभूमि में हिन्दी में पत्र प्रकाशन की भावना थी। इसलिए इसमें ब्रजभाषा और खड़ीबोली दोनों का ही प्रयोग होता था। उदन्त मार्तण्ड के प्रथम अंक से ज्ञात होता है कि श्री युगुलकिशोर ब्रज भाषा में कविता भी कर सकते थे उनकी गद्य की भाषा में उर्दू और फ़ारसी के शब्दों का प्रयोग शुद्ध रूप में हुआ है। यह सही है कि उदन्त मार्तण्ड की भाषा आज के हिन्दी समाचार-पत्रों की भाषा से बहुत अलग है फिर भी यह कहा जा सकता है कि खड़ीबोली शैली का मूल रूप उसमें परिलक्षित होता है। शुकुल जी ने भविष्य के हिन्दी पत्रों और हिन्दी के गद्य का वह रूप स्थापित किया, जो भारतेन्दु हरिश्चन्द्र के उदय से पूर्व हिन्दी पत्रों का मानक रहा। भारतेन्दु ने भी अपने पत्रों में कविता के लिए ब्रजभाषा के प्रयोग को युगुलकिशोर शुकुल के नमूने पर ही क़ायम रखा। उदन्त मार्तण्ड की भाषा मूलतः बोलचाल की भाषा थी। उसमें उसी प्रकार की हिन्दी का प्रयोग है जो कानपुर, लखनऊ या कलकत्ता में बोली और समझी जाती थी। इसे उदन्त मार्तण्ड के इस अंश से समझा जा सकता है-

"जिस समय 'ए' नगर में पैठे उतने समय में देखने आया कि राजमार्ग में दोनों ओर छोटी-छोटी हवेलियों के बाज़ारों पर (बारज़ों पर) सुसज्जर और कमखाब औ ताशबादलै के कामों के सोनहले औ रुपहले औ कारचोबियों के काम के कपड़े लोगों ने लटकाये थे और लखनौ शहर भीतर जितनी दुकानें जिस-जिस पदार्थ की थीं, उस समय सामग्री से सूची उसकी शोभा देखते ही बन आवती है।" उदन्त मार्तण्ड के बाद कलकत्ता से ही 10 मई, 1829 को बंगदूत नाम का साप्ताहिक पत्र प्रकाशित हुआ। इसने भी भाषा और शैली की दृष्टि से वही नीति अपनायी, जो 'उदन्त मार्तण्ड' की थी। लेकिन इसकी सबसे महत्त्वपूर्ण बात यह थी कि इसका सम्पादन बँगलाभाषी श्री नीलरतन हालदार करते थे। यह पत्र राजा राममोहन राय की प्रेरणा से निकला था। राजा राममोहन राय हिन्दी के आदि गद्य लेखकों में गिने जाते हैं। आचार्य हजारीप्रसाद द्विवेदी के अनुसार, आधुनिक हिन्दी में लल्लूजी लाल और सदल मिश्र के बाद राजा राममोहन राय पहले लेखक थे, जिन्होंने हिन्दी में प्रामाणिक गद्य लिखा। आचार्य रामचन्द्र शुक्ल ने अपने इतिहास में बंगदूत की भाषा के विषय में कहा है कि "संवत् 1886 में 'बंगदूत' नाम का एक संवादपत्र भी हिन्दी में निकाला गया। जिसकी भाषा में एक-आध जगह कुछ बँगलापन ज़रूर मिलता है, पर उसका रूप अधिकांश में वही है जो शास्त्रज्ञ विद्वानों के व्यवहार में आता था।" राजा राममोहन राय ने जो हिन्दी लिखी थी, उसका मिलान उनसे पूर्ववर्ती और परवर्ती लेखकों की भाषा से करें तो पता चलता है कि वे एक मानक हिन्दी की दिशा में जा रहे थे, जो धार्मिक विषयों के प्रतिपादन की प्रचलित शैली बन गयी।

बनारस से प्रकाशित 'बनारस अख़बार' (1845) हिन्दी लिपि में प्रकाशित होता था किन्तु अख़बार में अरबी, फ़ारसी शब्दों की भरमार होती थी। उदन्त मार्तण्ड से इतर राजा शिवप्रसाद सितारे हिन्द ने अपने पत्र 'बनारस अख़बार' (1845) में खड़ीबोली में 'मतरूकात सिद्धान्त'

द्वारा देवनागरी हिन्दी का पूर्ण उर्दूकरण कर सरकारी चाटुकारिता का उदाहरण प्रस्तुत किया था। इस पत्र की भाषा का विरोध तत्कालीन परिवेश में अत्यन्त स्वाभाविक था क्योंकि उक्त पत्र की भाषा आम जन की भाषा नहीं थी। 'बनारस अख़बार' की हिन्दी आम बोल-चाल की भाषा से कितनी अलग थी इसका अन्दाज़ा इस उदाहरण में देखा जा सकता है– *"यहाँ जो पाठशाला कई साल से जनाब कप्तान किट साहब बहादुर के इहतिमाम और धर्मात्माओं के मदद से बनता है उसका हाल कई दफ़ा जाहिर हो चुका है। अब वह मकान एक आलीशान बननेका निशान तय्यार हर चेहार तरफ़से हो गया बल्कि इसके नकशेका बयान पहिले मुन्दर्ज है, सो परमेश्वर के दयासे साहब बहादुर ने बढ़ी तन्देही मुस्तैदी से बहुत बेहतर और माकूल बनवाया है। देखकर लोग उस पाठशाला के कितेके मकानों की खूबियाँ अक्सर बयान करते हैं और उसके बनने से खर्चका तजवीज़ करते हैं कि जमासे ज़ियादा लगा होगा और हर तरहसे लायक तारीफ़ के है सो यह सब दानाई साहब ममदूहकी है। खर्चसे दूना लगावट में वह मालूम होता है।"* अम्बिकाप्रसाद वाजपेयी लिखते हैं कि "इसमें प्रयुक्त भाषा रद्दी उर्दू है। शब्दों का लिंगज्ञान मानों लेखक कों है ही नहीं। मै नहीं मानता की इससे पहले गद्य का कोई नमूना न था। 'उदन्त र्मातण्ड' की ही नहीं बंगदूत की भाषा भी इससे कहीं अच्छी है। ऐसा जान पड़ता है कि लोगों में इस भाषा का प्रचार करने का यह प्रयास राजा शिवप्रसाद का ही था।" वाजपेयी जी आगे कहते हैं कि "इस अवतरण में कई ऐसे शब्द हैं जिनका अर्थ बनारस अख़बार के पाठक ही नहीं, सम्पादक थत्ते जी भी न जानते होंगे। भाषा का रूप जान-बूझकर कुरूप किया गया है, क्योंकि पाँच ही वर्ष बाद बनारस से जो दूसरा पत्र निकला, उसकी भाषा इससे कहीं अच्छी थी। भिन्न भाषी होने के कारण थत्ते को दोष देना अनुचित है, क्योंकि **'सुधाकर'** के सम्पादक तारामोहन मैत्र भी उसी बनारस में रहते थे और इनकी भाषा भी हिन्दी न थी, बँगला थी। 'बनारस अख़बार' की निकम्मी भाषा का उत्तरदायित्व यदि किसी एक पुरुष पर है तो वह राजा शिवप्रसाद हैं।" 'बनारस अख़बार' की भाषा तत्कालीन प्रशासन और कचहरियों में प्रयोग होनेवाली सरकारी भाषा थी जो सर्वसाधारण की बोलचाल की भाषा से एकदम अलग थी। इसका कारण स्पष्ट ही है कि यदि राजा शिव प्रसाद अपने पत्र को लोकप्रिय बनाने के लिए देवनागरी लिपि में उर्दू को न अपनाते तो न तो सरकार ही उसे संरक्षण देती, और न रियासतों में उच्च वर्ग ही उसे अपनाता क्योंकि सरकारी नीति उर्दू बढ़ाने की थी। पं. अम्बिका प्रसाद वाजपेयी के अनुसार, "हिन्दी प्रदेश से प्रकाशित होनेवाले पत्रों में 'बनारस अख़बार' पहला साप्ताहिक पत्र है। परन्तु यह नाम का हिन्दी पत्र होने पर भी वास्तव में उर्दू का अख़बार है जो नागरी वा हिन्दी अक्षरों में सन् 1845 में निकलता था।" तारामोहन मैत्र के सम्पादकत्व मे 1850 में **'सुधाकर'** का प्रकाशन किया। यह हिन्दी और बाँग्ला दोनों में प्रकाशित होता था। भाषा की दृष्टि से यह हिन्दी प्रदेश का पहला हिन्दी पत्र था। जहाँ तक भाषा का प्रश्न है बंगला का प्रभाव होते हुए भी इसकी भाषा में बहुत सफ़ाई है। **इस पत्र का ऐतिहासिक महत्त्व यह है कि यह हिन्दी का प्रथम दैनिक पत्र है।**

11 जून, 1846 को कलकत्ते के इण्डियन सन प्रेस से मार्तण्ड नाम का साप्ताहिक पत्र पाँच भाषाओं में प्रकाशित हुआ था। दस पृष्ठों के इस अख़बार में पाँच स्तम्भ (कॉलम) होते थे। बीच में अँगरेज़ी, बायीं ओर हिन्दी और फ़ारसी तथा दाहिनी ओर बँगला और उर्दू रहती थी अर्थात् चार लिपियों में यह पत्र प्रकाशित होता था, क्योंकि उर्दू और फ़ारसी की लिपि एक

ही है। मेरा ऐसा मानना है कि इस पत्र का अँगरेज़ी नाम 'इण्डियन सन' होगा और देशी नाम 'मार्तण्ड'। उत्तर प्रदेश से निकलनेवाले प्रारंभिक हिन्दी अख़बारों की बात की जाये तो उनकी मात्र यही विशेषता नहीं थी कि उनके सम्पादक मराठी, बँगला या उर्दू भाषाओं के विद्वान् थे, बल्कि यह भी थी कि हिन्दी के पत्र उर्दू पत्रों के साथ-साथ निकलते थे। उत्तर प्रदेश में सन् 1850 में कई पत्र निकलते थे। इनमें बनारस से छपनेवाले 'ज़ायरीने-हिन्दी 'आफ़ताबे-हिन्दी' उर्दू के पत्र थे तथा 'काशीवार्त्ता प्रकाशिका' और 'चन्द्रोदय' बँगला के पत्र थे। 'चन्द्रोदय' के प्रकाशक बाबू केदारनाथ घोष 'मीरातुल उलूम' और बाग़ोबहार' नामक उर्दू अखबार निकालते थे। इसी समय सदासुखलाल के सम्पादकत्व में 'बुद्धिप्रकाश' और 'नूरुल बसर' निकलता था। 'बुद्धिप्रकाश' की भाषा की प्रशंसा श्री रामचन्द्र शुक्ल ने भी की है। इस पत्र की भाषा वही थी, जो बाद में विकसित होकर हिन्दी गद्य की भाषा बनी। प्रथम हिन्दी पत्रों में इसी की भाषा को पण्डित रामचन्द्र शुक्ल ने पसन्द किया। इसकी भाषा का एक उदाहरण द्रष्टव्य है- *"स्त्रियों में सन्तोष, नम्रता और प्रीत- ये सब गुण कर्ता ने उत्पन्न किये हैं, केवल विद्या ही की न्यूनता है। जो यह भी होती तो स्त्रियाँ अपने सारे ऋण से चुक सकती हैं और लड़कों को सिखलाना-पढ़ाना-जैसे उनसे बन सकता है, पुरुष से नहीं हो सकता। यह काम उन्हीं का है कि शिक्षा के कारण बाल्यावस्था में लड़कों को भूल-चूक से बचावें और सरल-सरल विद्या उन्हें सिखावें।"* उस समय के कई अन्य पत्रों की तरह 'बुद्धिप्रकाश' दूसरे नाम (नूरुल बसर) से उर्दू लिपि में भी छपता था। श्री सदासुख लाल दोनों के सम्पादक थे। परन्तु उन्होंने जो भाषा 'बुद्धिप्रकाश' में लिखी, वह तब तक के समस्त हिन्दी पत्रों की भाषा से अच्छी और वर्तमान हिन्दी के सबसे निकट थी। उसका मुख्य कारण यह था कि आगरा कई वर्षों तक सूरियों और मुगलों की राजधानी रहा, इसके बावजूद वह ऐसा क्षेत्र था जहाँ हिन्दी की मुख्यधारा ब्रजभाषा के रूप में साहित्य को आप्लावित करती थी। अतः यह स्वाभाविक था कि वहाँ पर जिस प्रकार की भाषा पसन्द की जाती थी, उसी तरह की भाषा का प्रयोग 'बुद्धिप्रकाश' में किया जाये। जब हम इस भाषा का मिलान कलकत्ता के उस समय के, और बाद के भी, पत्रों की भाषा से करते हैं तो यह स्वीकार करना पड़ता है कि यह सबसे अधिक टकसाली हिन्दी थी। इसी समय इन्दौर से पं. प्रेमनारायण न 1848 में **'मालवा अख़बार'** नाम का पत्र प्रकाशित किया। जो कि हिन्दी-उर्दू में था पर फ़ारसी का प्रभाव बना हुआ था, मालवा अख़बार तथा ऐसे ही दो भाषावाले पत्रों में उर्दू को हिन्दी की अपेक्षा अधिक स्थान मिलता था। परन्तु सन् 1853 की सरकारी रिपोर्ट में यह सूचना दी गयी- "अब तक **'मालवा अख़बार'** के सम्पादक धर्मनारायण थे, जो इन्दौर स्कूल के हेडमास्टर थे, लेकिन अब इस अख़बार के नये सम्पादक मास्टर प्रेमनारायण हैं, जो इसी स्कूल में दूसरे अध्यापक हैं। इस पत्र में जो भाषा इस्तेमाल की जाती है, वह शुद्ध है, सही है और सादा है। ऐसा लगता है कि सम्पादक चाहता है कि सादा और आसान जबान लिखे, जिससे कि पाठक आसानी से समझ लें। समाचार अड़ोस-पड़ोस के क्षेत्रों के बारे में होते हैं या उन देसी रियासतों के बारे में होते हैं, जहाँ या तो सम्पादक हो आता है या जिनके बारे में उसे वहाँ से सही सूचना मिलती है।" उदन्त मार्तण्ड को 1827 में बन्द कर तेईस वर्ष बाद युगलकिशोर शुकुल ने दोबारा सामदण्ड मार्तण्ड नाम का पत्र निकाला परन्तु इसकी कोई प्रति उपलब्ध न होने के कारण तेईस वर्षों में भाषा और विचारों की क्या उन्नति हुई यह पता न लग पाया।

1853 में ग्वालियर से **'ग्वालियर गज़ट'** के प्रकाशन का प्रमाण मिलता है। यह पत्र जन्मकाल से एक कॉलम हिन्दी और एक कॉलम उर्दू में निकलता था। 'ग्वालियर गज़ट' की भाषा उर्दू होती थी जो फ़ारसी अक्षरों में छपती थी और वहीं बराबर के कॉलम में देवनागरी अक्षरों में भी छप जाती थी। उर्दू के कुछ कठिन शब्द कभी-कभी सरल हिन्दी में बदल भी दिये जाते थे। इस पत्र में रियासत, सरकारी और ग़ैरसरकारी ख़बरों के सिवा उर्दू और हिन्दी के अख़बारों से ख़बरें नकल होती थीं और कभी-कभी 'पायनियर' आदि अंग्रेज़ी अख़बारों से भी दो-चार ख़बरें ले ली जाती थीं। जुलाई सन् 1896 में 'ग्वालियर गज़ट' उर्दू में अलग और हिन्दी में अलग छपने लगा। किन्तु हिन्दीवाले की भाषा फिर भी उर्दू ही रही। जनवरी, 1905 से ग्वालियर गज़ट की जगह उक्त पत्रका नाम 'ग्वालियर स्टेट गज़ट' होकर वह रियासत का सरकारी अख़बार बन गया है। अब उसमें सरकारी आज्ञाएँ, सरकारी विज्ञापन, ग्वालियर राज्य की वर्षा का नक़्शा और बाज़ार-दर, कभी-कभी जी.आई.पी. रेलवे के विज्ञापन, माल के महसूल की दर आदि विषय छपते थे। साधारण समचार के लिए 'जयाजीप्रताप' नाम से एक अलग हिन्दी साप्ताहिक पत्र निकलने लगा था। अब हिन्दी समाचार-पत्रों को ग्वालियर गज़ट की जगह यही पत्र मिलता था। इस पत्र में अधिक ख़बरें दूसरे पत्रों से नकल होती थी और उन पत्रों के नाम इशारे में दिये जाते थे। एक दो क़ालम में अँगरेज़ी लेख भी होते हैं। 3 जनवरी, 1904 में 'ग्वालियर गज़ट' की भाषा निम्न अंश में द्रष्टव्य है। *"इस दुनिया में बड़े-बड़े मुवरिख और इनशाप्रदाज (परदाज 1) लोग हो गुज़रे हैं जिनके कलमने एक अज़ीबोग़रीब ख़्यालात की एक नयी दुनिया रच दी। या यों कहो कि ज़मीन-आसमान के कुलाबे मिला दिये। लेकिन दुनिया में इस कदर नौबनौ और ताज़ा-बताज़ा वाकआत होते रहे हैं कि वह लोग उनको नातमाम छोड़कर चल बसे। और बावजूद इसके कि दुनिया को पैदा हुए करोड़ों बल्कि अरबों बरस गुज़रे उसके वाकआत हमेशा नये होते हैं जिनके लुगात और डिक्शनरी में अलफाज़ भी नहीं मिल सकते।"* अम्बिकाप्रसाद के अनुसार यह हिन्दी नहीं, उर्दू है, वह भी कम-से-कम 30-40 साल पुरानी है। 'जयाजीप्रताप' की हिन्दी में बहुत-कुछ परिवर्तन दिखायी देता है। यद्यपि उसमें नकल के सिवा अर्थात् सम्पादक की लिखी हुई भाषा कम होती है, तथापि जो नमूना हम नीचे देते हैं, उसके विषय में हमारा अनुमान है कि उसकी भाषा सम्पादक की भाषा है। *"गत सप्ताह में गर्मी का बड़ा ज़ोर रहा। कभी-कभी रात को सर्दी भी अधिक हो जाती थी। बुधवार, 24 मई को पूर्व श्रीमती महारानी विक्टोरिया स्मारक दिन होने के कारण प्रेस में छुट्टी रही। इस वजह से 'जयाजीप्रताप' आज बृहस्पतिवार को प्रकाशित हुआ।"* कच्ची होने पर भी यह हिन्दी के ढंग की है। आशा होती है कि अब देवनागरी अक्षरों में प्रसाद से अच्छी हिन्दी भी ग्वालियर राज्य में फैलेगी। बहुत काल से नागरी अक्षरों का प्रचार रहने पर भी रजवाड़ों में शुद्ध और सरल हिन्दी नहीं फैली है। अभी तक वह पुराने जमाने की खूसट उर्दू उसी प्रकार जारी है जैसे अँगरेज़ी सरकार के उर्दू दफ़्तरों में। इसका कारण यह है कि अधिकतर रियासतों में हिन्दी का प्रचार करनेवाले कायस्थ सज्जन हुए हैं जो फ़ारसी, उर्दू पढ़े हुए थे और हिन्दी केवल अक्षरमात्र जानते थे। इसी से रियासतों में हिन्दी की उन्नति नहीं हुई और न शुद्धतापूर्वक नागरी अक्षरों से काम लेने की रीति पड़ी।

1857 का प्रमुख पत्र **'पयामे आज़ादी'** था। इसे 8 फरवरी, 1857 में स्वतन्त्रता-आन्दोलन के नेता अजीमुल्ला ख़ाँ ने प्रकाशित किया था। यह पहले उर्दू और बाद में हिन्दी में दिल्ली से प्रकाशित होता था। इसका एक और संस्करण मराठी में झाँसी से प्रकाशित होता था। इस पत्र

ने तत्कालीन वातावरण में ऐसी जलन पैदा कर दी जिससे ब्रिटिश सरकार घबरा उठी। इसे बन्द कराने के लिए उसने कोई कसर नहीं छोड़ी। जिस व्यक्ति के पास इसकी प्रति मिलती, उसे अनेक यातनाएँ दी जातीं। बहादुर शाह ज़फ़र के पुत्र केदार बख़्त, पयामे आज़ादी के मुद्रक-प्रकाशक थे। अजीमुल्ला ख़ाँ की उग्र विचारधारा ने जन-मानस को अत्यधिक प्रभावित किया। 8 अप्रैल, 1857 में जब मंगल पाण्डेय को फाँसी दी गयी, तब सारे मुल्क़ में एक सशक्त जनान्दोलन ब्रिटिश सरकार के ख़िलाफ़ उठ खड़ा हुआ। बहादुर शाह ज़फ़र का ऐतिहासिक सन्देश पयाम-ए-आज़ादी में प्रकाशित हुआ था। "हिन्दुस्तान के हिन्दुओं और मुसलमानों उठो, खुदा ने इन्सान को जितना बरकतें अता की हैं, इनमें सबसे क़ीमती बरकत आज़ादी है।" पयामे आज़ादी में मंगल पाण्डेय, तात्या टोपे, महारानी लक्ष्मीबाई आदि की संघर्ष-कथाएँ दी जाती थीं। इस पत्र ने अपने सामजिक एवं राजनीतिक दायित्त्वों का पूर्णतः निर्वहन किया। इन पत्रों ने अपने सीमित साधनों तथा विरोध के वातावरण में भी युगीन चेतना का प्रकाश फैलाया और हिन्दी गद्य का परिष्कार किया। सन् 1857 के बाद कई और पत्र प्रकाशित हुए। कुछ पत्रों की भाषा तो साहित्यिक भाषा से ओत-प्रोत नज़र आयी। अनेक साहित्यकार इन पत्रों के सम्पादक भी थे। उनसे भारतीय भाषाओं के अच्छे साहित्यकार जुड़ गये। 1857 का महासमर हिन्दू-मुसलमान नेताओं तथा जनता ने कन्धे-से-कन्धा मिलाकर लड़ा था। मौलाना अबुल क़लाम आज़ाद के शब्दों में 'सभी भारतीय चाहे मुसलमान हों या हिन्दू, हर बात को एक ही दृष्टिकोण से देखते थे और घटनाओं को एक ढंग से ही आँकते थे। सदियों तक इकट्ठे रहने के परिणामस्वरूप हिन्दू-मुसलमानों के स्थायी मैत्री-सम्बन्ध हो गये थे। उस सद्भावपूर्ण परिवेश में स्वाभाविक ही था कि हिन्दू-उर्दू पत्रकारिता भी संयुक्त रूप से निकलती। हिन्दी-उर्दू दोनों ही उस समय हिन्दू-मुसलमान जनता की सम्पर्क-भाषाएँ थीं। दोनों भाषाओं में तब तक धर्म के आधार पर साम्प्रदायिक विभाजन और अलग-अलग स्पष्ट पहचान नहीं बनी थी। हिन्दू-मुसलमान दोनों ही हिन्दी-उर्दू पत्रों का एक साथ सम्पादन तथा प्रकाशन करते थे। वे समझते थे कि हिन्दी-उर्दू में से किसी एक भाषा की उपेक्षा करके उनकी पत्र-पत्रिकाएँ जीवित नहीं रह सकती हैं। इसका कारण यह था कि उर्दू कचहरियों की सरकारी मान्यता-प्राप्त (1837 ई.) भाषा बन चुकी थी और हिन्दी जनसाधारण की मातृभाषा थी ही। इन दोनों भाषाओं में भाषाविज्ञान की दृष्टि से भी कोई अन्तर नहीं है, केवल लिपि और शब्द-भण्डार पृथक् हैं।

तत्कालीन पत्रकारिता में संगठित हिन्दी-उर्दू पत्रों की परम्परा होने पर भी सन् 1857 ई. के संग्राम के बाद से ही अंग्रेज़ी ने 'फूट डालो-शासन करो' नीति को बढ़ावा दिया था। सेना, आजीविका, शिक्षा-प्रशासन आदि का ऐसा ताना-बाना बुना कि दोबारा हिन्दू-मुसलमान एक होकर विद्रोह न कर सकें, उनमें साम्प्रदायिक मतभेद इतने बढ़ जायें कि वे दोनों ब्रिटिश शासन से मुक्ति पाने के लिए राष्ट्रीय स्वातंत्र्य-संघर्ष में एक होकर भाग न ले सकें। इसके लिए अंग्रेज़ों ने जातीय भाषा खड़ीबोली को जो हिन्दी-प्रदेश के हिन्दी-मुसलमानों के व्यापारिक, दैनिक कामकाज और बोलचाल की मातृभाषा थी, उसे सीधे धर्म से जोड़कर 'हिन्दी' को हिन्दुओं और 'उर्दू' को मुसलमानों की भाषा बना दिया। जहाँ उन्होंने एक ओर लिपि-अलगाव से हिन्दी-उर्दू भाषा-विवाद को जन्म दिया, वहीं फ़ारसी लिपि का सम्बन्ध इस्लाम से बताकर हिन्दू-मुसलमान झगड़े को भड़काया। तत्कालीन हिन्दी-उर्दू पत्रकारिता पर भी इस भाषा राजनीति और विवाद तथा अंग्रेज़ी अलगाववादी नीति का स्थायी प्रभाव पड़ा था। इसके अतिरिक्त अंग्रेज़ी शासकों ने

अपने आर्थिक लाभ तथा साम्राज्य के सुदृढ़ स्थायित्व के लिए जर्जर सामन्ती व्यवस्था को आख़िर तक बनाये रखा। उन्होंने रियासतों के कामकाज और कचहरियों में उर्दू को ही सरकारी मान्यता दी। इसीलिए सभी रियासती पत्रों की भाषा उर्दूबहुल हिन्दी भाषा थी। अंग्रेज़ी इतिहासकारों ने मध्यकालीन भारत की क्रूर अत्याचारी मुस्लिम शासन के रूप में ग़लत तस्वीर पेश कर विद्वेष भाव को खुलकर पनपाया। लिपि और भाषा की इस अलगावपूर्ण नीति ने मुद्रण और गतिशील पत्रकारिता के उस युग में गम्भीर साम्प्रदायिक मतभेद बढ़ाकर जातीय भाषा और राष्ट्रीयता के विकास में बहुत रोड़े अटकाये क्योंकि 1857 के पश्चात् सम्पूर्ण विश्व और भारत का घटना चक्र तेज़ी से घूम रहा था। ज्ञान, साहित्य राजनीति में नयी विधाओं, उद्‌भावनाओं और विषयों के विश्लेषण में दिन-प्रतिदिन हिन्दी पत्रकारिता को नये शब्द-भण्डार की आवश्यकता अनुभव हो रही थी। उर्दू के 'मतरूकात' सिद्धान्त से आधुनिक जातीय भाषा का आधार निरन्तर संकुचित होता गया। फलस्वरूप हिन्दी-उर्दू पत्रकारिता पर भी इस अलगाववादी नीति का स्थायी प्रभाव पड़ा। उनकी दिशा बदली, हिन्दी-उर्दू पत्रों के पाठक बँट गये। हिन्दी-उर्दू खड़ीबोली का विकास पृथक्-पृथक् हिन्दी-उर्दू पत्रकारिता के माध्यम से होने लगा।

हिन्दी को भाषा के रूप में प्रतिष्ठित करने का श्रेय भारतेन्दु को ही जाता है। यह युग हिन्दी गद्य निर्माण का युग माना जाता है। हिन्दी की अनेक महत्त्वपूर्ण पत्र-पत्रिकाओं का प्रकाशन इसी युग में हुआ। 'कविवचन सुधा', 'हरिश्चन्द्र-मैगज़ीन', 'हरिश्चन्द्र चन्द्रिका', 'हिन्दी प्रदीप', 'ब्राह्मण', 'हिन्दुस्तान', 'भारत मित्र', 'सारसुधानिधि' और 'उचित वक्ता' का विशेष महत्त्व है। इस युग का हरेक लेखक पत्रकार था। यह युग हिन्दी को साहित्यिक ही नहीं, बल्कि मातृभाषा के रूप में भी प्रतिष्ठित करने का काल था। इसमें सभी साहित्यकार पत्रकार और बुद्धिजीवी निरन्तर संघर्षरत रहे। इन सबका निश्चित तौर पर मानना था कि मातृभाषा की उन्नति के बिना राष्ट्र की प्रगति सम्भव नहीं है। हिन्दी भाषा के प्रचार के लिए इस युग के पत्रों में निरन्तर टिप्पणियाँ, लेख, कविताएँ आदि प्रकाशित होते थे। पत्रकारों की यह निश्चित धारणा थी कि देश की एक सामान्य और सर्वमान्य भाषा होनी चाहिए और इस भाषा के रूप में हिन्दी ही प्रतिष्ठित हो सकती थी। इस युग में पत्रकारों और साहित्यकारों ने हिन्दी को साहित्यिक ही नहीं, जनसामान्य की भाषा के रूप में प्रतिष्ठित किया। व्यावहारिक जीवन के प्रति अत्यधिक आग्रह के कारण साहित्य का कलापक्ष न्यून हो गया, तथा भाषा भी अनलंकृत हो गयी। आचार्य रामचन्द्र शुक्ल ने देवनागरी-फ़ारसी लिपि और भाषा विवाद के समाधान में सजीव परिष्कृत जनभाषा के लिए व्यापक उदार दृष्टिकोण और दूरदर्शिता का परिचय दिया था। भारतेन्दु ने धार्मिक जागृति के लिए 'भगवत तोषिणी' पत्र का सम्पादन भी किया था तथा स्त्री-शिक्षा के लिए 'बाला बोधिनी' (1874) पत्रिका प्रकाशित की थी। **'बालाबोधिनी पत्रिका'** में भी भारतेन्दु ने सरल-सुबोध आम भाषा में, महिलाओं को बाँधने के लिए शिक्षा दी थी- *"झाड़ू को देखो कि जब तक यह बन्धी है तब तक कोई भी सबल इसके तोड़ने को सामर्थ नहीं होता और आपकी झाड़ू में सामर्थ है कि मानों कूड़े कों बात-की-बात में बाहर निकाल दे। परन्तु जब उसके बन्धन खुल के बिखर जावें तो उस समै सारा बल उसका नाश ही कर डालें। इसी प्रकार जब तक तुम्हारा घर झाड़ू की भाँति एकता भाव करके बन्धा हुआ है तुम भी सामर्थ हो।"*

कलकत्ता से 17 मई, 1878 को पाक्षिक पत्र के रूप में भारतमित्र पत्र प्रकाशित हुआ। इसके आदिप्रकाशक और सम्पादक क्रमशः छोटूलाल मिश्र और दुर्गाप्रसाद मिश्र थे। शीघ्र ही यह पत्र साप्ताहिक हो गया। भारतमित्र का प्रकाशन हिन्दी पत्रकारिता की नयी दिशा का सूचक था। चूँकि विचारों-समाचारों के सम्प्रेषण के लिए ही 'भारतमित्र' प्रकाशित हुआ था, इसलिए उसकी भाषा ऐसी थी कि न्यूनतम हिन्दी जाननेवाला भी उसे समझ सके और उससे अपना ज्ञानवर्द्धन कर सके। इसीलिए श्री दुर्गाप्रसाद मिश्र और श्री छोटूलाल मिश्र द्वारा स्वीकृत भाषा में कलकत्ता के प्रचलित शब्द सम्मिलित थे, चाहे वे मूलतः बँगला के हों, अंग्रेज़ी के हों या उर्दू के। उस समय तक उस भाषा को 'हिन्दी' कहने का बहुत चलन भी नहीं था। चूँकि वह भाषा देवनागरी लिपि में लिखी जाती थी, इसलिए 'नागरी' कहलाती थी। भाषा के स्वरूप को लेकर 'भारतमित्र' और 'बिहारबन्धु' में एक विवाद भी छिड़ा। 'भारतमित्र' से छह वर्ष वरिष्ठ 'बिहारबन्धु' ने यह टिप्पणी की थी- "लिखावट अभी इतनी उम्दे नहीं है, लेकिन उम्मीद है कि थोड़े दिन बाद लिखावट अच्छी हो जायेगी।" 'भारतमित्र' ने इसका जवाब दिया। 'बिहारबन्धु' की आलोचना को उसने अव्वल तो इसलिए स्वीकार नहीं किया कि स्वयं 'बिहारबन्धु' की भाषा-शैली दोषपूर्ण थी। उसने लिखा- *"कविवचन सुधा कहते तो कुछ कर भी सकते थे। यह तो वही कहावत है कि सूप बोले तो बोले, चलनी भी बोले जिसमें 72 छेद।"* इसमें 'भारतमित्र' के सम्पादकों ने भाषा के स्वरूप के मामले में भारतेंदु हरिश्चन्द्र की 'कविवचनसुधा' को अपना मानक माना था। भाषा के सम्बन्ध में भारतमित्र की सोच कितनी यथार्थवादी और विकसित थी इसका पता इस लेख से चलता है- *"जब तक संस्कृत, जो कि सब भाषाओं की माता स्वरूप है, इसको (संस्कृत को) न जाने तब तक भाषा के लक्षण और माधुर्य, प्रासाद, प्रांजल, सरल और ललित आदि गुणों को समझना असम्भव है। और भाषा को इन्हीं सब गुणों के साथ सम्पन्न करना पुरुषार्थ है। हम लोगों की हिन्दी भाषा है, यद्यपि ये प्राकृत से उत्पन्न हुई है, तथापि संस्कृत का अखण्ड भण्डार इसकी समृद्धि-वृद्धि करे हैं। और जो इस्में कहीं-कहीं सूरसेनी, मागधी, माथुरी, फ़ारसी, अरबी और अँगरेज़ी भी सरल भाव से मिल गयी है, तो इस्को बिगाड़ती है? हमारी समझ में तो स्वभाव सुन्दरी हिन्दी को वरन् अलंकृत करती है। परन्तु ऐसा कहने से ये नहीं समझना कि अब हम अरबी, ईरानी, तुर्की और यूनानी आदि से हिन्दी को ढाँक दें और मूल को आघात करें। इन सब भाषाओं के शब्द तो वो ही रखने चाहिए जो सब कि इस्में मिल गये हैं। जैसा कि मालूम, नक्सा, तारीख, तीर, तरहाँ, स्टेशन, गेश और फेशन आदि दूसरी भाषा के हैं। और भाषा को ललित करने के लिए तो एक हम क्या पहले से बड़े-बड़े प्रसिद्ध कवियों ने भी दूसरी भाषा के शब्द कहीं-कहीं रक्खे हैं सम्पादक जी। ये झुँझलाने की बात नहीं है, आप यदि चिन्ता करके देखिये तो अवश्य आप समझेंगे कि 'बिहारबन्धु' मूल हिन्दी को बिगाड़ता है अथवा 'भारतमित्र'।"* भाषा सम्बधी इस दृष्टि को समझने और उस पर अमल करने की आवश्यकता है।

कलकत्ते से 1889 में प्रकाशित 'सारसुधानिधि' की भाषा संस्कृतमिश्रित हिन्दी होती थी यह भाषा कुछ कठिन होती थी पर साफ होती थी। पं. अम्बिकाप्रसाद लिखते हैं कि– *"सारसुधानिधि हिन्दी समाचार-पत्रों में उस समय ख़बरों का नहीं लेखों का पत्र था। सारसुधानिधि का आग्रह हिन्दी के परिसुद्ध रूप के प्रति था।"* भाषा के सम्बन्ध में सारसुधानिधि की टिप्पणी द्रष्टव्य

है *"एक विशुद्ध साधु हिन्दी भाषा की सर्वत्र एक ही पुस्तक पढ़ायी जाना उचित है। किन्तु विशेष दुःख का विषय है कि जिस हिन्दी भाषा का अधिकार इतना बड़ा है कि भारतवर्ष के प्रायः आधे दूर तक परिव्याप्त है उस भाषा के विषय में विश्वविद्यालय की सीनेट सभा ऐसी उदासीन रहे कि उस ओर भ्रम से भी कभी न देखे !!! जहाँ के जिस स्थानीय शासनकर्ता की जैसी इच्छा वैसी ही इसको विकृत कर डाले जो इच्छा पाठ्य-पुस्तक स्थिर कर देवे। कोई पूछनेवाला नहीं कि इस विषय में क्या होता है। एक सीनेट सभा के उदासीन रहने के कारण हिन्दी भाषा का अभी तक एक स्वरूप ही स्थिर नहीं हो सका है। इस दशा में भाषा का सुधारना और उन्नत होना निःसन्देह असम्भव है। और यह तो निश्चय है कि जब तक हिन्दुस्तान प्रधान हिन्दी भाषा विशुद्ध और साधु रूप धारण नहीं करेगी साधारण उन्नति कदापि नहीं हो सकेगी। अतएव हिन्दुस्तान की उन्नति का मूल जब यह ठहरा कि हिन्दुस्तान की प्रधान भाषा हिन्दी परिशुद्ध होकर सर्वत्र एक ही रूप से प्रचार होय। तब अवश्य गवर्नमेण्ट की सहायता आवश्यक है। क्योंकि सम्प्रति भारतवासियों की सर्व प्रकार की शिक्षा एकमात्र गवर्नमेण्ट के आधीन है।"* इस उद्धरण से हिन्दी भाषा के सम्बन्ध में सारसुधानिधि का दृष्टिकोण स्पष्ट हो जाता है। हिन्दी लेखकों की धारणा थी कि देशोन्नति के लिए देश में एक सामान्य भाषा की उन्नति होनी चाहिए और उस पद पर हिन्दी ही प्रतिष्ठित हो सकती है क्योंकि भारतवर्ष की यही प्रधान भाषा है। हिन्दी साहित्य पर विचार करते हुए 12 जनवरी, सन् 1895 ई. को उचित वक्ता की सम्पादकीय टिप्पणी में लिखा है कि , *"आजकल हिन्दी साहित्य की विचित्र दशा वर्तमान है। इसकी कुछ स्थिरता ही नहीं देख पड़ती। विविध प्रकार के रंग-बिरंगे लेख प्रकाशित होते हैं। कोई तो आज संस्कृत शब्दों पर झुक रहे हैं और ज्यों ही किसी ने कह दिया कि, आपकी भाषा कठिन होती है, कुछ सरल कीजिए कि, चट पलट कर उर्दू की खिचड़ी पकाने लग गये, फिर ज्यों ही किसी ने कह दिया कि, केवल संस्कृत के शब्दों के मिलाने से वा उर्दू शब्दों के प्रयोग से भाषा पुष्ट न होगी, बस चट बदल गये और दोनों प्रकार के शब्दों को मिलाने में उतारू हो गये। सारांश यह कि ग्राहकों की खोज में भाषा को भी भटकाते रहते हैं और लेख प्रणाली को स्थिर नहीं रख सकते। हिन्दी के वर्तमान लेखकों में यही दोष वर्तमान है।"* भाषा के विषय में यह टिप्पणी आज भी काफ़ी प्रासंगिक है।

सन् 1871 में अल्मोड़ा में हिन्दी समाचार-पत्र का प्रकाशन हुआ। अल्मोड़ा की विशेषता थी कि वहाँ शिक्षा की भाषा उर्दू नहीं बल्कि हिन्दी रखी गयी थी। श्री बालमुकुन्द गुप्त ने इस पत्र के बारे में 'हिन्दी पत्रों का इतिहास' में लिखा था- "जिस स्थान से वह निकलता है, उसके अनुसार उसकी भाषा है। तीस साल पहले के उर्दू सरकारी दफ्तरों की-जैसी भाषा होती थी वैसी उसकी भाषा कभी-कभी होती है, कभी ख़ासी हिन्दी भी होती है। इसका विशेष कारण यह है कि वह आस-पास के दो-चार जिलों का लोकल अख़बार है, स्थानीय समाचार उसमें बहुत होते हैं। उनसे जब कुछ जगह बच जाती है तब वह इधर-उधर की बातें लिखता है। प्रान्तिक समाचार-पत्रों के लिए उचित भी यही है कि वे अपने प्रान्त के समाचारों पर अधिक ज़ोर दें। 'अल्मोड़ा अख़बार' के इस गुण की हम प्रशंसा करते हैं।" भाषा से स्पष्ट है कि उस समय के समाचार-पत्रों में इस पत्र की भाषा आधुनिक हिन्दी के सबसे अधिक निकट थी।

बीसवीं शताब्दी का प्रथम दशक हिन्दी पत्रकारिता में बहुत प्रसिद्ध है। यह काल हिन्दी पत्रकारिता का नवोदय माना जाता है। सन् 1900 में मासिक पत्रिका 'सरस्वती' का जन्म हुआ।

इसके प्रकाशक इण्डियन प्रेस (इलाहाबाद) के स्वामी श्री चिन्तामणि घोष थे। साहित्यिक पत्रिका के रूप में 1901 से प्रकाशित 'सरस्वती' (1903 से सम्पादक महावीरप्रसाद द्विवेदी) का महत्त्वपूर्ण योगदान है। हिन्दी भाषा तथा साहित्य का निखार, परिष्कार और संवर्द्धन इस पत्रिका ने पूरी निष्ठा के साथ किया। 'सरस्वती' की दूसरी देन यह मानी जाती है कि उसने हिन्दी लेखन की वर्तनी को शुद्ध और स्थिर किया तथा भाषा को व्याकरण की दृष्टि से पुष्ट एवं शास्त्रसम्मत बनाया। द्विवेदीजी को व्याकरण का अच्छा ज्ञान था। संस्कृत साहित्य का भी अच्छा अध्ययन उन्होंने किया था और वे मानते थे कि भाषा अगर भिन्न-भिन्न लोगों द्वारा भिन्न-भिन्न प्रकार से लिखी जाये तो उससे उस भाषा को पढ़नेवालों में भ्रम उत्पन्न होना स्वाभाविक है। इसलिए जो भी लेख या कविताएँ उनके पास आती थीं, उनकी भाषा का संस्कार करते थे और तब 'सरस्वती' में वे हिन्दी के परिनिष्ठित रूप में ही प्रकाशित होती थीं। इस प्रकार हिन्दी को मानक स्वरूप देने में उनके सत्रह वर्ष लम्बे सम्पादन काल की बड़ी महत्त्वपूर्ण भूमिका थी। इस सम्बन्ध में उन्होंने चर्चाएँ भी चलायी। वैसे तो यह कहना ग़लत न होगा कि उस समय लिखी जा रही हिन्दी भाषा की त्रुटियों को पकड़ने की उनकी असाधारण योग्यता के कारण ही उन्हें 'सरस्वती' के सम्पादक का पद प्राप्त हुआ था। द्विवेदी जी ने इतने से ही सन्तोष नहीं कर लिया कि 'सरस्वती' में लेख, कविता, कहानी आदि छपे 'सरस्वती' के नवंबर 1904 के अंक में 'भाषा और व्याकरण' शीर्षक से एक लेख लिखा। इसमें उन्होंने पुराने हिन्दी लेखकों की भाषा विषयक भूलें बतायीं। इनमें भारतेन्दु-युग के भी कुछ लेखक थे, जो हिन्दी-जगत् में अत्यन्त सम्माननीय माने जाते थे। जब उनकी भाषा पर आपत्ति की गयी तो अनेक हिन्दी लेखकों ने उस पर टीका-टिप्पणी की और उस लेख को लेकर हिन्दी-जगत् में एक विवाद खड़ा हो गया। भूल से द्विवेदीजी ने अपने लेख में एक स्थान पर 'भाषा की अनस्थिरता' शब्दपुंज का प्रयोग कर दिया था। आलोचकों को 'अनस्थिरता' शंब्द के प्रयोग से यह कहने का मौक़ा मिल गया कि द्विवेदीजी स्वयं अशुद्ध प्रयोग कर रहे हैं; क्योंकि 'अनस्थिरता' व्याकरण की दृष्टि से ग़लत है और वैसे भी 'अस्थिरता' से काम चल सकता था। श्री बालमुकुन्द गुप्त ने तो इस प्रयोग को लेकर द्विवेदीजी के भाषा और व्याकरण के सिद्धान्तों की समीक्षा करते हुए 'आत्माराम' के छद्‌म नाम से इस विषय पर 'भारतमित्र' में एक लेखमाना ही लिख डाली। कलकत्ता के पं. गोविन्द नारायण मिश्र ने, जो कि लम्बे संस्कृतनिष्ठ वाक्य लिखते थे, बालमुकुन्द गुप्त की आलोचना का जवाब 'हिन्दी बंगवासी' में 'आत्माराम की टें-टें' शीर्षक एक लेखमाला में दिया। द्विवेदी जी ने भी 'सरस्वती' में 'अनस्थिरता' शब्द के प्रयोग को सही बताया। इस पर अन्य लेखकों ने आलोचना की। कुल मिलाकर भाषा के मानकीकरण एवं खड़ीबोली में गद्य के विकास के लिए, ब्रजभाषा के स्थान पर खड़ीबोली और संस्कृत शब्दावली के व्यापक प्रयोग के लिए आचार्य महावीरप्रसाद द्विवेदी का योगदान अमूल्य है।

समाचारों में प्रयोग की जानेवाली हिन्दी, अपनी एक अलग पहचान व अस्तित्व रखती है। एक ओर हिन्दी भाषा का प्रतिनिधित्व करने के कारण समाचारों में हिन्दी शब्दों का बहुत ज़्यादा प्रयोग किया जा रहा है तो दूसरी तरफ़ समाचारों से जनसामान्य को लाभान्वित कराने का प्रयास भी किया जा रहा है, जिसके लिए सरल-से-सरल शब्दों का प्रयोग किया जा रहा है। अतः उसमें सरल संस्कृत तथा बोलचाल के अरबी-फ़ारसी के शब्द अनायास ही चले आते हैं। इसी प्रकार पाठकों की दृष्टि से उसमें सरल वाक्यों के प्रयोग का प्रयास किया जाता है, परन्तु विषय की

दृष्टि से वे संयुक्त अथवा मिश्र भी हो जाते हैं। विषय के अनुसार तकनीकी शब्दावली का प्रयोग भी समाचारों में दृष्टिगत होता है तथा ऐसे ही कुछ अन्य कारणों से समाचारों की भाषा, सामान्य भाषा से विशिष्ट हो जाती है, और उसके अध्ययन-विश्लेषण की आवश्यकता महसूस होने लगती है। इस प्रकार के अध्ययन से जहाँ एक ओर पुराने और नये समाचार-पत्र लाभ उठा सकतें हैं, वहीं दूसरी ओर सामान्य व्यक्ति उनकी भाषा के वैशिष्ट्र्य को समझकर समाचारों को अच्छी प्रकार से समझ सकता है। उदाहरण के तौर पर तकनीकी शब्दावली जैसे-वस्तु-व्यापार-विनिमय की भाषा में- लुढ़का, उछला, गिरा, फिसला आदि शब्दों के अर्थ-भेद को समझने के बाद व्यापारी और ग्राहक दोनों ही समाचार को अधिक सूक्ष्मता से पढ़ और समझ सकते हैं। समाचारों की भाषा के अध्ययन के लिए मुख्यतः तीन स्रोत हैं—समाचार-पत्र, आकाशवाणी और दूरदर्शन। भारत में समाचार-पत्रों का इतिहास लगभग 185 वर्ष पुराना है। इस काल में विभिन्न समाचार-पत्रों का प्रकाशन हुआ, किन्तु उनमें से अधिकांश पत्र तो साप्ताहिक थे। सन् 1826 में प्रकाशित होनेवाले कलकत्ता के साप्ताहिक 'उदन्त मार्तण्ड' से लेकर 1834 के 'प्रजापति', 'बनारस-अख़बार', (1845) 'मालवा-अख़बार', (1849) 'समाचार सुधा वर्षण', 'दैनिक-कलकत्ता', (1854) 'सार-सुधानिधि', (1879) 'हिन्दोस्थान', (1885) 'हिन्दी बंगवासी', (1890) तक समाचार-पत्रों ने इस युग में पर्याप्त विकास तथा समाज की पर्याप्त सेवा की।

उन्नीसवीं शताब्दी के उत्तरार्द्ध यानी 16 जुलाई, 1893 ई. को हिन्दी के महापुरुषों (बाबू श्यामसुन्दर दास, पं. रामनारायण मिश्र, ठाकुर शिवकुमार सिंह) के महत् प्रयत्न से नागरी प्रचारिणी सभा की स्थापना हुई। वह भाषा और संस्कृति के क्षेत्र में हमारे राष्ट्रीय विद्रोह की प्रथम प्रतीक थी। अपने प्राथमिक वर्षों में उसकी नीति अधिक आत्मरक्षात्मक थी। कदाचित् इसीलिए उसके नाम में हिन्दी के स्थान पर 'नागरी' शब्द रखा गया था। उन आरम्भिक वर्षों में हिन्दी प्रदेश की राष्ट्रीयता और भाषा का केन्द्र ग्रहण कर रही थी। हिन्दी, नागरी और ीयता अन्योन्याश्रित वस्तुएँ समझी जाती थीं। हम यह मानते हैं कि हमारा यह दृष्टिकोण सीमित और संकुचित था, किन्तु हमें यह नहीं भूलना चाहिए कि हम एक दुर्दमनीय विदेशी सत्ता की नृशंस नीति से टक्कर लेने जा रहे थे। वैसी स्थिति में हमारे भीतर कट्टर राष्ट्रीय प्रवृत्तियाँ काम कर रही हों, तो इसमें आश्चर्य क्या है। हिन्दी साहित्य का भारतेन्दु-युग दरबारी संस्कृति और रीतिकालीन साहित्य के प्रति राष्ट्रीय विद्रोह प्रकट कर रहा था। इस युग का नेतृत्व भारतेन्दु बाबू हरिश्चन्द्र के हाथ में था। वे स्वदेशी के आग्रही और प्रचारक थे। उन्होंने अपने देशवासियों से बड़ी साफ़ भाषा में कहा था, "जिसमें तुम्हारी भलाई हो वैसे ही किताब पढ़ो, वैसे ही खेलो, वैसे ही बातचीत करो, परदेशी वस्तु और परदेशी भाषा का भरोसा मत रखो। अपने देश में अपनी भाषा में उन्नति करो।" 'तदीय समाज' की स्थापना के मूल में शुद्ध राष्ट्रीयता ही थी। 1857 से लेकर आज तक के जनसंचार माध्यमों की भाषा हिन्दी पत्रकारिता की भाषा के विकास का शुरुआती दौर भारतीय स्वाधीनता-संग्राम का भी शुरुआती दौर था। अर्थात 1857 का युग पत्रकारिता और हिन्दी खड़ीबोली के आरम्भ का दौर था। समाज के विचारों और साहित्य की संवाहिका को पत्रकारिता के रूप में जाना जा सकता है, जो समाज और साहित्य के निर्माण में अपना विशिष्ट स्थान रखती है। ग्रन्थों में समाहित साहित्य से जो कार्य सम्भव नहीं हो सका उसे पत्र-पत्रिकाओं के साहित्य ने साकार कर दिखाया। यदि बात करें उस समय के जनसंचार माध्यमों की तो उस काल में जनमाध्यम के रूप में पत्र-पत्रिकाओं की ख़ासी लोकप्रियता थी।

स्वतन्त्रता-पूर्व की पत्रकारिता ने स्वाधीनता-संग्राम में अपना महत्त्वपूर्ण योगदान दिया। अर्थात उस दौर की पत्रकारिता तेजस्विनी, ओजस्विनी, निर्भय तथा न्यायपरायण थी। इस तरह असत्य, अशिव, और असुन्दर पर सत्यं-शिवं-सुन्दरम् की विजय ही पत्रकारिता थी। सन् 1914 में 'कलकत्ता समाचार' और सन् 1918 ई. में प्रकाशित होनेवाले 'विश्वामित्र' की गिनती भी अच्छे पत्रों में की जाती है जो कि हिन्दी और बँगला दोनों भाषाओं में प्रकाशित होता था। सन् 1920 से प्रकाशित 'आज' को भी कुछ विद्वान् हिन्दी का प्रथम समाचार-पत्र मानते हैं।

1947 में भारत में भारतीय भाषाओं के 240 दैनिक समाचार-पत्र निकलते थे जिनकी संख्या 1977 में साढ़े तीन गुना से अधिक 842 हो गयी। सन् 2003 तक भारतीय भाषाओं के पत्रों की बाढ़-सी आ गयी और भारतीय भाषाओं के लगभग 4928 दैनिक प्रकाशित होने लगे। सप्ताह में 2 या 3 बार छपनेवाले 280 पत्र, लगभग 16000 साप्ताहिक, लगभग 5500 पाक्षिक निकलने लगे। इनके अलावा करीब 9500 मासिक पत्र-पत्रिकाएँ निकल रही हैं तो लगभग 1800 त्रैमासिक, लगभग 700 द्विमासिक व अर्द्धवार्षिक तथा 300 से ज़्यादा भारतीय भाषाओं के वार्षिक जर्नल प्रकाशित हो रहे हैं। अंग्रेज़ी भाषाओं के दैनिक साप्ताहिक, पाक्षिक, मासिक, त्रैमासिक आदि लगभग 8000 पत्र-पत्रिकाएँ हैं जो इस बात का द्योतक है कि तेजी से और अन्य संचार माध्यमों की तरह प्रिण्ट मीडिया ने भी देश में अपने पाँव पसारे हैं। प्रिण्ट मीडिया में क्षेत्रीय पत्रकारिता को बहुत बढ़ावा मिला है। पहले राष्ट्रीय समाचार-पत्रों की अपनी एक पहचान हुआ करती थी। एक ही जगह से समाचार-पत्र छपकर पूरे देश में प्रसारित होते थे। लोगों के मन में तेज़ी से राष्ट्रीय समाचार जानने के साथ-साथ क्षेत्रीय ताज़े समाचार भी जानने की इच्छा जागृत होने लगी। राष्ट्रीय समाचार-पत्र समय पर हर क्षेत्र के ताज़े समाचार देने में असमर्थ रहने लगे जिसके कारण क्षेत्रीय समाचार-पत्रों ने अपने पैर फैलाने शुरू कर दिये और इससे पाठक को नये ताज़े समाचार समय से जानने की इच्छा भी पूरी हुई। अब यह स्थिति है कि राष्ट्रीय समाचार-पत्रों के समूह ने भी जगह-जगह से अपने समाचर-पत्र निकालने शुरू कर दिये और राष्ट्रीय नेटवर्क प्रिण्ट मीडिया में लगभग लुप्त-सा होता जा रहा है। क्षेत्रीय समाचार-पत्रों में दैनिक भास्कर ऐसा पत्र है जो देश में 17 से ज़्यादा स्थानों से प्रकाशित होता है। एक करोड़ से भी अधिक प्रसार संख्यावाले इस समाचार-पत्र ने पाठकों के मन में कुछ ऐसी तेज़ी से पैठ बनायी कि 26 साल पहले इसके मात्र 3 संस्करण ही प्रकाशित होते थे। इसके अलावा क्षेत्रीय पत्रकारिता में 'पंजाब केसरी', 'दैनिक जागरण', 'अमर उजाला' पत्र हैं जिनकी प्रसार संख्या लगभग 7 लाख से 12 लाख के बीच है। आज़ादी के बाद जब हिन्दी पत्रकारिता अपनी एक नयी पहचान बनाने में लगी थी, तो शब्दों की अराजकता उसके सामने एक चुनौती के रूप में आकर खड़ी हो गयी। उस समय शब्दों को लेकर तीन विचारधारा के लोग थे-शुद्धतावादी धाराएँ हिन्दुस्तानी धारा एवं समन्वयवादी धारा। शुद्धतावादी धारा के समर्थक प्रत्येक अंग्रेज़ी शब्द के लिए हिन्दी के शब्द चाहते थे तथा इन्हें भाषा के बीच में अंग्रेज़ी के एक भी शब्द का प्रयोग असहनीय था। हिन्दुस्तानी धारा के समर्थकों ने बोलचाल की ही भाषा व शब्दों को अपनाये जाने पर विशेष ज़ोर दिया। समन्वयवादी धारा के लोगों का मानना था कि यदि किसी समाचार-पत्र के शुद्धतावादी विचारधारा के अनुसार भाषा का स्वरूप है तो वही स्वरूप सभी समाचारों का होना चाहिए। 'जनसत्ता'-जैसे अख़बारों की भाषा शुद्धतावादी धारा के अन्तर्गत आ सकती है, जबकि 'अमर उजाला' और 'दैनिक जागरण'-जैसे समाचार-पत्रों में

हिन्दुस्तानी धारा अर्थात् अरबी-फ़ारसी मिश्रित हिन्दी का प्रयोग किया जाता है ओर 'नवभारत टाइम्स'-जैसे अख़बारों में समन्वयवादी धारा के अनुरूप अंग्रेज़ी के शब्दों को अनेक हिन्दी उच्चारण के साथ प्रयोग में लाया जाता है, जैसे- पार्लियामेण्ट, स्टूडेण्ट, टीचर, ट्रेन, ट्रैफ़िक, जाम, पेरेण्ट्स आदि।

21 जून, 2008 के नवभारत टाइम्स से कुछ उदाहरण द्रष्टव्य है-

- "ड्रिंक्स के साथ म्यूज़िक की मस्ती।
- मिड डे मील स्कीम का असर बहुत ख़राब पड़ रहा है।
- राजधानी के हॉस्पिटल से गिरफ्तार हुआ था रेपिस्ट।
- रेप व धोखाधड़ी के आरोपी को बेल नहीं।
- महँगाई पर ब्रेक फेल।
- एम बी ए स्टूडेण्ट ठगों में गिरफ्तार।"

वास्तव में वर्तमान समय में जिस तरह पत्रकारिता पर बाज़ार का नियन्त्रण होता दिख रहा है, इसमें शब्दों की अराजकता से बचते हुए ऐसे शब्दों को अधिकाधिक बढ़ावा देना चाहिए, जो स्थानीय व क्षेत्रीय भाषा के अटूट अंग हों। स्थानीय व क्षेत्रीय शब्द इतने ज़्यादा भी नहीं होने चाहिए कि समाचार अपनी सार्वभौमिकता ही खो दे। कुशल संवाददाता यह समझ लेता है कि कौन-सा समाचार स्थानीय व क्षेत्रीय सीमाओं में सिमटा रहेगा और कौन-सा समाचार इन सीमाओं से बाहर निकलकर पूरे देश में पढ़ा, देखा व सुना जायेगा। कभी-कभी इन जनसंचार माध्यमों में शब्दों के लिंग भेद का पूरा ध्यान नहीं रखा जाता, 'का', 'की', 'था', 'थी' का मनचाहा प्रयोग देखने को मिलता है। जैसे- "उनका किताब प्रकाशित हुआ" जबकि 'किताब' स्त्रीलिंग है और इसके साथ "उनकी किताब प्रकाशित हुई" लिखा जायेगा। इसी प्रकार अर्जी लिखी जाती है, प्रार्थना-पत्र लिखा जाता है। शासन निर्णय लेता है, सरकार निर्णय लेती है। फिल्म देखी जाती है, सिनेमा देखा जाता है। शब्दों या वाक्यों का अनुवाद करते समय भी बहुत सावधानी बरतने की आवश्यकता है। ठीक उसी तरह अनुवाद कर देने के स्थान पर अपने पाठकों या दर्शकों की समझ व रुचि को ध्यान में रखते हुए भावों के अनुसार अनुवाद किया जाना चाहिए। अंग्रेज़ी की वाक्यरचना 'इनडाइरेक्ट स्पीच' में होती है, जबकि हिन्दी की वाक्यरचना 'डाइरेक्ट स्पीच' में होती है। अंग्रेज़ी से हिन्दी में अनुवाद करते समय इनडाइरेक्ट को डाइरेक्ट में परिवर्तित करना बहुत आवश्यक है, क्योंकि ऐसा न करने से अर्थ का अनर्थ हो जाता है। जैसे-

इनडाइरेक्ट स्पीच- "A Scheme for the kidnapped girls, by the Prime Minister."

डाइरेक्ट स्पीच- "प्रधानमन्त्री द्वारा भगायी जानेवाली लड़कियों के लिए योजना।"

हिन्दी में इस शीर्षक को पढ़ने के बाद ऐसा समझ में आता है कि प्रधानमन्त्री ने लड़कियों को भगाया है और उनके लिए योजना बनायी गयी। जबकि यह अर्थ नहीं होगा। वास्तविक अर्थ होगा कि "भगायी गयी लड़कियों के लिए प्रधानमन्त्री द्वारा एक योजना बनायी गयी।" जनसंचार माध्यमों की भाषा सदैव सूचनापरक और तथ्यपरक होनी चाहिए जिससे श्रोता, पाठक या दर्शक को यह न लगे कि उसे कोई नयी सूचना नहीं मिल रही है। सम्प्रेषणीय शैली का प्रयोग करते हुए भाषा को सूचनाओं व विश्वसनीय तथ्यों से युक्त करके समाचार को अधिक

लोकप्रिय बनाया जा सकता है। इस सम्बन्ध में 'अकबर इलाहाबादी' का शेर काफ़ी प्रासंगिक लगता है-

"जुबाँ ऐसी कि सब समझें।
बयाँ ऐसा कि सब मानें।।"

अर्थात् भाषा में वह सहजता, स्वाभाविकता एवं सम्प्रेषणीयता होनी चाहिए, जो सर्वग्राह्य हो। वास्तव में सम्प्रेषणीयता एवं सुपाठ्यता के लिए भाषा में सहजता और स्वाभाविकता के साथ कसाव भी होना चाहिए। आज अंग्रेज़ी का वाक्य-विन्यास, उसके शब्द हिन्दी भाषा में अधिक प्रयोग किये जा रहे हैं जो केवल हिन्दी पाठक को आतंकित करते हैं। सिर्फ़ हिन्दी जाननेवाला लेखक अपने ही साहित्य-क्षेत्र में बेगाना हो गया है। नतीज़ा यह है कि ऐसे लेखक अनजाने में प्रतिस्पर्द्धा का शिकार होकर सन्दर्भ, आयाम, परिप्रेक्ष्य, सम्पृक्ति, मानवीय मूल्य-जैसे शब्दों का खुलकर प्रयोग करता है ताकि उसकी शब्द-सम्पन्नता पर किसी को शक न हो। इससे उलझानेवाले गद्य की परम्परा मज़बूत होती है। प्रत्येक देश और समाज के मुहावरे उसकी सभ्यता, संस्कृति और उसकी ऐतिहासिक-भौगोलिक स्थितियों की उपज होते हैं। 'कोल्ड विहैवियर' का शाब्दिक अनुवाद है 'ठण्डा व्यवहार', जो कि विदेशों में उपेक्षापूर्ण आचरण के लिए प्रयुक्त होता है। लेकिन भारत-जैसे देश में किसी से मिलकर ठण्डक का अनुभव करना स्नेह और सौहार्द का लक्षण होता है- **'तुमहिं देखि सीतल भई छाती'**। पर इंग्लैण्ड-जैसे देश में उपेक्षापूर्ण आचरण के लिए 'कोल्ड विहैवियर' का प्रयोग होगा। वहाँ सौहार्दपूर्ण व्यक्ति के लिए 'वार्महार्टेड' का प्रयोग उतना ही स्वाभाविक है जितना भारत में नाराज़गी के लिए 'गर्म होना'। लेकिन हिन्दी ने अंग्रेज़ी की विभिन्न अर्थच्छवियों को कुशलतापूर्वक पचा लिया है। ऐसे प्रयोगों से उद्विग्न होने के बजाय उसका सहर्ष स्वागत करना चाहिए। अंग्रेज़ी शब्दसमूह का हूबहू अनुवाद निरर्थक ही नहीं, विपरीत अर्थ सृजित करनेवाला भी होता है। अभिव्यक्ति की नयी माँगों के समाधान के लिए भाषा अपने लचीलेपन की सारी सम्भावनाओं को निचोड़ती है और नयी अभिव्यंजनाओं को पैदा करती है। विजयदेव नारायण साही ने भी अपने एक लम्बे निबन्ध में इस समस्या से टकराने की कोशिश की है। यह कोशिश तभी सार्थक होगी जब हम जान-बूझकर जटिल बनायी गयी भाषा के प्रयोग से बचें। तभी भाषा सच्चे अर्थों में सम्प्रेषण के लिए सक्षम होगी। अंग्रेज़ी बनाम हिन्दी चिन्तन से हिन्दी का अहित ही हुआ है। संसार में अंग्रेज़ी का व्यवहार निरन्तर बढ़ा है। इसके मूल में विशुद्ध व्यावसायिक कारण रहे हैं। आवश्यकता के कारण अंग्रेज़ी को अपनाना पड़ा है। जापान-जैसे देश ने भी अंग्रेज़ी के महत्त्व को पहचानकर उसके व्यवहार को प्रोत्साहन दिया। आज चीन अनुभव कर रहा है कि सूचना तकनीक के क्षेत्र में अपनी पहचान बनाने के लिए उसे अंग्रेज़ी का व्यवहार बढ़ाना होगा। जर्मनी और रूस अपनी भाषा के बारे में बहुत सचेत और सजग हैं पर अन्तर्राष्ट्रीय व्यावसायिक कारणों से अंग्रेज़ी का व्यवहार निःसंकोच करते हैं।

आर्थिक दृष्टि से अपेक्षाकृत समृद्ध और विकसित यूरोप के भिन्न देशों में आवश्यकतानुसार अंग्रेज़ी का व्यवहार बिना किसी बहस के किया जाता है। सूचना तकनीक ने अंग्रेज़ी बनाम देशी भाषा के चिन्तन को दोषपूर्ण सिद्ध कर दिया है। भारत के सन्दर्भ में भी अंग्रेज़ी बनाम देशी भाषाएँ दोषपूर्ण चिन्तन के परिणाम हैं और अव्यावहारिक भी। आवश्यकता अंग्रेज़ी को

हटाकर हिन्दी को व्यवहार में लाने की नहीं, अंग्रेज़ी के साथ हिन्दी के व्यवहार को बढ़ाने की है। दोनों भाषाओं का समानान्तर विकास और व्यवहार वक्त की ज़रूरत और आर्थिक जगत् की आवश्यकता है।

समाचार-पत्रों की भाषा का बदलता स्वरूप

वर्तमान में समाचार-पत्र दैनिक जीवन का अनिवार्य अंग हैं। यह प्रबुद्ध पाठकों के लिए एक ऐसा दर्पण है, जिसकी सहायता से वे विश्व की गतिविधि, स्वराष्ट्र के उत्त्थान-पतन तथा क्षेत्र विशेष की ज्वलन्त समस्याओं से सुपरिचित होते हैं। समाज का वास्तविक थर्मामीटर तो समाचार-पत्र ही है जिसमें सामाजिक वातावरण का तापमान परिलक्षित होता है। पत्रों को दूरबीन कहा जाये तो अतिशयोक्ति नहीं होगी, क्योंकि वे भविष्य में होनेवाली बहुत दूर-दूर की घटनाओं का आभास दे देते हैं। समाचार-पत्र के लिए श्री अम्बिकाप्रसाद बाजपेयी ने ब्रिटिश पार्लियामेण्ट द्वारा परिभाषित तथ्य के अनुसार लिखा है- ''जिस काग़ज़ में सब लोगों के समाचार, जानकारियाँ, घटनाएँ हों और जो बिक्री के लिए नियत स्थान पर छापा जाता हो, वह समाचार-पत्र कहलाता है। इसके अन्तर्गत दैनिक ही नहीं, साप्ताहिक, पाक्षिक और मासिक सभी प्रकार के प्रकाशन आ सकते हैं।''

समाचार-पत्रों में यदि भाषा की बात की जाये तो सबसे पहले यह जानना आवश्यक है कि समाचार-पत्रों की भाषा में 'स्पेस' का बड़ा ध्यान रखना पड़ता है इसलिए समाचार-पत्रों की भाषा में सार्थक और सटीक शब्दों का प्रयोग होना चाहिए। आज समाचार-पत्रों की भाषा में अपेक्षाकृत काफ़ी बदलाव आ गया है जो सकारात्मक और नकारात्मक दोनों ही तरह का है। आज समाचार-पत्रों की भाषा मिश्रित हो गयी है। चूँकि समाज के लोग जो समझेंगे वही समाचार-पत्रों की भाषा होगी। अब क्लिष्ट हिन्दी को समझनेवालों की संख्या तुलना में कम है इसलिए समाज के बदलते रूप को देखते हुए समाचार-पत्रों ने भी अपनी भाषा को उसी के अनुरूप ढालना शुरू कर दिया है। प्रायः देखा जाता है कि शुद्ध हिन्दी के प्रयोग से ख़बरें स्पष्ट नहीं हो पातीं। जैसे- **''फ़र्ज़ी काग़ज़ात के आधार पर ऋण निर्गत।''** 'निर्गत' की जगह पर यदि 'दिया' शब्द का प्रयोग किया जाय तो आम आदमी को समझने में परेशानी नहीं होगी। इसका शीर्षक होना चाहिये **''फर्जी काग़ज़ात के आधार पर ऋण दिया गया।''** इस प्रकार सरल भाषा का प्रयोग करके लिखा जाना अधिक सटीक होगा। आजकल समाचार-पत्रों के माध्यम से सैकड़ों जीवन्त शब्द हिन्दी में आ रहे हैं। नयी-नयी अभिव्यक्तियाँ और नये-नये प्रयोगों के द्वारा भाषा को समृद्ध करने का प्रयास किया जा रहा है। इसी तरह के कुछ प्रयोग इस प्रकार हैं-

- ''मच्छर भगानेवाली दवा के कारोबार में गरमाहट
- ख़ास लोगों के लिए ख़ास क्रेडिट कार्ड।
- अब के सावन आयेगी, फर्टिलाइज़र कम्पनियों के शेयरों में बहार।
- सरकारी जंग ने फीका किया व्यापारियों का रंग।
- घटती बिक्री से होकर लाचार, सस्ती हुई कार।''

समाचार की भाषा में **'सहजता'** और **'निरन्तरता'**-जैसे गुणों का होना परम् आवश्यक है। सहजता से तात्पर्य है कि भाषा सभी को आसानी से समझ में आ जाये। इसलिए अगर 'अग्नि' के स्थान पर 'आग', 'कदाचित्' के स्थान पर 'शायद', 'अभियोग' के स्थान पर 'आरोप', 'दण्ड' के स्थान पर 'सज़ा', 'मृत्यु' के स्थान पर 'मौत'-जैसे शब्दों का प्रयोग किया जाये तो वह भाषा की सहजता को बढ़ा देता है। वाक्य के रूप में एक उदाहरण-

- ''यद्यपि वह ग़रीब है, तथापि उसे सरकारी वकील करने का अधिकार है।''

  इसके स्थान पर ''हालाँकि वह ग़रीब है, फिर भी उसे सरकारी वकील करने का अधिकार है।''

समाचार-पत्रों में पहले उद्धृत वाक्य अधिक प्रयोग होते थे, किन्तु अब इन उद्धरित वाक्यों को सामान्य वाक्य की तरह लिखकर भाषा को सहज बनाया जा रहा है। जैसे-

- ''दिल्ली की मुख्यमन्त्री शीला दीक्षित ने कहा, हमारी सरकार ने दिल्ली का तीव्र विकास कर इसे विश्वस्तरीय शहरों की सूची में ला दिया है।''

  इसके स्थान पर ''दिल्ली की मुख्यमन्त्री शीला दीक्षित ने दावा किया है कि उनकी सरकार ने दिल्ली को विश्वस्तरीय शहर बना दिया है।''

आज अनेक समाचार-पत्र भाषिक स्तर को बेहतर बनाने के लिए मिथकों, प्रतीकों के माध्यम से अपनी बात प्रस्तुत करने में विश्वास रखते हैं। आज देखा जा रहा है कि ऐसे प्रतीकों का प्रयोग होता है जो आम जनता के बीच काफ़ी प्रचलित हैं जैसे- श्री प्रमोद महाजन की मृत्यु के समाचार को प्रत्येक समाचार-पत्र ने अपनी शैली के अनुसार व्यक्त किया-

- ''कोई संजीवनी काम नहीं आयी'' - शीर्षक
- ''बीजेपी के लक्ष्मण पर आख़िर भारी पड़ा भाई का वार'' - उपशीर्षक

(नवभारत टाइम्स)

- ''नहीं रहे भाजपा के लक्ष्मण'' - शीर्षक
- ''भाजपा में शोक की लहर, अन्तिम संस्कार आज'' - उपशीर्षक

(दैनिक जागरण)

इस प्रकार 'लक्ष्मण' और 'संजीवनी बूटी'-जैसे मिथक और प्रतीकों का प्रयोग ऐसा सटीक प्रयोग है, जो आम जनता में बहुप्रचलित है क्योंकि जनता को पता है कि लक्ष्मण को बचाने के लिए संजीवनी बूटी का प्रयोग किया गया था। इन बदलावों के साथ समाचार-पत्रों की भाषा में कुछ ऐसे परिवर्तन हो रहे हैं जो सही नहीं हैं। अशुद्ध और बेमतलब की भाषा का प्रयोग भाषा को विकृत कर देता है। समाचार-पत्रों की भाषा-सम्बन्धी भूलों का नमूना कुछ इस प्रकार है:-

- ''बाढ़ से फसल सर्वनाश हो रही है।
- कपड़े उतारकर रख दिया।
- स्टेशन से गाँव तक यात्रियों का ताँता नहीं टूटता।
- उसने कहा कि मैं चार भाई हूँ।
- पर दो पुरस्कार एक आदमी को नहीं मिलेगा।'' इत्यादि।

इसी प्रकार 'वचन' और 'लिंग'-सम्बन्धी भूलें दिखायी पड़ती हैं, जैसे-

- "4 जरमन जहाज डूबा।
- उसके सींगें नहीं थीं।
- दिल्ली में दो गिरफ्तारी।
- हर जगह मौत का ताँता।
- बंगाल में भूख की व्यापक घटनाएँ।
- वहाँ के निवासियों की रहन-सहन का दर्जा ऊपर उठाने को प्रयत्न होगा। इत्यादि।"

हिन्दी की संवाद समितियों (भाषा और यूनीवात्ती) से आनेवाले समाचार **PTI** और **UNI** के समाचारों का हिन्दी अनुवाद होते हैं, ऐसे में अशुद्ध अनुवाद का प्रचलन बढ़ रहा है और समाचार-पत्रों की भाषा भी अशुद्ध होती जा रही हैं जैसे-

- 'Flood affecting area' का हिन्दी अनुवाद "बाढ़ प्रभावित इलाका' ग़लत अनुवाद है।

सही अनुवाद - 'बाढ़ग्रस्त इलाका' होना चाहिए।

कभी-कभी देखा जा सकता है कि जो बात बहुत ही सीधे-सादे ढंग से बहुत ही थोड़े शब्दों में कही जा सकती है उसे जबरदस्ती इतना चक्करदार बना दिया जाता है कि उसमें ज़रूरत से ज़्यादा विस्तार अस्पष्टता और भद्दापन आ जाता है। एक समाचार-पत्र की भाषा का उदाहरण देखिये- 'इन सब कार्यों के करने का कारण उन अफ़सरों को बताया जाता है, जिन्होंने अधिक साहस में सीमा पार करके आन्दोलन को कुचला था।' अब इस वाक्य का क्या अर्थ लगाया जाये। न जाने समाचार-पत्र क्या कहना चाहता है। जहाँ तक मेरा मानना है कि इस तरह का दोष तब आता है जब हम अंग्रेज़ी का अनुवाद करते-करते अंग्रेज़ी भाव व्यंजन प्रणालियों के इतने ज़्यादा अभ्यस्त हो जाते हैं कि हिन्दी वाक्य रचना को किसी भी प्रकार अंग्रेज़ी के प्रभाव से नहीं बचा पाते। फलस्वरूप वाक्य रचना अपने मूल आशय से दूर हो जाती है। कुछ समाचार-पत्रों की भाषा में अनर्थक शब्द योजना का प्रयोग मिलता है। उदाहरण के रूप में कोई परिवार रेल से यात्रा कर रहा था। इस सम्बन्ध की घटना का उल्लेख एक समाचार-पत्र ने कुछ इस प्रकार किया- "संयोगवश परिवार की छोटी लड़की रेल से नीचे गिर पड़ी।" यहाँ संयोगवश कुछ अनर्थक-सा नहीं लगता? क्योंकि संयोग शब्द का प्रयोग तो प्रायः अच्छी बातों के लिए किया जाता है या उन बातों के लिए जो अच्छी न होने पर भी बुरी नहीं होतीं। किसी सोचनीय दुर्घटना के लिए 'संयोग' शब्द कुछ खटकता-सा लग रहा है। जब एक बैलगाड़ी किसी रेलगाड़ी से टकराकर चकनाचूर हो गयी तो एक समाचार-पत्र में शीर्षक छपा- 'ट्रेन बैलगाड़ी भिड़न्त' अब इस तरह का शीर्षक हास्यास्पद-सा लगता है। क्योंकि भिड़न्त तो सदैव बराबरवालों में होती है। भला ट्रेन के मुकाबले में बैलगाड़ी क्या चीज है। ऐसे ही एक अन्य प्रसंग में एक समाचार-पत्र ने लिखा- "रास्ते में एक जगह गाड़ी एक आदमी से टकराती-टकराती बच गयी।" मानो आदमी के धक्के से गाड़ी के उलट जाने का डर हो। समाचार-पत्रों की भाषा व्याकरणिक रूप से भी काफ़ी दोषपूर्ण दिखायी देती है। उदाहरण के रूप में एक दैनिक पत्र में निकला था- 'कोई भी व्यक्ति सोना खाकर जीता नहीं रह सकता।' इस वाक्य में 'भी' का जो प्रयोग है, उस

पर विभक्तियाँ और अव्यय शीर्षक पर विचार हो चुका है। ध्यान देने की बात है कि इस वाक्य का वास्तविक अर्थ क्या है। प्रस्तुत वाक्य की भाषा से तो कोई भी यही समझेगा कि 'सोना किसी तरह का जहर है; और उसे खानेवाला व्यक्ति मर जाता है। जबकि इस वाक्य का सही अर्थ होगा कि आदमी के पास सोना हो, तो उसी से उसका निर्वाह नहीं हो सकता उसे खाने-पीने के लिए अन्न-जल की आवश्यकता तो पड़ेगी ही, किन्तु यह वाक्य मुख्य आशय से कितना दूर जान पड़ता है।

इसी प्रकार एक अन्य समाचार-पत्र में प्रकाशित हुआ- "वहाँ के आला औज़ार नष्ट कर दिये गये।" इस वाक्य में 'आला' संज्ञा के रूप में औज़ार के लिए प्रयोग हुआ है किन्तु वास्तव में आला अरबी भाषा का शब्द है, जिसका अर्थ है- उत्तम या श्रेष्ठ। जो यहाँ पूर्णतः अनुपयुक्त-सा लगता है। बहुत बार देखा जाता है कि अख़बारों में कुछ शब्दों को मिलाकर बने **संकर शब्दों** का 'प्रयोग धड़ल्ले से किया जाता है। जैसे- कॉलेजों, वसीयतीकरण इत्यादि। भाषा में शब्दों के साथ-साथ प्रयोग लिये जाने को **'सहप्रयोग'** कहा गया। उदाहरण-

- "उसने ठण्डी साँस भरी" जबकि इसका सही रूप होगा "उसने ठण्डी साँस ली।"
- "उसने भाषण दिया" किन्तु इसका सही प्रयोग होगा "उसने भाषण किया।"

सहप्रयोग अन्य भाषाओं के शब्दों के आने से उनके मिश्रण में दिखायी पड़ता है। हिन्दी में अन्य भाषाओं के शब्दों को ख़ूब अपनाया गया है। इसलिए इसमें ऐसे सहप्रयोग बहुत मिलते हैं, जो व्याकरण की दृष्टि से भले ही अटपटे से लगते हों, किन्तु व्यवहार में ख़ूब चल रहे हैं। आम आदमी उन्हें आसानी से समझ सकता है। जैसे- कम्प्यूटर, प्लेटफॉर्म, रेलगाड़ी, एम्बुलेन्स, सिम, ज़ेरॉक्स, ट्यूब लाइट, मोबाइल इत्यादि। अगर इन्हें शुद्ध हिन्दी में लिखा जायेगा तो शायद ही कोई समझ पायेगा अन्यथा समझने में परेशानी होगी, जैसे- कम्प्यूटर की शुद्ध हिन्दी 'संगणक', प्लेटफार्म की 'भकभक अड्डा', रेलगाड़ी की 'लौहपथगामिनी', एम्बुलेन्स की 'सचल अस्पताल', सिम की 'असंख्य संग्राहक यन्त्र', जेरॉक्स की 'छायाप्रति', ट्यूबलाइट की 'बेलनाकार प्रकाश यन्त्र' तथा मोबाइल की शुद्ध हिन्दी 'सचल दूरभाष' होगी। इसी प्रकार अंग्रेज़ी का शब्द है 'ब्लैकमेल' (Blackmail) जिसे समाज का प्रत्येक व्यक्ति समझ जाता है, किन्तु यदि इसे शुद्ध हिन्दी में 'भयादोहन' कहा जाये तो यह समझने में काफ़ी कठिनाई होगी। एक शब्द बहुत प्रचलित है। 'प्रेजेण्ट्स ऑफ माइण्ड' (Presents of Mind) जिसका हर वर्ग के लोग काफ़ी प्रयोग करते हैं, किन्तु इसे यदि शुद्ध हिन्दी में कहा जाये तो 'प्रत्युत्पन्नमति' होगा, जो काफ़ी क्लिष्ट शब्द है। कहने का आशय है कि कुछ विदेशी तथा अन्य भाषाओं के शब्द हैं, जिन्हें हू-ब-हू प्रयोग करना अपेक्षाकृत सहज और सरल है। आज के भाषायी बदलाव में कभी-कभी भाषा तो शुद्ध होती है किन्तु अक्षर अपने नियत स्थान पर नहीं रहते जिससे अर्थ का अनर्थ हो जाता है। उदाहरण के तौर पर-

- 'सावन के बादलों' - सावन के बाद लो।
- 'मनन करेगा' - मन न करेगा।
- 'कुलीन बनो' - कुली न बनो।

- 'सरकार को अपना कर सबसे लेना चाहिए' - सरकार को अपनाकर सबसे लेना चाहिये।

व्याकरण का यह नियम है कि पूर्वकालिक क्रिया का कर्त्ता और गणी क्रिया का कर्त्ता एक ही होना चाहिए, अलग-अलग नहीं। जैसे- 'राम रोटी खाकर पाठशाला गया' यह वाक्य तो शुद्ध है क्योंकि इसमें 'खा' और 'जा' धातुओं का कर्त्ता 'राम' ही है किन्तु कुछ वाक्य ऐसे होते हैं जिनमें ऐसा प्रयोग नहीं किया जा सकता जैसे-

- 'गाड़ी के नीचे दबकर लड़के की मृत्यु हो गयी।' इस वाक्य में दबता तो लड़का है किन्तु होती है मृत्यु। इसलिए यहाँ 'दबकर' के स्थान पर 'दबने से' प्रयोग करना अधिक उचित होगा। या फिर ऐसे लिख सकते हैं कि 'गाड़ी के नीचे दबकर लड़का मर गया।''

'स्वतन्त्रता लड़कर मिलेगी।' में लड़ता कोई है और मिलती स्वतन्त्रता है। इसलिए यहाँ भी 'लड़कर' के बजाये 'लड़ने से' प्रयोग सटीक होगा या 'हम स्वतन्त्रता लड़कर ही लेंगे' यह प्रयोग भी उपयुक्त माना जायेगा।

इसी तरह के कुछ अशुद्ध शब्दों के प्रयोगों के उदाहरण हैं:-

- रचना में अश्लीलता अत्यन्त **'भयंकर'** दोष है।
  इसमें 'भयंकर' शब्द के स्थान पर 'अक्षम्य' होगा।
- इन दोनों पुस्तकों में बहुत **'मेल'** है।
  यहाँ **मेल** के स्थान पर **'समानता'** का प्रयोग होगा।
- सरकार ने प्रजा से **राजस्व** वसूल किया।
  इसमें **राजस्व** के बजाय **'कर'** या **लगान** शब्द ठीक रहेगा।
- मुझे इस बात का **शोक** है कि आपने मुझे उत्तर नहीं दिया।
  यहाँ **शोक** की जगह **खेद** शब्द अधिक उपयुक्त होगा।
- डाकुओं और ग्रामीणों में युद्ध।
  'युद्ध' के स्थान पर 'लड़ाई' शब्द अधिक सही रहेगा।

रेडियो की भाषा का बदलता स्वरूप

रेडियो चूँकि पूर्णतः बोले जानेवाले शब्दों का माध्यम है इसलिए रेडियो की विशिष्टता उसकी भाषा के सन्दर्भ में भाषित होती है। वास्तव में रेडियो ध्वनि का ऐसा सम्प्रेषक है, जिससे वाणी का बहुत विकास हुआ है। आज साक्षर, निरक्षर, निर्धन, धनवान, नेत्रहीन सभी के लिए रेडियो वरदान है। रेडियो ही लोकतन्त्र का सम्बल है। यह ऐसा आकाशीय विद्यापीठ है, जिसके द्वारा विश्व का ज्ञान हो जाता है। लेनिन के अनुसार- ''रेडियो बिना काग़ज़ और बिना दूरी का समाचार-पत्र है।'' क्योंकि, रेडियो अपनी प्रकृति में मुद्रण-माध्यम तथा श्रव्य-दृश्य माध्यमों से भिन्न है, अतः स्वाभाविक है कि उसकी भाषा भी अपनी प्रकृति में इन माध्यमों से भिन्न है। तकनीकी दृष्टि से रेडियो ध्वनियों के प्रसारण तक सीमित है। किन्तु जब हम रेडियो को जनसंचार माध्यम के साधन के रूप में देखते हैं तो 'सीमित' शब्द ठीक नहीं लगता। प्रसारण

करनेवाले के लिए निराकार ध्वनि कच्चा माल है और यही तत्त्व रेडियो को जनमाध्यम की अतुलनीय शक्ति प्रदान करता है। प्रोड्यूसर के पास ध्वनियों की विविधतामयी शृंखला रहती है। यह उसका काम है कि वह रेडियो की भाषा में अनूदित करने के लिए सार्थक रूप में ध्वनि-प्रतीकों का चयन करें।

रेडियो की शब्दावली तीन प्रकार की सामग्री से निर्मित होती है- वाक् (speech), ध्वनि प्रभाव (Sound effects including music), मौन अथवा चुप्पी (Silence).

वैसे तो, वाक् यानी वाणी, बिना ध्वनि-प्रभावों के ही सूचना और विचार सम्प्रेषित करने में सक्षम है, लेकिन रेडियो पर इसका प्रयोग विशेष ढंग से करना पड़ता है। इसमें सरलता ज़रूरी होती हैं क्योंकि अमूर्त वाक्यांश जो किसी तरह का दृश्यात्मक बिम्ब नहीं जगाते, वे हवा में अपना असर खो देते हैं। जटिल तर्क दुबारा नहीं पढ़े जा सकते। इसलिए श्रोताओं का ध्यान आकर्षित करने के लिए वक्ता को उतार-चढ़ाव या सुर (Pitch), ताल (Tempo) और स्वर (Tone) में विविधता लानी होती है।

रेडियो की भाषा के लिए कुछ महत्त्वपूर्ण बिन्दु इस प्रकार है:-

रेडियो की भाषा में आम बोलचाल की भाषा का ही प्रयोग सही रहता है क्योंकि कठिन शब्दों का प्रयोग करने से इस बात की सम्भावना नहीं रहती है कि भाषा श्रोता की समझ से परे हो। व्यावहारिक रूप से भी श्रोता के पास इतना वक्त नहीं होता कि वह कठिन शब्दों के अर्थ जानने के लिए शब्दकोश का प्रयोग करें। रेडियो पर बोलने के लिए छोटे-छोटे वाक्यों का प्रयोग ही वांछित होता है। छोटे-छोटे वाक्यों में सूचनाओं को क्रमबद्ध तरीके से व्यवस्थित किया जाना चाहिए। इसके विपरीत यदि बहुत-सारी सूचनाएँ एक ही वाक्य में पिरो दी जायेंगी तो एक ओर जहाँ वाचक को पढ़ने में मुश्किल होगी, वहीं दूसरी तरफ़ श्रोता को समझने में भी दिक्क़त होगी। विषय के अनुरूप भाषा में प्रभाव लाने का प्रयास करना चाहिए। संज्ञा शब्दों का प्रयोग समय-समय पर किया जाना चाहिए। ऐसा करते समय समाचार में पहली बार किसी व्यक्ति विशेष का पूरा नाम दे देने के उपरान्त बाद में उपनाम का प्रयोग किया जाना चाहिए। जैसे- 'राष्ट्रपति श्रीमती प्रतिभा देवी सिंह पाटिल के अनुसार? से आरम्भ होनेवाले समाचार को विस्तार देते हुए बाद में 'श्रीमती पाटिल के अनुसार' ऐसा प्रयोग उचित रहता है और आज के भाषायी बदलाव के युग में रेडियो में इसी तरह की भाषा प्रयुक्त हो रही हैं। अब से पहले 'एवं' या 'व' शब्द का प्रयोग किया जाता था किन्तु अब इनके नाम पर 'और' का प्रयोग ज़्यादा किया जा रहा है।

यूँ तो रेडियो के सारे कार्यक्रमों को समय-सीमा में विभाजित किया जाता है और उसी के अनुरूप शब्दों की सीमा भी निर्धारित हो जाती है। कुछ समय पहले इसे आदर्श रूप में लागू नहीं किया जाता था, किन्तु आज रेडियो की भाषा को शब्दों की समय-सीमा में बाँधकर प्रयोग किया जाने लगा है। आज तकनीकी विकास के साथ-साथ रेडियो की भाषा भी काफ़ी तकनीकपरक हो गयी है। पहले तकनीकी अभाव या कम विकास के कारण रेडियो पर प्रस्तुत कार्यक्रमों में किसी बात को स्पष्ट करने के लिए कुछ विशेष ध्वनियों को सम्प्रेषित किया जाता था किन्तु वे ध्वनियाँ स्पष्ट रूप से पहचानी नहीं जा सकती थी। कभी-कभी आँधी की आवाज़,

नदी या समुद्र के पानी की आवाज़ लगने लगती। या घड़ी की टिक-टिक घोड़े के टापों की आवाज़-सी लगने लगती। पता ही नहीं चल पाता कि वास्तविक दृश्य क्या बन रहा है किन्तु आज ऐसी ध्वनि-सम्बन्धी परेशानी नहीं रही। अब रेडियो के कार्यक्रमों में भाषा-सम्बन्धी विविधता आ गयी है। खड़ीबोली हिन्दी के साथ-साथ आंचलिक भाषाओं का प्रयोग बख़ूबी किया जा रहा है। चूँकि रेडियो एक ऐसा जनमाध्यम है, जो शहरों से गाँवों तक अत्यन्त लोकप्रिय है अतः श्रोताओं की संख्या को ध्यान में रखते हुए उसी के अनुरूप भाषा का भी निर्धारण हो रहा है। स्थानीय रेडियो चैनलों में स्थानीय बोली का प्रयोग वांछनीय हो गया है। जैसे- अवधी, भोजपुरी, ब्रजभाषा इत्यादि का प्रयोग।

आज रेडियो की भाषा बोलचाल की ही है। सही और सटीक शब्दों का प्रयोग करते हुए वाक्यों में ऐसे शब्दों को इस ढंग से पिरोया जाता है कि श्रोताओं के दिमाग़ में आप जो कहना चाहते हैं उसकी तस्वीर खिंच जाये। एक चीज़ है जो रेडियो की भाषा में दोष पैदा कर देती है वह है अनुवाद की भाषा। इस अनुवाद की भाषा से प्रायः अर्थ का अनर्थ हो जाता है। उदाहरण-

- " 'इण्डियन एयर लाइन्स' का अनुवाद 'भारतीय वायु रेखाएं'।
- देश का सबसे बड़ा 'इस्पात का पौधा' (Steel of Plant) विशाखापट्टनम् में लगाया जा रहा है।
- पुलिस सड़कों पर "पेट्रोल छिड़क रही है।" (Patrolling the roads)
- नौवीं योजना में 9000 गोबर गैस के पौधे (Gobar Gas Plant) लगाये जायेंगे।"

Indirect Speech में प्रयुक्त 'द्वारा' जैसे शब्द रेडियो समाचारों में बहुत अधिक भ्रम पैदा करते हैं। उदाहरण के तौर पर-

- "वित्तमन्त्री 'द्वारा' शेयर बाज़ार में की गयी गड़बड़ियों को रोकने के लिए एक विधेयक रखा गया।" इस वाक्य से यह भ्रम उत्पन्न हो रहा है कि "वित्तमन्त्री ने शेयर बाज़ार में गड़बड़ी की है।"

जबकि डाइरेक्ट स्पीच (Direct Speech) में इसे इस तरह बोला जायेगा-

- "शेयर बाज़ार में गड़बड़ी रोकने के लिए वित्तमन्त्री ने एक विधेयक पेश किया।"

आज रेडियो के विभिन्न कार्यक्रमों की भाषा को तकनीकी की मदद से अधिक प्रभावशाली बना दिया गया है। जैसे किसी कहानी या नाटक की प्रस्तुती में कुछ ध्वनियों या संवादों को आकर्षक तरीके से प्रस्तुत करना या नेपथ्य से आवाज़ों का आना भाषा को जीवन्त बना देता है। उदाहरण के लिए-

- "घड़ी की टिक्-टिक् के बाद पाँच बार घण्टी बजी तो एक वाक्य पूरा हो जाता है कि पाँच बज गये।"

एक और उदाहरण-

- रेडियो नाटक में घड़ी की टिक्-टिक् के बाद दस घण्टे बजते हैं। एक स्त्री का स्वर "दस बज गये वे अभी नहीं आये।" बीच में ही बच्ची के कराहने का धीमा स्वर। हलकी-सी थपकी की ध्वनि, और स्त्री का स्वर, "सो जा बेटी, पापा आते ही होंगे, तुझे डॉक्टर को

दिखाने ले चलेंगे। चिन्ता मत कर तू अभी जल्दी से ठीक हो जायेगी।"

इतने से ही श्रोता के मन में एक दृश्य बन जाता है कि कोई माँ घर पर अकेली है, उसकी बच्ची बीमार है। रात के दस बज गये हैं, किन्तु अभी तक उसका पति घर नहीं लौटा है।

कुल मिलाकर रेडियो की आज की भाषा सरल, सहज, प्रवाहयुक्त और प्रभावशाली होती जा रही है।

टेलीविज़न की भाषा का बदलता स्वरूप

आधुनिक संचार क्रान्ति में टीवी की भूमिका सर्वाधिक महत्त्वपूर्ण है। टीवी तो किसी राष्ट्र की प्रगति का प्रामाणिक व्याख्याता है। यह राष्ट्र के स्वरूप का दर्पण है। समस्त जनसंचार माध्यमों में टीवी ही परिवर्तनकारी तत्त्व है। विगत बीस वर्षों में अपने देश का सम्पूर्ण परिदृश्य ही बदल गया है। वस्तुतः दैनिक जीवन में टीवी के घुसपैठ ने जीवन के सभी क्षेत्रों को प्रभावित किया है। इसके माध्यम से हमारे जीवन में सूचनाओं का विस्फोट हो रहा है। टेलीविज़न एक दृश्य-श्रव्य माध्यम है। मनुष्य की दो अति महत्त्वपूर्ण इन्द्रियों (आँख, कान) के साथ टेलीविज़न का सम्बन्ध होने के कारण दर्शकों पर इसका दुगुना प्रभाव पड़ता है। इस जनसंचार माध्यम में शब्दों की सार्थकता देखे जाने के सन्दर्भ में ही है। टेलीविज़न में प्रयोग की गयी भाषा और कार्यक्रम आम और ख़ास सभी के लिए है। आम आदमी अनपढ़ भी हो सकता है और विद्वान् भी हो सकता है। इसलिए टीवी के कार्यक्रमों की भाषा ऐसी होनी चाहिए जिसे आम और ख़ास आदमी आसानी से समझ सके। टेलीविज़न समाचारों के बहाने प्रतिदिन नये साहित्य की रचना करनेवाले पत्रकारों पर भवानीप्रसाद मिश्र की कविता सार्थक है *'जिस तरह हम बोलते हैं, इस तरह तू लिख'।*

कुछ ऐसे शब्द हैं जो आम बोलचाल में नहीं हैं तथा समय की सीमितता के कारण धाराप्रवाह बोलते समय लम्बे और संयुक्त अक्षर प्रवाह में कहीं-न-कहीं रुकावट डालते हैं। आज टेलीविज़न में ऐसे शब्दों का प्रयोग नहीं किया जा रहा है। कुछ शब्दों के उदाहरण-

धाराप्रवाही आम बोलचाल के शब्द		कठिन और प्रवाह में बाधा डालनेवाले शब्द
विध्वंस	-	तबाही
द्रष्टव्य	-	ग़ौरतलब
स्थिति	-	हालात
नियन्त्रण	-	क़ाबू
शुष्क	-	सूखा
स्वतन्त्रता	-	आज़ादी
अवसर	-	मौक़ा
निकृष्ट	-	घटिया
महत्त्वपूर्ण	-	अहम्
वर्तमान	-	मौजूदा

आज टीवी के विभिन्न चैनलों में एक अलग तरह की हिन्दी भाषा दिखती है जिसमें दस शब्दों में छह शब्द अंग्रेज़ी के हैं। अब ऐसी भाषा को भाषाविज्ञान के अन्तर्गत रखा जायेगा तो निश्चय ही इसे आधुनिक भाषा का खिचड़ी रूप कहा जायेगा और असल में यही भाषा सर्वमान्य भी है। जब हम अपने दैनिक जीवन में ऐसी ही खिचड़ी भाषा का प्रयोग कर रहे हैं तो फिर जनमाध्यमों की भाषा पर ऐतराज़ क्यों? सोचनेवाली बात है कि जनमाध्यमों की भाषा यदि साहित्यिक, अलंकृत या गूढ़ होगी तो उसका पूरा लाभ क्या आम आदमी उठा पायेगा? नहीं, बिलकुल नहीं।

सरल शब्दों के पीछे एक तर्क यह भी है कि कठिन शब्द उच्चारण के लिहाज़ से भी परेशानी पैदा करते हैं। सरल शब्द ऐंकर की दृष्टि से भी उपयोगी रहते हैं। इसलिए उसी भाषा का प्रयोग ठीक है, जो बहुसंख्यक दर्शकों में काफ़ी लोकप्रिय हो। बोलचाल की भाषा-हिन्दुस्तानी टेलीविज़न समाचार चैनलों का एक दिलचस्प उदाहरण प्रस्तुत है- एक बार ट्रक चालकों ने अपनी माँगों के समर्थन में हड़ताल की थी, इस ख़बर को लगभग सभी न्यूज़ चैनलों ने इस प्रकार प्रदर्शित किया- 'ट्रक ऑपरेटरों, ट्रक चालकों, ट्रक मालिकों ने हड़ताल कर दी।' इसी जगह एक अन्य चैनल ने बहुत ही साधारण शब्दों में कहा है कि 'ट्रकवालों ने हड़ताल कर दी।'

आज टेलीविज़न में कुछ ऐसे शब्दों का प्रयोग किया जाता है, जो दृश्यों को सहयोग देते हैं। ये शब्द सुनने में रोचक लगें इसलिए दर्शकों को लुभाने के लिए तुकबन्दीवाली हेडलाइन्स का अधिक प्रयोग करते हैं। उदाहरण के लिए-

- "ट्रक हड़ताल से सड़कें सूनसान,
  दिल्ली से मुम्बई तक भारी नुकसान।।"
- नेताओं का तामझाम,
  साथ में लाया जाम।"
- "सुविधाओं की भरमार,
  फिर भी सुरक्षा व्यवस्था है लाचार।"

ये सच है कि आज कुछ टीवी चैनलों की भाषा 'हिंग्लिश' हो गयी है, किन्तु कुछ ऐसे भी टीवी चैनल हैं जो हिन्दी को काफ़ी प्रोत्साहित कर रहे हैं। ये चैनल बहुत अच्छी, जानी-पहचानी, लोक-स्वीकृत हिन्दी का प्रयोग कर रहे हैं और उनके कार्यक्रम उतने ही लोकप्रिय भी हैं। उदाहरण के तौर पर 'जी टीवी' में जहाँ दस में सात शब्द अंग्रेज़ी के होते हैं वहीं 'स्टार प्लस' पर दिये जानेवाले समाचारों की भाषा प्रचलित हिन्दी ही है। वास्तव में किसी भी भाषा में प्रसारण वहाँ की भाषा जाननेवालों के लिए ही होता है। यह एक सीधा-सादा नियम है। सच तो यही है न कि जब भाषा बिगड़ती है, टूटती है, बिखरती है तो कोई विस्फोट नहीं होता। वह चुपचाप टूटती है, और यह ख़ामोश टूटन हमारी संस्कृति को धीरे-धीरे खोखला बनाती है।

टीवी की भाषा लोकोक्तिपरक और मुहावरेदार है क्योंकि ये दोनों तत्त्व भाषा को सशक्त और जीवन्त बनाने का एक महत्त्वपूर्ण साधन हैं। इनका प्रयोग पटकथा में चार चाँद लगा देता है, उदाहरण इस प्रकार है-

लोकोक्ति का प्रयोग :

- सेक्यूलरिज़्म को **'तार-तार करने'** वालों की **'ख़ैर नहीं'**।
- इरफान पठान ने **'कहर ढाया'**।
- मिस इण्डिया को आख़िरकार ख़िताब से **'हाथ धोना पड़ा'**।
- चुनावी मैदान में भी **'चूहे-बिल्ली का खेल'** जारी है।
- दिल्ली में **'सियासी पारा गर्म'**।
- बीजेपी ने कांग्रेस को **'कठघरे में खड़ा किया'**।
- रावलपिण्डी में भारतीय गेंदबाजों की **'तूती बोली'**।
- संसद पर हमले से सुरक्षा एजेन्सियों की **'नींद उड़ गयी'** है।
- आडवाणी ने बिहार में आर जे डी सरकार की **'बखिया उधेड़ी'**।
- टिकट के लिए बॉलीवुड सितारों में **होड़ मच गयी**।
- सियासी **ऊँट किस करवट बैठेगा** ये तो चुनावी नतीजे ही बतायेंगे। इत्यादि।

मुहावरों का प्रयोगः

- **आया राम गया राम** की राजनीति
- चुनाव आयोग ने राजनीतिक दलों की **लगाम कसी**।
- मध्य प्रदेश में बीजेपी का **पलड़ा भारी**।
- चुनावों की **उल्टी गिनती शुरू** हो गयी है।
- भारतीय खिलाड़ियों ने मैच में **एड़ी चोटी का ज़ोर लगा दिया**। इत्यादि।

भारत बहुभाषी लोगों का देश है। यहाँ अरबी-फ़ारसी, उर्दू को बोलने और समझनेवाले काफ़ी लोग हैं इस दृष्टि से भी टीवी समाचारों में इन भाषाओं का प्रयोग सहज रूप से किया जाता है। वैसे भी इन भाषाओं के ऐसे अनगिनत शब्द हैं, जो पानी में नमक की तरह हमारी भाषा में ख़ूब घुल-मिल गये हैं। उदाहरण के तौर पर एक बानगी-

अरबी भाषा के शब्द : अचानक, अदालत, अलावा, आख़िर, इन्तज़ार, इन्सान, कुबूल, क़दम, क़सम, क़ानून ग़ायब, ज़रूरत, जवाब, जायज, जाहिर, जिला, जुर्म, तक़दीर, तक़रीबन, तक़लीफ, तबीयत, तबादला, तमाशा, तरीक़ा, तरक्की, दफ्तर, दबदबा, दर्ज... इत्यादि।

फ़ारसी भाषा के शब्द : कम, काग़ज़, कार्रवाई, कारोबार, किराया, खुद, खुश, गरम, गिरफ्तार, गुम,, चापलूसी, चेहरा, जंज़ीर, जंग, जगह, जादू, ज़िन्दगी, ज़ोर, तपिश, ताज़ा, तेज़, दगा, नाजुक, नायाब, नुक़सान, नौकरी, पर्दा, परेशान, पसन्द, पहलवान, पुल, इत्यादि।

उर्दू भाषा के शब्द : मामूली, उम्र, दोस्त, तरफ़, बिलकुल, जगह, जवाब, मुहावरे, दामन, इशारा, जान, माल, ख़ूब, तरक्क़ी, कौम, ताक़त, ज़ोर, हिम्मत, सिरताज़, पुश्त, खुशी, दरज़ा, मौजा, फासला, देहात, लाश, बेईमान, बदनाम, कत्ल, आवारा, शान, क़द्र, नाराज़, इत्यादि। इसी प्रकार के अन्य भाषाओं के असंख्य शब्द हैं जो हमारी बोलचाल की भाषा में घुल-मिलकर हमारे अपने हो गये हैं। चूँकि टेलीविज़न एक ऐसा माध्यम है जहाँ शब्द भी बोलते हैं, रंग भी, चेहरे भी, मौन भी और संगीत भी। टेलीविज़न की अपनी एक विशेष भाषा है। इसमें रेडियो-सी

तात्कालिकता और सिने कैमरे की गत्यात्मकता होती है। यह घटनाओं को ज्यों-का-त्यों प्रसारित करता है, और इसका कैमरा, पृथ्वी, समुद्र तथा आकाश के नये पक्षों को उद्घाटित कर सकता है। तात्कालिकता का यह गुण इसके रिकॉर्ड किये हुए कार्यक्रमों में भी बना रहता है। बेशक़ उनका सीधा प्रसारण नहीं होता। टेलीविज़न में जीवन को पकड़ने और उसे यथार्थ के साथ पुनर्प्रस्तुत करने की अनुपम क्षमता होती है। टेलीविज़न पर जितने भी चैनल हैं, उनमें आपस में हिन्दी के मनोरंजनप्रधान और सूचनाप्रधान कार्यक्रम दिखाने की होड़ मची हुई है। किन्तु प्रश्न यह उठता है कि ये जनसंचार माध्यम जिस भाषा का प्रयोग हिन्दी के रूप में कर रहे हैं, वह कौन-सी हिन्दी है? हिन्दी है भी या नहीं। तो यही पता चलता है कि यह हिन्दी नहीं, बल्कि 'हिंग्लिश' है। एक ऐसा मिक्सचर जिसमें हिन्दी कम अंग्रेज़ी ज़्यादा है, और इस हिन्दी के उच्चारण का लहज़ा भी ऐसा है, जैसे ब्रिटानी, अंग्रेज़ी, फ्रेंच या अमेरिकन अंग्रेज़ी बोली जाती है। इसके कुछ उदाहरण इस प्रकार हैं:-

एक समाचार का अंश : असम में हुए Train accident में death tall five hundred dk number cross कर चुका है। इसकी जिम्मेदारी accept करते हुए Railway Minister ने अपना resignations Prime Minister के पास भिजवा दिया है।

एक धारावाहिक के संवाद का अंश : मुझे तुझ-जैसी दोस्त की कोई ज़रूरत नहीं है। I don't think, you understand me. तू यहाँ आती है तो मेरी position वर्षा के साथ compromise होती है and वर्षा is very much innocent ....

फिल्मी गानें :

- One, two का four, four two का one
  My name is लखन, मेरा नाम है लखन।
- White, White face देखे
  दिलवा Beating fast ससुरा chance मारे रे
  ओ वैरी दिल happy in my heart
  दिलवा dance मारे रे
- Made in India, Made in India
  दिल चाहिए बस एक Made in India.

विज्ञापन की भाषा का बदलता स्वरूप :

भारतवर्ष में हिन्दी की उपयोगिता इस बात से सिद्ध होती है कि इस देश की मीडिया में अस्सी फीसदी विज्ञापन हिन्दी में ही होते हैं। आज का युग विज्ञापन का युग है और किसी भी सन्देश को विशाल जनसमूह तक बिना विज्ञापन के नहीं पहुँचाया जा सकता। हिन्दी भाषा का एक बहुत बड़ा बाज़ार एक उपभोक्ता वर्ग है, जिसे नकारना किसी भी विज्ञापनदाता के लिए सम्भव नहीं है। पहले विज्ञापन का प्रयोग मात्र सांकेतिक होता था। लेकिन भाषा के प्रवाह ने विज्ञापनों का ढेर लगा दिया है। आज अंग्रेज़ी के समाचार-पत्रों में भी हिन्दी के विज्ञापन काफ़ी संख्या में दिखते हैं। पहले गाँव-गाँव में एक डाक्यूमेण्टरी फिल्म दिखायी जाती थी, जिनसे एक नारा सारे देश में गूँजता था।

'बस दो या तीन बच्चे। होते हैं घर में अच्छे।।
ये बात है लाख पते की। ये बोल बड़े ही सच्चे।।'

यह हिन्दी की सबसे बड़ी ताक़त है कि मीडिया चाह कर भी विज्ञापनों में हिन्दी भाषा के प्रयोग को कम नहीं कर पा रहा है। विज्ञापन इस देश में हिन्दी में ही हो सकता है। इस बात को विज्ञापन दाताओं ने भी स्वीकार कर लिया है कि अपने उत्पाद की जानकारी एवं उसे जनता तक पहुँचाने के लिए हिन्दी भाषा की शरण में जाना ही होगा। मीडिया की भाषा विज्ञापनों से भी समृद्ध हुई है, क्योंकि विज्ञापनों की भाषा एक आँख मिचौली हैं, क्योंकि इसमें थोड़ा कहा, ज़्यादा समझानेवाला सूत्र लागू होता है, जैसे- 'जो बीबी से करते हो प्यार, वो प्रेस्टीज़ से कैसे करें इन्कार?' कहने का अर्थ यह है कि विज्ञापन ने बीबी के प्यार को प्रेस्टीज़ कूकर से जोड़ दिया है। सिर्फ़ अंग्रेज़ी के विज्ञापन इस देश में अधिक नहीं चल पा रहे हैं और ज़्यादा से ज़्यादा लोगों तक सन्देश पहुँचाने के लिए हिन्दी को बीच में लाना ही पड़ता है। तभी तो कहा जाता है कि- 'सण्डे हो या मण्डे, रोज खायें अण्डे।'

दूरदर्शन की बात की जाये तो, दूरदर्शन ने भाषा की सहजता और सरलता को अपनाया है। तभी तो पोलियो ड्राप के विज्ञापन में अमिताभ बच्चन कहते हैं- 'एक भी बच्चा छूठा तो सुरक्षा चक्र टूटा' इसी प्रकार दूरदर्शन पर प्रसारित सर्व शिक्षा अभियान के विज्ञापन में- 'सबेरे-सबेरे यारों से मिलने बन-ठन के निकले हम स्कूल चलें हम', विज्ञापन ने सर्वाधिक लोकप्रियता हासिल की है। विज्ञापनों ने हिन्दी का मान-सम्मान व लोकप्रियता बढ़ायी है। विज्ञापनी हिन्दी की शब्दावली भी सर्जना और सम्प्रेषण की क्षमता से पूर्ण हो गयी है, अतः भारतीय भाषाओं के साथ हिन्दी में ही भारतीयता की रक्षा के लिए विज्ञापन-कार्य ज़रूरी है। यह कहा जा सकता है कि हिन्दी के प्रचलित सहज और सर्वग्राही शब्दों का प्रयोग विज्ञापनों में अनिवार्य हो गया है।

यदि विज्ञापनों से भाषा के विकृत होने की बात करें तो भाषा की शुद्धता को कुछ ख़तरा तो अवश्य है। यदि विज्ञापनों की भाषा सटीक न हुई तो लोगो तक इसके ग़लत अर्थ पहुँचेगे और भाषा पर प्रश्नचिह्न लग सकता है। टेलीविज़न और रेडियो पर विज्ञापन बोले जाते हैं, अतः सुनने में अन्तर होने पर भाषा में विकृति हो सकती है, परन्तु इन सबके बावज़ूद यह कहा जा सकता है कि मीडिया में विज्ञापनों द्वारा हिन्दी के भाषिक आयामों का नया द्वारा खोला जा रहा है। अतः हिन्दी और विज्ञापन एक-दूसरे के पूरक हैं। आज विज्ञापन जनसामान्य के जीवन का अभिन्न अंग बन चुका है, इसलिए हमें इसमें प्रयुक्त होनेवाली भाषा की अशुद्धियों के बारे में सावधान होने की ज़रूरत है और जहाँ कही विज्ञापनों की भाषा विकृत होने लगे तो इसका भी ध्यान मीडिया को रखना होगा। हालाँकि विज्ञापन की अपनी एक अलग दुनिया है। कुछ विज्ञापनो पर नज़र डालें तो-

- ''राष्ट्रीय साक्षरता मिशन का विज्ञापन

  ऐ क्या चलती तू

  आती क्या पाठशाला पढ़ेंगे, लिखेंगे, और आगे बढ़ेंगे और क्या?
- दुनिया बदल रही है, तकनीक बदल रही है नहीं बदली है तो हमारी योजना (बैंक ऑफ बड़ौदा)।

- असली मसाले सच-सच
  एम.डी.एच., एम.डी.ए
- एक नया Toothpase try किया।
- ये दिल माँगे more
- Fresh, Fresh फ्रूटी-फ्रूटी
  Mango ÝwVh] Fresh एण्ड Juicy.
- Simplicity से अद्‌भुत शक्ति है।
  शुक्र है आज की भाग-दौड़ भरी ज़िन्दगी में कुछ तो simple है
- रोटोमैक- लिखते-लिखते love हो जाये।
- ठण्डा-ठण्डा cool-cool नवरत्न तेल।
- यही है right choice baby."

कार्यक्रम के शीर्षकों की भाषाः

- "फिलिप्स Top Ten
- GMI Show, It's my show
- Close up अन्ताक्षरी
- Sorry मेरी लॉरी
- फ्लाप Show
- Hi ज़िन्दगी Bye ज़िन्दगी"

प्रारम्भ में तो इस तरह के भाषायी बदलाव चौंकाने का काम करते थे, किन्तु अब ऐसा नहीं है। टेलीविज़न आज सबसे शक्तिशाली जनमाध्यम है। टेलीविज़न के अन्तर्राष्ट्रीय प्रसार एवं प्रचार के कारण आज विश्व एक 'ग्लोबल विलेज़' बन चुका है।

इण्टरनेट की भाषा का बदलता स्वरूप

सूचना प्रौद्योगिकी के अधिकाधिक प्रयोग एवं इण्टरनेट के विस्तार के कारण, मानव-जीवन के विभिन्न क्षेत्रों की गतिविधियों में क्रान्तिकारी बदलाव आया है। इण्टरनेट विश्व का सबसे बड़ा कम्प्यूटर नेटवर्क है, जो पूरी दुनिया के कोने-कोने में फैला हुआ है। इण्टरनेट पर अख़बार पढ़ने और प्रिण्टर पर 'डाउनलोड' करने की वर्तमान सुविधा ने पत्रकारिता को अत्यन्त गतिशील बना दिया है। इण्टरनेट की प्रवृत्तियों पर 'जनसत्ता' ने 12 मार्च, 1997 के अंक में सम्पादकीय में लिखा था कि- "हमारी ज़िन्दगियों और हमारे समाज में इण्टरनेट का लगातार बढ़ रहा यह दख़ल क्या बताता है? इण्टरनेट की परिकल्पना के पीछे दुनिया के सारे ज्ञान को समाहित कर लेने की इच्छा है। यह हमारे देखते-देखते हो रहा है कि सारे पुस्तकालय, सारे संगीत के रिकॉर्ड, सारे महत्त्वपूर्ण चित्र और दुनियाभर के तमाम विषयों की न जाने कितनी स्थिर-गतिशील सूचनाएँ कुछ लोगों के कम्प्यूटरों की स्क्रीन पर झिलमिलाती रहती हैं। इतना ही नहीं, ये लोग कम्प्यूटर पर इण्टरनेट के मार्फ़त आपस में सूचनाओं का आदान-प्रदान भी कर सकते हैं।" इण्टरनेट का पूरा नाम 'इण्टरनेशनल नेटवर्क' है। इण्टरनेट दुनिया भर में अलग-अलग जगहों

पर लगे कम्प्यूटरों को जोड़कर सूचना की आवाजाही के लिए बनायी गयी विशेष प्रणाली है। इसकी स्थापना अमेरिका में एक विशेष परियोजना के तहत हुई थी। इसका उद्देश्य था परमाणु हमले की स्थिति में संचार का एक नेटवर्क बनाये रखना। लेकिन जल्दी ही यह रक्षा शोध केन्द्रों से निकलकर व्यावसायिक क्षेत्रों में पहुँच गयी। इण्टरनेट पर कई सेवाएँ उपलब्ध है। जैसे- **ई-मेल :-** इलेक्ट्रॉनिक मेल, जिसके माध्यम से कोई भी सूचना, सन्देश और पत्र दुनिया के किसी भी कोने में तत्काल पहुँचाया जा सकता है, **W.W.W. :-** वर्ल्ड, वाइड वेब, इस डाटाबेस के द्वारा कोई भी उपभोक्ता इच्छित सूचना प्राप्त कर सकता है। प्रारम्भ में केवल लिखित सामग्री ही प्राप्त होती थी, किन्तु अब इसमें चित्र, ध्वनि, कार्टून आदि उपलब्ध है, **होम पेज** इसमें कोई भी व्यक्ति, कम्पनी या संस्था अपने बारे में विवरण देकर एक प्रकार का विज्ञापन कर सकता है। होम पेज से जानकारी लेने को 'हिट' कहा जाता है, **सूचना भण्डारण :-** इण्टरनेट से जुड़े कम्प्यूटरों में सूचना का विशाल भण्डार उपलब्ध है। विश्वकोश, पुरानी-नयी पुस्तकें, विशेष लेख, शोध-पत्र, अख़बारों की कतरनें, यहाँ तक कि पूरे अख़बार एवं पत्रिकाएँ, कोर्ट के फ़ैसले, आदि की मनचाही सूचना, विशाल सूचना भण्डार से प्राप्त की जा सकती हैं। खेल बुलेटिन, टेलनेट, एफ टी पी (फाइल ट्रान्सफर प्रोटोकॉल) इनके ज़रिये हम दूर बैठे व्यक्ति से कोई भी जानकारी अपनी फाइल पर ले सकते हैं, और उसे जानकारी दे सकते हैं। इण्टरनेट एक ऐसा विश्वव्यापी कम्प्यूटर नेटवर्क है, जो दुनिया भर में फैला है किन्तु उस पर किसी का कोई नियन्त्रण नहीं है और न ही यह किसी कानूनी दायरे में आता है। इण्टरनेट पर कोई भी व्यक्ति कोई भी जानकारी या चित्र और दृश्य डाल सकता है, जो दुनिया भर में फैले लाखों उपभोक्ताओं तक पहुँच जायेगी। इण्टरनेट का निजी प्रयोग करनेवालों के नाम पते का कोई रिकॉर्ड नहीं रहता। अतः किसने क्या जानकारी डाली इसका पता लगाना मुश्किल है। यही कारण है कि इसके दुरुपयोग की घटनाएँ बढ़ती जा रही हैं।

आज हमारे देश में अनेक समाचार-पत्र एवं पत्रिकाएँ इण्टरनेट पर उपलब्ध हैं। सबसे पहले 'द हिन्दू' और 'इण्डिया टुडे' इस सेवा से जुड़े थे। इसके बाद 'द टाइम्स ऑफ इण्डिया', 'द इण्डियन एक्सप्रेस', 'बिज़नेस स्टैण्डर्ड', 'आउटलुक' तथा 'डेक्कन हेराल्ड' भी नेट पर आ गये। 'द हिन्दुस्तान टाइम्स' और हिन्दी का 'दैनिक जागरण', 'हिन्दुस्तान' भी अब इण्टरनेट पर उपलब्ध हैं यद्यपि इण्टरनेट पर अपनी जगह बनाने के लिए काफ़ी खर्च आता है। लगभग पचास हज़ार से दो लाख रुपये तक का व्यय होता है। प्रतिमाह दस हज़ार से एक लाख रुपये तक की फीस अलग से देनी पड़ती है। फिर भी अख़बार और पत्रिकाएँ नेट पर अपनी सेवाएँ निःशुल्क उपलब्ध कराते हैं क्योंकि इनका लक्ष्य मुख्य रूप से विदेशों में रह रहे भारतीयों से संवाद स्थापित करना और विज्ञापन करना है। बृजमोहन गुप्त ने 'इलेक्ट्रॉनिक अख़बार' के विषय में अपने एक लेख में कहा है, "दरअसल इलेक्ट्रॉनिक समाचार-पत्र की कल्पना नयी नहीं है। टैलीटैक्स्ट सेवा की तरह से इलेक्ट्रॉनिक अख़बार की सूचनाएँ अद्यतन रूप में उपलब्ध होती रहती हैं। नेत्रहीनों के लिए निकलनेवाला 'द गार्जियन' का संस्करण भी इलेक्ट्रॉनिक पद्धति से प्रसारित होता है और अपने पाठकों को कम्प्यूटर की आवाज़ में ज़ोर-ज़ोर से पढ़कर सुनाया जाता है।"

इण्टरनेट की भाषा कुछ इस प्रकार है:-

इण्टरनेट में भी हिंग्लिश भाषा का ख़ूब इस्तेमाल किया जाता है।

इण्टरनेट में भाषा तो हिन्दी होती है, किन्तु उसकी लिपि देवनागरी के स्थान पर रोमन होती जा रही है। उदाहरणार्थ-

किसी को ई-मेल या शुभकामना सन्देश भेजना हो तो ऐसे लिखा जायेगा-

- TumèAap Kaise ho?
- Aj kal kya chal raha hai?
- Janamdin Ki dhero Shubhkamnaen.

इण्टरनेट की भाषा काफ़ी शार्टकट की भाषा है, जब हम इण्टरनेट पर चैटिंग करते हैं या फिर ई-मेल करते हैं तो हमारे लिखने का तरीक़ा कुछ ऐसा होता है-

H r u ?	-	How are you ?
R u bzy ?	-	Are you busy ?
GèN.	-	Good Night.
It sud b nt pssble	-	It should be not possible.

इण्टरनेट की भाषा में कुछ संक्षिप्त अक्षरों का प्रयोग न्यूज़ समूह चैटिंग, या ई-मेल में किया जाता है जिसे एक्रोनिम्स कहते हैं। इण्टरनेट पर प्रचलित कुछ एक्रोनिम्स (Acronyms) हैं:-

ASAP – As soon as possible.

BTW – By the way

FWIW – For what it's worth

FYI – For your information

IMO – In my opinion

IMHO – In my humble opinion

LOL – Laughing out loud.

TIA – Thanks in advance.

TC – Take Care इत्यादि।

इण्टरनेट की भाषा में अपनी भावनाओं को व्यक्त करने के लिए कुछ संकेत बनाये गये हैं, जिन्हें इमोटिकान (Emoticon) कहते हैं, जैसे-

:-) = इसका अर्थ है, 'मुस्कुराता चेहरा'

:-(= इसका अर्थ है 'दुःखी चेहरा' इत्यादि।

इण्टरनेट उपयोगकर्त्ताओं के बीच चैटिंग, ई-मेल या वीडियो कान्फ्रेन्सिग के समय अवांछनीय तथा अपमानजनक भाषा का प्रयोग **फ्लेम** (Flame) कहलाता है।

आज इण्टरनेट ज्ञान का भण्डार तो बन चुका है, किन्तु कुछ ऐसी चीज़ें हैं जो इण्टरनेट पर प्रश्नचिह्न लगा देती हैं। जैसे- क्लिण्टन-लेविंस्की प्रकरण इण्टरनेट पर प्रसारित हुआ। लोग रात-रातभर जागकर बेबसाइट पर अक्षरशः पढ़ने के लिए उतावले थे। प्रायः सेक्स स्कैण्डल से जुड़ी ख़बरें, समलैंगिकता की बातें तथा सेलीब्रेटीज के प्रेम-प्रसंग और उनका भण्डाफोड़ यह सब इण्टरनेट पर परोसा जाता है। लंदन, 10 सितम्बर, एजेन्सी। समाचार पेश करने में इलेक्ट्रॉनिक

मीडिया किस प्रकार के तरीके अपना रहा है, इसका अन्दाज़ा कनाडा के एक 'इण्टरनेट न्यूज़ बुलेटिन' से सहज ही हो सकता है। दर्शकों को विशेष चैनल या न्यूज़ बुलेटिन से बाँधे रखने के लिए रोज़ नये तरीके अपनाये जा रहे हैं। कनाडा की 'नेकेड न्यूज़' नामक इस सेवा में समाचारवाचक धीरे-धीरे अपने सारे कपड़े उतार फेंकता है। समाचारवाचक महिलाओं के अलावा पुरुष भी हैं। यह न्यूज़ सर्विस कनाडा में लोकप्रियता के कीर्तिमान बना रही है। वर्ष 1999 से 'नेकेड शो' नामक यह समाचार सेवा इण्टरनेट पर चल रही है और इसे पे-चैनल के ज़रिये प्रत्येक शुक्रवार को पेश किया जाता है। एक सर्वेक्षण के अनुसार इन समाचारों को देखनेवालों की संख्या 60 लाख से भी अधिक है। इसी से मिलता-जुलता कार्यक्रम 'नेकेड ट्रुथ' इन दिनों रूस में मशहूर हो रहा है। इलेक्ट्रॉनिक मीडिया ने हिन्दी को नयी मुस्कान दी है जैसा कि राजेन्द्र यादव का कथन है। ''दैनिक जागरण' में 11 अप्रैल 2004 को प्रकाशित समाचार की शैलियाँ ध्यातव्य है- ''नयी दिल्ली, आज़ादी के पाँच दशकों के बाद भी अंग्रेज़ी की छाया में सिसक रही हिन्दी के दिन अब फिरने लगे हैं और सरकारी कामकाज से लेकर मीडिया तक में हिन्दी की तूती बोलने लगी है।''

हिन्दी के मशहूर साहित्यकार और हमेशा चर्चा में रहनेवाले राजेन्द्र यादव ने विशेष बातचीत में हाल के वर्षों में हिन्दी की हालत में आयी सुधार की चर्चा करते हुए कहा कि ''हिन्दी और अंग्रेज़ी को सामान्य सम्पर्क भाषाओं के तौर पर देखा जाता है, लेकिन अंग्रेज़ी जहाँ 'क्लास' की भाषा है वहीं हिन्दी 'मास' की भाषा है। उन्होंने ज़ोर देकर कहा कि हिन्दी की व्यापक पैठ के कारण ही अंग्रेज़ी समाचार चैनलों को हिन्दी में समाचार चैनल शुरू करने पर मज़बूर होना पड़ा और आज हालत यह है कि हिन्दी के कई नये समाचार चैनल लांच हो रहे हैं और दर्शकों के सामने कई विकल्प हैं। एक दशक पहले तक दूरदर्शन पर कृषि दर्शन से लेकर शास्त्रीय संगीत तक के कार्यक्रम बड़े मनोयोग से देखनेवाले दर्शक आज हाथ में रिमोट लेकर जितने चाहें उतने चैनल बदल सकते हैं और जिसे चाहें देख सकते हैं। साइबर जंगल का टार्जन बिल गेट्स भारत में हिन्दी का ही मार्केट देख रहे हैं फलतः हिन्दी के प्रति अब अनुराग बढ़ा है लेकिन हिन्दी को अंग्रेज़ी-साँचे में ढालने का उपक्रम भी देखा जा रहा है।''[23] कभी आकाशवाणी से प्रसारित समाचारों में शुद्ध, परिशुद्ध, टकसाली हिन्दी की छवि देखी जाती थी। अब तो 'प्रसार भारती' भाषा के साथ कैसा खिलवाड़ कर रही है इसकी शिकायत श्री हेमंत जोशी ने 25 अक्टूबर, 2004 के 'हिन्दुस्तान' में की है-

''आज निजी चैनलों और उन पर बाज़ार के दबाव की बात तो अलग है लेकिन लोकसेवा प्रसारण का एकमात्र बड़ा संस्थान 'प्रसार भारती' भी गाँवों, क़स्बों और शहरों की भाषा अपनाने के बजाय महानगरों और वहाँ भी केवल विश्वविद्यालयों आदि की मिली-जुली भाषा में हिन्दी के समाचार दे रहा है। कुछ नमूने देखिये- ''महाराष्ट्र में मुख्यमन्त्री किसका हो उस दिन की दिलचस्प ख़बर थी। एंकर महोदय के पास राष्ट्रीय कांग्रेस दल के नेता थे, तो दस जनपथ और पवार साहब के घर के बाहर दो संवाददात्रियाँ। पहली ने कहा, 'कन्स्टीट्यूशनल क्राइसिस नहीं है लेकिन कांग्रेस का कोई रिप्लाई नहीं आया है न कोई सजेशन्स आये हैं', 'अभी तो वेट एण्ड वाच का गेम चल रहा है'।'' इसी संवाददात्री ने 'लॉजिक', 'फॉर्मूला', 'इण्डिविड्यूअल' और 'अलाइज'-जैसे शब्दों का प्रयोग भी किया। उधर दूसरी ने दस जनपथ से कहा ''एण्टी इन्कबेन्सी फैक्टर प्रीवेल नहीं कर पाया है इसीलिए पार्टी लाइन ले रही है कि चीफ़ मिनिस्टर उसी का

होगा।'' शब्दों की छूट लेते-लेते यह लोग पूरे वाक्य ही अंग्रेज़ी में बोलने लगे हैं। अब आप ही बताइए कि इसे हिन्दी का बुलेटिन क्यों कहा जाये? वैसे 'संवैधानिक संकट', 'जवाब' और 'सुझाव' 'सरकार में होने का नुकसान होना या न होना' 'मुख्यमन्त्री'-जैसे शब्द और पद भी इतने बुरे या जटिल नहीं हैं कि उनका उपयोग न हो सके।

मीडिया के सन्दर्भ में हिन्दी भाषा का बदलता स्वरूप

भाषा पहला विकसित माध्यम है, जिसने संचार को व्यवस्था दी। जनसंचार में माध्यमों में भाषा के प्रयोग का रूप और स्तर परिवर्तित होता रहता है। समाचार-पत्रों के सम्पादकीय महत्त्वपूर्ण सम-सामयिक राजनीतिक और सामाजिक विषयों पर प्रायः मानक हिन्दी में ही लिखे जाते हैं। अन्य समाचारों में क्षेत्रीय बोलियों के प्रभाव से अनुरंजित हिन्दी का प्रयोग किया जाता है। समाचारों के शीर्षक की भाषा आकर्षक होती है, सुबोध, पैनी और चटपटी होती है। समाचार-पत्रों की भाषा में बोलियों के शब्दों को सम्मिलित करना चाहिए। पत्रकारिता की कोई मानक भाषा सम्भवतः हो भी नहीं सकती जैसे साहित्य की कोई मानक भाषा नहीं हो सकती। मानक भाषा तो सिर्फ़ राजकाज की हो सकती है कि एक शब्द का वही अर्थ निकले। आज के तीव्रगामी युग में समाचार-पत्रों में आपसी प्रतिस्पर्द्धा बढ़ी है। सामाजिक, आर्थिक, विकास, अनुसन्धान, विज्ञान, खेल, फिल्म, अपराध आदि विविध विषयों पर अलग-अलग विशेषज्ञों द्वारा समाचार लिखे जा रहे हैं। विषयों के विविधता के साथ भाषा का स्वरूप भी परिवर्तित होता जा रहा है। जैसे खेल समाचारों की भाषा सरल, सुबोध और गतिशील होती है वहीं फिल्मी समाचारों की भाषा जिज्ञासामूलक, रोचक और चटपटी होती है। रेडियो एक श्रव्य माध्यम है, अतः इसकी भाषा टेलीविज़न और समाचार-पत्रों से भिन्न होती है। रेडियो की भाषा सरल तो होती है साथ ही चित्रात्मकता और बिम्बात्मकता रेडियो भाषा की प्रमुख विशेषताएँ होती हैं। रेडियो की भाषा में जनप्रचलित शब्दों का प्रयोग किया जाता है। कठिन शब्द तथा अप्रचलित एवं अति साहित्यिक शब्दों का प्रयोग नहीं होता। व्यर्थ का शब्दाडम्बर, शब्द चमत्कार और उलझे हुए वाक्य रेडियो के लिए अनुपयुक्त होते हैं। रेडियो की भाषा में ध्वनियों का भी महत्त्वपूर्ण योगदान होता है। उदाहरण के लिए रेडियो में एक कहानी प्रारम्भ होती हैः-श्रोता को शंख और घण्टे की ध्वनि सुनायी देती है। फिर 'ॐ जय जगदीश हरे' का समवेत स्वर श्रोता समझ जाते हैं कि मन्दिर का दृश्य है फिर एक स्त्री का आर्तनाद ''हे भगवान्, मेरे सुहाग की रक्षा करो उन्हें बचा लो!'' इस उदाहरण से रेडियो की भाषा का अन्दाज़ा लगाया जा सकता है। ध्वनि-प्रभाव वातावरण सृष्टि में, पात्रों की मनोदशा को अभिव्यक्त करने में महत्त्वपूर्ण भूमिका निभाता है।''

टेलीविज़न संचार का एक अत्यन्त सशक्त माध्यम है-दूरदर्शन और न्यूज़ चैनल के समाचारों में सरल मानक भाषा का प्रयोग किया जाता है। वहीं धारावाहिकों में हिन्दी के साथ अंग्रेज़ी और पंजाबी, मराठी आदि बोलियों के शब्दों से अनुरंजित भाषा का प्रयोग किया जाता है। साहित्यिक गोष्ठियों या समीक्षा कार्यक्रमों के प्रस्तुतकर्त्ता (BJ) जिस भाषा का प्रयोग करते हैं वह हिन्दी में अंग्रेज़ी का मिश्रण होती है। जैसे-Hello Friends मैं हूँ आपकी दोस्त अनुपमा। आज मैं आपकी मुलाकात एक ऐसी Heroin से करवाने जा रही हूँ जो Film Industry की बहुत बड़ी Star हैं पिछले दिनों रिलीज हुई उनकी दोनों फिल्में Box Office पर सफल रही हैं। इसके

अतिरिक्त 'क्लोजअप अन्ताक्षरी' के एक एपिसोड को प्रस्तुत करनेवाले अन्नू कपूर और फाल्गुनी की भाषा का एक नमूना देखें-

''हम बहुत उत्सुक हैं। नयी आनेवाली सदी के लिए। नये आनेवाले साल के लिए और ऐसे Occasion को Celebrate करने के लिए हमने सोचा क्यों न इस देश के लिए हमारे Future को यहाँ बुलाकर इस कार्यक्रम को प्रस्तुत करें। यह Special Episode है- Young धमाका। इसके बाद का एक पूरा वाक्य अंग्रेज़ी में। यह तो एक कार्यक्रम की प्रस्तुति का उदाहरण है। मनोरंजनप्रधान सभी कार्यक्रमों में इसी खिचड़ी भाषा (हिन्दी + अंग्रेज़ी) = हिंग्लिश) का प्रयोग होता है। नये-नये एलबमों में राजस्थानी या अन्य स्थानीय बोलियों के शब्दों से भरपूर गीतों का प्रयोग होता है। 'मेड इन इण्डिया', ओ मेरी मुन्नी, मुन्नी मुन्नी वे वे', 'वन टू का फोर, फोर टू का वन माई नेज इस लखन, सजनों का सजन, माइ नेम इज़ लखन', 'अंग्रेज़ी में कहते हैं कि आइ.लव.यू. या ईलू-ईलू ये ईलू-ईलू क्या है? ईलू का मतलब आई लव यू' और एक फिल्म 'मैंने प्यार क्यों किया' का गीत सोनिया दिल से मिला ले दिल Just Chill Chill Just Chill 'सलाम नमस्ते का' My दिल Goes-m.m.m. आदि अंग्रेज़ी की शब्दावली डालकर बनाये गये गीत लोकप्रिय भी हुए हैं। लोक धुनों पर आधारित गीतों की भाषा में लोक-जीवन के शब्दों की अधिकता होती है। दूरदर्शन के पौराणिक धारावाहिकों में संस्कृतनिष्ठ हिन्दी, मनोरंजनप्रधान धारावाहिकों में बम्बइया हिन्दी या पंजाबीमिश्रित हिन्दी का प्रयोग होता है। टेलीविज़न पर दिखाये जानेवाले विज्ञापनों में भी हिन्दी के विभिन्न रूप प्रयुक्त होते हैं। ''विज्ञापन का मूल उद्देश्य होता है रोचक ढंग से, अपने उत्पाद के प्रति ग्राहकों को आकर्षित करना।'' विज्ञापन कम-से-कम शब्दों में अधिक रोचक और प्रभावशाली ढंग से अर्थ की नयी भंगिमा, ध्वनि, संकेत, लयात्मकता आदि से सुसज्जित भाषा में प्रस्तुत किये जाते हैं। जैसे-बबूल टूथपेस्ट के विज्ञापन में ''सुबह हो खिली-खिली तो दिन तुम्हारा, सुबह बबूल की तो दिन तुम्हारा'' में सरल हिन्दी लयात्मकता के साथ प्रस्तुत हुई है। एक अन्य टूथपेस्ट के विज्ञापन में ''नया Tooth Past Try किया। दाँतों के साथ Experiment कभी नहीं।'' विज्ञापनों की भाषा ऐसी होती है जो विज्ञापन देखने या सुननेवाले के मस्तिष्क पर सीधा असर डाले। विज्ञापन कला की अभिव्यक्ति का एक सफल और सशक्त उपकरण है। विक्रय-वस्तु को आकर्षक और लोकप्रिय बनाने में कला के समस्त उपमान मानो मूर्तिमान हो उठते हैं और इस तरह वह वस्तु सौन्दर्य से संयुक्त हो उठती है। शब्दों के चयन, वाक्यगठन, उपमान-योजना, अलंकरण, सादृश्य योजना, अतिशयोक्ति से युक्त भाषा हमारा भरपूर मनोरंजन करती है। उदाहरणार्थ-डायमण्ड-ज्वेलरी का 'तुम एक ख़्वाब हो' की पंक्तियाँ अपने कलेवर में कविता की संवेदना को आत्मसात् करने के कारण साहित्य की रसमयता और आनन्द को प्रवाहित करती है। ''जब से फेना मिला, रेशा-रेशा खिला''-जैसे अनेक विज्ञापनों की तुकबन्दियाँ अपनी लयात्मकता से अद्भुत नाद-सौन्दर्य की सर्जना करती हैं। इसी प्रकार सन्देश या सरकार के जनहितकारी कार्यक्रमों के विज्ञापनों की भाषा शुद्ध, सरल, मानक हिन्दी या हिन्दुस्तानी हिन्दी हो सकती है, क्योंकि सर्वग्राह्यता इन विज्ञापनों का मुख्य उद्देश्य होता है। जैसे साक्षरता अभियान के विज्ञापन की भाषा का नमूना देखें-

- ''कहे समय का इक तारा। अक्षर-अक्षर दीप जले
  फैले शिक्षा का उजियारा। बड़ा ज्ञान से धन नहीं दूजा।

करती दुनिया ज्ञान की पूजा

शिक्षा है अनमोल रतन। पढ़ने का सब करो जतन।''

इस उदाहरण से हम समझ सकते हैं कि सूचनापरक एवं शिक्षाप्रधान विज्ञापनों की भाषा व्यावसायिक विज्ञापनों से भिन्न होती है।

निष्कर्षतः हम कह सकते हैं कि विभिन्न संचार माध्यमों में हिन्दी के अलग-अलग रूप प्रयुक्त होते हैं। रेडियो श्रव्य माध्यम है। अतः इसकी भाषा दृश्य माध्यम से भिन्न है। विज्ञापन चूँकि अपने उत्पाद को अधिक-से-अधिक बेचने के लालच में भाषा को तोड़-मरोड़कर आकर्षक बनाते हैं। हिन्दी और अंग्रेज़ी शब्दों के घालमेलयुक्त भाषा प्रयुक्त होती है। समाचार-पत्रों और पत्रिकाओं की भाषा अपेक्षाकृत परिष्कृत होती है। संचार माध्यमों जैसे टेलीविज़न, सिनेमा आदि से जहाँ हिन्दी का प्रचार-प्रसार हुआ है वही उसके परिष्कृत रूप से भी छेड़-छाड़ हुई है। यद्यपि आज के भूमण्डलीकरण के युग में यह आवश्यक भी है कि हम भाषा के सम्बन्ध में उदारवादी दृष्टिकोण को अपनाते हुए विभिन्न भाषाओं के शब्दों को अपनाये लेकिन परिवर्तन की इस आँधी में कहीं ऐसा न हो कि बोलचाल में हिन्दी का मानक स्वरूप विलुप्त हो जाये।

भारत के बाहर हिन्दी को जानने और समझनेवालों की कमी नहीं है। इसलिए हिन्दी बाज़ार और व्यवहार के अनुकूल ढलती जा रही है। कुछ आवश्यकता के अनुरूप-जैसे हिन्दीभाषियों की समझ और मीडिया के इस्तेमाल के लिए, तो कुछ आविष्कार के अनुरूप-जैसे विज्ञापन और एस.एम.एस. (सन्देश) तथा कम्प्यूटिंग सॉफ्टवेयर-जैसी तकनीक की समझ के अनुरूप। ऐसे में भाषा का यह बदलता रूप हिन्दी के स्वास्थ्य के लिए कितना प्रतिकूल या अनुकूल है इस पर विचार करना आवश्यक है। हिन्दी के विकास के इतिहास में गजब का विरोधाभास दिखायी पड़ता है। यह कहा जा सकता है कि हिन्दीवालों ने हिन्दी का ज़्यादा नुकसान किया है। विश्वविद्यालय और इसके परिसर के बाहर हिन्दी और संस्कृत के विद्वानों ने बेशक इसके शब्दभण्डार को समृद्ध किया है। संस्कृत शब्दों के प्रयोग से भाषा समृद्ध होने के साथ ही बोझिल और क्लिष्ट हुई। यह दूसरी बात है कि मीडिया, बाज़ार और सामान्य जनता ने संस्कृतनिष्ठ हिन्दी को एक सिरे से नकार दिया है। ऐसे में समय की माँग है कि देश-काल के अनुरूप हिन्दी में सरल शब्दों के प्रयोग को बढ़ावा दिया जाय, पर विद्वान् इससे उदासीन हैं। आज कला, मनोरंजन, समाचार, प्रिण्ट और इलेक्ट्रॉनिक मीडिया-फिल्म, दूरदर्शन, कम्प्यूटर, अख़बार, हर जगह हिन्दी के लिए जगह बनी हुई है- ज़रूरत उसे सरल हिन्दी से भरने की है। आज बाज़ार में हिन्दी हँस रही है मगर हम रोना-धोना मचाये हुए हैं। संयुक्त राष्ट्र संघ हिन्दी के स्वागत में आँखें बिछाये खड़ा है प्रशंसा कर रहा है और हम हिंग्लिश (अंग्रेज़ीमिश्रित हिन्दी) का रोना रो रहे हैं। हिन्दी बदल रही है-पर हम इस सच को स्वीकार करना नहीं चाहते। वैज्ञानिक और तकनीकी परिवर्तनों के समानान्तर हिन्दी मानस चौकन्ना और चिन्तित हो उठता है। उसे भाषा पर संकट के बादल नज़र आने लगते हैं। दूरदर्शन के साथ इस प्रकार की चिन्ताएँ भी आयीं। पर हुआ क्या? जिस दूरदर्शन का जन्म अंग्रेज़ी कार्यक्रमों के साथ हुआ था, वहाँ देखते-देखते सालभर के भीतर ही तीन-चौथाई से ज़्यादा कार्यक्रम हिन्दी में हो गये। फिर कम्प्यूटर-युग आया और हम सशंकित हो उठे कि हिन्दी सहित अन्य भारतीय भाषाओं के दिन लद गये। मगर आज हिन्दी के सैकड़ों फॉण्ट (टाइपिंग लिपि) विकसित हो गये। इस समय संसार में कम्प्यूटर

टाइपिंग के सबसे अधिक फाण्ट हिन्दी में हैं। हालाँकि यह देवनागरी लिपि की जटिलताओं के कारण हैं और इस प्रकार की विसंगतियों को दूर करने के लिए 'यूनिकाड'-जैसी फाण्ट व्यवस्था की जा रही है। यह हमारे सॉफ्टवेयर इंजीनियरों की सतर्कता, तत्परता और संलग्नता का परिणाम है कि हिन्दी आज लाख मुसीबतों के बावजूद चल पड़ी है। इण्टरनेट और मोबाइल को लेकर भी पैदा हुई शंकाएँ निर्मूल सिद्ध हुईं। अब तो एस.एम.एस. तक हिन्दी में किये जा रहे हैं। आज हिन्दी के बग़ैर देशी-विदेशी किसी भी चैनल का काम नहीं चलता। प्रिण्ट और इलेक्ट्रॉनिक मीडिया से लेकर दूरदर्शन, सिनेमा और विज्ञापन तक दुनिया में सबसे अधिक कार्यक्रम हिन्दी में बनते हैं। आज मीडिया और संचार जगत् में हिन्दी का बाज़ार-भाव सबसे ऊँचा है।

वर्तमान दौर में पत्रकार और दफ्तर दोनों ही कम्प्यूटर की ओर भाग रहे हैं, अतः कम्प्यूटर पर स्टोरी फ़ाइल करने या काग़ज़ पर लिखने के बीच आपसी संघर्ष बढ़ रहा है। चूँकि कम्प्यूटर काम करने का आसान व सहज माध्यम है, और इसकी प्रमुख भाषा अंग्रेज़ी है। आज वक्त की माँग के अनुसार अंग्रेज़ी के शब्दों को हिन्दी में लाकर हिंग्लिश बनाकर नयी भाषा के रूप में प्रयोग किया जा रहा है। कारण यही है कि समूचे कम्प्यूटर कारोबार, इण्टरनेट और डॉटकॉम की भाषा में हिन्दी के नाम मात्र के भी शब्द दिखायी नहीं देते। ऐसा महसूस किया जाता है कि यदि हमें समय के साथ चलना है तो भाषा को भी नवीन बनाना होगा। कुछ वैज्ञानिक शब्दावलियाँ ऐसी हैं जो जिस तरह अंग्रेज़ी में हैं उन्हें हिन्दी में भी उसी तरह प्रयोग करना पड़ेगा क्योंकि अगर इनको अनुवादित करके लिखा जायेगा तो ये शब्द अपने वास्तविक अर्थ से इतर हो जायेंगे अर्थात् अर्थ का अनर्थ हो जायेगा। हमारे समाज में विभिन्न जाति, सम्प्रदाय, संस्कृति, भाषा, बोली और धर्म के लोग एक साथ रहते हैं। ऐसी स्थिति में मीडिया का परम् कर्त्तव्य बनता है कि वह उसी भाषा को प्रयोग में लायें जिसे हमारे समाज का प्रत्येक व्यक्ति समझ सके। यदि वर्ग की बात करें तो समाज में दो तरह के लोग रहते हैं। एक साक्षर और शिक्षित, दूसरा निरक्षर और अशिक्षित। ये दोनों ही वर्ग मीडिया का प्रयोग करने के अभ्यस्त हैं, क्योंकि समाज का प्रत्येक व्यक्ति सूचना प्राप्त करना चाहता है, देश-दुनिया की ख़बरों को जानना चाहता है तथा मनोरंजन भी करना चाहता है। ऐसी स्थिति में मीडिया पर यह सामाजिक दबाव बनता है कि यदि वह समाज के हर व्यक्ति को अपनी सुविधा से लाभान्वित करना चाहता है तो उसे ऐसी भाषा का निर्धारण करना होगा जो सभी के लिए ग्राह्य और समझने योग्य हो। हमारे समाज में हिन्दीभाषी ज़रूर कुछ ज़्यादा संख्या में हैं, किन्तु पंजाबी, बँगला, तमिल, गुजराती, मराठी, मलयालम, तेलुगु बोलनेवालों की संख्या भी कुछ कम नही। अब अगर ये सभी अपने प्रदेश से कहीं बाहर जाते हैं तो इन्हें एक नयी भाषा की आवश्यकता पड़ेगी, जिसे 'हिंग्लिश' कहेंगे। चूँकि इन लोगों की नयी पीढ़ी में भाषा को लेकर किसी तरह का आग्रह नहीं है, क्योंकि बचपन से ही इन्होंने अपने आसपास कई तरह की भाषाओं को बोले जाते सुना है। हिंग्लिश का प्रचलन मध्य और उच्च वर्ग में अधिक दिखायी पड़ता है। क्योंकि इस वर्ग के बच्चे अंग्रेज़ी माध्यम के स्कूलों में पढ़ते हैं और इनके लिए हिन्दी पढ़ने का मतलब हिन्दी अंग्रेज़ी के घालमेलवाली भाषा है। दूसरी तरफ़ निम्न वर्ग के बच्चे जो हिन्दी मीडिएम में पढ़ते हैं, किन्तु वहाँ अंग्रेज़ी एक विषय के रूप में पढ़ाई जाती है। उधर अंग्रेज़ी माध्यमों में हिन्दी एक विषय के रूप में रहती है न कि भाषा के रूप में। इस तरह शुद्ध हिन्दी को लेकर कभी किसी के मन में कोई आग्रह

ही नहीं रहा। हिंग्लिश ही कामचलाऊ हिन्दी के रूप में इनके साथ रही। चूँकि हमारी शुद्ध हिन्दी में कुछ शब्द संस्कृत के हैं जो बोलने में कठिन होते हैं, समाज का निरक्षर वर्ग कठिन शब्दों को बोलने में असहज महसूस करता है बल्कि ऐसे कठिन तत्सम शब्दों का प्रयोग तद्भव रूप में अपनी सुविधानुसार प्रयोग करता है। वह चूँकि ऐसी ही सपाट-सरल-सहज भाषा बोलने का आदी है तो उसे अपने जनसंचार माध्यमों की भाषा भी वैसी ही चाहिए, जिसे वह आराम से समझ सके। ये क्लिष्ट हिन्दी के शब्द तो उसके लिए वैसे ही हैं जैसे अंग्रेज़ी भाषा के शब्द। अतः समाज के प्रत्येक वर्ग को ध्यान में रखते हुए जनसंचार माध्यमों की भाषा में परिवर्तन हुए और इस परिवर्तन में हिन्दी ने एक माँ की तरह अन्य सभी देशी-विदेशी भाषाओं के शब्दों को अपने आँचल रूपी शब्दकोश में समेट लिया।

कुछ लोग इसमें हिन्दी के लिए ख़तरा देखते हैं। ऐसे लोग वही हैं जो अंग्रेज़ी को उसी तरह विदेशी भाषा मानते हैं जिस तरह कुछ लोग कभी उर्दू को म्लेच्छ भाषा मानकर चलते थे। ये हिन्दी के शुद्धतावादी लोग होते हैं। वे नहीं जानते कि भाषा शुद्ध होकर नहीं जी पाती, अशुद्ध होकर ही फैला करती है। जो भाषा संचार करती है वही मिलावट कर सकती हैं और आगे बढ़ सकती है। विद्वान् इस तत्त्व को भूल गये हैं। हिन्दीभाषी जनता ने इसे जाना है। हिन्दी के सवाल पर विद्वान् किसी ब्राह्मणवादी की तरह सोचा करते हैं, लेकिन हिन्दी जनता उनके विपरीत और व्यावहारिक ढंग से सोचती है। उसी ने 'हिंग्रेज़ी' शैली को बनाया है। आज़ादी का आधे से ज़्यादा हिस्सा जिस 'हिंग्रेज़ी' में रहता है जिसे मूलतः 'हिन्दी' ही कहा जाना चाहिए, 'हिंग्रेज़ी' उसकी एक शैली मात्र है, उसे समझे बिना हिन्दी के नये पाठ्क्रम भी भला कैसे तय होंगे। शुद्ध हिन्दी की जगह यह बाज़ारी, मिलावटी हिन्दी भाषा को एक नया और अद्भुत रूप दे रहा है। इसे टीवी पर, अख़बारों, एफ एम से लेकर एस एम एस और इण्टरनेट पर देखा-पढ़ा-सुना जा सकता है। युवा आबादी इसी में रहती है। इतनी बड़ी आबादी जिस हिन्दी में संचार करती है उसे कब तक आप धकिया कर रखेंगे? युवा वर्ग को 'हिंग्रेजी', 'हिंग्लिश' से सम्पृक्त करने हेतु प्रिण्ट मीडिया ने अब कमर कस ली है। 'अमर उजाला' समाचार-पत्र 'हॉट स्पॉट', N.R.I 'सेलेब कार्नर', 'ट्रेण्ड', 'फण्डा', 'हॉट वेब', स्तम्भों द्वारा मिश्रित चालू हिन्दी का प्रयोग होता है। हिन्दी पत्र में प्रकाशित 'Good Morning' का यह रूप भाषा को किस तरफ़ ले जा रहा है इसका निर्णय पाठकगण कर सकते हैं। राष्ट्र की राजधानी से प्रकाशित हिन्दी के एक पत्र ने अपनी नामपट्टिका अंग्रेजी में ही रखने का शुभ संकल्प कर लिया है। 'गैलेक्सी', 'एराउण्ड द वर्ल्ड' के पर्याय हिन्दी में नहीं हैं। 'राजस्थानपत्रिका' समाचार-पत्र का 'एजुकेशन गाइड', 'Scholarship', 'Training','Research', 'Guidance' को ही महत्त्वपूर्ण मानता है। इन शब्दों के हिन्दी स्वरूप से उसे परहेज़ है।

जनसंचार माध्यमों में चाहे प्रिण्ट मीडिया हो या इलेक्ट्रॉनिक मीडिया हो, इनका मालिक प्रायः राजनेता ही होता है या फिर इन माध्यमों को राजनेताओं का संरक्षण प्राप्त होता है। ऐसी स्थिति में यह मीडिया की मज़बूरी होती है कि वह उसी भाषा को प्रयोग में अधिक-से-अधिक लाये जिस भाषा को उनका स्वामी या संरक्षक समझता हो या वह जिस भाषा का पक्षधर हो। उदाहरण के लिए- चूँकि भारत एक लोकतान्त्रिक देश है, यहाँ सरकार का गठन आम चुनाव के द्वारा होता है। इस चुनाव में अनेक राजनीतिक दल भाग लेते हैं। प्रत्येक राजनीतिक दल

की अपनी अलग भाषा और पहचान होती है। अपनी इन्ही भाषागत विशेषताओं के बल पर वे चुनाव में भाग लेते हैं, विजयी होने पर सरकार का गठन करते हैं। चूँकि विजयी होने के पीछे अनेक कारण हो सकते हैं किन्तु विजय तो तभी हाथ लगेगी जब जनता वोट देगी। अब तो उनका यह कर्त्तव्य बनता है कि वह भी जनता के हित का ध्यान रखें। हो सकता है कि पंजाबी व्यक्ति के विजय के पीछे देश की पंजाबी जनता का हाथ रहा हो तो ऐसी स्थिति में अपनी सरकार को लोकप्रिय बनाने के लिए वह हिन्दी के साथ पंजाबीमिश्रित भाषा को ही मीडिया की भाषा बनायेगा। जब भारत पर अंग्रेज़ों का शासन था तब अंग्रेज़ी ही मीडिया की भाषा थी। देश स्वतन्त्र हुआ तब उसके बाद मानक हिन्दी को मीडिया की भाषा बनाया गया। आज किसी भी दल में हर जाति और भाषा के लोग होते हैं। सरकार बनने पर सभी लोग अपनी-अपनी भाषा को बढ़ावा देना चाहेंगे इसके विकल्प में हिंग्लिश ही सबसे उपयुक्त भाषा सिद्ध होती है। कुल मिलाकर कहने का आशय यही है कि आज मीडिया सरकार के विरुद्ध नहीं जा सकती क्योंकि वह उनके संरक्षण में फल-फूल रही है। ज़ाहिर-सी बात है मीडिया की भाषा तो वही होगी जो तत्कालीन सरकार या राजनेता चाहेंगे। हमारे जनसंचार माध्यमों का प्रयोग अन्तर्राष्ट्रीय स्तर पर होता है। यह हमारे लिये गौरव की बात है कि आज के प्रगतिशील परिप्रेक्ष्य में हम समय के साथ आगे बढ़ रहे हैं। आँकड़ों से पता चलता है कि मध्यपूर्व से लेकर सुदूर पूर्व तक के, और यूरोप तथा अमेरिका के भारतीय मूल के लोग बड़ी संख्या में हिन्दी दर्शक होते हैं। वे आम तौर पर अंग्रेज़ी में ही व्यवहार करते हैं। हिन्दी के कार्यक्रम तो वह इसलिए देखते हैं ताकि उतनी देर के लिए वे खुद को कल्पना में ही सही, भारत में महसूस कर सकें। इसलिए ऐसा मान लिया गया कि ये लोग हिन्दी जानते हैं लेकिन बहुत ज़्यादा हिन्दी वह पचा नहीं सकते। उनको अंग्रेज़ी की जरुरत पड़ेगी ही और स्वाभाविक है कि उन्हें 'हिंग्लिश' आसान पड़ती है। ये दर्शक जनसंचार माध्यमों के लिए इसलिए भी महत्त्वपूर्ण हैं, क्योंकि ये इन कार्यक्रमों को देखने के लिए डी टी एच पर मोटी रकम खर्च करते हैं। जाहिर है इसकी कमायी चैनलों को ही मिलती है। ये सब धनाढ्य होते हैं। ये निजी चैनल इन्हें बड़ी संख्या में अपने साथ इसलिए भी जोड़े रखना चाहते हैं ताकि इनके नाम पर विज्ञापनदाताओं को आकर्षित किया जा सके। यही सच है कि विज्ञापन और बड़ी ग्राहक संख्या - ये दो लालच जब सामने होते हैं तो इस बात से क्या फ़र्क पड़ता है कि भाषा का क्या हो रहा है। भाषा से बड़ी चिन्ता तो उनके लिए व्यवसाय की है। व्यवसाय को ध्यान में रखकर वही भाषा परोसी जाती है जिसको धनी दर्शक पसन्द करते हैं। मीडिया को लोकतन्त्र का चतुर्थ स्तम्भ माना जाता है, किन्तु अर्थ के अभाव में यह स्तम्भ ढहता-सा प्रतीत होता है। ऐसी स्थिति में जब मीडिया के पास संसाधनों की कमी हुई और वह समाप्त-सा होने लगा तब मीडिया के अस्तित्व की रक्षा के लिए या यों कहें कि मीडिया की शक्ति, लोकप्रियता और सफलता को देखते हुए विश्व के अन्य देशों सहित हमारे देश के अनेक उद्योगपति घरानों एवं ईकाइयों ने इस क्षेत्र में पदार्पण किया। इनमें मोदी, हिन्दुजा, बिरला, गोयनका, अम्बानी, जैन, जी टी वी, और सोनी प्रमुख हैं। इनमें से कुछ कुबेरपतियों ने प्रिण्ट मीडिया को आर्थिक रूप से संरक्षण दिया तो कुछ ने इलेक्ट्रॉनिक मीडिया को।

यदि टेलीविज़न के निजी चैनलों की बात की जाये तो इन चैनलों के स्वामी धनी उद्योगपति होते हैं इसलिए जाहिर-सी बात है कि इन चैनलों का जिम्मा वह अपने किसी ख़ास आदमी को सौंपेंगे। प्रायः यह जिम्मेदार ख़ास व्यक्ति कान्वेण्टी पीढ़ी का होता है। जिनका हिन्दी से सीधा सम्बन्ध कभी नहीं रहा। चूँकि जनसंचार माध्यम को लोकप्रिय बनाना है तो हिन्दी का प्रयोग तो करना ही है। ऐसी स्थिति में हिन्दी को हिंग्लिश बनाने की मज़बूरी होती है। कभी-कभी तो ये खुद को अंग्रेज़ीवाला साबित करने के लिए यह दिखावा करते हैं कि इन्हें हिन्दी आती ही नहीं बस किसी तरह कामचलाऊ ही बोल पाते हैं। इसलिए हिन्दी बोलते हुए अनायास ही अंग्रेज़ी को बीच-बीच में बोलने लगते हैं और धीरे-धीरे यह उनकी आदत में शुमार हो जाता है यानी वह इसी भाषा के अभ्यस्त हो जाते हैं, और यही भाषा मीडिया की भाषा बन जाती है। भाषा व्यवहार की व्यापकता हमारी सोच पर निर्भर करती है। राजभाषा के रूप में हिन्दी को पूरे भारत में प्रतिष्ठित करने की चाह में हिन्दी के वास्तविक व्यवहार की उपेक्षा कर दी। अपेक्षित सुधार तो दूर की बात थी। सूचना तकनीक की आवश्यकताओं में अब ये शिथिलताएँ दूर हो रही हैं। हिन्दी का एक मानक रूप उभर रहा है। व्यावसायिक और औद्योगिक वातावरण की सक्रियता में भाषा अपना रूप स्वतः धारण करती जाती है। अंग्रेज़ी और हिन्दी दोनों भाषाओं के व्यवहार, व्यापकता, प्रयोग, प्रचार-प्रसार में व्यावसायिक कारणों की मुख्य भूमिका रही है। उद्योग और व्यवसाय परिणामोन्मुखी होते हैं। वहाँ भावुकता के लिए अवकाश नहीं होता। सरकारी संस्थानों के विपरीत व्यावसायिक संस्थानों में कार्यनिष्ठा आर्थिक लाभ-हानि से प्रेरित रहती है। आर्थिक उपलब्धियों के कारक होने से व्यावसायिक विस्तार के साथ हिन्दी भाषा का व्यवहार भी बढ़ता गया है। संसार में अंग्रेज़ी का व्यवहार निरन्तर बढ़ा है। इसके मूल में विशुद्ध व्यावसायिक कारण रहे हैं। आवश्यकता के कारण अंग्रेज़ी को अपनाना पड़ा है। जापान-जैसे देश ने भी अंग्रेज़ी के महत्त्व को पहचानकर उसके व्यवहार को प्रोत्साहन दिया। आज चीन अनुभव कर रहा है कि सूचना तकनीक के क्षेत्र में अपनी पहचान बनाने के लिए उसे अंग्रेज़ी का व्यवहार बढ़ाना होगा। जर्मनी और रूस अपनी भाषा के बारे में बहुत सचेत और सजग हैं पर अन्तर्राष्ट्रीय व्यावसायिक कारणों से अंग्रेज़ी का व्यवहार निसंकोच करते हैं। अफ्रीका, दक्षिण अमेरिका और पश्चिम एशिया के देशों में ही नहीं अंग्रेज़ी को हटाकर हिन्दी को लाने से हम अन्तर्राष्ट्रीय दौड़ में पिछड़ जायेंगे, इसलिए अंग्रेज़ी के साथ हिन्दी को बढ़ाना है। आर्थिक दृष्टि से अपेक्षाकृत समृद्ध और विकसित यूरोप के भिन्न देशों में आवश्यकतानुसार अंग्रेज़ी का व्यवहार बिना किसी बहस के किया जाता है। सूचना तकनीक ने अंग्रेज़ी बनाम देशी भाषा के चिन्तन को दोषपूर्ण सिद्ध कर दिया है। भारत के सन्दर्भ में भी अंग्रेज़ी बनाम देशी भाषाएँ दोषपूर्ण चिन्तन के परिणाम हैं और अव्यावहारिक भी। आवश्यकता अंग्रेज़ी को हटाकर हिन्दी को व्यवहार में लाने की नहीं, अंग्रेज़ी के साथ हिन्दी के व्यवहार को बढ़ाने की है। दोनों भाषाओं का समानान्तर विकास और व्यवहार वक्त की ज़रूरत और आर्थिक जगत् की आवश्यकता है।

समग्रतः आधुनिक जनसंचार माध्यमों में, विशेष रूप से श्रव्य-दृश्य माध्यमों में हिन्दी के जो विभिन्न रूप और शैलियाँ आज प्रयुक्त हो रही हैं। मानक हिन्दी मनोरंजनप्रधान कार्यक्रमों में कम और सूचनाप्रधान कार्यक्रमों में अधिक प्रयुक्त होती है। बोलचाल की हिन्दी में स्थानीयता अथवा क्षेत्रीयता का पुट रहता है। हिन्दी की बोलियों की आँचलिक शब्दावली का प्रयोग होने

के साथ-साथ उसमें सरलता-सहजता के लिए अरबी-फ़ारसी की प्रचलित सरल शब्दावली भी प्रयुक्त होती है। गीतों में यह विविधता अधिक मिलती है। अंग्रेज़ीमिश्रित हिन्दी, जिसे आलोचकों ने 'हिंग्लिश' नाम दिया है। हिन्दी के साथ अन्य भारतीय भाषाओं की शब्दावली मिलाकर बनी हिन्दी। जैसे- तमिल, पंजाबी, गुजराती, बंगला आदि। यह प्रयोग फिल्मी गीतों में अधिक मिलता है। प्रश्न यह उठता है कि- यह 'हिंग्लिश' क्यों प्रचलन में आयी? और; क्या इससे हिन्दी का कुछ हित हो रहा है? हिन्दी को इससे बचना चाहिए या ऐसे प्रयोग चलते रहने चाहिए? प्रश्न और भी हो सकते हैं; लेकिन फिलहाल इतने ही प्रश्नों पर विचार कर लें। पहला प्रश्न है, 'हिंग्लिश' के प्रचलन का। इसके मूल में कई कारण निहित हैं। इस सन्दर्भ में सुरेश उनियाल ने अपने एक लेख में बहुत ही अच्छी पड़ताल की है। उनके विश्लेषण के अनुसार, दरअसल होता यह है कि दिल्ली-जैसे महानगर में किसी एक ख़ास जगह के रहनेवाले या कोई एक ख़ास भाषा बोलनेवाले लोग तो नहीं हैं। हिन्दीभाषी ज़रूर कुछ ज़्यादा संख्या में हैं, लेकिन पंजाबी, बंगला, तमिल, गुजराती, मराठी, मलयालम, तेलुगु बोलनेवालों की संख्या भी कम नहीं है। इनकी नयी पीढ़ी में भाषा को लेकर किसी तरह का आग्रह नहीं है, क्योंकि बचपन से ही उन्होंने अपने आसपास कई तरह की भाषाओं को बोले जाते सुना है। बड़े सहज रूप से उन्होंने आपस में बोलचाल के लिए अपनी नयी भाषा गढ़ ली, जिसमें हिन्दी और अंग्रेज़ी शब्दों का घालमेल था। इस भाषा का ज़्यादा प्रचलन मध्य और उच्चवर्ग में था। क्योंकि यही वर्ग अपने बच्चों के पढ़ने के लिए अंग्रेज़ी माध्यमवाले पब्लिक स्कूलों में भेज रहा था। निम्नवर्ग के बच्चे टूटी-फूटी हिन्दी में काम चला रहे थे। पब्लिक स्कूलों के भी दो भेद थे और उसी तरह उसमें पढ़नेवाले बच्चों के भी दो भेद थे। उच्चवर्ग के बच्चे जिस तरह के पब्लिक स्कूल में पढ़ते थे वे पूरी तरह अंग्रेज़ीमय थे। उनके लिखने-पढ़ने में ही नहीं, उठने-बैठने में भी अंग्रेज़ियत थी। लेकिन इस वर्ग के बच्चों के लिए भी हिन्दी पढ़ने का मतलब वही था, हिन्दी और अंग्रेज़ी के घालमेलवाली भाषा। निम्न मध्यवर्ग के बच्चे जिन स्कूलों में जाते हैं वहाँ की अंग्रेज़ियत सीमित होती है। यहाँ लिखने-पढ़ने की भाषा तो ज़रूर अंग्रेज़ी है लेकिन बाकी सब हिन्दी में ही होता है। हिन्दी इनके लिए पढ़े जानेवाले विषय के तौर पर लगभग नहीं ही होती, क्योंकि हिन्दी यहाँ वैकल्पिक विषय ही होती है। और इसके बिना भी काम चल जाता है। इसके बजाय संस्कृत या कोई दूसरा विषय लेना बेहतर समझा जाता है क्योंकि उनमें अंक अच्छे मिलते हैं। और इनमें ज़्यादा मेहनत करने की भी ज़रूरत नहीं होती। रट-रटाकर काम चल जाता है। इस तरह शुद्ध हिन्दी को लेकर कभी इनके कोई आग्रह नहीं रहे। हिंग्लिश ही कामचलाऊ हिन्दी के रूप में इनके साथ रही। इन सब लोगों की धारणा शायद धीरे-धारे यही बनती चली गयी कि उनकी हिन्दी यानी, जिसे हम हिंग्लिश कह रहे हैं, ही वह भाषा है जिसे लोग समझ सकते हैं। जिस हिन्दी को बरसों से यहाँ का आम आदमी बोलता-समझता आ रहा है, इन्हें लगता है कि वह आम आदमी की भाषा नहीं है। उसमें संस्कृत मूल के कई ऐसे कठिन शब्द हैं जिन्हें आम दर्शक नहीं समझ सकता।

मुख्यतः टेलीविज़न पर हिंग्लिश के अवतरण और बहुप्रचलन की जड़ यही है। इससे यह भी बात निकल कर सामने आती है कि टेलीविज़न और केबल टीवी मुख्य रूप से उच्चवर्ग, उच्च-मध्यवर्ग तथा बहुत हुआ तो मध्यमवर्ग के कुछ प्रतिशत लोगों के मनोरंजन का एकमात्र साधन है। ये ऐसे हैं, जिनमें हिंग्लिश ही समझने-बोलने की हिन्दी है। इसलिए विशेष रूप से

निजी चैनल अपने कार्यक्रम इसी हिंग्लिश में तैयार करते हैं, ताकि उनकी अपनी सोच के अनुसार अधिक-से-अधिक दर्शक उन कार्यक्रमों को समझ सकें। उनके सामने दर्शकों के एक वर्ग के रूप में यही लोग हैं। और मज़े की बात यह है कि मध्यम वर्ग इस हिंग्लिश के प्रति फ़ैशन के रूप में आकर्षित हो रहा है। वरना क्या कारण है कि बी.बी.सी.- जैसे विदेशी चैनल जो कार्यक्रम हिन्दी में देते हैं, या जो फिल्में अन्य भाषाओं से हिन्दी में डब की जाती हैं, या वॉयस ऑफ अमेरिका, बी.बी.सी., रेडियो पेचिंग, रेडियो मास्को और रेडियो डोइचिवेली आदि विदेशी रेडियो प्रसारण शुद्ध हिन्दी में अपने कार्यक्रम देते हैं और सारा हिन्दी-जगत् इन्हें चाव से सुनता-समझता है। फिर ये लोग मानक हिन्दी, अथवा संस्कृतनिष्ठ हिन्दी में प्रस्तुत टेलीविज़न कार्यक्रम क्यों नहीं समझ सकते? अब बात आती है कि क्या हिन्दी का इससे कुछ भला हो रहा है? उत्तर हो सकता है- हाँ। कारण यह कि हिन्दी को टेलीविज़न-जैसे आधुनिक शक्तिशाली जनसंचार माध्यम से एक व्यापक धरातल मिला है। देश-विदेश में हिन्दी फिल्मों तथा गीत-संगीत की लोकप्रियता बढ़ी है। पड़ोसी देश पाकिस्तान, बँग्लादेश से लेकर खाड़ी देशों और सुदूर रूस, चीन, जापान, अमेरिका, मॉरीशस, फीजी, गयाना, दक्षिण अफ्रीका आदि के साथ ही अमेरिका, जर्मनी और ब्रिटेन आदि देशों में हिन्दी फिल्मों तथा गीत-संगीत के प्रति अभिरुचि बढ़ी है। टेलीविज़न के अन्य कार्यक्रमों को भी दर्शक देखते हैं। इसमें हिंग्लिश का महत्त्व कम नहीं है। वे लोग अंग्रेज़ी के मिश्रणवाली हिन्दी कुछ-न-कुछ समझ लेते हैं। धीरे-धीरे उनके लिए हिन्दी के शब्द परिचित होते जा रहे हैं। हिन्दी को इससे बचना चाहिए या ऐसे प्रयोग चलते रहने चाहिए?

यह प्रश्न विवाद को जन्म दे सकता है। यदि हम यह कहें कि ऐसे प्रयोगों में कोई हर्ज़ नहीं है, तो हिन्दी के शुद्धताप्रिय विद्वान् रुष्ट होने लगेंगे। लेकिन सच यह है कि भाषा जितनी उदार होगी, और समय के साथ-साथ बदलती चली जायेगी उतनी ही जीवन्त व लोकप्रिय होगी। अंग्रेज़ी का उदाहरण प्रासंगिक है वह दिन-प्रतिदिन अपना विस्तार कर ही है। क्योंकि उसने उदारतापूर्वक अन्य भाषाओं की शब्दावली और वाक्य-विन्यास को अंगीकार किया। आज भी वह निरन्तर ऐसा कर रही है। देखा होगा कि हाल ही में ऑक्सफ़ोर्ड इण्ग्लिश डिक्शनरी के दक्षिण एशियायी संस्करण में यहाँ बोले जानेवाले सैकड़ों हिन्दी शब्दों को शामिल किया गया है।

बात यहाँ अंग्रेज़ी के समान्तर हिन्दी के विकास की नहीं है। न हम हिंग्लिश की वकालत करना चाहते हैं। वास्तव में अभी यह प्रक्रिया चलेगी और कुछ दूरी तक इसके चलते रहने में कोई हर्ज़ भी नहीं है। अतिशुद्धतावादी होना, कठोर होना है और इस कठोरता से दूसरों को भय होता है। ऐसे में कौन आपकी ओर आयेगा? यहाँ हमें यह नहीं भूलना चाहिए कि भाषा का एक रूप होता है- बोलने का। लिखने में हम शुद्धता का विशेष ध्यान रखते हैं। हम बोलने में लापरवाह होते हैं। कितने लोग ऐसे होते हैं जो हिन्दी ही क्या, किसी भी भाषा को शुद्ध रूप में नहीं बोलते हैं? अपनी भाषा के प्रति तो यह लापरवाही और भी लहज है। ऐसे में यदि हिन्दी में अंग्रेज़ी या अन्य किसी भाषा के सामान्य बोलचाल में रच-बस गये शब्दों को उदारतापूर्वक ले लिया जाये, तो उसमें बुराई क्या है? हाँ, इतना अवश्य ध्यान रखना चाहिए कि दूसरी भाषा के इतने शब्द न ले लिए जायें कि अपनी भाषा ही परायी लगने लगे। टेलीविज़न और समाचार-पत्र, पत्रिकाओं और पुस्तकों में अन्तर है। टेलीविज़न की भाषा बोलचाल की भाषा है।

वहाँ जो भी कार्यक्रम दिखाया जायेगा वह बोलचाल में होगा। बातचीत होगी। संवाद होंगे। दृश्य के भीतर से भाषा उभरेगी। जबकि समाचार-पत्र-पत्रिकाओं और पुस्तकों में भाषा छपी हुई होगी। छपे हुए में शुद्धता का जितना ध्यान रहेगा, उतना ध्यान बोलचालवाली भाषा में नहीं रहेगा। यह स्वाभाविक है। टेलीविज़न के प्रसार के कारण यह सही है कि हिन्दी को एक नया प्रसार-क्षेत्र मिल रहा है। वह व्यापक समाज तक पहुँच रही है। लेकिन उसमें विकार भी आ रहे हैं। टेलीविज़न ने हिन्दी के नाम पर एक नयी ही हिन्दी ('दूरदर्शनी हिन्दी') को जन्म दे दिया है। इस सम्बन्ध में दूरदर्शन में हिन्दी भाषा के प्रयोग पर शोधकार्य करनेवाले विद्वान् डॉ. कृष्णकुमार रत्तू का एक कथन उद्धृत है। डॉ. रत्तू का कहना है कि "दूरदर्शन की हिन्दी में भाषा प्रयुक्ति में ज़्यादातर अंग्रेज़ी व आँचलिक शब्दों का प्रयोग रहता है। अपनी इस बात को हम दूरदर्शन के विविध प्रसारणों में देख सकते हैं, जैसे सुबह का 'ब्रेकफास्ट' प्रसारण जो प्रातः 6.55 से लेकर 9.00 बजे तक होता है, इसमें कुछ दूरदर्शन द्वारा की जानेवाली नकल का भी है, जो बढ़ती हुई प्रतिस्पर्द्धा में अन्य विदेशी-देशी प्रसारणों से करता है।"

डॉ. रत्तू टेलीविज़न से विकसित हो रही नयी हिन्दी को वरेण्य मानते हैं। उनका तर्क है कि, "अन्तर्राष्ट्रीय चैनलों से प्रसारित कार्यक्रमों की भाषा का अध्ययन करते हुए हम पाते हैं कि इन चैनलों ने हिन्दी की उस भाषा को जन्म दिया है जिसे आप अन्तर्राष्ट्रीय स्तर पर मिले-जुले शब्दोंवाली भाषा का नाम दे सकते हैं। भाषा के इस स्वरूप की झलक जी.टी.वी. की 'द न्यूज़' में आपको इस तरह के अनेक वाक्य सुनायी देंगे जिनमें 10 शब्दों में से 7 शब्द अंग्रेज़ी के हैं। अब ऐसी भाषा को आप किस श्रेणी में रखकर उसका भाषाविज्ञान के तौर पर भाषागत आधार पर अध्ययन कर सकते हैं। निश्चय ही यह भाषा का एक आधुनिक खिचड़ी रूप आपके सामने है और सबसे बड़ी बात यह है कि यह रूप आज सर्वमान्य हो रहा है। यहाँ इस कथन से भी सुनकर नहीं कहा जा सकता है कि यह उसी भाषा का रूप है जो हम अपनी रोज़मर्रा की ज़िन्दगी में अक्सर बातचीत में दुहराते हैं, तो फिर इसे इस तरह भाषिक वर्ग में मानने में झिझक क्यों है? जब कि यह रूप आज हमारी भाषा का विशेष अंग बन चुका है। डॉ. रत्तू के अनुसार- "भाषा के व्याकरणीय चौखटे में भले यह भाषा कहीं भी न टिकती हो, परन्तु आज सच्चाई यह है कि आम बोलचाल और कामकाज़ की भाषा ही हिन्दी भाषा है, जो इन दिनों टेलीविज़न स्क्रीन से प्रेषित हो रही है, अथवा जिसका टेलीविज़न द्वारा सम्प्रेषण हो रहा है। डॉ. रत्तू के इस कथन में आंशिक सत्यता है। अंग्रेज़ी तथा अन्य भाषाओं के शब्द ग्रहण करने से निःसन्देह हिन्दी भाषा समृद्ध होती है। परन्तु जी. न्यूज़ तथा कुछ अन्य चैनलों की हिन्दी भाषा जिसमें एक वाक्य में 10 में से 6 या 7 शब्द अंग्रेज़ी के होते हैं, हिन्दी भाषा को समृद्ध नहीं बल्कि विकृत करते हैं। हिन्दी के क्लिष्ट एवं अप्रचलित शब्दों के स्थान पर अंग्रेज़ी भाषा के प्रचलित एवं सरल शब्द को ले लेना तो ठीक है किन्तु हिन्दी भाषा के सरल, सहज एवं प्रचलित शब्दों के स्थान पर अंग्रेज़ी के शब्द ठूसने को किसी भी दशा में उचित नहीं कहा जा सकता। अंग्रेज़ी भाषा के शब्दों को ग्रहण करने का यह आशय नहीं लगाना चाहिए कि हिन्दी भाषा के सरल, सहज एवं सर्वग्राह्य शब्दों के स्थान पर भी अंग्रेज़ी शब्दों को ले लिया जाये। यहीं से भाषा का विकृतीकरण शुरू हो जाता है। यह तर्क देकर कि बाहरी शब्दों को लेने से भाषा समृद्ध होती है, हम उन अंग्रेज़ी शब्दों को भी लेने लगे जिनके लिए हमारे पास पहले से ही हिन्दी के सरल एवं प्रचलित शब्द मौजूद हैं। हमारा मानना है कि विदेशी या अंग्रेज़ी शब्द ग्रहण करने की कोई

सीमा अवश्य निर्धारित की जानी चाहिए।

यह कहना भी सही नहीं है कि जी. न्यूज़ चैनल की लोकप्रियता का कारण उसकी हिन्दी भाषा में अंग्रेज़ी शब्दों की बहुलता है। अगर यह सच होता तो 'आज तक' न्यूज़ चैनल जिसकी भाषा काफ़ी परिष्कृत है एवं उसमें आवश्यकता पड़ने पर ही अंग्रेज़ी शब्दों का प्रयोग किया जाता है जी. न्यूज़ से अधिक लोकप्रिय न होता। 'आज तक' न्यूज़ चैनल की भाषा को दर्शाता 7 मई, 2011 को प्रसारित समाचार का अंश "लादेन कुछ-न-कुछ काम करता रहता था। लादेन से मिलने तमाम लोग आते थे जिनमें से कुछ बेहद गोपनीय तरीके से मिलते थे। वह प्रार्थना से अपना दिन शुरू करता और प्रार्थना पर ही ख़त्म करता। उसे शहद बहुत पसन्द था, वह कहता था शहद सौ बीमारियों का एक ही इलाज़ है। लादेन को पढ़ने का बहुत शौक़ था। वह बराबर पढ़ता रहता था। लादेन के अंगरक्षक की माने तो लादेन अपने भरोसेमन्द लोगों की भर्ती के लिए पाकिस्तान आता रहता था।" 7 मई, 2011 को प्रसारित समाचार के इस अंश में प्रार्थना, गोपनीय, अंगरक्षक, भर्ती, पढ़ता, शौक-जैसे शब्दों का प्रयोग दिखायी पड़ता है। इन शब्दों के स्थान पर प्रेयर, कॉन्फीडेन्शियल, बॉडीगॉड, रिक्रूटमेण्ट, स्टडी-जैसे शब्दों को क्यों ठूँसा जाये। यदि इन शब्दों को डालने पर भाषा अधिक सम्प्रेषणीय होती तो अब तक टी.आर.पी. रेटिंग के अनुसार, पिछले 10 वर्षों से 'आज तक' सर्वाधिक लोकप्रिय चैनल न बना रह पाता। दूसरा उदाहरण 'कौन बनेगा करोड़पति' कार्यक्रम का है जिसमें अमिताभ बच्चन ने अंग्रेज़ी के मात्र कुछ शब्दों का ही सहारा लिया था लेकिन यह कार्यक्रम लोगों के बीच इतना लोकप्रिय हुआ कि अमिताभ बच्चन इसका पंचम संस्करण लेकर आनेवाले हैं। इसकी भाषा का उदाहरण द्रष्टव्य है। 'नमस्कार देवियों और सज्जनों मैं हूँ अमिताभ बच्चन, कौन बनेगा करोड़पति में आपका स्वागत है।' इससे सिद्ध होता है कि अंग्रेज़ी भाषा के शब्दों को डालने से कोई कार्यक्रम लोकप्रिय नहीं होता है। हम किसी भाषा के शब्दों को हिन्दी में ठूँसे जाने के पक्षधर नहीं हैं। मेरा यह सुझाव है कि हिन्दी के शब्दों का आधुनिकीकरण एवं विदेशी शब्दों को हिन्दी भाषा में स्थान देने के लिए प्रत्येक वर्ष विद्वानों की बैठक हो जिसमें हिन्दी के विद्वानों के साथ-साथ आम जनता एवं बुद्धिजीवी वर्ग के लोगों को भी सम्मिलित किया जाये। कौन-कौन-से बाहरी शब्द लेने हैं इस पर बहस की जाये और सर्वसम्मति से अंग्रेज़ी तथा अन्य भाषाओं के शब्द हिन्दी में शामिल किये जायें। जो शब्द सर्वसम्मति से ले लिये जायें उनकी सूची शब्दकोशों के अलावा समाचार-पत्रों में भी प्रकाशित की जाये जिससे आम जनता को यह पता लग सके कि किन शब्दों को हिन्दी भाषा में स्थान मिल चुका है। इस कसौटी पर तपकर हिन्दी की शब्द सम्पदा बढ़ेगी जिससे हिन्दी का विकास हो सकेगा और हिन्दी भाषा अपने निखरे हुए रूप में सामने आने लगेगी। आज की स्थिति भिन्न है। अभी यह संक्रमण की प्रक्रिया में से होकर गुजर रही है। सही अर्थ में तो भाषा के साथ हम बहुत समय तक लापरवाही नहीं बरत सकते, न ऐसे प्रयोग जारी रख सकते हैं। जनसंचार माध्यमों की भाषा के बदलाव का अध्ययन करने पर हम पाते हैं कि हिन्दी भाषा की जो विभिन्न रूप और शैलियाँ आज प्रयुक्त हो रही हैं वे चार प्रकार की हैं- मानक हिन्दी : जो मनोरंजनप्रधान कार्यक्रमों में कम और सूचना प्रधान कार्यक्रमों में अधिक प्रयोग की जाती है। बोलचाल की हिन्दी : जिसमें स्थानीयता तथा क्षेत्रीयता का पुट रहता है। हिन्दी की आँचलिक बोलियों की सरलता और सहजता तथा अरबी-फ़ारसी की प्रचलित शब्दावली का भी प्रयोग किया जाता है। अंग्रेज़ीमिश्रित हिन्दी : जिसे हिंग्लिश का नाम

दिया गया। मिश्रित हिन्दी : जिसमें अन्य भारतीय भाषाओं को हिन्दी के साथ प्रयोग किया जाता है। जैसे- तमिल, पंजाबी, गुजराती, मराठी, बंगाली आदि भाषाएँ।

जनसंचार माध्यमों में जिस भाषा का विकास हुआ उससे हिन्दी में बहुत बदलाव आया है। मेरा यही मानना है कि सच तो यही है कि जो भाषा जितनी अधिक उदार होगी, और समय के साथ बदलती चली जायेगी, वह उतनी ही लोकप्रिय होगी। उसकी जीवन क्षमता में उतनी ही वृद्धि होगी। संस्कृत और लैटिन भाषा के उदाहरण हमारे सामने हैं। इन भाषाओं ने अपने व्याकरण के चलते एक कठोर शुद्धतावादी रवैया अपनाया परिणामस्वरूप धीरे-धीरे ये भाषाएँ अपने वास्तविक स्वरूप को खोने लगीं और आज ये भाषाएँ विश्व भाषाओं के मानचित्र में एक बिन्दु के रूप में सिमटकर रह गयीं तथा एक भाषा से विषय मात्र बन गयीं। लिखने-पढ़ने में भले ये भाषाएँ प्रयोग की जा रही हों किन्तु बोलने की भाषा के रूप में ये आज नगण्य स्थान रखती हैं। सही अर्थों में तो भाषा वही होती है जो जिस रूप में लिखी जाये उसी में बोली भी जाये। सुप्रसिद्ध दार्शनिक कन्फ्यूशियस से किसी ने पूछा कि सबसे पहले आप क्या ठीक करेंगे? उसने कहा - 'भाषा'। "क्यों, भाषा ही क्यों?" पूछने पर उसका उत्तर था - यदि भाषा ठीक नहीं होगी तो हम अपने भाव व्यक्त नहीं कर सकेंगे। जब भाव ही समझ में नहीं आयेगा तो हम न्याय नहीं कर सकेंगे। जब न्याय नहीं कर सकेंगे, तो असन्तोष होगा। जब असन्तोष होगा, तो बग़ावत फैलेगी। जब बग़ावत फैलेगी तो राज्य कहाँ रहेगा।

देश-दुनिया के करोड़ों लोग बिना किसी लिपि की जानकारी के आपसी व्यवहार में भाषा का निर्बाध प्रयोग करते हैं, संचार माध्यमों द्वारा ज्ञान-विज्ञान की बातें और मनोरंजन प्राप्त करते हैं- उनकी भाषा की समझ क्या है? उन्हें कभी भाषा के सवालों पर ग़ौर करने की ज़रूरत नहीं पड़ती। इसी तरह आज की युवा पीढ़ी और तकनीकी जगत् के लोगों को इतनी फ़ुर्सत नहीं कि भाषा की बारीक़ियों पर ध्यान दें। पर भाषा का व्यावहारिक प्रयोग उनकी ज़रूरत है और उसका अविरल प्रवाह जारी है। उसी से छनकर भाषा का नया रूप निखरकर सामने आ रहा है। उसमें अंग्रेज़ी शब्दों की मिलावट है, व्याकरणिक गलतियाँ हैं पर उससे सम्प्रेषण का काम निर्बाध गति से चल रहा है। मानक हिन्दी से उनके विचलन को लेकर चिन्ता करना अनावश्यक है और उनकी राह में रोड़े अटकाना है। किसी भी भाषा को पहचानने के तीन स्तर होते हैं- वर्ण, लिपि और वर्तनी। शब्द या पद और वाक्य-विन्यास हिन्दी भाषा में कम-से-कम वर्ण, लिपि और वा्क्य-विन्यास के स्तर पर कोई समस्या नहीं है। जो भी विकास या ह्रास हो रहे हैं, शब्दों के स्तर पर ही। यह ज़रूर है कि भाषा में सर्वाधिक महत्त्व शब्द और पदों का है। इसी से कोई भाषा समृद्ध होती है। इस दृष्टि से हिन्दी की शब्द-सम्पदा और मुहावरों को कोई हानि नहीं है। हिन्दी ने समय-समय पर विभिन्न भाषाओं के शब्दों को आत्मसात किया है। बहुत-से शब्द मीडिया और बाज़ार के माध्यम से आ रहे हैं। शब्द-निर्माण भाषा के भीतर भी होता है और बाहर भी। हिन्दी में बाहर के शब्द निरन्तर आ रहे हैं, वहीं हिन्दी के शब्द दूसरी भाषाओं में भी जा रहे हैं। निष्कर्ष रूप में मेरा यही कहना है कि विभिन्न भाषाओं के प्रति उदारता एवं सौहार्द की भावना से कोई भी भाषा अपने-आप को लाभान्वित कर सकती है। क्योंकि ऐसा प्रयास सर्वांगीण उन्नयन, प्रचार, प्रसार में सहायक होगा तथा राष्ट्रीय एकता सुदृढ़ होगी। इसी पक्ष में डॉ. हज़ारीप्रसाद द्विवेदी का कहना था, "मुझे अत्यन्त दुःख के साथ कहना पड़ रहा है कि हम

हिन्दीवाले बिलकुल ही सोये हुए हैं। हमें ऐसे शब्दकोशों, शब्दस्वसारों का निर्माण करना चाहिए था जिनके सहारे थोड़ी हिन्दी जाननेवाला व्यक्ति भी आसानी से अपने मन का शब्द खोज ले। हमें विभिन्न भाषाओं के माध्यम से हिन्दी सिखाने की दर्जनों पुस्तक अब तक लिख देनी चाहिए थीं। तत्तद् भाषाओं में शब्दकोशों का निर्माण कर देना चाहिए।" सरकार के तकनीकी शब्दावली निर्माण विभाग ने अंग्रेजी के तकनीकी एवं वैज्ञानिक शब्दों का अनुवाद क्लिष्ट संस्कृतनिष्ठ शब्दावली में कर दिया। पर परिणाम यह हुआ कि अंग्रेज़ी से भी कठिन विज्ञान की हिन्दी हो गयी। इसलिए उच्चशिक्षा में विज्ञान के छात्र आज अंग्रेज़ी में ही पढ़ना पसन्द करते हैं। वैज्ञानिक हिन्दी उनकी समझ में नहीं आती। हिन्दी की लिपि देवनागरी है और इसका वाक्य-विन्यास उसका अपना है। केवल शब्द और वर्तनी को लेकर हाय-तौबा क्यों? यह सही है कि अनेक शब्द जो व्याकरण की दृष्टि से ग़लत हैं, किन्तु ख़ासे प्रचलन में हैं। अब यहाँ हम व्याकरण बाँचना शुरू कर देंगे तो भाषा का प्रवाह रुक जायेगा। निःसन्देह संसार की भाषाओं के इतिहास में पाणिनी-जैसा कोई विद्वान् नहीं हुआ। किन्तु व्याकरण से बँधकर संस्कृत का क्या हाल हुआ? बिना व्याकरण के संस्कृत या फ़ारसी को नहीं सीखा जा सकता। व्याकरण भाषा के पीछे चलता है, आगे नहीं। लोक भाषाएँ तो हैं ही, संसार की कई समृद्ध भाषाएँ बिना व्याकरण के हैं। बोलचाल की भाषाएँ व्याकरण से नहीं चलती। हरिशंकर परसाई के अनुसार 'भाषा वह होती है, जिसे लोग बोलते हैं। भाषा वह नहीं होती जो विश्वविद्यालय और हिन्दी की दर्जनों भाषाएँ बनाती है।

मीडिया की बदलती भाषा के कारण एवं सुझाव

समाचारों के सृजन में भाषा की महत्त्वपूर्ण भूमिका होती है। समाचार लिखते समय सम्प्रेषणीयता की अनिवार्य शर्त को ध्यान में रखकर लिखना पड़ता है। शिक्षित से लेकर अनपढ़ या कम पढ़े-लिखे पाठक या दर्शक को समाचार पढ़ाना या सुनाना और दिखाना है। सभी को बात समझ में आ जाये इस प्रयास के साथ तैयार किये गये वाक्यों में जितनी सरलता व सहजता निहित होगी उतनी ही सम्प्रेषणीयता समाचार में आयेगी। समाचारों को गढ़ते समय सभी स्तर के व्यक्तियों को ध्यान में रखकर भाषा का निर्माण किया जाता है। भाषा सिर्फ़ कविता-कहानी लिख देने से नहीं बनती। भाषा की समृद्धि के लिए ज़रूरी है कि उसकी शब्द-सम्पदा बढ़ायी जाये। वह कितनी तरह की चीज़ों को अभिव्यक्ति देने में सक्षम है। हम ऐसा क्या करें कि हिन्दी की शब्द-ग्रहण सामर्थ्य बढ़ सके। यह सही है कि हिन्दी को आगे बढ़ाने के लिए किसी ने कोई ठोस क़दम नहीं उठाया। फिर भी हिन्दी आगे बढ़ रही है, तो यह उसकी जीवन्तता का प्रमाण है। यह मानना पड़ेगा कि देश में हिन्दी के वेग को कोई रोक नहीं सकता। इधर हाल के वर्षों में हिन्दी में जो फैलाव दिखायी पड़ रहा है, बाज़ार से उसका गहरा सम्बन्ध है। हिन्दी को जो स्थान आज़ादी या लोकतन्त्र से नहीं मिल पाया, उसे बाज़ार ने दे दिया। नवें दशक से बाज़ार ने दस्तक देना शुरू किया, तभी से हिन्दी मीडिया की स्थिति भी सुधरने लगी। वह अंग्रेज़ी मीडिया के दबाव से मुक्त होने लगी। हिन्दी आज के बाज़ार की भी भाषा बन चुकी है तो इसका श्रेय आई.टी. प्रोफेशनल (सूचना तकनीक विशेषज्ञ) और देशी-विदेशी मीडिया को जाता है। आज इण्टरनेट पर हिन्दी की अनेक वेबसाइट हैं। आई.टी. प्रोफेशनल विनय छजलानी ने वेब दुनिया की परिकल्पना को साकार करने में महत्त्वपूर्ण योगदान दिया। उन्होंने हिन्दी के लिए नये-नये सॉफ्टवेयर बनाये। विनय छजलानी ने हिन्दीभाषियों को 'जन जन का इण्टरनेट' का

नारा दिया। गूगल की तरह हिन्दी में पहला सर्च इंजन 'रफ्तार डाट काम' बनानेवाले युवा इंजीनियर पीयूष वाजपेयी हैं। देवाशीष चक्रवर्ती हिन्दी 'नेट ब्लागिंग' को लोकप्रिय बनानेवाले पहले भारतीय हैं। इसी तरह हिन्दी विज्ञापनों की दुनिया प्रसून जोशी-जैसे युवा कवि-पत्रकार के चालू शब्दों से गुलज़ार है। ठण्डा मतलब कूलकूल और कोका कोला इन्होंने नयी पीढ़ी को बख़ूबी समझा दिया है।

आज की तुलना में आज़ादी से पहले हिन्दी का विकास बेहतर और समन्वित ढंग से हुआ। हिन्दी साहित्य, भाषा, पत्रकारिता और राष्ट्रीय स्वाधीनता आन्दोलन के बीच में गज़ब का तालमेल दिखता है। उस प्रकार के तालमेल की कल्पना हम आज नहीं कर सकते। हिन्दी में तमाम तरह के विषयों पर साहित्य निर्माण हुए तथा हिन्दी साहित्य सम्मेलन के वार्षिक अधिवेशन होते थे। इनमें न सिर्फ़ साहित्य सृजन पर विमर्श होता था बल्कि भाषा, पत्रकारिता, अनुवाद और उसके मानकीकरण पर भी गम्भीर चर्चा होती थी। जितने जोश के साथ हिन्दीभाषी लोग इन अधिवेशनों में भाग लेते थे उसी उत्साह के साथ अहिन्दी-भाषी विचारक भी भाग लेते थे। गोष्ठियाँ तो आज भी हो रही हैं, सरकार के हर पायदान पर हिन्दी कार्यान्वियन समितियाँ हैं, संसदीय सलाहकार समिति भी है किन्तु इनके परिणाम नगण्य हैं। जिस व्यवस्था में केन्द्रीय हिन्दी समिति की बैठक में एजेण्डा अंग्रेज़ी में प्रस्तुत किया जाता है, उस व्यवस्था से क्या अपेक्षाएँ की जा सकती हैं। केन्द्रीय सरकार और राज्य सरकारों ने हिन्दी के विकास के लिए सार्थक प्रयास नहीं किये। केन्द्रीय हिन्दी निदेशालय, हिन्दी अकादमी या हिन्दी संस्थान-जैसी कुछ संस्थाए बना दीं जो सफ़ेद हाथी की तरह हैं। इन पर भारी-भरकम राशि खर्च की जाती है पर इनका काम पुस्तकों की खरीद या कुछ पुरस्कारों को बाँटने तक ही सीमित है। हिन्दी के विकास या प्रचार-प्रसार के नाम पर करोड़ों की रकम हज़म करनेवाले ये संस्थान मात्र कुछ लोगों की रोज़ी-रोटी का ज़रिया हैं। औपचारिक रूप से हिन्दी दिवस (14 सितम्बर) या हिन्दी पखवाड़ा मनाकर ये खुश हो लेते हैं कि इन्होंने हिन्दी के लिए कुछ किया। इन सरकारी संस्थाओं के अतिरिक्त कुछ भारी भरकम नाम ग़ैरसरकारी संगठनों के हैं जिनमें हिन्दी साहित्य सम्मेलन प्रयाग, नागरी प्रचारिणी सभा काशी का नाम विशेष रूप से लिया जा सकता है। नागरी प्रचारिणी सभा धनाभाव की शिकार है और हिन्दी साहित्य सम्मेलन जो परीक्षाओं के द्वारा करोड़ों की धन-उगाही करता है, स्वार्थ-लिप्सा और भ्रष्टाचार का केन्द्र बना है। कुछ दिखावे के कार्यक्रमों के अलावा हिन्दी के विकास की कोई ठोस चिन्ता उसको नहीं है। हिन्दी विश्वविद्यालय बनाने की उसकी योजना है पर केवल पैसा कमाने के लिए, हिन्दी के विकास या प्रचार-प्रसार की कोई योजना नहीं है। दक्षिण भारतीय हिन्दी प्रचार सभा दक्षिण के सुदूर इलाकों में हिन्दी के प्रचार-प्रसार का काम बख़ूबी कर रही है। पर उसका लक्ष्य अहिन्दी प्रदेशों में हिन्दी का कामचलाऊ ज्ञान देना है। हिन्दी के मानक स्वरूप की चिन्ता महात्मा गाँधी अन्तर्राष्ट्रीय हिन्दी विश्वविद्यालय वर्धा-जैसी संस्थाओं को करनी चाहिए जो केवल औपचारिक संगोष्ठियों तक अपने को सीमित कर लेते हैं। दुनिया के विभिन्न देशों में लिखे जा रहे साहित्य और ज्ञान को हिन्दी में लाने की कोई ख़ास कोशिश नहीं हो रही है। यहाँ तक कि प्रधानमन्त्री कार्यालय में सूचना के अधिकार के तहत हिन्दी में कोई प्रश्न पूछने पर उसका उत्तर अंग्रेज़ी में ही मिलता है इसी विषय पर 26 अप्रैल 2011 में हिन्दुस्तान में रणविजय सिंह का लेख द्रष्टव्य है।

पीएम दफ्तर को हिन्दी नहीं आती!

देश की राष्ट्रभाषा हिन्दी है। सरकारी कामकाज हिन्दी में करने को बढ़ावा देने पर ज़ोर दिया जा रहा है। मगर सरकारी विभागों का कामकाज हिन्दी में करने की नसीहत देनेवाली केन्द्र सरकार के सर्वोच्च मन्त्रालय से हिन्दी ग़ायब हो गयी। इम्फाल और नार्थ ईस्ट के राज्यों से सूचनाओं के जवाब हिन्दी में आते हैं लेकिन दिल्ली स्थित मन्त्रालयों को हिन्दी नहीं आती। प्रधानमन्त्री दफ्तर (पीएमओ) में कामकाज ज़रूर हिन्दी में होता होगा लेकिन पत्राचार अंग्रेज़ी में हो रहा है। अगर आपको विश्वास न हो तो आजमाकर देख सकते हैं। सूचना का अधिकार (आरटीआई) के तहत यहाँ से कोई जानकारी हिन्दी में माँगिये। आपको जवाब अंग्रेज़ी में मिलेगा। एक लाइन का भी जवाब हो तो भी दफ्तर इसे अंग्रेज़ी में ही भेजना पसन्द करता है। हाल ही में पीएमओ ने संगमनगरी के पार्षद के सवाल का जवाब अंग्रेज़ी में भेजा। पिछले दिनों कटरा में पार्षद ने सूचना के अधिकार के तहत प्रधानमन्त्री दफ्तर से केन्द्रीय पेट्रोलियम और प्राकृतिक गैस मन्त्रालय के सम्बन्ध में जानकारी माँगी थी। पीएमओ ने सवाल केन्द्रीय मन्त्रालय को भेजने के बाद पार्षद को इसकी जानकारी अंग्रेज़ी में दी। केन्द्र सरकार के और भी मन्त्रालय और विभाग अपना जवाब अंग्रेज़ी में ही देते हैं।

राष्ट्रभाषा की यह दुर्दशा तब है जब केन्द्रीय विभागों का कामकाज हिन्दी में सम्पादित करने का सख़्त निर्देश दिया गया है। हिन्दी में कामकाज को बढ़ावा देने के लिए सत्यव्रत चतुर्वेदी की अध्यक्षता में सांसदों की कमेटी बनी है। यह कमेटी देशभर के केन्द्र सरकार के दफ्तरों में घूम-घूमकर हिन्दी में कामकाज की निगरानी करती है।

भाषा के बदलते रूप को समझने और उसे अपने अनुरूप ढालने का कोई सार्थक प्रयास नहीं दिखता। प्रतिदिन नये-नये शब्द आ रहे हैं, उन्हें कैसे अपनाया जाय, इस बारे में किससे पूछा जाये? और तो और हमारे पास ढंग का कोई शब्दकोश तक नहीं है। उसे प्रतिवर्ष अपडेट (दुरुस्त) करने की बात तो बहुत दूर की है। ऐसा नहीं कि विदेशी शब्द सिर्फ़ हिन्दी में ही आ रहे हैं। हिन्दी की तुलना में अंग्रेज़ी में ज़्यादा और विविध स्वभाववाली भाषाओं के शब्द आते हैं। लेकिन वहाँ हर नये आनेवाले शब्द पर बहस होती है, तब उसके आने का मार्ग प्रशस्त किया जाता है। प्रत्येक वर्ष ऑक्सफोर्ड या वैबस्टर की डिक्शनरियों में जुड़े शब्दों की सूची अख़बारों में मिलती है।

अब मुद्दा यह है कि हमारे जनसंचार माध्यमों, जैसे- रेडियो, टेलीविज़न, इण्टरनेट तथा समाचार-पत्रों की भाषा वास्तव में कैसी होनी चाहिए। शुद्ध खड़ीबोली हिन्दी, संस्कृत के निकट या उर्दू के नज़दीक? या फिर अंग्रेज़ी से प्रभावित? क्योंकि जनसंचार माध्यमों का दायरा बहुत विस्तृत होता है और इनका प्रयोग राष्ट्रीय से लेकर अन्तर्राष्ट्रीय स्तर पर किया जाता है इसलिए जनसंचार माध्यमों की भाषा भी कुछ ऐसी होनी चाहिए जो अपनी राष्ट्रीयता से ओत-प्रोत हो तथा उसे अन्तर्राष्ट्रीय स्तर पर भी समझा जा सके। कहने का आशय है कि हमारे जनसंचार माध्यमों की हिन्दी को अन्तर्राष्ट्रीय स्तर का होना चाहिए। यदि बात करें हिन्दी भाषा की तो यह एक ऐसी भाषा है, जिसे बोलनेवाले तो अधिक हैं ही और समझनेवाले तो निःसन्देह और भी अधिक हैं। वास्तव में हिन्दी एक ज़ोरदार और असरदार भाषा है। किन्तु कुछ ऐसी समस्याएँ हैं, जो हिन्दी के प्रवाहित होने में अवरोधक हैं। पहली समस्या यह है कि हिन्दी में शब्द भण्डारों

की कमी है। यों तो हिन्दी ने सभी प्रान्तीय भाषाओं, बोलियों सहित अरबी-फ़ारसी, उर्दू, अंग्रेज़ी-जैसी सभी भाषाओं के शब्दों को आत्मसात करके अपनी उदारता का परिचय दिया है किन्तु अभी भी उसके शब्दकोश अंग्रेज़ी की अपेक्षा सम्पन्न नहीं है। 'ग्लोबल लैंग्वेज मॉनीटर' की रिपोर्ट यह बताती है कि हिन्दी में सिर्फ़ 1 लाख 20 हज़ार शब्द हैं जबकि अंग्रेज़ी में 10 लाखवाँ शब्द अपने भण्डार में शामिल होने की कगार पर है। इसका एक कारण हिन्दी का व्याकरण हो सकता है। इसमें कोई दो राय नहीं कि हिन्दी की अभिव्यंजना शक्ति अपूर्व है किन्तु इसका व्याकरण सरल नहीं है। शुद्ध हिन्दी दूसरे प्रान्तों के लोगों के लिए, ख़ास करके पूरब और दक्षिण के लोगों के लिए अत्यन्त कठिन मालूम होती है। उदाहरण के तौर पर यदि हम संस्कृत भाषा की बात करें तो इसका व्याकरण इतना कठिन है कि यह भाषा कभी भी जनसामान्य की भाषा नहीं बन पायी। यदि देखा जाये तो संस्कृत भाषा का साहित्य काफ़ी समृद्ध रहा किन्तु इसके व्याकरणिक नियमों ने इसे संकुचित कर दिया और आज यह भाषा, भाषा के स्थान पर पढ़ने का विषय मात्र बन गयी है। वास्तव में भाषा का स्वरूप स्थिर करने का यह अर्थ नहीं है कि उसे इस प्रकार चारों तरफ़ से जकड़ दें कि उसका विकास ही रुक जाये। यह तो भाषा का गला घोटना हुआ। अब अगर फ्रांसीसी भाषा की ही बात करें तो इसमें केवल 1 लाख के लगभग ही शब्द हैं। जिसका बड़ा कारण है फ्रांस की प्रसिद्ध 'अकादमी'। क्योंकि इस अकादमी ने ऐसा निश्चय कर रखा था कि बिना उसकी अनुमति के कोई नया शब्द फ्रांसीसी भाषा में न लिया जाये। परिणामस्वरूप फ्रांसीसी भाषा के वाक्यों का अर्थ बहुत-कुछ अस्पष्ट तथा संदिग्ध रह गया है, और उनमें नये तथा सूक्ष्म भाव प्रकट करने में कठिनता होती है। इसके विपरीत अंग्रेज़ी में ऐसी कोई रुकावट नहीं है। अतः हमें भाषा के विकास का मार्ग तो खुला रखना चाहिए, पर उसे अशुद्ध, भद्दे और प्रकृति-विरुद्ध प्रयोगों से बचाना चाहिए।

यद्यपि हमारी हिन्दी जनमाध्यमों की भाषा है किन्तु इसमें कुछ सूक्ष्म सुधार इसको अपेक्षाकृत लोकप्रिय बना सकते हैं। हमारी पहली आवश्यकता है- **शब्दों के रूप, अर्थ और प्रयोग निश्चित करना**। शब्दों के रूपों के सम्बन्ध में हमारे यहाँ बहुत बड़ी धाँधली चल रही है। एक शब्द कई-कई रूपों में लिखा जाता है। किन्तु इन शब्दों के रूपों को स्थिर किया जाना चाहिए। इससे हम अपनी भाषा हिन्दीभाषियों के साथ-साथ ग़ैर हिन्दीभाषियों के लिए भी सुगम और सरल बना सकेंगे। उदाहरण के तौर पर देखा जाये तो हिन्दी के कुछ ऐसे शब्द हैं जिनके अर्थों में प्रान्तीय भेद दृष्टिगत होते हैं जैसे- मराठी में 'शिक्षा' का अर्थ 'दण्ड' और बँगला में 'राग' का अर्थ 'क्रोध' होता है। जबकि उड़िया में 'क्रोध' या 'नाराज़गी' के लिए 'अनुराग' शब्द का प्रयोग किया जाता है। इस प्रकार के दस-बारह नहीं सैकड़ों शब्द हैं। अतः इस बात पर ध्यान देना चाहिए कि हमारी भाषा के प्रत्येक शब्दों का अर्थ सभी प्रान्तीय तथा अन्य भाषाओं में समान हों। प्रायः सभी उन्नत भाषाओं में प्रत्येक शब्द का एक निश्चित अर्थ या भाव होता है, और वह अर्थ या भाव सूचित करने के लिए सदा उसी शब्द का प्रयोग होता है। कुछ शब्द ऐसे भी होते हैं, जो ऊपर से देखने में एक-दूसरे के पर्याय ही लगते हैं, किन्तु उनके अर्थ में थोड़ा ही अन्तर होता है। किन्तु हमारे हिन्दी में उनके लिए बहुधा किसी एक ही शब्द से काम लिया जाता है। हम "All Rights Reserved" की जगह लिखते हैं- ''सर्वाधिकार सुरक्षित'' और

"Security Council" के लिए लिखते हैं- ''सुरक्षा परिषद्'' अर्थात् 'रिजर्वेशन' भी सुरक्षा और 'सिक्योरिटी' भी सुरक्षा। जैसे Price और Value दोनों के लिए मूल्य या क़ीमत का प्रयोग। जिस प्रकार हम Grief या sorrow के लिए दुःख, Regret के लिए खेद, Anguish के लिए व्यथा, Agony के लिए वेदना, Pain के लिए पीड़ा, Mourning के लिए शोक, Gloom के लिए विषाद, Torment के लिए सन्ताप शब्द स्थिरित करते हैं। यही बात अन्य सैकड़ों शब्द मालाओं के सम्बन्ध में भी समझनी चाहिए। अंग्रेज़ी में moral (नैतिक) में उपसर्ग लगाने से अनेक शब्द बनते हैं, जैसे- Immoral, Unmoral, Non-moral, Amoral आदि। जबकि हमारी हिन्दी में सिर्फ़ एक ही शब्द 'अनैतिक' उपलब्ध है।

अब हमारी दूसरी आवश्यकता है- **विदेशी शब्दों का ग्रहण और त्याग**। कुछ लोगों का मानना है कि हम अपने शब्दकोश में जितने भी नये शब्द लें, वे शब्द विशुद्ध संस्कृत भाषा के ही तत्सम या तद्भव हों और अन्य किसी भाषा के शब्द न लिये जायें, किन्तु यह विचार कुछ दृष्टियों से उपयुक्त नहीं हैं। कुछ ऐसे शब्द हैं, जो हमारी ही भाषा में नहीं बल्कि संसार की समस्त उन्नत भाषाओं में बिना फेर-बदल के स्वीकार कर लिये गये हैं। जैसे- क्लब, रेडियो, पेन्सिल, टिकट, टायर, इंच, फुट, वारनिश, आलमारी, स्टेशन, राशन का कण्ट्रोल, परमिट, कोटा इत्यादि। ध्यान देने की बात यही है कि अन्य भाषाओं के कठिन शब्द तो सहजता से निकाले या त्यागे जा सकते हैं, किन्तु केवल 'विदेशी बहिष्कार' के नाम पर बाहरी सरल शब्दों के स्थान पर अपने यहाँ के नये शब्दों को चलाना कठिन होगा। इस प्रकार तत्समीकरण अथवा भाषा के प्रति शुद्धतावादी दृष्टिकोण, भाषा को आम जनता से दूर करता है। हमें सदैव यह ध्यान रखना होगा कि भाषा में नये और बाहरी शब्द आकर मिलते ही रहेंगे। दूसरी भाषाओं के आवश्यक और उपयोगी शब्द ग्रहण करने और पचाने की शक्ति प्रत्येक जीवित और उन्नत भाषा में होती है। क्योंकि जो भाषा नये शब्द नहीं ग्रहण करेगी, वह मर जायेगी, हम विदेशी शब्दों का अनुपात तो कम कर सकते हैं किन्तु उन्हें मूलतः नष्ट नहीं कर सकते। कुछ शब्द जो हमारी भाषा में इस कदर मिल गये हैं कि उनका विदेशीपन नष्ट हो चुका है और वह हमारे अपने शब्द हो गये हैं जैसे- अनार, सेब, कमर, बन्द, किराया, कुर्सी, जादू, काग़ज़, पुल, सिपाही, सन, हवा इत्यादि। बहुत-सी विदेशी संज्ञाओं से तो हमारे यहाँ क्रियाएँ बनी हैं जैसे- गुजरना, दागना, शरमाना, तलाशना, जल्दियाना, बदलना, खरीदना, इत्यादि। अब यदि खरीदना को हम 'क्रीतना' या 'मोलना' कहें तथा बदलना को 'परिवर्तना' कहें तो थोड़ी कठिनाई होगी।

इसके बाद हमारी तीसरी आवश्यकता है- **कोश और व्याकरण** की। यह तो सर्वविदित है कि हमें नये शब्दों की आवश्यकता है। इसलिए हमें नये शब्दों का निर्माण करना होगा। किन्तु शब्दों को गढ़ते समय हमें ध्यान रखना चाहिए, कि जिस शब्द का निर्माण किया जा रहा है वह ठीक भाव प्रकट कर रहा है कि नहीं और ऐसा तो नहीं कि वह अत्यधिक कठिन है। क्योंकि अर्थहीन शब्द भाषा की प्रकृति को बिगाड़ते हैं। जैसे- 'प्रैगमैटिज़्म' के लिए हमारे शब्दकोश में- व्यवहारवाद, कार्य-साधकतावाद, उपयोगितावाद, व्यावहारिक सत्तावाद, क्रियावाद- जैसे शब्दों का प्रयोग किया गया है। अब यदि पाँच लेखक इनमें से प्रत्येक को अलग-अलग प्रयोग करें तो पाठक क्या समझेंगे? ऐसी ही कुछ बात व्याकरण के सम्बन्ध में भी दिखायी पड़ती है। हमारा व्याकरण या तो संस्कृत व्याकरण या फिर अंग्रेज़ी व्याकरण के साँचे में ढला है। हिन्दी

की प्रकृति या आन्तरिक स्वरूप का उसमें बहुत कम ध्यान रखा जाता है। यही कारण है कि अनेक सुविज्ञों को हिन्दी के सर्वांगपूर्ण व्याकरण का अभाव बराबर खटकता है। हमारे भाषा के मर्मज्ञ विद्वानों को कोश और व्याकरण को तैयार करने का काम अत्यन्त सूझ-बूझ के साथ करना चाहिए तथा उसके प्रत्येक अंग पर पैनी दृष्टि रखनी चाहिए। जनसंचार माध्यमों की हिन्दी सामान्य बोलचाल की हिन्दी है, जिसमें सभी भाषाओं के शब्दों को पिरोया गया है जिसे सामान्यतः 'हिंग्लिश' नाम से जाना जाता है। आज चैनलों पर ज़्यादातर चाहे फ़ोन-इन हो रहा हो, संवाददाता, एंकर, या फिर कॉपी में ही, न भाषा सही होती है न उसका व्याकरण और उच्चारण तो और भी सही नहीं होता। उदाहरणार्थ- 'समतापार्टी में एक नया डिमाण्ट रख दिया गया है।' प्रदेश भाजपा सैंतालीस सीटें माँग रही थी, तृणमूल कांग्रेस ने थरटीनाइन सीट ही दिया, अब प्रदेश भाजपा के नेता हाईकमान को कन्वीन्स कराने के लिए दिल्ली कूच कर गये हैं।' अब सोचनेवाली बात है कि यह कौन-सी हिन्दी है? अगर हम इसी तर्ज़ पर अंग्रेज़ी में लिखें या बोलें कि- "आज भारतीय प्राइम मिनिस्टर मनमोहन सिंह सैड कि वी बिल गिव मुँहतोड़ जवाब टू पाकिस्तान" तो ये अंग्रेज़ी किस अंग्रेज़ीवाले को बर्दाश्त होगी? यह तो हम उदार हिन्दीवाले हैं कि हम सबको बड़ी उदारता से बर्दाश्त कर रहे हैं। इसका वही एक कारण है कि चैनल मालिक या प्रबन्धक की मान्यता है कि आजकल लोग अंग्रेज़ी मिलाकर हिन्दी बोलने लगे हैं, आईनेक्स्ट का उदाहरण-

1. खर्चों से निपटने के लिए Planning है ज़रूरी-

स्कूल **एडमिनिस्ट्रेशन** बच्चों की फीस बढ़ाने की तैयारी कर चुके हैं। **बुक्स के प्राइज हर** साल ही बढ़ते हैं, इस साल फिर बढ़ेंगे। बच्चे की स्कूल बस का **चार्ज** भी बढ़ेगा। गैस सिलेण्डर, मसालों और दवाइयों के नये **रेट** भी जल्द **मार्केट** में आ जायेंगे। ये तो आपके घर की **होम मिनिस्ट्री** की बात थी। अगर ऑफ़िस की बात की जाये तो वहाँ पर भी नये **टारगेट के साथ** नयी **टेन्शन** मिलती है। अगर आप प्रमोशन या इंक्रीमेण्ट भी पाते हैं तो आपकी **सैलरी के साथ टैक्स लायबिलिटी** भी बढ़ जायेगी। (आईनेक्स्ट, 01.04.2011)

2. Card बाँटने निकला था, body लौटी घर।

ये भाषा के विकृतिकरण का छद्म अभियान है। इस पर सरकार को अंकुश लगाना चाहिए और हिन्दीप्रेमियों को इसका विरोध करना चाहिए। ये केवल भाषा पर ही नहीं वरन् हमारी संस्कृति पर भी चोट है। दुर्भाग्य ये है कि संस्कृति का झण्डा लेकर चलनेवाले आर.एस.एस. और भाजपा-जैसे संगठन इसके ख़िलाफ़ एक भी शब्द नहीं बोलते। इस सोच के पीछे व्यावसायिक दबाव रहा है। हम एक ऐसी पीढ़ी तैयार कर रहे हैं जो पूरी तरह से भ्रष्ट और विकृत भाषा लेकर पल रही है। इन सबकी चिन्ता कौन करेगा?

अंग्रेज़ी ही नहीं अगर अन्य भाषाओं जैसे- मराठी, तमिल, गुजराती, बंगाली के साथ भी हिन्दी की तुलना करें तो हिन्दी-जैसी दुर्गति इन भाषाओं की नहीं है। इसका कारण यह है कि हमारे अन्दर जातीय चेतना का अभाव है, हमें अपनी भाषा और संस्कृति की कोई चिन्ता नहीं है। यह सही है कि सारी भाषाओं को अपनाने से भाषा चलती है किन्तु जो शब्द लेने चाहिए वही लेंगे, जो हमारे पास नहीं है। हमने स्टेशन ले लिया, बस ले लिया ठीक है लेकिन एक वाक्य में अधिकतम् शब्दों को दूसरी भाषा में बोलना, यह ठीक नहीं है। राजस्थान में लोग हवाई

जहाज को 'चील गाड़ी' बोलते हैं, यह उनकी समझ है, फ्रीज को 'ठण्डी आलमारी' बोलते हैं। यह शब्द अच्छे ख़ासे घरों में बोला जाता है। इनके आधार पर कहा जा सकता है कि हमें हिन्दी का अंग्रेज़ीकरण नहीं करना है। बाहरी शब्दों को लें, इसमें कोई आपत्ति नहीं लेकिन लिपि और वर्तनी से खिलवाड़ क्यों? समाचार-पत्रो, रेडियो और टी.वी. चैनलो में वर्तनी की एकरूपता होनी चाहिए। विदेशो में तो विभिन्न नामी वीडियो हाउसों की वर्तनी तो अलग से पुस्तक रूप में मिला करता है और हर स्टाइल की पूरी व्याख्या इन पुस्तकों में होती है। यहाँ भी जनसत्ता और इण्डिया टूडे ने अपनी वर्तनी बनायी पर पत्रकारो द्वारा नित नयी नौकरियाँ बदलने, वर्तनी को निरन्तर नवीकृत करते रहने का भाव और वर्तनी के उपयोग को पत्रकारिता के कैरियर के लाभ-घाटे से न जोड़ने से इसके प्रयोग का महत्त्व कम हुआ है। इसे स्वस्थ प्रवृत्ति नहीं कहा जा सकता। समाचार-पत्र, रेडियो, टेलीविज़न, बड़े लेखकों की भाषा समाज के लिए आदर्श बनती है। अगर आदर्श ही ग़लत होगा तो आम आदमी की भाषा विकृत होगी। भाषा के स्वच्छ स्वरूप को विकृत करने का क्या मतलब है? आम जनता की समझ में आनेवाले, आम बोलचाल के शब्दों का इस्तेमाल होना चाहिए। उस पर नाक-भौं सिकोड़ना ठीक नहीं लेकिन भाषा के विकृतिकरण का अभियान बन्द होना चाहिए। तभी हमारी भाषा और संस्कृति जीवित रहेगी और हमारी अस्मिता अक्षुण्ण बनी रहेगी। ऐसा न होगा तो हिन्दी भी 'क्रियोल' बन जायेगी। हमें अपनी भाषा का गौरव बनाकर रखना है। भाषा की विकृत का एक कारण अज्ञानता भी है। एक प्रयोग किया गया, जिसमें पाँच-छह समाचार-पत्र इकट्ठे किये गये। एक दिन के, एक अख़बार में 10 पृष्ठ हैं तो क़रीब यह कहा जा सकता है कि 70 हज़ार से 1 लाख शब्द उनमें हैं। उन 1 लाख शब्दों में जब **'नवभारत टाइम्स'** में खोजा गया तो लगभग 190 शब्द अंग्रेज़ी के थे। **'दैनिक हिन्दुस्तान'** में देखा गया तो उसमें भी लगभग 160 शब्द अंग्रेज़ी के थे। **'पंजाब केसरी'** में 200 के क़रीब शब्द थे। **'जनसत्ता'** पर प्रयोग किया गया तो उसमें केवल 50-60 शब्द ही अंग्रेज़ी में थे वह भी खेल के पृष्ठ पर ज़्यादा थे, जिन्हें हम अंग्रेज़ी शब्द नहीं मानेंगे। इस प्रकार हम कह सकते हैं कि अंग्रेज़ी तथा अन्य भाषाओं के कम शब्दों का प्रयोग करके भी समाचार-पत्र निकाला जा सकता है। हमें उन्हीं अंग्रेज़ी या अन्य भाषा के शब्दों का प्रयोग करना चाहिए, जिनके लिए हमारे पास सरल शब्द नहीं हैं। दिल्ली में इन दिनों कॉमनवेल्थ गेम की बड़ी चर्चा थी। दो-चार वर्ष पहले तक हिन्दी समाचार-पत्रों में इसे राष्ट्रमण्डल या राष्ट्रकुल खेल ही कहा जाता था किन्तु अब कुछ समाचार-पत्रों को छोड़ दें तो लगभग सभी इस शब्द को भूल गये और उसे कॉमनवेल्थ गेम ही कहा। यह मीडिया में हिन्दी भाषा के बदलते स्वरूप का उदाहरण है। पहले लोग भाषा का संस्कार जनमाध्यमों की भाषा के द्वारा सीखते थे और तब वास्तव में मीडिया भाषा को संस्कारित करने की भूमिका का निर्वहन करता था किन्तु आज ऐसा नहीं है। आज इन जनमाध्यमों का कहना है कि हम वही भाषा परोसते हैं जो हमारे श्रोता, दर्शक या पाठक चाहते हैं। इस परिप्रेक्ष्य में यही कहा जा सकता है कि आज हिन्दी बहुत बड़ा मार्केट है लेकिन अंग्रेज़ी को छोड़ नहीं पा रहे हैं। यह हिन्दी ब्रॉडकास्टिंग की हिन्दी, टीवी की सबसे बड़ी परेशानी है। इसलिए जब हम भाषा का प्रयोग करते हैं तो उसे सरल बनाने की कोशिश करते हैं और इस चक्कर में हिन्दी में अंग्रेज़ी शब्दों का प्रयोग प्रारम्भ कर देते हैं। हमारे चैनल यह बात अच्छी तरह जानते हैं कि हिन्दी के बग़ैर टीवी के बाज़ार को पकड़ा नहीं जा सकता। जब मनोरंजन के जी टीवी और सोनी-जैसे चैनल लोकप्रिय हुए तो स्टार-प्लस को स्वतः ही अपना हिन्दीकरण

करना पड़ा। उसे समझ में आ गया कि शुद्ध अंग्रेज़ी का स्टार-प्लस तो इस देश में चल ही नहीं सकता। चाहे जो कार्यक्रम दो, चाहे जिस तरह की चीज़ें दो, चाहे जितना बोल्ड एण्ड ब्यूटीफुल दिखाओ वह नहीं चलेगा, चलेगी तो इस देश में सिर्फ़ हिन्दी चलेगी। कुल मिलाकर भाषा-चिन्तन हमें यह बतलाता है कि कोई भी भाषा अपने में विकसित और अविकसित नहीं होती, अविकसित होता है, तो उस भाषा का संकुचित और व्यापक प्रयोग। किसी भी भाषा को उसके व्यापक सन्दर्भों में बढ़ने का अवसर दीजिए, वह भाषा अपने-आप कार्य सक्षम और समृद्ध बन जाती है। आज जनसंचार माध्यम को चाहिए कि सहयोग ओर आदान-प्रदान की भावना से प्रेरित होकर हिन्दी के प्रयोग में गुणात्मक सुधार लाये। हमें दूसरी भाषाओं का सम्मान करना है। बोलियों से प्रेम करना है। उन्हें हिकारत से नहीं देखना है और हिन्दी के ऐसे सर्व-समावेशी रूप को मीडिया के माध्यम से सामने लाना है- जहाँ देशी भाषाओं का सम्मान हो और अपनी बोलियों से दोस्ती। हमारे जनमाध्यमों की हिन्दी ऐसी होनी चाहिए जो महाराष्ट्र में भी समझी जाये, गुजरात तथा तमिलनाडु में भी। ऐसी हिन्दी जो भारत में भी समझी जाये और भारत के बाहर रहनेवाले हिन्दीभाषियों की भी समझ में आये। उनको वह भाषा अपने आसपास की भाषा लगनी चाहिए। अब यह तो सम्भव नहीं है कि जनमाध्यम वैसी ही हिन्दी में कार्यक्रम प्रस्तुत करेंगे जैसी तमिलनाडु का व्यक्ति बोलेगा और न ही वैसी हिन्दी में कार्यक्रम देंगे जैसा गुजराती व्यक्ति बोलता है। यह पूर्णतः असम्भव है किन्तु इस स्थान पर मैं सिनेमा का उदाहरण प्रस्तुत करूँगा कि हिन्दी सिनेमा देखते समय लोगों के मस्तिष्क में भाषा का विचार नहीं आता बल्कि वह बड़े मन से सिनेमा देखते हैं और कहानी को समझते भी हैं। बस हम भी भाषा को वहीं रखना चाहते हैं कि उसको सुनते समय व्यक्ति के सामने भाषा का प्रश्न न उठे कि आप कौन-सी भाषा देख या सुन रहे हैं अंग्रेज़ीमिश्रित, हिन्दी या उर्दूमिश्रित हिन्दी। बल्कि व्यक्ति को यह लगना चाहिए कि हम जो भी भाषा देख या सुन रहे हैं वह बिलकुल हमारे आसपास की भाषा है जिसमें हम अपना पूरे दिन का कारोबार चलाते हैं और वास्तव में हमारी जो हिन्दुस्तानी सामान्य हिन्दी है उसके अलावा इस बात की जिम्मेदारी कोई अन्य भाषा नहीं ले सकती। जनमाध्यमों की हिन्दी को सब भाषाओं के साथ समन्वय बनाकर चलना होगा।

संस्कृतनिष्ठ हिन्दी से निजात पाने का मतलब अंग्रेज़ी या दूसरी भाषाओं के अपरिचित शब्दों का अन्धाधुन्ध प्रयोग नहीं है। हिन्दी को गुरुकुल काँगड़ी और काशी विद्यापीठवाले शुद्धतावादी आग्रहों से मुक्त होना चाहिए। मध्यम मार्ग को अपनाने का प्रयास होना चाहिए। हिन्दी मीडिया में जो अंग्रेज़ी शब्दों की अति दिखती थी, धीरे-धीरे ख़त्म हो रही है। हिन्दी में आँख मूँदकर अंग्रेज़ी शब्दों के डालने की प्रवृत्ति बन्द होनी चाहिए। केवल ज़रूरी तकनीकी और बाज़ार के प्रचलित शब्दों को आवश्यकतानुसार अपनाना चाहिए। हिन्दी की शब्द-सम्पदा संस्कृत से भी समृद्ध हुई है और अन्य देशी-विदेशी भाषाओं से भी।

हिन्दी की सामान्य शैली वह है जो 'निविदा की निर्दिष्ट अर्हताओं के अनुपालन' की जगह 'टेण्डर की शर्तों पर अमल'-जैसे पदबन्धों के प्रयोग को बढ़ावा देती है। यह मोबाइल फ़ोन को चलन्त दूरभाष, टेलीफ़ोन को दूरभाष, कम्प्यूटर को संगणक, टैक्स को कर, शेयरहोल्डर को अंशधारक करने की ज़िद नहीं करती। आज की ग्लोबल हिन्दी करोड़ो लोगों की ज़ुबान बनकर न केवल देश बल्कि संसार के हर कोने में लाखों टर्मिनलों, मशीनों, स्क्रीनों, काउण्टरों पर अन्तर्राष्ट्रीय स्तर पर सम्मानित सदस्य के रूप में विराज रही है। यह बाज़ार की भाषा के रूप

में रोज़गार की भाषा बनती जा रही है। पर यह भी कड़वा सच है कि हिन्दी बाज़ार की भाषा तो बन गयी है, किन्तु आज की तारीख में वह विज्ञान एवं तकनीकी की भाषा नहीं बन पायी है। विज्ञान एवं तकनीक के क्षेत्र में हिन्दी का फैलाव अंग्रेज़ी के अपेक्षा कम है। जब तक हिन्दी रोज़ी-रोटी की भाषा नहीं बन पाती वह हमारे लिये अनिवार्य भाषा नहीं बन सकती। जनमाध्यमों की हिन्दी का उद्‌देश्य अन्य भाषाओं के साथ सापेक्ष का विमर्श है। हमें भाषायी संघर्ष नहीं करना है। जनसंचार माध्यमों की हिन्दी के बदलते स्वरूप एवं विकास के सम्बध में हमें आशावादी दृष्टिकोण अपनाना चाहिए। जयशंकर प्रसाद के शब्दों में-

इस पथ का उद्‌देश्य नहीं है श्रान्त भवन में टिक रहना।
किन्तु पहुँचना उस सीमा पर जिसके आगे राह नहीं।।

❑

मीडिया लेखन हेतु कुछ सुझाव

स्टोरी और स्लग (शीर्षक) भाषायी एवं विषयवस्तु (कन्टेन्ट) की दृष्टि से ठीक होना चाहिए। साथ ही उसमें मात्रा की गलतियाँ नहीं होनी चाहिए। अतः न्यूज़ या स्टोरी लिखने के बाद उसकी प्रूफ रीडिंग कर लेनी चाहिए।

ब्रेकिंग न्यूज का उदाहरण

टेलीविज़न में न्यूज़ प्राप्त होते ही तुरन्त प्रसारित होती है इसलिए अगर घटना स्थल का फुटेज प्राप्त नहीं हो सका है, तो उस जगह के नक्शे से काम चलाया जा सकता है। अगर नक्शा भी नहीं है तो टी.वी. पर ब्रेकिंग न्यूज़ लिख कर उस घटना के बारे में तत्काल लिखित विवरण दे देना चाहिए और अपने दर्शकों को वाइस ओवर या ऐंकर के माध्यम से यह बता दें कि अधिक जानकारी जल्द ही आप तक पहुँचायीं जायेगी। बाद में घटना के बारे में अधिक जानकारी मिलने पर इसे ऑडियो और लिंक के साथ जोड़ दिया जाता है।

न्यूज़ या स्टोरी लिखते समय निष्पक्षता का विशेष ध्यान रखना चाहिए। न्यूज़ रिपोर्टर को स्टोरी या न्यूज़ के किसी भी पक्ष से प्रभावित हुए बिना निष्पक्षता से अपनी स्क्रिप्ट लिखनी चाहिए। जैसे कि यदि किसी नवविवाहिता की ससुराल में आग से जलकर मृत्यु हो जाती है तो ऐसे में लड़की के परिजनों के साथ-साथ उसके पति एवं ससुराल वालों की भी बाइट लगाकर या राय जानकर घटना के सभी पक्षों के विचार दर्शकों के समक्ष प्रस्तुत करने चाहिए। संवाददाता का विश्लेषण भी साफ नज़र आना चाहिए। अगर सभी सूत्रों की जानकारी नहीं दे सकते, तो सरकार के कथन और प्रभावित होनेवाले पक्ष के कथन को शामिल करने का प्रयास करना चाहिए।

समाचार लेखन

टेलीविज़न की किसी भी स्टोरी में पहला पैरा यानि एंकर सबसे महत्त्वपूर्ण होता है। इसमें ऐसे शब्दों का प्रयोग किया जाता है जो लोगों को घटना के सम्बन्ध में पूरी जानकारी उपलब्ध कराने के साथ-साथ समाचार देखने पर मजबूर कर देता है। टेलीविज़न में कहा जाता है कि स्टोरी सबसे पावरफुल विज़ुवल से खुलनी चाहिए जिससे कि दर्शक उससे बंध जाये। यदि एंकर (प्रथम पैरा) आकर्षक नहीं होगा तो दर्शक चैनल बदल देंगे। दर्शक तत्काल जानकारी चाहते हैं, इस बात का ध्यान रखना चाहिए। टेलीविज़न या रेडियो के लिए स्टोरी लिखते समय स्क्रिप्ट में सरल, छोटे और स्पष्ट वाक्यों का प्रयोग किया जाना चाहिए। एक स्टोरी में 200-240 शब्द होने चाहिए पर बड़ी स्टोरी में लगभग 340 शब्दों का प्रयोग किया जा सकता है ।

अगर टेलीविज़न पर कोई बड़ी न्यूज़ 24 घंटे से लगी है तो उसे निरन्तर अपडेट करते रहना चाहिए और इसका शीर्षक भी तेज़ी से बदलती हुई घटनाओं के अनुरूप रखना चाहिए। शीर्षक एक लाइन (छह शब्द) से अधिक का न हो। कहानी में भारतीय प्रधानमन्त्री ने यहाँ और पाकिस्तानी राष्ट्रपति जनरल परवेज मुशर्रफ ने वहाँ कहा और इस बीच में हुर्रियत ने भी कहा जैसे वाक्यों का प्रयोग न करें। (यहाँ, वहाँ शब्दों से निष्पक्षता पर असर पड़ेगा)।

आकर्षक शीर्षक- तेल का खेल

स्टोरी का शीर्षक सटीक और पैना होना चाहिए जिसे पढ़ते ही पाठक कहानी पढ़ने के लिए उत्सुक हो जाए। पूरी कहानी शीर्षक में ही बताने की कोशिश न करें यानी शीर्षक जितना छोटा-से-छोटा हो सकता है, उसे रखें। राजनीतिक कहानी के सीधे और स्पष्ट शीर्षक लगाए जाने चाहिए। खेल, विज्ञान, कला और फिल्म आदि विषयों पर छूट ली जा सकती है। जैसे बनारस की सोनी चौरसिया द्वारा रोलर स्केट्स पहनकर कत्थक नृत्य करने को **कत्थक ऑन वील्स** शीर्षक लोगों को आकर्षित करता है।

टेलीविज़न समाचारों में दृश्य ईंटों के समान होते हैं और शब्द सीमेन्ट के समान। ऐसे में टेलीविजन के लिए स्क्रिप्ट लिखते समय दृश्यों को अपनी बात कहने दीजिए। उसे स्क्रिप्ट द्वारा बताने की जरूरत नहीं है। उदाहरण जैसे किसी ट्रेन दुर्घटना के दृश्य दिखाते समय उसकी भयावहता बताने की कोई आवश्यकता नहीं है, क्योंकि जो घटित हुआ है, उसे तो दर्शक स्क्रीन पर देख ही रहे हैं। स्क्रिप्ट में दुर्घटना का कारण, मरने वालों एवं घायलों की संख्या, हेल्पलाइन नम्बर्स एवं घायल किस अस्पताल में भर्ती हैं इत्यादि जानकारियाँ देनी चाहिए।

आर्थिक

आर्थिक समाचार रूखे होते हैं। इन्हें सरल और दिलचस्प ढंग से पेश करना चाहिए। कम्पनियाँ अपने परिणामों को बढ़ा-चढ़ाकर पेश करती हैं और दूसरी कम्पनियों की छवि खराब करती हैं, हमें इस जाल से बचना है, इसलिए आवश्यक है कि हम विशेषणों से बचें। आँकड़ों को सरल ढंग से दें। यदि 4944 आया है, तो इसे लगभग 5000 लिखा जा सकता है।

आर्थिक अर्थ-वित्त जगत के समाचारों में बहुत बार फिस्कल इयर शब्द का उपयोग में लाया जाता है। इसके लिए वित्तीय वर्ष का प्रयोग किया जाना चाहिए। इसी तरह बजट की एक्सरसाइज के बजाय बजट तैयार हो रहा है या बजट की तैयारी हो रही है कहा जा सकता है। बजट डेफिसिट को लिखें बजट घाटा और रेट ऑफ इंफ्लेशन को लिखें महँगाई दर। भारतीय प्रतिभूति एवं विनिमय बोर्ड को संघीय लिखा जा सकता है।

खेल

खेल समाचार इस तरह प्रस्तुत किया जाए कि कहानी में खेल की गति का कुछ आभास हो। हम सम्बन्धित खेल की शब्दावली का प्रयोग करें। खेल में ग्रांड प्रिक्स लिख दिया जाता है जबकि सही शब्द है ग्रांड प्री.। क्रिकेट में फारवर्ड, शार्ट लेग, स्कोर बोर्ड, स्कावयर ड्राइव, नो बॉल, ऑफ ब्रेक, बाउन्सर, गुगली, लेग बाई, रनिंग बिटवीन द विकेट, थर्ड अम्पायर इत्यादि

हिन्दी शब्दों के साथ स्कोर बोर्ड अंग्रेजी में लिखा है

अंग्रेजी के अनेक शब्द प्रचलन में हैं। हमें उन्हें वैसा ही लिखना है। हम एकदिवसीय और वन डे प्रयोग कर सकते हैं। किन्तु टी-20 इसी रूप में प्रयोग होगा।

विज्ञान और स्वास्थ्य

विज्ञान तकनीक एवं प्रबन्धन में अँग्रेजी के शब्दों के समकक्ष बहुत बार हिन्दी शब्द उपलब्ध नहीं होते। यदि होते भी हैं तो वे प्रचलित नहीं होते हैं और ऐसे हिन्दी शब्द अँग्रेजी से भी कठिन लगते हैं। ऐसे में हमें कठिन हिन्दी शब्दों के स्थान पर प्रचलित अँग्रेजी शब्दों का ही प्रयोग करना चाहिए। स्वास्थ्य और विज्ञान की कहांनियों के शीर्षक में हम छूट ले सकते हैं। जैसे कोलेस्ट्रॉल के कारण दिल का दौरा पड़ने सम्बन्धी कहानी का शीर्षक **'दिल का दुश्मन'** दिया जा सकता है।

कानूनी मामले

न्यायालय में विचाराधीन मामलों में हमें विशेष सावधानी बरतनी है। मामले की जानकारी तो दी जा सकती है पर कोई टिप्पणी करने से बचना चाहिए। न्यायालय के किसी भी फैसले को ज्यों का त्यों प्रस्तुत करना चाहिए। जैसे इलाहाबाद उच्च न्यायालय के न्यायमूर्ति सुनील अम्बवानी एवं न्यायमूर्ति ए.एन. मित्तल की खण्डपीड ने सूरजपुर गाँव में हुए सत्रह हेक्टेयर भूमि अधिग्रहण को रद्द कर दिया।

दुर्घटना

दुर्घटना के मामलों में संवेदनशीलता का परिचय दें। कोशिश करें कि क्षत-विक्षत शवों की तस्वीरें न लगाई जाएँ। मरनेवालों की संख्या के बारे में दो या तीन श्रोतों से पुष्टि करें और स्टोरी में सूत्रों का हवाला दें। जैसे यदि विस्फोट में छः लोगों की मृत्यु का समाचार संवाददाता को प्राप्त हो रहा है किन्तु अधिकारिक रूप से पुलिस सिर्फ़ दो लोगों की मृत्यु की पुष्टि कर रही है तो ऐसे में कहें कि प्राप्त जानकारी के अनुसार इस विस्फोट में छः लोगों की मृत्यु हो गयी है, लेकिन पुलिस ने सिर्फ़ दो लोगों की पुष्टि की है। अगर किसी एजेंसी ने 20 और किसी ने 25 बताई है तो आप लिखें कम-से-कम 20 लोग मारे गए।

राजनीति

राजनीतिक दलों के बयानों में प्रवक्ता का हवाला अवश्य दें। अगर राजनाथ सिंह ने कहा कि उत्तर प्रदेश चुनाव में बीएसपी से कोई समझौता नहीं होगा, तो यह न लिखें कि बीजेपी ने कहा कि बीएसपी से समझौता नहीं होगा बल्कि लिखें कि बीजेपी प्रवक्ता राजनाथ सिंह ने

राजनीतिक जटिलता के लिये गड़बड़झाला शब्द का प्रयोग

कहा कि उनकी पार्टी बीएसपी से समझौता नहीं करेगी। अगर अलग-अलग राजनीतिक दलों की राय का प्रयोग स्टोरी में कर रहे हैं, तो दलों की राजनीतिक अहमियत के हिसाब से उन्हें क्रमबद्ध करें। जैसे कांग्रेस, बीजेपी, तेलुगु देशम और समता पार्टी। न कि समता पार्टी, कांग्रेस, बीजेपी और तेलुगु देशम पार्टी। भारी बहुमत का प्रयोग अक्सर किया जाता है, हमें इसको जाँच कर ही प्रयोग करना है। ध्यान रखें कि संसद की proceedings कार्यवाही है न कि कार्रवाई (action)। राजनीतिक दलों के नामों को शॉर्टकट में जैसे सीपीआई, सीपीएम, आरजेडी और एनडीए का प्रयोग करना चाहिए।

माप-तौल के पैमाने

दूरी के लिए हम किलोमीटर का प्रयोग करेंगे, मील का नहीं, एक मील, 1.6 किलोमीटर के बराबर होता है। वजन हमेशा ग्राम, किलोग्राम, क्विंटल और टन में लिखें, पाउंड या औंस जैसे पैमानों का प्रयोग न करें। लम्बाई सेंटीमीटर और मीटर में लिखें, फीट और इंच में नहीं। तरल पदार्थ हमेशा लीटर में लिखें। जैसे 100 किलो मिलावटी दूध पकड़ा गया के स्थान पर 100 लीटर मिलावटी दूध पकड़ा गया। बड़े पैमाने पर खेती के मामले में हेक्टेअर का प्रयोग किया जाना चाहिए। खास क्षेत्रों में मापने के जो पैमाने हैं उन्हीं का प्रयोग करना चाहिए। उदाहरण-

अन्तरिक्ष के मामले में प्रकाश वर्ष

समुद्र के लिए नोटिकल मील

पानी के बहाव के लिए क्यूसेक

भावभीनी श्रद्धांजलि जैसे संस्कृतनिष्ठ शब्द का प्रयोग

विभक्ति और विराम आदि के चिह्न

ने, से, में, का, के, को, लिए के प्रयोग में इन बातों का ध्यान रखें।

कर्त्ता के लिए विभक्ति के चिह्न को जोड़कर नहीं लिखेंगे : रमेशने नहीं बल्कि 'रमेश ने' लिखा जाएगा।

लेकिन सर्वनामों को हमेशा विभक्ति के साथ जोड़कर लिखा जाएगा-इसने, उसने, किसने, किसमें आदि।

लेकिन जब दो विभक्तियाँ आ रही हों तो पहलेवाले को जोड़कर और बादवाले को अलग लिखें-उसके लिए, इसमें से।

विराम के लिए अंग्रेजी का ही फुलस्टॉप प्रयोग में लाएँगे

वाक्य को छोटा करने के लिए फुलस्टाप का प्रयोग नहीं करना चाहिए। फुलस्टॉप वहीं लगाना चाहिए जहाँ वाक्य स्वाभाविक रूप से खत्म हो रहा हो।

कॉमा के मामले में इन बातों का ध्यान रखें

जब किसी वाक्य में कई स्थानों, लोगों, चीजों के नाम आ रहे हों तो कॉमा जरूर लगाएँ।

जब वाक्य का अगला हिस्सा, लेकिन, मगर, या और, बल्कि जैसे शब्दों से शुरू हो तो कॉमा लगाने की जरूरत नहीं है।

आमतौर पर दो-तीन शब्दों के बीच कॉमा लगाने के बाद अन्तिम शब्द के साथ और का प्रयोग करे, जैसे- इलाहाबाद विश्वविद्यालय के कुलपति, प्रो. ए.के. सिंह, यू.पी.आर.टी.ओ.यू. के कुलपति, प्रो. ए.के. बख्शी और नेहरू ग्राम भारती के कुलपति प्रो. के.पी. मिश्र ने इस राष्ट्रीय अधिवेशन का उद्‌घाटन किया। एक से अधिक विशेषण हो तो भी उनके बीच कॉमा लगाएँ। जैसे वे लाल, चमचमाती, महँगी कार में आ रहे थे। इनवर्टेड कॉमा के मामले अंग्रेजी की शैली को ही अपनाना चाहिए। जहाँ हम किसी वाक्य के हिस्से को कथन के तौर पर लिख रहे हों वहाँ हम शुरू और अन्त में सिर्फ एक कॉमा लगायेंगे। लेकिन जहाँ पूरा

वाक्य या उससे भी लम्बा हिस्सा लिया जा रहा हो, वहाँ हमें शुरू और अन्त में दोहरा कॉमा (”) का प्रयोग करना चाहिए

हाइफन

कोई शब्द अगर एक ही जगह दो बार आ रहा हो तो हाइफन लगाएँ। जैसे- बार-बार, पास-पास, दूर-दूर। जहाँ दो परस्पर विरोधी शब्द एक साथ आ रहे हों- ऊँच-नीच, सुख-दुख, दिन-रात।

जहाँ पहला शब्द अर्थपूर्ण और दूसरा निरर्थक हों- झूठ-मूठ।
जहाँ दोनों शब्द एक-दूसरे के पूरंक हों- रोजी-रोटी, चोली-दामन।
हाइफन का प्रयोग डैश की तरह न करें।

प्रश्नवाचक चिह्न

जहाँ क्या, क्यों, कब, कैसे वाक्य में प्रधान हों वहाँ वाक्य के अन्त में प्रश्नवाचक चिह्न जरूर लगाएँ। टिप्पणियों में प्रश्न वाचक चिह्न का प्रयोग नहीं किया जाता। जैसे अगर भारत में भ्रष्टाचार इसी तरह बढ़ता रहा तो देश कैसे तरक्की कर पायेगा। ऐसे वाक्यों में प्रश्नवाचक चिह्न की जरूरत नहीं है, क्योंकि ये सवाल नहीं बल्कि टिप्पणियाँ हैं। लम्बे और जटिल वाक्यों के अन्त में प्रश्नवाचक चिह्न लगाने से वाक्य और उलझ जाते हैं, प्रश्नवाचक चिह्न न लगाएँ- राजीव जब मुझसे पिछली बार मिला तो पूछने लगा कि क्या मेरा दिल्ली आने का इरादा है। जिन वाक्यों में विकल्प हो उसमें प्रश्नवाचक चिह्न का प्रयोग नहीं करना चाहिए। जैसे- उत्तर प्रदेश को तोड़कर पूर्वांचल राज्य बनाना चाहिए कि नहीं

स्टोरी में स्थानों के नाम का प्रयोग करते समय हिन्दी का विशेष रूप से ध्यान रखना चाहिए और राज्यों के सही नामों का प्रयोग करना चाहिए। जैसे कि -

इलाहाबाद लिखना चाहिए न कि प्रयागराज
मदुरै लिखना चाहिए न कि मदुराई
उत्तरांचल लिखना चाहिए न कि उत्तराखण्ड
पणजी लिखना चाहिए न कि पंजिम
पुणे लिखना चाहिए न कि पूना

ओडिसा की जगह ओड़ीशा का प्रयोग

पाण्डिचेरी लिखना चाहिए न कि पांडिचेरी

कोचीन लिखना चाहिए न कि कोच्चि

तमिलनाडु लिखना चाहिए न कि तमिल नाड

कोचीन लिखना चाहिए न कि कोच्चि

केरल लिखना चाहिए न कि केरला

कश्मीर लिखना चाहिए न कि काश्मीर

कर्नाटक लिखना चाहिए न कि कर्णाटक

कोलकाता लिखना चाहिए न कि कलकत्ता

असम लिखना चाहिए न कि आसाम

हरियाणा लिखना चाहिए न कि हरियाना

चेन्नई लिखना चाहिए न कि मद्रास

वडोदरा लिखना चाहिए न कि बड़ौदा

पश्चिम बंगाल लिखना चाहिए न कि पं. बंगाल या बंगाल नहीं

तिरूवनन्तपुरम लिखना चाहिए न कि त्रिवेंद्रम

विदेशी नामों के मामले में अक्सर गलतियाँ होती हैं इसलिए हमेशा सतर्कता बरतें। इन्हें नीचे लिखे उदाहरणों द्वारा लिखना चाहिए-

युगांडा लिखना चाहिए न कि उगांडा

यूनान लिखना चाहिए न कि ग्रीस

यूरोप लिखना चाहिए न कि योरोप

बर्मा लिखना चाहिए न कि म्यांमार

मख्दूनिया लिखना चाहिए न कि मैसेडोनिया

मालदीव लिखना चाहिए न कि मालदीव्स

मलेशिया लिखना चाहिए न कि मलयेशिया

इसराइल लिखना चाहिए न कि इजराइल

काहिरा लिखना चाहिए न कि कैरो

काठमांडू लिखना चाहिए न कि कठमंडू

बाँग्लादेश लिखना चाहिए न कि बंगलादेश नहीं

श्रीलंका लिखना चाहिए न कि लंका या सिलोन

ताइपे लिखना चाहिए न कि तापेइ

तुर्की लिखना चाहिए न कि टर्की

कनाडा लिखना चाहिए न कि कनैडा

सउदी अरब लिखना चाहिए न कि साउदी

संयुक्त अरब अमीरात लिखना चाहिए न कि यूएई

स्वीडन लिखना चाहिए न कि स्वीडेन

रूस लिखना चाहिए न कि रसिया

रूवांडा लिखना चाहिए न कि रवांडा

कीनिया लिखना चाहिए न कि केन्या

हांगकांग लिखना चाहिए न कि होन्कोंग

अफ्रीका लिखना चाहिए न कि अफ्रिका

बीजिंग लिखना चाहिए न कि बेइजिंग

यह सूची अन्तहीन है और बहुत सारे ऐसे शब्द हैं, जो कि हमारे हिसाब से अशुद्ध लिखे और बोले जाते हैं। यह बताने का उद्देश्य सिर्फ यह है कि जहाँ तक हो सके प्रचलित और सही भाषा का प्रयोग होना चाहिए। विदेशी नामों को भारतीय उच्चारण परम्परा के निकट ही लिखना चाहिए, यही कारण है कि हम कैनेडा को कनाडा लिखते हैं।

समाचार लिखते समय किसी भी व्यक्ति या संस्थानों के नाम का अनुवाद नहीं करना चाहिए। यदि अर्थ समझाने के लिए ऐसा करना पड़े तो अंग्रेजी या किसी मूल भाषा में वह नाम जरूर दें। जैसे-नेहरू ग्राम भारती विश्वविद्यालय को नेहरू ग्राम भारती यूनिवर्सिटी न लिखें और यदि लिखना पड़े तो अलग से विश्वविद्यालय जरूर लिख दें। समाचार में मुहावरों का अनुवाद नहीं करना चाहिए। उदाहरण के लिए अंग्रेजी के किसी मुहावरे का हिन्दी में मुहावरा बनाने के स्थान पर सिर्फ उसका मतलब लिखना अच्छा रहता है। बिना अर्थ समझे या अन्दाजा लगाकर अनुवाद कभी नहीं करना चाहिए। उदाहरण-स्टेट ऑफ दि ऑर्ट का अनुवाद-कला की हालत न हो जाए।

अंग्रेजी की अभिव्यक्तियों का अनुवाद न करके उनका आशय लिखें। आइ एम गोइंग टू सी माई फादर, मैं मेरे पिता को देखने जा रहा हूँ। इसके बदले बेहतर होगा-मैं अपने पिता से मिलने जा रहा हूँ।

अंग्रेजी के वाक्य की बनावट के चक्कर में नहीं पड़ना चाहिए, मतलब की बात करें। दि बिल वाज पास्ड बाइ दि पार्लियामेंट ड्यूरिंग दि क्राइसिस, यह कानून संसद द्वारा संकट के दौरान पारित किया, इसके स्थान पर संकट के समय संसद ने इस कानून को मंजूरी दी थी, लिखना उचित होगा। समाचारों को लिखते समय ध्यान रखें कि उसमें चार से अधिक के, ने, से, मे, का, को, की न हो। उदाहरण-भारत के अधिकारियों का चीन की सीमा की समस्या के बारे में कहना है कि इसका समाधान इसके पूरे अध्ययन के बाद ही किया जा सकता है। ऐसे वाक्यों को कदापि नहीं लिखना चाहिए। समाचारों की वाक्य रचना में समस्या तब आती है, जब विचार उलझे हुए होते हैं। पहले उस समाचार का आशय समझ लें, फिर अपनी सहज भाषा में उसे लिखें, जिससे समाचार ग्रहण करने वाले श्रोता, पाठक आसानी से समझ सकें।

वर्तनी की शैली

हिन्दी में बहुत सारे शब्द ऐसे हैं जो दो तरह से लिखे जाते हैं और दोनों को सही कहा जा सकता है। जैसे-दर्जी या दरजी, कुर्सी या कुरसी, नई या नयी, हिन्दी या हिंदी, गये या गए, मेरी राय में नयी, हिंदी, गये, सर्दी और कुर्सी वाली शैली का उपयोग करना उचित रहेगा। लेकिन नाम के मामले में यह ध्यान रखना चाहिए कि जैसा वह प्रचलन में है वैसा ही लिखें। जैसे-अटल

बिहारी वाजपेयी लिखें, वाजपेई नहीं। जो शब्द यिक प्रत्यय लगाकर लिखे जाते हैं। हमेशा वैसे ही लिखे जायेंगे। जैसे-राजनयिक, कूटनयिक लिखें जायेंगे।

जहाँ तक चन्द्र बिन्दु का सवाल है। अधिकतर समाचार पत्रों एवं चैनलों ने इसे लिखना बन्द कर दिया है। मेरी राय में कुछ जगहों पर जैसे-दाँत, हँसना, जहाँ इत्यादि में चन्द्र बिन्दु का प्रयोग अवश्य करना चाहिए। चन्द्र बिन्दु और अनुस्वार में अन्तर न समझना बहुत बड़ी भूल है। आजकल टेलीविजन में माँ को मां और चाँद को चांद लिखते हैं। लेकिन क्या उच्चारण में भी इसे हटाया जा सकता है।

हँसते की जगह हंसते का प्रयोग अर्थ बदल देता है

यदि कहना हो हँस दिया तो कहना पड़ेगा हंस दिया। यहाँ हँसने का मतलब मुस्कुराने से लगाया जाए या हंस नामक पक्षी से।

र के उच्चारण- इसमें भी बहुत से दोष देखे और सुने जाते हैं। इसका एक कारण यह भी है कि लोगों को पता ही नहीं कि र कितने तरीकों से लिखा जाता है। र मुख्यतः चार तरीकों से लिखा जाता है और सबके उच्चारण भी अलग-अलग होते हैं। जैसे-

पहला प्रयोग-राम, रहीम-यहाँ र वर्ण पूरा होता है।

दूसरा प्रयोग-क्रम, प्रकार-इसमें र वर्ण पूरा है, जबकि क और प आधा।

तीसरा प्रयोग-कर्म, धर्म-इसमें र आधा होता है जबकि म पूरा।

चौथा प्रयोग-कृप, कृष्ण-इसमें क भी आधा होता है और र भी।

इसमें खास तौर पर चौथे वर्ण का जिक्र करना चाहूँगा। ये शब्द 'ऋ' से लिया गया है लेकिन इसका उच्चारण रि के जैसा नहीं होता। इसका सही उच्चारण आधा र (र्) के अर्थ में होता है। ऋतु शब्द तो आपने सुना ही होगा। खूबसूरत शब्द है लेकिन टेलीविज़न न्यूज़ चैनलों में इस पर अघोषित पाबन्दी लगी हुई है। इसकी जगह मौसम या महीना शब्द का प्रयोग होता है। यहाँ अर्थ समझाने के लिए यह बताना आवश्यक है कि इसका उच्चारण रि + तु = रितु के जैसा नहीं होगा, बल्कि र् + तु = र्तु।

सर्वनाम के मामले में यह कि जगह ये लिखेंगे और वह की जगह वे लिख सकते हैं। लेकिन वो का प्रयोग वे के विकल्प के तौर पर नहीं करेंगे।

हलन्त का उच्चारण भी बन्द हो गया है, लेकिन कुछ शब्दों में हलन्त का प्रयोग अवश्य करना चाहिए। बोलते समय लोग कई शब्दों का उच्चारण हलन्त के साथ करते हैं, जबकि जहाँ हलन्त लगाना होता है, वहाँ नहीं लगाते। जैसे- श्रीमान्, साक्षात् में आखिरी वर्ण में हलन्त लगता है। लेकिन लोग इसमें हलन्त न लगाकर श्रीमान् में न और साक्षात् में त का उच्चारण पूरा न और त के रूप में करते हैं।

विसर्गवाले शब्दों का प्रयोग भी समाचार पत्रों ने लिखना बन्द कर दिया है। लेकिन कुछ शब्दों में विसर्ग लगाना अनिवार्य है। जैसे-क्रमशः, शब्दशः, अन्ततः इत्यादि।

डांस के बाप जैसी टपोरी भाषा का प्रयोग

अंग्रेजी के वाक्यों को भी उनके कहने के अनुसार ही लिखना चाहिए। जैसे-नॉलेज लिखें न कि नालेज, कॉलेज लिखें न कि कालेज।

श्री के मामले में आज भी मतभेद और भ्रम की स्थिति बनी हुई है, जहाँ तक समाचार पत्रों और टेलीविज़न की बात है, किसी के नाम के आगे, सुश्री या श्रीमती नहीं लगाते, फिर भी हमें कुछ बातों का विशेष ध्यान रखना चाहिए। हम किसी भी व्यक्ति का उल्लेख करते समय पहले उसका पूरा नाम लिखेंगे, फिर उसके पदनाम के साथ ही उस व्यक्ति का दूसरा नाम लिखेंगे। जैसे-गुजराल ने कहा के बजाय प्रधानमन्त्री गुजराल कहेंगे। मेरी राय में समाचार में कभी भी जी, साहब, महाशय या महोदय शब्दों का प्रयोग नहीं करना चाहिए। कॉपी में सर्वनाम का प्रयोग किया जा सकता है, लेकिन ऐसा करते समय वाक्य का अर्थ नहीं बदलना चाहिए। जैसे-उन्होंने कहा या उनका कहना है।

बहुत सारे ऐसे भी शब्द होते हैं जिनका सरल व छोटे शब्दों का प्रयोग करना चाहिए। जैसे-अनुभाग के स्थान पर विभाग, प्रशाखा के स्थान पर शाखा।

ज्यादातर ऐसे शब्द भी है जो सरकारी शब्दावली का हिस्सा लगते हैं। निम्न, निम्नलिखित, उपरोक्त, उक्त, उपर्युक्त जैसे शब्दों का प्रयोग करने से बचना चाहिए।

यह सच है कि उर्दू शब्दों के इस्तेमाल से भाषा का सौन्दर्य बढ़ जाता है। बोलते समय भाषा का वज़न बढ़ जाता है। हिन्दी ने उर्दू से शब्द तो लिये ही हैं, बल्कि उच्चारण के लिए पाँच तत्वों को भी सम्मान से साथ ग्रहण किया है। जैसे- क़, ख़, ग, ज़, फ़ यानि नुक्ता के साथ यहीं पाँच वर्ण। इसका उदाहरण कई चैनलों में देखा जा सकता है।

नुक्ता और बिना नुक्ता के उच्चारण में कई फर्क हैं। बिना नुक्ते के शब्द सीधे मुँह से निकलते है, जबकि नुक्ता वाले शब्द सीधे हलक से। इसलिए मेरी राय में यदि सही हिन्दी लिखनी है तो नुक्ता अवश्य लगायें, लेकिन यदि आपको इसकी जानकारी नहीं है तो नुक्ता न लगाये। आधी-अधूरी जानकारी से गलत जगह नुक्ता लगा देना बड़ी भूल होगी। टेलीविज़न की बात की जाये तो कई चैनल नुक्ता लगाते हैं और कुछ कभी लगाते हैं और कभी नहीं लगाते हैं। कुछ ऐसे शब्द हैं जिसमें नुक्ते का प्रयोग नहीं करना चाहिए। जैस-जबरन, फाँसी, फूल, वकील, अजीब, मस्जिद, जुर्म, मुजरिम, दर्जा, वजह, मजमा, जवाब, लहजा, फिर, फल इत्यादि।

श, ष और स-ये तीनों वर्ण बोलने के स्वाद को किरकिरा कर सकते है। इनके उच्चारण में विशेष सावधानी बरती जानी चाहिए। इसमें 'श' और 'ष' को लेकर उच्चारण में भेद करना काफी मुश्किल है, पर 'स' का उच्चारण तो बिल्कुल अलग है। हमें इस बात का विशेष ध्यान रखना चाहिए।

बोलने के क्रम में ये गलती सबसे ज्यादा होती है। ऐसा नहीं कि लोग इसके भेद को नहीं जानते। बस रूकने में गलती करते हैं और फिर भाषा की ऐसी की तैसी कर देते हैं। 'जैसे' को 'जेसे' कहेंगे और 'लैपटॉप' को 'लेपटॉप' । इसी तरह से कि-की, ओर-और, क्युंकि-क्योंकि का प्रयोग बहुत किया जा रहा है।

उच्चारण में कई बार स्थानीयता का भी प्रभाव पड़ता है। बंगाल, महाराष्ट्र, पंजाब या फिर दक्षिण भारत के लोगों के लिए यह कारण तो कुछ हद तक जायज है लेकिन हरियाणा, मारवाड़ी, बिहार के लोगों के लिए क्या कहेंगे! खास तौर पर हरियाणवी प्रभाव वाले लोगों के उच्चारण में 'न' को 'ण' बोलने की प्रवृत्ति होती है। जैसे-'जाने दे' को 'जाणे दे।' इसी तरह से 'खींचना' को कहेंगे 'खेंचना' । बिहार में 'डिमॉण्ड को 'डिमॉण्ट' कहते हैं।

यह कहना बहुत आसान हैं कि जनसंचार माध्यमों के लिए सरल, सहज भाषा का प्रयोग करना चाहिए। लेकिन कई बार सरल लिखना बहुत कठिन हो जाता है। इसका मुख्य कारण है, लिखते समय अँग्रेजी का दबाव और व्यक्त किये जाने वाले विचारों का जटिल होना। हिन्दी लिखते समय अगर हम अँग्रेजी के दबाव से मुक्त होकर वाक्य की संरचना पर गौर करें तो काम आसान हो जाएगा। सीधे वाक्य लिखें-प्रधानमन्त्री द्वारा कहा गया/प्रधानमन्त्री ने कहा। बाद वाला वाक्य हमेशा बेहतर होगा। छोटे वाक्य लिखें जिन्हें समझना आसान हो और आँखों को राहत दें। किताबी भाषा से बचना चाहिए-यद्यपि, कदाचित, किंचित, यथोचित, अतैव, कदापि जैसे शब्दों से दूर रहना चाहिए। अनुवाद करते समय ध्यान रखें कि हमारी भाषा अनुवाद की भाषा की तरह न हो जाये। भाषा सरल, सहज होनी चाहिए, लेकिन ध्यान रखें कि ज्यादा

अनौपचारिक न हो जाए। भाषा न तो संस्कृतनिष्ठ होनी चाहिए और न ही उर्दू से भरी, बल्कि आसान और प्रचलित शब्दों का ही प्रयोग करना चाहिए। अँग्रेजी का शब्द लिखते समय अगर बात समझ में आती हो तो लिखें लेकिन हिन्दी में उपलब्ध विकल्पों पर अच्छी तरह गौर करना चाहिए। क्षेत्रीय प्रभाव साहित्य में चलते हैं लेकिन पत्रकारिता में इससे अराजकता ही फैलती है। अँग्रेजी, अरबी-फारसी और संस्कृत के शब्दों का सही रूप लिखना चाहिए। हमें वर्तनी और व्याकरण की शुद्धता को भी ध्यान में रखना चाहिए। अतिश्योक्ति, बयान या भारी-भरकम टिप्पणी जैसी लगनेवाली भाषा का प्रयोग कदापि नहीं करना चाहिए।

रोमांस और मैलोडी-जैसे अंग्रेजी शब्दों का प्रयोग-फैशन है

अँग्रेजी के शब्दों को अगर हिन्दी में बहुवचन में लिखना हो तो हिन्दी के हिसाब से लिखें-चैनल से चैनलों बनाएँ चैनल्स नहीं। उर्दू के शब्दों को उनके प्रचलित शुद्ध रूप में ही लिखना चाहिए, उर्दू के वे शब्द जिनके बीच ए या ओ की ध्वनि हो उन्हें हमेशा मिलाकर लिखें, जैसे-फोटोकॉपी, एक्सरे और पोस्टकार्ड आदि।सर-ए-बाज़ार को सरेबाज़ार या रद्द-ओ-बदल को रद्दोबदल लिखें। उर्दू के शब्दों का विशेषण बनाते समय सतर्कता रखें-खिलाफत, खिलाफ से नहीं खलीफा से बना है, खिलाफत से विशेषण मुखालफत बनता है। उर्दू के सैकड़ों शब्द ऐसे हैं जो हिन्दी में चलते हैं लेकिन उनके विशेषण काफी कठिन हो जाते हैं-सियासत तक तो ठीक है लेकिन आमतौर पर सियासतदानों से बचना चाहिए। बहुवचन के मामले में भी ऐसी ही सतर्कता की जरूरत है। जहाँ बहुवचन आ रहा हो वहाँ उर्दू के शब्दों के साथ भी शैली हिन्दी की ही होगी। मिसाल के तौर पर, मसला का बहुवचन लिखना हो तो हम मसले ही लिखेंगे, मसाइल नहीं। संस्कृत से आनेवाले शब्दों के मामले में भी ऐसी ही नीति होगी। अकस्मात्, आपात्, वृहत्, आदि बिना हलन्त के लिखे जाएँगे।

जब, 159,990 जैसी संख्याएँ सामने आएँ तो करीब एक लाख 60 हजार कर देना चाहिए।

जब पूरा अंक लिखने की मजबूरी हो तो अंक में ही लिखें, एक लाख उनसठ हजार नौ सौ नब्बे लिखने की जरूरत नहीं होती है। मेरी राय में पच्चीस सौ न कह कर, ढाई हजार कहना चाहिए।

अंक और अक्षर मिलाकर लिखने से बचें, एक लाख साठ हजार नहीं लिखना चाहिए। शीर्षकों, कैप्शनों, उप-शीर्षकों में अंकों का प्रयोग नहीं करना चाहिए।

19वीं, 25वीं के स्थान पर उन्नीसवीं और पचीसवीं लिखना चाहिए।

मेरी राय से मिलियन और बिलियन कभी नहीं-दस लाख और एक अरब लिखना चाहिए।

अधिकारियों के पदों के नाम

एसपी-पुलिस अधीक्षक

डीएम-जिलाधिकारी या जिलाधीश

आइजी-पुलिस महानिरीक्षक

एडीशनल-अतिरिक्त

ज्वाइंट-संयुक्त

एक्टिंग-कार्यपालक या कार्यवाहक

एक्जिकिटिव-कार्यकारी

इंचार्ज-प्रभारी

डेप्युटी-उप

जूनियर-कनीय

सीनियर-वरीय

असिस्टेंट-सहायक या सह

मैनेजर-प्रबन्धक

सीईओ-मुख्य कार्यकारी अधिकारी

डाइरेक्टर-निदेशक, फिल्मों और नाटक आदि के मामले में निर्देशक

रजिस्ट्रार -इसे रजिस्ट्रार ही लिखें

कंट्रोलर-नियन्त्रक

डायरेक्टर जनरल-महानिदेशक

सेक्रेटरी-सचिव

सुपरिटेंडेंट-अधीक्षक

हेड-प्रमुख या प्रधान

चेयरमैन-अध्यक्ष या किसी कार्यक्रम के मामले में सभापति

टेलीविज़न में रिपोर्टिंग करते समय एसपी, डीएम, आइजी, इंचार्ज, सीनियर, रजिस्ट्रार जैसे शब्दों का प्रयोग करना चाहिए। जो बोलने में अटक नहीं पैदा करते हैं। सेना के पदों का भी हिन्दी अनुवाद नहीं करना चाहिए। उनके पदों को ले.जन. न लिख कर पूरा लिखें।

संक्षिप्त नाम

हिन्दी शब्दों के बीच डिएमके अंग्रेजी में लिखा है

संक्षिप्त नाम दरअसल अँग्रेजी की परम्परा है।

बहुत सारे संक्षिप्त नाम हिन्दी में प्रचलित हैं और हमें उनका अनुवाद करने की जरूरत नहीं है, जैसे सार्क या यूनेस्को या भेल, इन नामों को तोड़कर लिखना भी ठीक नहीं है जैसे एस ए ए आर सी।

समझने की सुविधा के लिए नामों का हिन्दी स्वरूप बनाया जा सकता है जैसे दक्षिण एशियाई क्षेत्रीय सहयोग संगठन यानी सार्क, लेकिन कई नाम ऐसे हैं जिनका अनुवाद करते समय सतर्कता की जरूरत है और यह भी देखना पड़ेगा कि उनका हिन्दी नाम किस रूप में प्रचलित है, जैसे डब्ल्यू एच ओ का अनुवाद विश्व स्वास्थ्य संगठन ही होगा विश्व सेहत संगठन नहीं।

हिन्दी में संक्षिप्त नाम बनाने की मशक्कत न करें क्योंकि यह हमारी परम्परा नहीं है। संयुक्त राष्ट्र के लिए सरा या अबि वाजपेयी लिखना गलत होगा।

इसी कारण हमें उप, मप्र या राजगज से बचना चाहिए, एनडीए, बीजेपी, सीपीआइ और सीपीएम में कोई परेशानी नहीं है लेकिन हम भाजपा चलाएँगे तो बात माकपा माले तक जाएगी। सवाल सही गलत का नहीं, एकरूपता का है इसलिए जहाँ तक सम्भव हो अँग्रेजी के संक्षिप्त नामों का उसी रूप मे प्रयोग करें।

संक्षिप्त नामों के बीच में डॉट्स लगाने की जरूरत नहीं है। जो नाम पूरे नाम के तौर पर प्रचलित हैं उन्हें छोटा न करें जैसे लालकृष्ण आडवाणी लेकिन जो नाम पहले से संक्षिप्त हैं उनका पूरा नाम देने की जरूरत नहीं है जैसे आर के नारायणन।

सामान्य समस्याएँ सुझाव

संसद के अन्तिम सत्र में   समापन सत्र कहें

पिछले आठ सप्ताह से   लगभग दो महीने बेहतर रहेगा

कांग्रेस पार्टी के अधिकारियों का   कांग्रेस के नेताओं का कहना है

एक दर्जन लोग मारे गए   बारह लोग बेहतर होगा

पाँच लोग हताहत हुए   ध्यान रहे मृत और घायल दोनों

वे पूर्व राज्यपाल रह चुके हैंवे राज्यपाल रह चुके हैं

संसद भंग कर दी गई हैलोकसभा भंग होती है, संसद नहीं

केन्द्रीय रक्षा, रेल, पेट्रोलियम, विदेशमन्त्री   ये विभाग हमेशा केन्द्रीय होते हैं

स्वर्गीय नेता रामलालदिवंगत कहना बेहतर होगा

उत्तर पदेश के संसदीय कार्यमन्त्री नेराज्यों के मामले में विधायी कार्यमन्त्री

बड़ी मात्रा में आतंकवादी सीमा पार गए   लोग संख्या में होते हैं

मानवाधिकार गुट का कहना है   ग्रुप का अनुवाद गुट न करके संगठन करें

अन्त में मेरी राय है कि समाचारों में अंग्रेजी शब्दों को जबरदस्ती नहीं थोपना चाहिए। हिन्दी के प्रचलित और आसान शब्दों को बढ़ावा देना चाहिए, जिससे कि गैर हिन्दी भाषी भी उसे समझ सकें। संस्कृत शब्दों के साथ उर्दू या फ़ारसी के शब्दों को ठूसना भी ठीक नहीं है। आवश्यकता के हिसाब से आंचलिक शब्दों का भी इस्तेमाल करें लेकिन कोशिश होनी चाहिए कि धीरे-धीरे हिन्दी के मानक शब्दों का प्रयोग बढ़ सके। ❑❑❑

सन्दर्भ ग्रन्थ सूची

आचार्य रामचन्द्र शुक्ल : हिन्दी साहित्य का इतिहास, प्रकाशन संस्थान नयी दिल्ली, संस्करण 2010

हजारीप्रसाद द्विवेदी : हिन्दी साहित्य की भूमिका, हिन्दी ग्रन्थ रत्नाकर मुम्बई, संस्करण 1945 : हिन्दी साहित्य का आदिकाल, बिहार राष्ट्रभाषा परिषद् पटना, संस्करण 1952

रामविलास शर्मा : भाषा और समाज, राजकमल प्रकाशन, नयी दिल्ली, संस्करण 2008 : भारतेन्दु युग और हिन्दी भाषा की परम्परा, राजकमल प्रकाशन, नयी दिल्ली, संस्करण 1975

भोलानाथ तिवारी : भाषाविज्ञान प्रवेश एवं हिन्दी भाषा, किताबघर, नयी दिल्ली, संस्करण 2009

रामस्वरूप चर्तुवेदी : हिन्दी साहित्य और संवेदना का विकास, लोकभारती, इलाहाबाद, संस्करण 1986 : भाषा और संवेदना, लोक भारती, इलाहाबाद संस्करण 1964 : हिन्दी गद्य : वाक्य और विन्यास

डॉ. हरदेव बाहरी : हिन्दी भाषा अभिव्यक्ति, प्रकाशन संस्थान संस्करण 2010

पं. अम्बिकाप्रसाद वाजपेयी : समाचार-पत्रों का इतिहास, बनारस, ज्ञानमण्डल लिमिटेड, संस्करण 2010

सुधीश पचौरी : नये जनसंचार माध्यम और हिन्दी, राजकमल प्रकाशन- नयी दिल्ली, संस्करण 2002

प्रो. हरि मोहन : सूचना प्रौद्योगिकी और जनमाध्यम, तक्षशिला प्रकाशन- नयी दिल्ली, संस्करण 2008 : आधुनिक जनसंचार और हिन्दी, तक्षशिला प्रकाशन- नयी दिल्ली, संस्करण 2008

जगदीशप्रसाद चतुर्वेदी : पत्रकारिता के छह दशक, साहित्य संगम इलाहाबाद, संस्करण 2009 : हिन्दी पत्रकारिता का इतिहास, प्रभात प्रकाशन दिल्ली, संस्करण 2009

डॉ. बलबीर कुन्दरा : जनसंचार बदलते परिप्रेक्ष्य में, तक्षशिला प्रकाशन, नयी दिल्ली, संस्करण 2009

डॉ. कृष्णबिहारी मिश्र : हिन्दी पत्रकारिता, भारतीय ज्ञानपीठ, नयी दिल्ली, संस्करण 2000

डॉ. अर्जुन तिवारी : सम्पूर्ण पत्रकारिता, विश्वविद्यालय प्रकाशन, वाराणसी, संस्करण 2005

डॉ. कृष्णप्रसाद रत्तू : हिन्दी के प्रयोजनमूलक विविध प्रयोग, संस्करण 1997

डॉ. नगेन्द्र : हिन्दी साहित्य का इतिहास, मयूर पेपरबैक्स नोएडा, संस्करण 2007

डॉ. श्याम कश्यप, मुकेश कुमार : टेलीविज़न की कहानी, राजकमल प्रकाशन नयी दिल्ली, संस्करण 2008

रामचन्द्र वर्मा : अच्छी हिन्दी, लोकभारती प्रकाशन, इलाहाबाद, संस्करण 2008

कामताप्रसाद गुरु : हिन्दी व्याकरण, लोकभारती प्रकाशन, इलाहाबाद, संस्करण 2010

डॉ. गिरिजा राय : परम्परा का मूल्यांकन और इतिहास-बोध, राका प्रकाशन, संस्करण 2003

डॉ. मीरारानी बल : राष्ट्रीय नवजागरण और हिन्दी पत्रकारिता, वाणी : प्रकाशन, नयी दिल्ली, संस्करण 2005

जगदीश्वर चतुर्वेदी, सुधा सिंह : भूमण्डलीकरण और ग्लोबल मीडिया, अनामिका पब्लिशर्स एण्ड डिस्ट्रीब्यूटर्स (प्रा. लि.) नयी दिल्ली, संस्करण 2008

नन्ददुलारे वाजपेयी : नवजागरणकालीन पत्रकारिता और भारत, अनामिका पब्लिशर्स एण्ड डिस्ट्रीब्यूटर्स (प्रा.लि.) नयी दिल्ली, संस्करण 2010

डॉ. माणिक मृगेश : समाचार-पत्रों की भाषा, वाणी प्रकाशन नयी दिल्ली, 2006

डॉ. कपिलदेव द्विवेदी : भाषाविज्ञान एवं भाषा-शास्त्र, विश्वविद्यालय कानपुर, संस्करण 2010

डॉ. कैलाशचन्द्र भाटिया : हिन्दी भाषा, साहित्य भवन प्रा. लिमिटेड, इलाहाबाद, संस्करण 2010

English:

1. Dr. R.R. Bhatnagar : The Rise & Growth of Hindi Journalism
2. L. Bloomfield : Language
3. B. Bloch and G. Trager : Outline of Linguistic Analysis
4. R.H. Robins : General Linguistics
5. E.H. Sturtevant : Linguistic Change
6. Otto Jespersen : Language
7. J.V. Vilanilam : Growth and Development of Mass Communication
8. D.S. Mehta : Mass Communication & Journalism in India

समाचार-पत्र : उदन्त मार्तण्ड, बंगदूत, भारतमित्र, सारसुधानिधि, उचित वक्ता, हिन्दी प्रदीप, हिन्दुस्थान, ग्वालियर गज़ट, बनारस अख़बार, सुधाकर, ब्राह्मण, स्वदेश, आज, दैनिक जागरण, अमर उजाला, हिन्दुस्तान, दैनिक भास्कर, नवभारत टाइम्स, आई नेक्स्ट इत्यादि।

पत्रिकाएँ : कविवचन सुधा, बालाबोधिनी, सरस्वती, दिनमान, हंस, धर्मयुग, आउटलुक, इण्डिया टुडे, राष्ट्रभाषा सन्देश, नन्दन पराग, सरससलिल, परमिता इत्यादि।

न्यूज़ चैनल : दूरदर्शन, डी.डी. न्यूज़, आज तक, स्टार न्यूज़, जी न्यूज़, सहारा समय, आई. बी.एन.7, एन.डी. टी.वी., स्टार प्लस, जी.टी.वी., सोनी टी.वी., 9 एक्स एम, ई.टी.सी., एम. टी.वी., इनाडू टी.वी. इत्यादि।

वेबसाइट :

हिन्दी सम्बन्धी वेबसाइट

www.webdunia.com (भारत की पहली हिन्दी वेबसाइट)
www.dainikjagran.com (दैनिक जागरण समाचार-पत्र की साइट)
www.hindibhasha.com (हिन्दी भाषा से सम्बन्धित साइट)

ब्लॉग

www.rajbhasha.nic.in
www.bhadas.blogspot.com
www.hindimedia.blogspot.coom
www.udaysahaymakinghews.blogspot.com
www.mantrafoundation.blogspot.com

❏❏❏